Benno F. Zimmermann

Vizentiner Alpen

Lagorai · Valsugana · Monte Grappa · Monti Lessini

57 ausgewählte Tal- und Bergwanderungen

ROTHER
BERGVERLAG

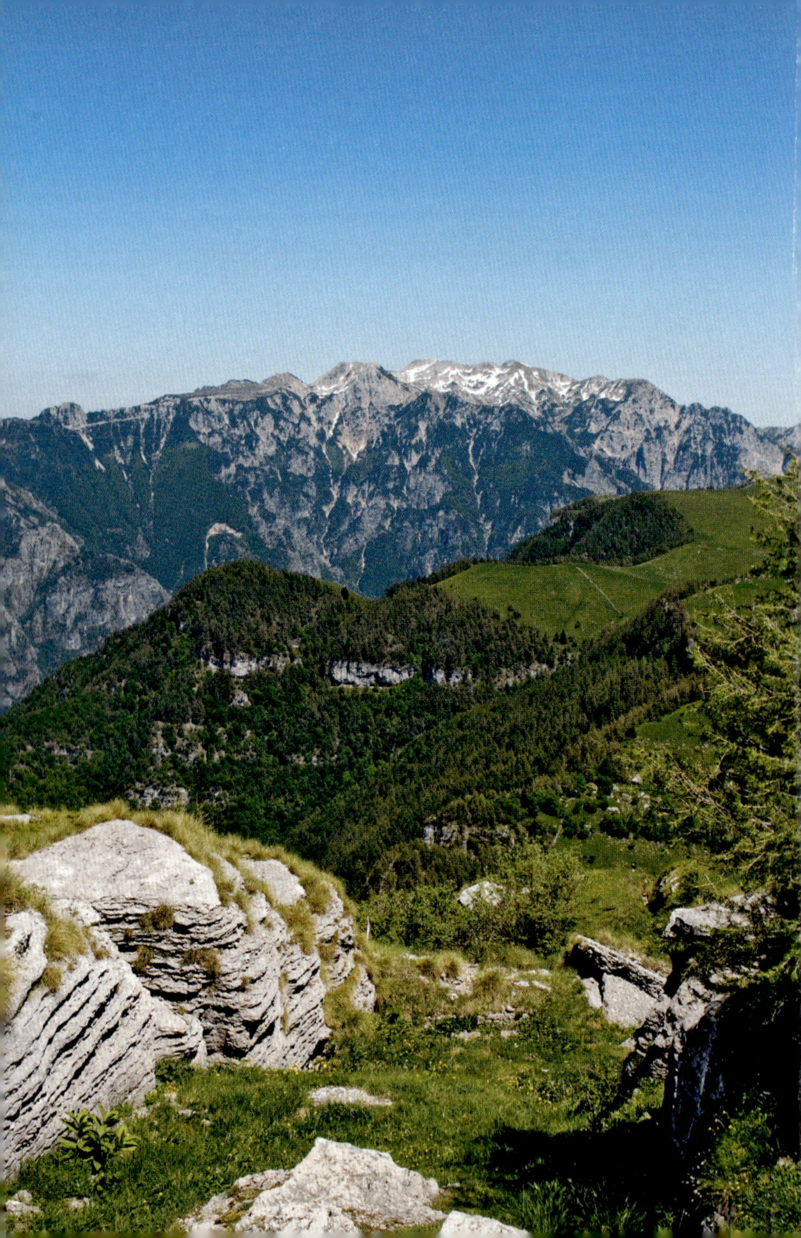

Vorwort

Hinter Bozen links. Also nicht rechts, wo alle zum Gardasee abbiegen. Es warten ein weiter Gebirgsbogen aus rotem Porphyr und Granit – Lagorai und das Cima-d'Asta-Massiv –, karstiger Kalk in der Lessinia, ein bayrischer Dialekt in der Asiago-Hochebene, gigantische Ausblicke vom Monte Grappa und immer wieder Zeugnisse des Ersten Weltkrieges.
Das Gebiet dieses Wanderführers liegt südlich des Fleimstals und damit südlich der Dolomiten und doch in deren Schatten. Kaum ein Tourist aus dem Norden wagt den Weg bis hinter die Dolomiten – ein großer Fehler, denn dort sind die Landschaften deutlich einsamer, die Wege weniger ausgetreten und die Berge grüner. Die südlichere Breite und die nicht ganz so hohen Lagen – die höchsten Gipfel bleiben knapp unter 3000 Meter – erweitern die Wandersaison ins Frühjahr und in den Herbst.
Die beeindruckendsten Landschaftsbilder bietet der Lagorai. Der 70 Kilometer lange Gebirgsbogen aus rotem Porphyrgranit zeigt sich abweisend, viele Gipfel sind so schroff, dass sie nicht auf Wanderwegen erreichbar sind. Aber in so faszinierender Landschaft kommt eine Wanderung auch ohne Gipfelstolz aus. Rote und grüne Felsblöcke, viele Seen und liebliche Almen sorgen für Wanderglück. Wer Einsamkeit und Ruhe sucht, ist hier richtig, was aber auch bedeutet, dass es nur wenige bewirtschaftete Hütten gibt: Die Brotzeit muss man schon selbst hinauftragen.
Am anderen Ende liegt die Lessinia. In 30 Kilometer Luftlinie brechen die Alpen von 1865 Metern ab hinunter in die Po-Ebene bei Verona auf 60 Meter Meereshöhe. Der geschichtete Kalkstein prägt die Gegend: Ein Großteil der Hausdächer, Ställe und sogar Zäune bestehen aus Felsplatten groß wie ein Bett. So wird das Gebaute Teil der Landschaft. Umgekehrt baut die Natur wie der Mensch: Die Naturbrücke Ponte di Veja ist so groß, dass der Wanderweg bequem darüber führt. Unterwegs immer wieder Löcher: Dolinentrichter, begehbare Höhlen und erschreckende Schlunde.
Die viele Landschaft dazwischen strahlt Ruhe und Frieden aus, doch das war nicht immer so. Hier verlief im Ersten Weltkrieg die Front zwischen dem kaiserlichen Österreich-Ungarn und dem Königreich Italien. Der unbeschreiblich grausame Krieg im Hochgebirge hinterließ bis heute sichtbare Spuren im Gelände: Gräben, Stollen und Ruinen von Baracken. Man kommt nicht umhin sich mit diesem dunklen, lehrreichen Kapitel der Geschichte zu befassen und muss zum Schluss kommen: der Friede der Berge möge die Menschheit erfassen.

Bonn, im Frühjahr 2024 — Benno F. Zimmermann

Die Piccole Dolomiti mit der Cima Carega (Tour 41) von der Cima Trappola (Tour 53) aus gesehen.

Inhaltsverzeichnis

Vorwort . . . 3

Übersichtskarte . . . 6

Wichtige Hinweise für unterwegs . . . 8
- Symbole . . . 9
- Top-Touren in den Vizentiner Alpen . . . 12
- Klimatabelle Borgo Valsugana, 386 m . . . 14
- Klimatabelle Asiago, 1001 m . . . 14
- GPS-Tracks und Koordinaten der Ausgangspunkte . . . 18

Zur Region . . . 20

Lagorai und Cima d'Asta

1 2.15 Std. Sottosassa . . . 40
TOP 2 5.15 Std. Lago Brutto, Lago delle Trote, Lago di Moregno . . . 44
3 5.30 Std. Monte Cauriol, 2494 m . . . 48
4 6.30 Std. Um den Montalon . . . 52
5 5.30 Std. Monte Ziolera, 2478 m . . . 56
6 4.30 Std. Cima Socede, 2173 m . . . 60
7 5.45 Std. Um den Monte Cengello . . . 64
TOP 8 2 Tage Cima del Frate, 2364 m . . . 68
9 6.15 Std. Cima Cenon, 2278 m, und Croz di Primalunetta, 2304 m . . . 74
10 7.00 Std. Um die Cima Sette Selle . . . 80
TOP 11 5.00 Std. Um den Hoabont . . . 86
12 7.15 Std. Monte Gronlait, 2383 m, und Monte Fravort, 2347 m . . . 90
13 4.30 Std. Cima di Palù, 2261 m . . . 94
14 5.15 Std. Lago Erdemolo und Inderschrumm / Sasso Rotto . . . 100
15 2.00 Std. Im Bersntol bei Sant'Orsola . . . 105
16 2 Tage Cima d'Asta, 2847 m . . . 108

Valsugana und Tesino-Ebene

17 2.45 Std. Trodo dei Fiori mit Col del Boia, 2066 m . . . 114
18 3.00 Std. Monte Coppolo, 2070 m . . . 117
19 2.45 Std. Monte Mezza, 1679 m . . . 120
20 5.45 Std. Monte Lefre, 1305 m, und Ponte dell'Orco . . . 124
21 2.15 Std. Forte di Tenna . . . 128
22 1.45 Std. Torre dei Sicconi . . . 132
TOP 23 4.00 Std. Cima Vezzena, 1908 m . . . 134

Folgaria

24 6.15 Std. Monte Cornetto, 2060 m . . . 138

25 3.30 Std. Wolfsschlucht und Forte Dosso del Sommo 144
26 2.30 Std. Monte Maggio, 1853 m 148

Hochebene von Asiago

27 5.30 Std. Cima Portule, 2309 m 150
28 6.15 Std. Cima Dodici, 2336 m, und Monte Chiesa, 2061 m 153
29 4.00 Std. Cima Caldiera, 2124 m, und Cima Ortigara, 2106 m 158
TOP 30 5.00 Std. Castelloni di San Marco, 1830 m 162
31 1.15 Std. Forte Campolongo und Sciason-Höhle 166
TOP 32 2.00 Std. Alta Burg, Altar Knotto und Alta Kugela 168
33 2.15 Std. Monte Fior, 1824 m 171
34 3.15 Std. Val Gadena 174
35 4.00 Std. Calà del Sasso 176

Monte Grappa

36 4.00 Std. Colli Alti mit Col del Fenilon, 1325 m 178
37 4.15 Std. Monte Grappa, 1775 m 182
TOP 38 4.00 Std. Val delle Mure und Meatte-Weg 186

Piccole Dolomiti und Tretto

TOP 39 5.15 Std. Die Straße der 52 Tunnel am Monte Pasubio 192
40 2.00 Std. Alpe Campogrosso 196
41 6.00 Std. Cima Carega, 2259 m 199
TOP 42 5.00 Std. Um den Monte Zevola 204
43 3.30 Std. Montagnole 208
44 4.15 Std. Monte Spitz di Recoaro, 1181 m 212
45 5.15 Std. Monte Rione und Monte Caliano 216
46 2.30 Std. Busa Novegno und Monte Vaccaresse 220
47 2.00 Std. Um Santa Caterina 224
48 2.00 Std. Um Sant'Ulderico 228
TOP 49 4.30 Std. Monte Summano, 1296 m 231

Lessinia

50 2.00 Std. I Busoni di Monte Borghetto 236
51 5.15 Std. Monte Castelberto, 1765 m 238
52 5.00 Std. Durch das Vajo dell'Anguilla zum Monte Sparvieri, 1797 m 242
53 3.15 Std. Cima Trappola, 1865 m 246
54 3.45 Std. Corno d'Aquilio, 1545 m 250
55 3.30 Std. Monte Lobbia, 1672 m 254
56 5.45 Std. Von Erbezzo zum Ponte di Veja 258
57 3.45 Std. Im Val Sorda 264

Stichwortverzeichnis 268

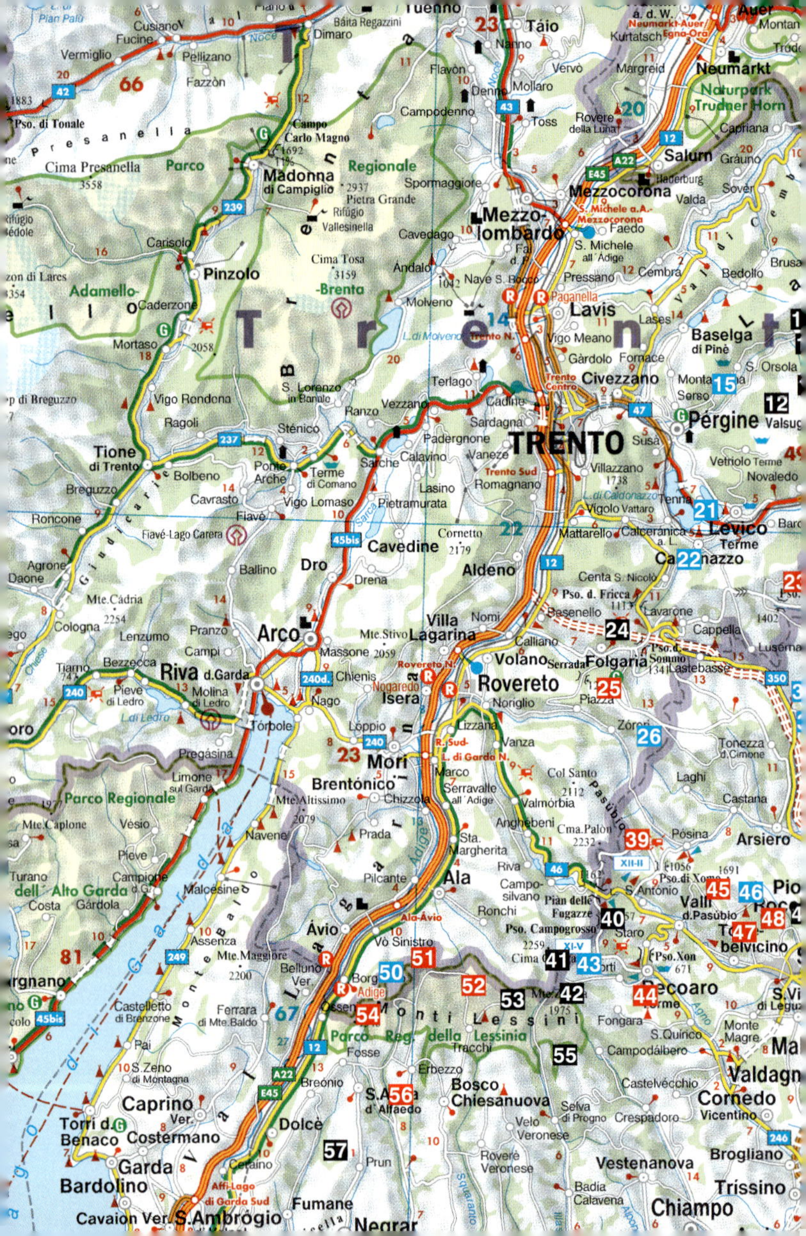

Pian Palù
Cusiano
Fucine
Vermiglio
Pellizano
Fazzòn
Dimaro
Bàita Regazzini
Tuenno
Tàio
Nanno
Flavòn
Denno
Mollaro
Campodenno
Toss
Vervò
Margreid
Kurtatsch
Neumarkt-Auer
Egna-Ora
Auer
Montan
Neumarkt
Naturpark
Trudner Horn
Rovere della Luna
Capriana
Salurn
Gràuno
Haderburg
Mezzocorona
Valda
Sover
Pso. di Tonale
Presanella
Cima Presanella
3558
Campo Carlo Magno
1692
Parco
Regionale
Madonna di Campiglio
2937
Pietra Grande
Spormaggiore
Rifùgio Vallesinella
Mezzolombardo
S. Michele a.A.-Mezzocorona
Faedo
S. Michele all'Adige
Cavedago
Andalo
Fai d. P.
Nave S. Rocco
Pressano
Cembra
Bedollo
Brusa
Carisolo
Pinzolo
Cima Tosa
3159
Brenta
Adamello
Caderzone
Molveno
1042
Paganella
Lavis
Lases
Baselga di Pinè
Mortaso
2058
L. di Molveno
Trento N.
Vigo Meano
Gàrdolo
Fornace
Civezzano
S. Orsola
Trento Centro
Montagnaga
Serso
Pérgine
Valsugana
Vigo Rendena
S. Lorenzo in Banale
Terlago
Cadine
Ragoli
Ranzo
Vezzano
Sardagna
TRENTO
Susà
Sténico
Padergnone
Vaneze
Tione di Trento
Ponte Arche
Terme di Comano
Sarche
Calavino
Trento Sud
Villazzano
Vetriolo Terme
Novaledo
Bolbeno
Breguzzo
Cavrasto
Vigo Lomaso
Lasino
Pietramurata
Romagnano
1738
L. di Caldonazzo
Tenna
Vigolo Vattaro
Levico Terme
Roncone
Fiavé
Fiavé-Lago Carera
Cavedine
Cornetto
2179
Mattarello
Calceranica a. L.
Caldonazzo
Agrone
Daone
Ballino
Dro
Drena
Aldeno
Centa S. Nicolò
Pso. d. Fricca
Mte. Cádria
2254
Cologna
Lenzumo
Pranzo
Arco
Villa Lagarina
Mte. Stivo
2059
Nomi
Besenello
Lavarone
Cappella
Campi
Massone
Calliano
Tiarno
Bezzecca
Riva d. Garda
Chienis
Rovereto N.
Volano
Serrada
Folgaria
Pso. d. Sommo
Lastebasse
Luserna
Pieve di Ledro
Molina di Ledro
L. di Ledro
Nago
Nogaredo
Isera
Rovereto
Noriglio
Piazza
Tórbole
Loppio
Lizzana
Zórzeri
Pregàsina
Mori
R. Sud-L. di Garda N.
Vanza
Tonezza d. Cimone
Limone sul Garda
Brentónico
Marco
Col Santo
2112
Laghi
Parco Regionale
Mte. Altissimo
Chizzola
Serravalle all'Adige
Valmórbia
Castana
Mte. Caplone
Vésio
2079
Navene
Prada
Anghebeni
Cma. Palon
2232
Pasùbio
Pósina
Arsiero
Pieve
Sta. Margherita
Adige
Turano
Campione d. G.
Malcésine
Pilcante
Ala
Riva
Campo-silvano
Pso. di Xomo
Valli d. Pasùbio
S. Antonio
dell' Alto Garda
Costa
Gàrdola
Pian delle Fugazze
Ronchi
Ávio
Ala-Ávio
Pso. Campogrosso
Staro
Tórrebelvicino
Assenza
Mte. Maggiore
2200
Vò Sinistro
Cima
Pso. Xon
Belluno Ver.
Borghetto
Adige
Recoaro Terme
S. Vito di Leguzzano
Castelletto di Brenzone
Ferrara di Mte. Baldo
Ossenigo
Monti Lessini
Fongara
S. Quirico
Monte Magre
Malo
Parco Reg. della Lessinia
Tracchi
Pai
Fosse
Campodálbero
Monte Baldo
S. Zeno di Montagna
Erbezzo
Castelvécchio
Valdagno
Breónio
Caprino Ver.
S. Anna d'Alfaedo
Bosco Chiesanuova
Selva di Progno
Crespadoro
Cornedo Vicentino
Torri d. Benaco
Costermano
Dolcè
Velo Veronese
Brogliano
Garda
Bardolino
Ceraino
Prun
Roverè Veronese
Vestenanova
Trissino
Affi-Lago di Garda Sud
Fumane
Badia Calavena
Chiampo
Cavaion Ver.
S. Ambrógio
Negrar
Lago di Garda

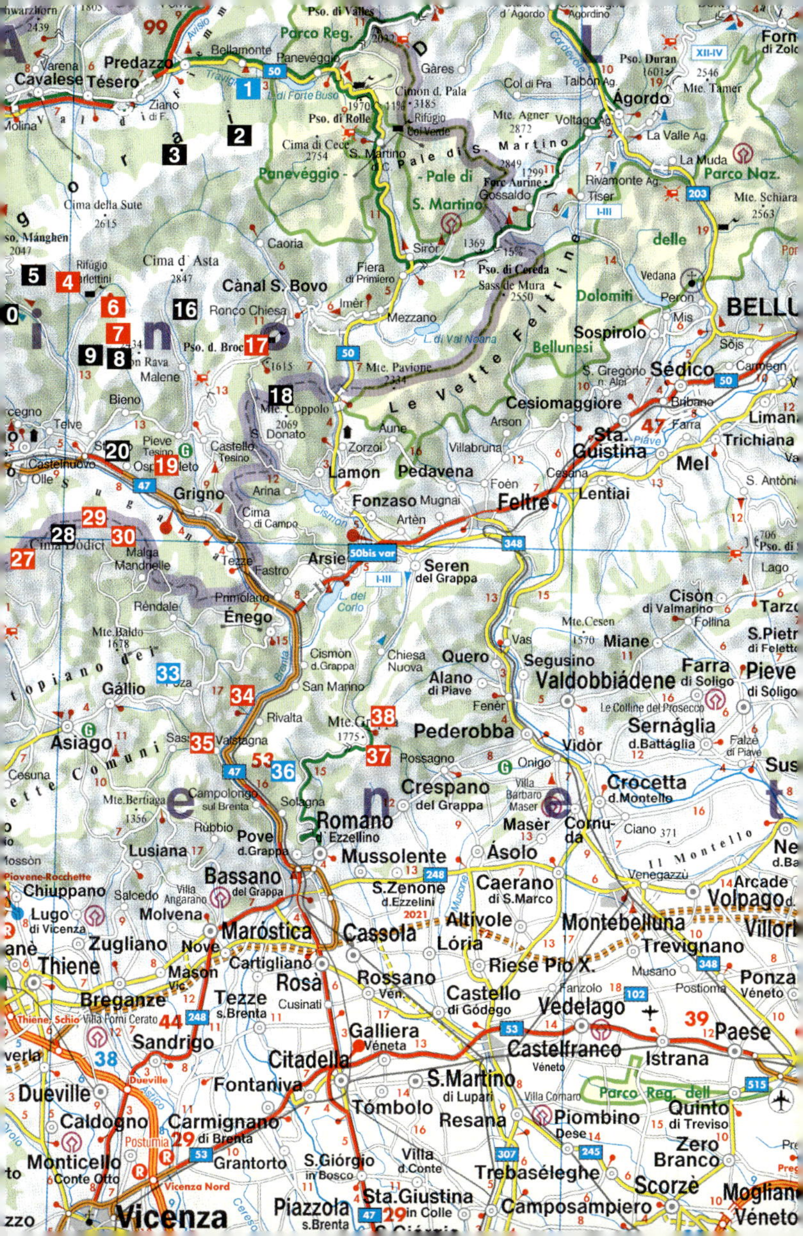

Pso. di Valles
Parco Reg.
Predazzo
Bellamonte
Panevéggio
Cavalese
Tésero
Varena
Ziano di F.
Molina
L. di Forte Buso
Gàres
Cimon d. Pala 3185
Pso. di Rolle
Rifúgio Col Verde
Cima di Cece 2754
S. Martino di C.
Panevéggio - Pale di S. Martino
Pale di S. Martino
Col di Pra
Mte. Agner 2872
Taibon Ag.
Ágordo
Voltago Ag.
La Valle Ag.
La Muda
Pso. Duran 1601
Mte. Tamer
Forc Aurine 1299
Gosaldo
Rivamonte Ag.
Tiser
Parco Naz.
Mte. Schiara 2563
delle
Dolomiti
Bellunesi
Cima della Sute 2615
Pso. Mánghen 2047
Rifúgio Carlettini
Cima d'Asta 2847
Caoria
Cànal S. Bovo
Ronco Chiesa
Fiera di Primiero
Imèr
Siròr
Pso. di Cereda
Sass de Mura 2550
Mezzano
L. di Val Noana
Vedana
Peron
Mis
BELLU
Sospirolo
Sòis
Pso. d. Broc
Malene
Mte. Pavione 2334
Le Vette Feltrine
S. Gregòrio n. Alpi
Sédico
Bribano
Carmegn
Bieno
Mte. Cóppolo 2069
S. Donato
Cesiomaggiore
Arson
Farra
Limana
Trichiana
Telve
Pieve Tesino
Castello Tesino
Aune
Zorzoi
Villabruna
Sta. Giustina
Castelnuovo
Olle
Ospedaletto
Lamon
Pedavena
Cesana
Mel
Grigno
Arina
Foèn
Lentiai
S. Antònio
Fonzaso
Mugnai
Feltre
Cima di Campo
Artèn
Cima Dodici
Malga Mandrielle
Tezze
Fastro
Arsiè
Seren del Grappa
Pso. di
Lago
Primolano
L. del Corlo
Cisòn di Valmarino
Tarzo
Réndale
Énego
Mte. Cesen 1570
Follina
Mte. Baldo 1678
Vas
Miane
S. Pietro di Feletto
Altopiano dei Sette Comuni
Císmon d. Grappa
Chiesa Nuova
Quero
Segusino
Valdobbiádene
Farra di Soligo
Pieve di Soligo
Gállio
Foza
San Marino
Alano di Piave
Fener
Le Colline del Prosecco
Asiago
Rivalta
Mte. Grappa 1775
Pederobba
Sernáglia d. Battáglia
Falzè di Piave
Sasso
Valstagna
Rossagno
Vidòr
Onigo
Susegana
Cesuna
Crocetta d. Montello
Mte. Bertiaga 1356
Campolongo sul Brenta
Solagna
Crespano del Grappa
Villa Barbaro Masèr
Cornuda
Ciano 371
Rúbbio
Romano d'Ezzelino
Masèr
Il Montello
Lusiana
Pove d. Grappa
Mussolente
Ásolo
Nervesa d. Battaglia
Piovene-Rocchette
Bassano del Grappa
Venegazzù
Arcade
Chiuppano
Salcedo
Villa Angarano
S. Zenone d. Ezzelini
Caerano di S. Marco
Volpago d.
Lugo di Vicenza
Molvena
Altivole
Montebelluna
Villorba
Marόstica
Cassola
Zugliano
Nove
Lória
Trevignano
Thiene
Cartigliano
Riese Pio X.
Musano
Mason Vic.
Rosà
Rossano Ven.
Fanzolo
Postioma
Ponzano Véneto
Breganze
Tezze s. Brenta
Cusinati
Castello di Gódego
Vedelago
Thiene, Schio
Villa Forni Cerato
Sandrigo
Galliera Véneta
Paese
Castelfranco Véneto
Istrana
Citadella
Dueville
Fontaniva
S. Martino di Lupari
Villa Corner
Parco Reg. dell
Quinto di Treviso
Caldogno
Carmignano di Brenta
Tómbolo
Resana
Piombino Dese
Zero Branco
Postumia
Monticello Conte Otto
Grantorto
S. Giórgio in Bosco
Villa d. Conte
Trebaséleghe
Scorzè
Vicenza Nord
Vicenza
Piazzola s. Brenta
Sta. Giustina in Colle
Camposampiero
Mogliano Véneto

Wichtige Hinweise für unterwegs

Anforderungen

Die allermeisten Wanderungen stellen keine ungewöhnlichen Anforderungen z. B. an Trittsicherheit oder Schwindelfreiheit. Es ist niemals besondere Ausrüstung außer Wanderschuhen und Proviant (kaum Einkehrmöglichkeiten unterwegs!) notwendig. Einige Touren erfordern jedoch gutes Orientierungsvermögen, sie führen streckenweise durch wegloses und nicht markiertes Gelände, wenige Touren mit ausgesetzten Passagen setzen Schwindelfreiheit voraus und/oder den Einsatz der Hände. Folgende drei Schwierigkeitsgrade werden unterschieden und mit der Tourennummer entsprechend farblich gekennzeichnet:

Leicht Die Wege sind überwiegend breit und nur selten steil. Die Orientierung ist einfach.

Mittel Die Wege und Pfade sind oft schmal und streckenweise steil. Einige Abschnitte können weglos sein, die Orientierung ist relativ problemlos. Aufgrund der Tourenlänge ist oft ausreichend Ausdauer erforderlich. Bachquerungen können erforderlich sein.

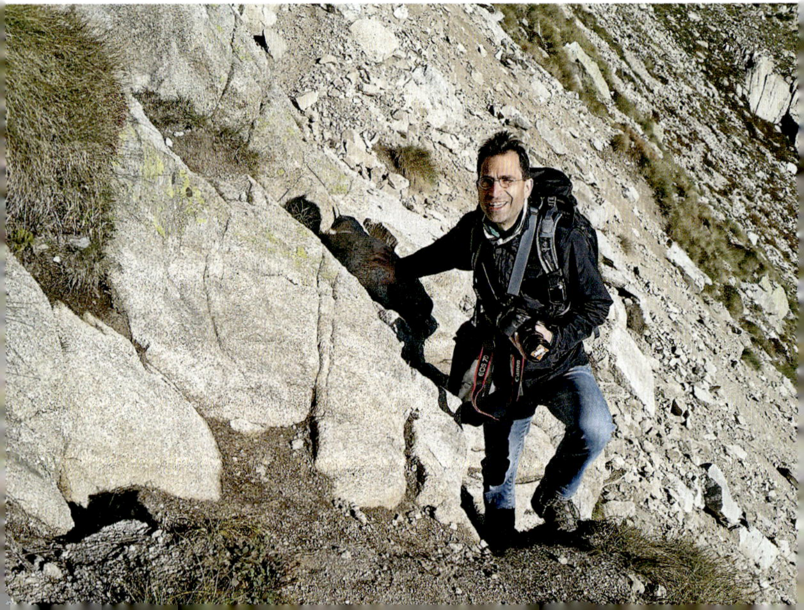

Symbole

🚌	mit Bahn/Bus erreichbar	◉	Quelle
🍴	Einkehrmöglichkeit unterwegs	)(	Brücke
👨‍👧	für Kinder geeignet	♁	Kirche, Kapelle
P	eingerichteter Parkplatz	⛺	Zeltplatz
	Ort mit Einkehrmöglichkeit		Picknickplatz
	Einkehrmöglichkeit	↰	Abzweigung links
†	Gipfel	↱	Abzweigung rechts
)(	Pass, Sattel	↰	Abzweigung links, nicht begangen
	Aussichtsplatz		
	Aussichtsturm	↱	Abzweigung rechts, nicht begangen
∩	Höhle		

■ **Schwierig** Die Wege und Pfade sind über längere oder kürzere Strecken schmal und steil mit gegebenenfalls ausgesetzten Abschnitten. Kurze Passagen müssen eventuell unter Zuhilfenahme der Hände leicht kletternd überwunden werden. Teilweise ist man weglos unterwegs, sodass Orientierungssinn nötig ist. Aufgrund der Tourenlänge und/oder der zu bewältigenden Höhenmeter ist entsprechende Ausdauer erforderlich.

Gehzeiten

Die Zeitangaben im Tourenkopf und im Höhenprofil sind reine Gehzeiten, ohne Pausen für Orientierung, Rast, Besichtigung von Sehenswürdigkeiten oder Fotografieren. Als Durchschnittsgeschwindigkeit wurden bis zu fünf Kilometer pro Stunde auf befestigten, abwärts führenden Wegen und dreieinhalb Kilometer pro Stunde auf ebenen Pfaden angesetzt, mit zunehmender Geländesteilheit und Unwegsamkeit teils nur anderthalb Kilometer pro Stunde.

Ausrüstung

Knöchelhohe Wanderschuhe mit fester Sohle sind unverzichtbar. Auch wenn wir im südlichen Teil der Alpen unterwegs sind, sollten warme Kleidung und Regenschutz nie im Rucksack fehlen. Für die in diesem Buch beschriebenen Touren ist niemals Bergsteigerausrüstung wie Steigeisen, Sicherungsmaterial o.ä. erforderlich. Da unterwegs selten eingekehrt oder eingekauft werden kann, sind ausreichend Proviant und vor allem Getränke mitzunehmen. Die Kalkgebiete bieten wenige Quellen; in den Granitgebieten Lagorai und Cima

Links: Steil und rutschig ist es nicht nur auf Tour 16.

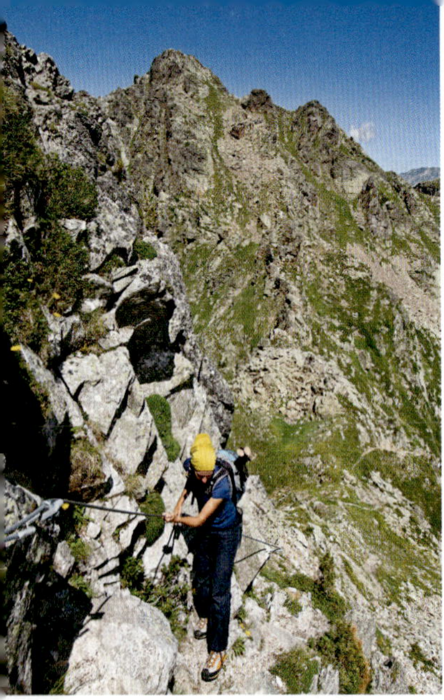

Die schwierigste Stelle im Buch (Tour 8).

d'Asta sind Quellen und Bäche häufig. In jedem Falle sollte geprüft werden, ob oberhalb einer Wasserstelle Weidegebiete liegen, die das Wasser verunreinigen können.

Wegzustand und Markierungen

Die Pflege von Wanderwegen und Markierungen erreicht selten die Perfektion wie in den Schweizer oder österreichischen Alpen. Überwiegend ist entspanntes Wandern nach rot-weißen Alpenvereinsmarkierungen oder lokalen Markierungen möglich. Immer wieder trifft man leider auf zerstörte Wegweiser (Naturgewalt oder Vandalismus). Wenig gegangene Wege sind bisweilen zugewachsen. Wo Wege gesperrt sind, hilft meist nur umzukehren und auf dem bekannten Weg zurückzukehren.

Karten

Karten aus dem Kompass-Verlag und dem italienischen Tabacco-Verlag decken das Gebiet des Wanderführers fast komplett im Maßstab 1:25.000 ab. Sie sind meist vor Ort erhältlich. Einige Tourismusbüros bieten lokale Wanderkarten guter Qualität an, z. T. kostenlos.

Einkehr

Im Gebiet dieses Wanderführers finden sich selten Berghütten, die unterwegs Verpflegung und Getränke bieten. Falls doch, ist dies mit einem entsprechenden Symbol im Touren-

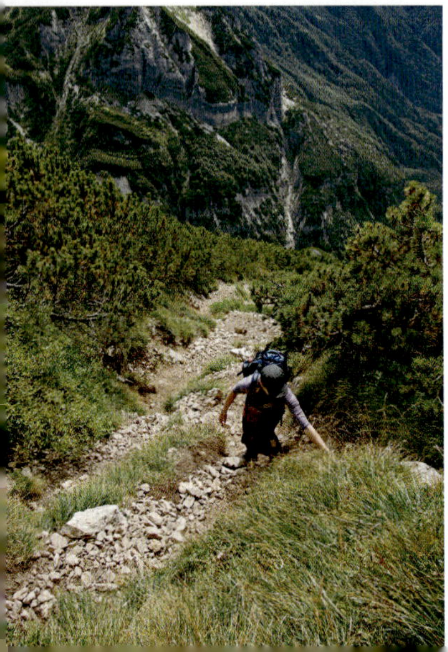

Sehr steil kurz vor der Cima Tibet (Tour 41).

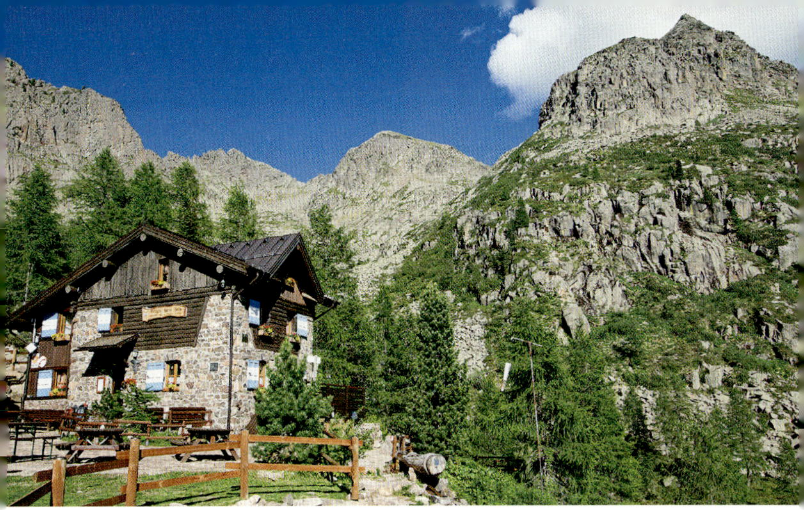

Das Rifugio Sette Selle unter dem gleichnamigen Gipfel im Lagorai (Tour 10 und 13).

kopf gekennzeichnet. Dabei sind die Öffnungszeiten zu beachten, da die Hütten außerhalb der Hauptsaison (Mitte Juni bis Anfang September) meist nur am Wochenende oder gar nicht geöffnet sind. Die Bezeichnung »Rifugio« tragen viele Ausflugsgaststätten, die per Pkw erreichbar sind und allenfalls als Wanderausgangspunkt dienen.

Anfahrt zu den Ausgangspunkten

Es gibt nur selten die Möglichkeit, die Wanderausgangspunkte mit öffentlichen Verkehrsmitteln zu erreichen. Ausnahmen sind die Touren, die in einem Dorf beginnen, z. B. Erbezzo (Tour 56), Caldonazzo (Tour 22), Sant'Ulderico (Tour 48), Folgaria (Tour 24). Fahrpläne, Strecken und Tickets des ÖPNV im Trentino finden sich unter trentinotrasporti.it (auch deutsch); im Veneto gibt es die Informationen für die Provinz Verona hier:

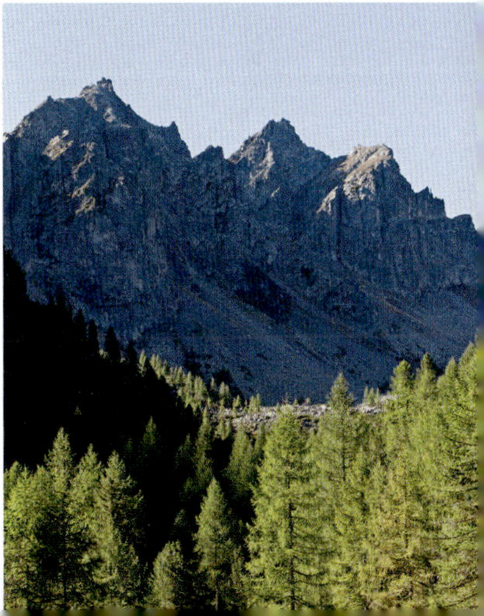

Lärchenwald auf dem Weg zum Monte Cauriol (Tour 3).

atv.verona.it (auch deutsch) und für die Provinz Vicenza hier: svt.vi.it. Fahrkarten können normalerweise nicht im Bus oder Zug gekauft werden. Sie sind in örtlichen Geschäften oder online erhältlich (Internet-Adressen siehe oben), im Trentino und in Vicenza auch per App. Ein Pkw ist leider meistens erforderlich. Einige Anfahrten führen über Schotterpisten, die aber mit gewöhnlichen Autos befahrbar sind.

Top-Touren in den Vizentiner Alpen

Lago Brutto, Lago delle Trote, Lago di Moregno

Drei wunderbare Seen im roten Porphyr (Tour 2, 5.15 Std.).

Cima del Frate

Verschiedene Felsfiguren im Reich des Granits (Tour 8, 8.00 Std.).

Um den Hoabont

Bequemer Aussichtsgrat oberhalb der Sieben Seen. (Tour 11, 5.00 Std.).

Cima Vezzena

Was für eine Aussicht über das Valsugana! (Tour 23, 4.00 Std.).

Castelloni di San Marco

Ein natürliches Felsenlabyrinth: ein Heidenspaß! (Tour 30, 5.00 Std.).

Altar Knotto und Alta Kugela

Seltsame Namen für seltsame Felsen und Aussicht gibt's dazu (Tour 32, 2.00 Std.).

Meatte-Weg

Panorama am Monte Grappa, Tief- u. Weitblicke in die Po-Ebene (Tour 38, 4.00 Std.).

52 Tunnel am Monte Pasubio

Einzigartig: durch 52 Tunnel 840 m hinauf (Tour 39, 5.15 Std.).

Um den Monte Zevola

Aussichten auf drei Landschaften und zwei Felssäulen (Tour 42, 5.00 Std.).

Monte Summano

Über zackige Felsgrate zum Aussichtsgipfel (Tour 49, 4.30 Std.).

Unterkünfte

Die Auswahl an Unterkünften ist für alpine Verhältnisse recht begrenzt. Insbesondere sind die Öffnungszeiten knapp: außerhalb des Sommers (Juli und August) und der Skisaison bleiben viele Häuser geschlossen. Die Chance, in der Nebensaison ein Bett zu finden, ist bei kleinen Privatvermietern (B&B, Agriturismo) meist besser. Es überwiegen einfache Unterkünfte. Der Stil reicht vom liebevoll eingerichteten und top gepflegten B&B bis zum abgewohnten Dorfhotel. In der Sommer- und Wintersaison sowie an verlängerten Wochenenden ist es ratsam zu reservieren, ansonsten ist es unproblematisch.

Hier nur eine kurze Liste besonders empfehlenswerter Unterkünfte:

- Lessinia: Hotel Berna in Erbezzo: einfache Zimmer, gutes Restaurant
- Asiago-Hochebene: Hotel Alpi in Foza: einfache Zimmer, gutes Restaurant
- Lagorai und Cima d'Asta: Hotel SAT Lagorai im Val Campelle: zwischen

Hotel und Berghütte, sehr gemütlich; Rifugio Serot: schöne Zimmer, hervorragendes Essen

- Valsugana: B&B Le Rose in Carzano: einfache Zimmer, gutes Restaurant
- Recoaro Terme: B&B La Raste: große Zimmer, gutes Frühstück, zentrale Lage
- Tretto: Bio-Agriturismo Il Maggiocondolo: stilvolle Zimmer, hervorragendes Frühstück

Die Brenta fließt durch Borgo im Valsugana.

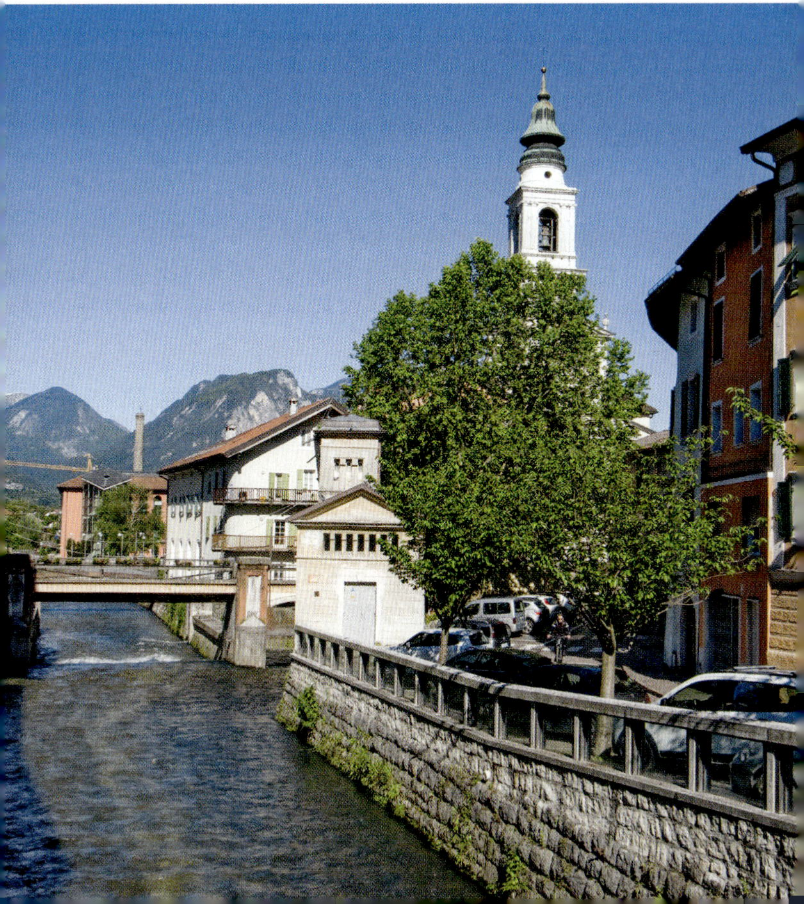

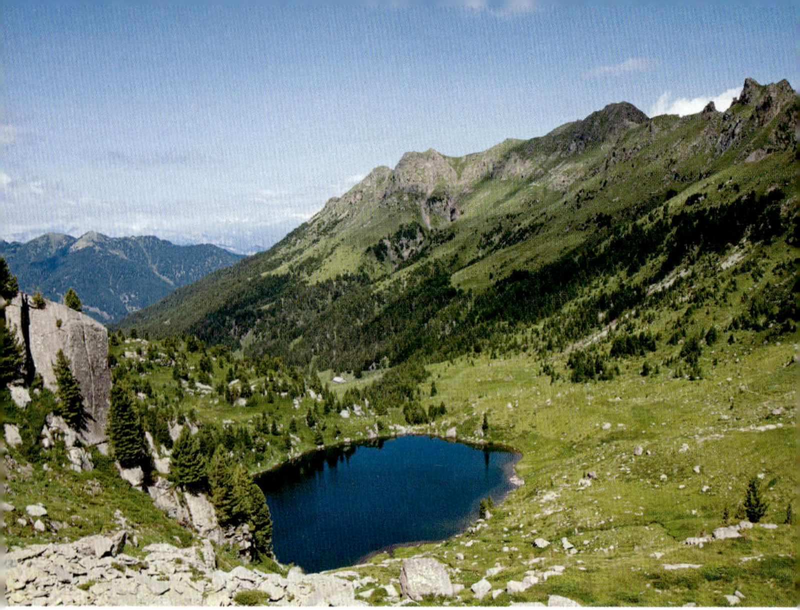

Der Lago delle Stellune im Lagorai (Tour 4).

Klimatabelle Borgo Valsugana, 386 m

	Monat	1	2	3	4	5	6	7	8	9	10	11	12
Tag*	°C	3,7	7,1	12,1	17,3	21,2	25,3	27,8	26,7	23,3	15,7	9,7	4,7
Nacht*	°C	–3,5	–1,6	2,2	6,3	10,1	13,5	15,3	14,8	12,2	6,3	2,1	–1,7
Niederschlag	mm	44	46	57	73	85	97	85	97	78	85	91	53

***Tag: Mittelwert der Tageshöchsttemperaturen. Nacht: Mittelwert der Tagestiefsttemperaturen.**

Klimatabelle Asiago, 1001 m

	Monat	1	2	3	4	5	6	7	8	9	10	11	12
Tag*	°C	1,3	3,5	7,4	12,0	16,3	20,5	23,1	22,1	19,1	12,7	6,6	2,4
Nacht*	°C	–5,4	–4,3	–1,0	2,8	6,8	10,2	12,2	11,9	9,5	4,6	0,0	–3,8
Niederschlag	mm	36	37	48	61	82	90	90	96	79	79	79	41

***Tag: Mittelwert der Tageshöchsttemperaturen. Nacht: Mittelwert der Tagestiefsttemperaturen.**

Fahrrad, Baden, Klettern und weitere Sportarten

Die gesamte Gegend ist sowohl bei Rennradfahrern als auch Mountainbikern beliebt: Letzteren bieten v.a. die ehemaligen Militärstraßen ein weites Netz für Touren in hohen Lagen. Entlang der Täler sind gemütliche Radtouren möglich. Entsprechende Informationen bei den lokalen Tourismusbüros. Die beiden Seen Lago di Levico und Lago di Caldonazzo im Valsugana bieten Strandbäder und freie Strände. Für Felsfreunde finden sich viele Klettergärten und Klettersteige. Die meisten Informationen (gedruckt oder im Netz) dazu sind in italienischer Sprache.

Autofahren

Höchstgeschwindigkeiten: innerorts 50 km/h, außerorts auf den Regional- und Landstraßen 90 km/h, auf einigen Staatsstraßen (strada statale und superstrada, SS) 110 km/h, auf den Autobahnen 130 km/h. Außerorts muss das Licht angeschaltet sein. Im Auto muss eine Warnweste liegen, die bei Pannen getragen werden muss. Die Promillegrenze liegt bei 0,5‰ (Fahranfänger: 0,0‰). Die grüne Versicherungskarte (nicht Pflicht) ist nicht nur im Schadensfall, sondern auch bei Verkehrskontrollen hilfreich.
In Italien gilt für die meisten Autobahnen und für wenige Schnellstraßen eine entfernungsabhängige Maut.

Elektrizität

Eurostecker passen in italienische Steckdosen, Schukostecker brauchen einen Adapter.

Feiertage und Feste

Neujahr (1.1.), Heilige Drei Könige (6.1.), Ostermontag, Befreiung vom Faschismus (25.4.), Tag der Arbeit (1.5.), Nationalfeiertag (2.6.), Ferragosto – Mariä Himmelfahrt (15.8.), Allerheiligen (1.11.), Mariä Empfängnis (8.12.), Weihnachten (25. und 26.12.).

Geschäftszeiten

Von Montag bis Samstag in der Regel von 8:30 bis 13:00 Uhr und von

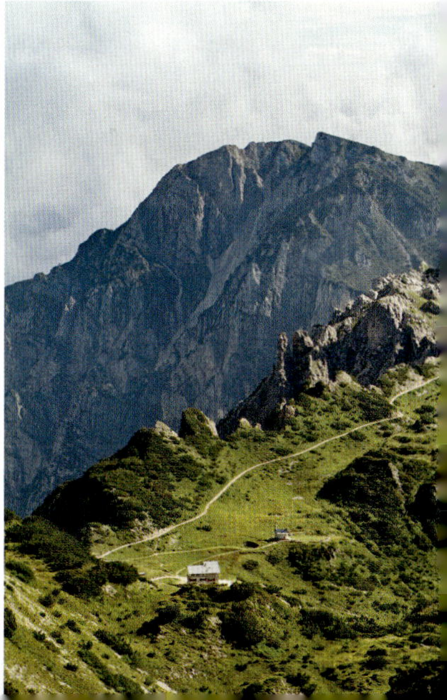

Beim Abstieg von der Cima Carega taucht der Monte Zevola hinter dem Rifugio Fraccaroli auf (Tour 41).

16:00 (in kleinen Orten von 17:00) bis 20:00 Uhr. In touristischen Zentren auch sonntags. Tankstellen auf den Autobahnen sind überwiegend 24 Std. geöffnet, viele andere bieten nachts Selbstbedienung mit Automatenzahlung an.

Guardia di Finanza

Die Finanzpolizei kontrolliert korrekte Abrechnungen (Einkäufe, Restaurants, Dienstleistungen). Kann man den Kassenbon (*scontrino fiscale*) nicht vorweisen, drohen empfindliche Geldbußen.

Haustiere

Haustiere sind in vielen Pensionen, Hotels und Campingplätzen etc. nicht erwünscht. Auch die Strände an den Badeseen sind für Hunde verboten. Zur Einreise wird der EU-Heimtierpass benötigt; Formalitäten sollte man beim Tierarzt erfragen.

Sprache

Im gesamten Gebiet wird italienisch gesprochen. Deutsch und Englisch wird in einigen touristischen Einrichtungen verstanden. Die alten bairischen Dialekte (Zimbrisch) in bestimmten Orten werden nur von sehr wenigen Menschen gesprochen und sind auch für Bayern nicht unbedingt verständlich.

Einer der Lasteati-Seen (Tour 6). Im Hintergrund die Cima d'Asta.

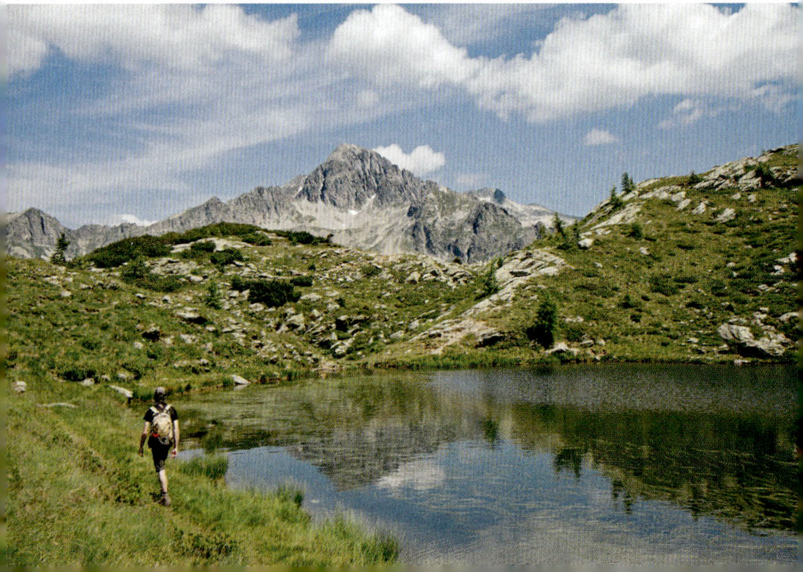

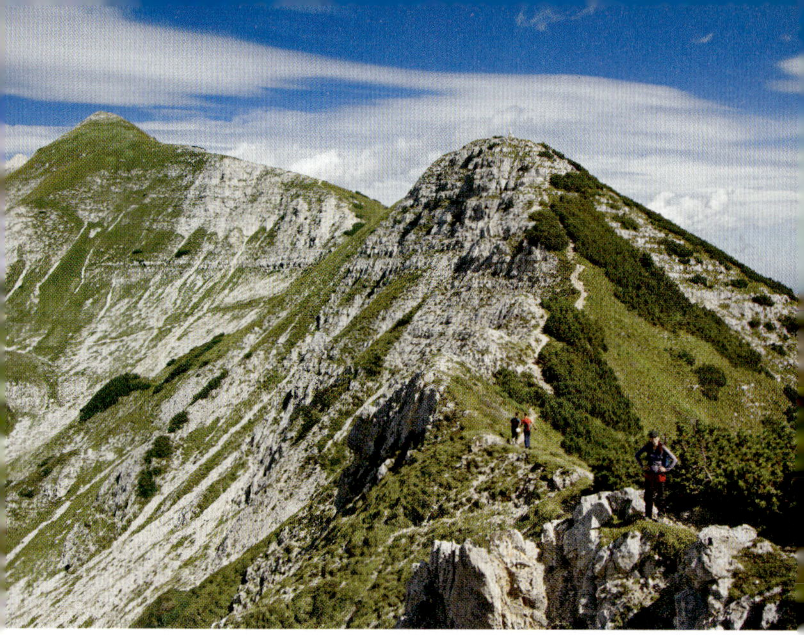

Die Costa Media ist ein herrlicher Panorama-Grat, der zur Cima Carega führt (Tour 41).

Telefon

Landesvorwahl nach Italien: +39: Landesvorwahl nach Deutschland +49, nach Österreich +43, in die Schweiz +41.
Vorwahlnummern sind fester Bestandteil der Telefonnummern, also immer mitzuwählen, auch bei Ortsgesprächen. Bei Telefonaten aus dem Ausland nach Italien fällt die Null der Ortsvorwahl nicht weg.

Informationen und Adressen

Zur Vorbereitung auf den Aufenthalt in den Vizentiner Alpen erhält man touristische Informationen über ganz Italien bei der italienischen Zentrale für Tourismus ENIT, Barckhausstraße 10, 60325 Frankfurt a.M., Tel. +49 69 237434, enit-italia.de. Büros auch in Wien (enit.at) und Zürich (enit.ch)
Gute Informationen zum Wandergebiet findet man im Internet u.a. zu folgenden Themen:

- Wetter: bergfex.it/sommer/italien
- Italienischer Alpenverein: Club Alpino Italiano, cai.it
- Nationalparks, Regionalparks Italiens: parks.it
- Italienische Ostalpen: magicoveneto.it

- Piccole Dolomiti und Lessinia: caregaweb.it
- Asiago-Hochebene: montagnando.it
- Erster Weltkrieg im Veneto: ecomuseograndeguerra.it
- Deutsch-Italienisches Kulturmagazin: onde.de

Notruf und Pannenhilfe

- Telefonnummern: (Europa-)Notruf 112; Polizei 113; Feuerwehr 115; Rettungsdienst 118; Corpo Forestale (bei Waldbrand) 1515. Vom Mobiltelefon funktionieren die Notrufnummern nur mit eingelegter SIM-Karte.
- Die Guardia Medica (öffentliche Arztpraxis in Dörfern) versorgt akute Beschwerden kostenlos. Bei kleineren Eingriffen wird in den medizinischen Zentren oft Bargeld verlangt.
- Abschleppdienst und Pannenhilfe des ACI: 116 (italienisch) oder über den ADAC (deutschsprachig) +49 89 222222 (München) bzw. +39 039 21041 (Italien)

Diplomatische Vertretungen

- Deutschland: Honorarkonsulat in Bozen, Dr. Streiter-Gasse 12, I-39100 Bozen, Tel. +39 0471 972118, Fax +39 0471 975779, E-Mail: bozen@hk-diplo.de; Generalkonsulat in Mailand, Via Solferino 40, I-20121 Milano, Tel. +39 02 6231101, Fax +39 02 6554213, E-Mail: info@mailand.diplo.de
- Österreich: Honorarkonsulat in Verona, Piazza Broilo 3, I-37121 Verona, Telefon: +39 045 8010292, Telefax: +39 045 596729, E-Mail: puntigam@puntigam.it; Amtslokal des Generalkonsulats Mailand in Bozen, Silbergasse 6, Merkantilgebäude, 1. Stock, I-39100 Bozen, Tel. +39 0471 970394
- Schweiz: Generalkonsulat Mailand, Via Palestro 2, I-20121 Milano, +39 02 7779161, E-Mail: mil.vertretung@eda.admin.ch

GPS-Tracks und Koordinaten der Ausgangspunkte

Auf **gps.rother.de** stehen zu diesem Wanderführer GPS-Tracks und Koordinaten der Ausgangspunkte zum kostenlosen Download bereit. Dieser QR-Code führt direkt zum Download.
2. Auflage, Passwort: **451402wua**
Die GPS-Tracks können in die **Rother App** importiert werden. In der App kann man unterwegs stets sehen, wo man gerade ist und wo es langgeht. **Anleitungen dazu: rother.de/gps**
Trotz sorgfältiger Prüfung können wir Fehler und zwischenzeitliche Veränderungen nicht ausschließen. Verlassen Sie sich für die Orientierung niemals einzig und allein auf die GPS-Daten, sondern beurteilen Sie die Verhältnisse vor Ort.

Der Umwelt zuliebe ...

Auch beim Wandern hinterlassen wir einen ökologischen Fußabdruck, aber im Einklang mit der Natur unterwegs zu sein, ist gar nicht so schwer!

VORBEREITUNG UND ANFAHRT

- Sich vorab informieren, worauf in Bezug auf Natur und Umwelt in der jeweiligen Wanderregion besonders zu achten ist.
- Soweit möglich mit Bahn und Bus anreisen, Wander- und Rufbusse nutzen.
- Ist eine Anfahrt mit dem Auto nötig, Fahrgemeinschaften bilden.
- Bei weiten Anfahrten Mehrtagestouren planen oder von einem Quartier vor Ort aus mehrere Touren absolvieren.
- Flugreisen möglichst reduzieren und durch Beiträge zu Klimaschutzprojekten kompensieren.

KLEIDUNG UND AUSRÜSTUNG

- Beim Kauf von Outdoor-Kleidung auf umweltfreundliche und faire Herstellung achten und Kleidungsstücke möglichst viele Jahre nutzen.
- Ausrüstung kann man eventuell auch gebraucht kaufen oder ausleihen.
- Reparieren statt neu kaufen.

VERPFLEGUNG

- Beim Einkauf Bio-Ware, regionale und saisonale Erzeugnisse bevorzugen.
- Hütten und Gasthäuser auswählen, die regionale Produkte verwenden.
- Auf Einwegflaschen und Plastikverpackungen verzichten, stattdessen wiederverwendbare Trinkflaschen und Brotzeitboxen benutzen.

ÜBERNACHTUNG

- Bei lokalen Anbietern buchen, damit Menschen vor Ort profitieren.
- Auf Hütten und in anderen Unterkünften Strom und Wasser sparen.

UNTERWEGS

- Wege benutzen und Abkürzer vermeiden.
- Sperrungen von Wegen und Schutzgebieten respektieren.
- Keine Blumen pflücken und keine Pflanzen entnehmen.
- Waldbrandgefahr beachten.
- Müll wieder mit nach Hause nehmen und dort entsorgen.
- Toilettengänge in freier Natur möglichst vermeiden.
- Lärm vermeiden.
- Hunde an die Leine nehmen.

ROTHER BERGVERLAG

Zur Region

Gebietsüberblick

Das Gebiet dieses Wanderführers beginnt mit dem Fleimstal (Val di Fiemme). Die nördlich davon gelegenen Wanderungen sind in den Rother Wanderführern »Dolomiten 2« und »Dolomiten 4« beschrieben. Direkt südlich des Fleimstales liegt der Granitbogen des **Lagorai** mit dem **Cima-d'Asta-Massiv**, wobei der äußerste Osten des Lagorai vom Rolle-Pass aus zugänglich ist und daher im Wanderführer »Dolomiten 8« beschrieben ist. Die Cima d'Asta ist mit 2847 m der höchste Gipfel in diesem Buch.
Das **Valsugana** schneidet als tiefe Senke einmal quer durch das Buch. Dementsprechend ist hier Landwirtschaft möglich. Obst- und Weinbau spielen eine große Rolle, anmutige Kulturlandschaft ist die Folge. Südlich davon finden wir praktisch nur noch Kalkgestein. Die kleineren Ebenen von **Tesino** und **Folgaria** und die weite **Asiago-Hochebene** schließen sich an. Die **Piccole Dolomiti** genannten Kalkzacken stoßen noch über 2000 m hinauf. Den Abschluss nach Süden bilden **Monte Grappa** und Monte Novegno sowie die Monti Lessini (auch **Lessinia** genannt). Die letzten drei Gebirgsgruppen werden als Voralpen bezeichnet, was keineswegs heißen soll, die Landschaft wäre weniger spannend! Kurz vor Verona, Vicenza und Bassano del Grappa endet das Gebiet dieses Wanderführers.

Lagorai und Cima d'Asta

Der rote Porphyrgranit der **Lagoraikette** schließt das Fleimstal nach Süden ab und zieht sich in einem etwa 70 km langen Bogen vom Passo Rolle bis zum Monte Panarotta oberhalb des Städtchens Levico im Valsugana. Als höchste Spitze erreicht die Cima di Cece 2754 m. Der Porphyrgranit entstand aus vulkanischer Förderung vor 270 Millionen Jahren und gehört zur Bozner Quarzporphyrplatte. Manchmal wird der Lagorai den Dolomiten zugerechnet; dagegen spricht, dass es kein Dolomitgestein im Lagorai gibt.
Der Lagorai ist relativ schwer zugänglich, nur vom Passo Manghen, 2047 m, aus lässt sich direkt in felsigen Höhen loswan-

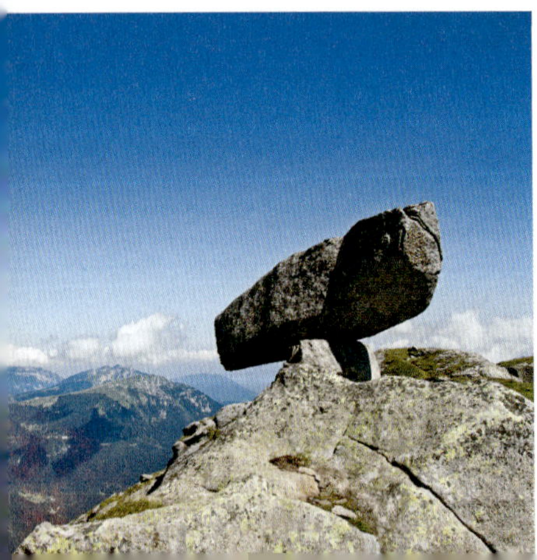

Cresta del Frate (Tour 16).

dern (Tour 5). Der Nordhang zum Fleimstal hin ist besser erschlossen: Befahrbare Straßen führen in Höhen von gut 1500 m und bieten gute Wanderstartpunkte z. T. mit Einkehr am Anfang (Tour 30 und 31). Der Südhang zum Val Campelle hin erfordert viele Höhenmeter; entsprechend wenig Leute sind dort unterwegs.

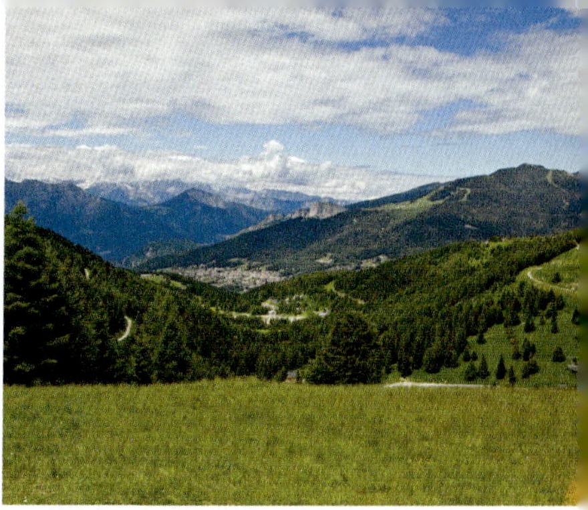

Das Städtchen Folgaria am Fuß des Monte Cornetto.

Der südwestliche Teil des Lagorai, also zwischen dem Passo Manghen und dem Lago di Levico, ist vom Val Calamento, dem westlichen Valsugana (Roncegno Terme) und dem Fersental/Bersntol her zugänglich. Hier gibt es zwei echte, d. h. nur zu Fuß erreichbare Berghütten: Rifugio Sette Selle (Tour 10 und 14) und Rifugio Tonini.

Südlich des Lagorai schließt sich die **Cima d'Asta** mit der dazugehörigen **Rava-Gruppe** an. Dieser Gebirgszug baut sich aus Granit im engeren Sinne auf. Der graue Stein zeigt sich zackig-zerklüftet, in flachen Platten und abgerundet. Man fühlt sich wie in den Zentralalpen, nur weniger hoch und einsamer. Die Spitze der Cima d'Asta ist mit 2847 m der höchste Gipfel dieses Buches. Er ist vom Rifugio Ottone Brentari (auch das eine echte Berghütte) aus relativ leicht zu erklimmen (Tour 16). Diese ist vom Val Sorgazza von Süden erreichbar, während die Rava-Gruppe besser vom nördlichen Val Calmento aus angegangen werden kann.

Valsugana und Tesino-Ebene

Das **Valsugana** trennt als tiefe, lang gezogene Senke Cima d'Asta und Lagorai von den weiter südlich gelegenen Kalkbergen. Das Tal selbst bietet neben hübschen Städtchen (Borgo, Pergine, Levico) und Burgen auch reizvolle Kulturlandschaft mit Weinbergen und Obstbau, die entspannt erwandert werden kann. Äußerst sehenswert sind die Natur-Kunstwerke im Seitental Val Sella (artesella.it). Die beiden großen **Seen von Caldonazzo und Levico** sind beliebte Badestellen. Man sieht sie auch vom Gipfel der Cima Vezzena (Tour 23) aus, dem wahrscheinlich schönsten Aussichtspunkt dieses Buches. Der imposante Naturbogen **Ponte dell'Orco** ist von Fracena oder Ospedaletto aus leicht zu erreichen (Tour 20).

Die kleine **Hochebene von Tesino** (mit dem Passo Brocon) schließt sich östlich an. Dort locken einige mittlere, aber nicht minder reizvolle Gipfel- und Panoramawanderungen auf gehobenem Mittelgebirgsniveau.

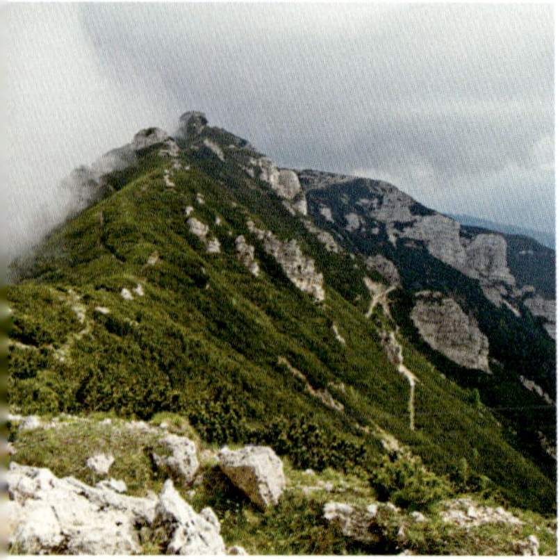

Der Gipfelgrat des Monte Cornetto (Tour 24).

Folgaria

Üblicherweise wird die Hochlandschaft um die Orte Folgaria, Luserna und Lavarone als ein Gebiet erfasst. Hier sind nur Wanderungen in der Nähe von Folgaria beschrieben, da hier die reizvollsten Gipfel und Aussichten warten. Das restliche Gebiet ist leider durch Skilifte, -pisten etc. verunstaltet. Die Cima Vezzena könnte auch in dieses Gebiet eingeordnet werden, ist in diesem Buch aber im Kapitel Valsugana (Tour 23) zu finden.
Wie in der benachbarten Asiago-Hochebene haben bairische Einwanderer Sprachspuren hinterlassen (siehe Seite 26), was sich in Orts- und Bergnamen zeigt. Daher wird die Gegend auch **Alpe Cimbra** genannt.

Hochebene von Asiago

Am Südrand des Valsugana türmt sich eine gigantische Felswand über 1500 m hoch (gemessen ab Talgrund!) und markiert den Nordrand der **Hochebene von Asiago**, auch Hochebene der Sieben Gemeinden genannt. Diese karstige Landschaft bildet eine abgeschlossene Einheit. Die grob quadratische Hochebene mit der Stadt **Asiago**, 1005 m, in der Mitte fällt nach allen Seiten steil ab, was wir auf der Treppen-Tour 35 deutlich merken. Die Siedlungen reihen sich im wesentlichen in einer zentralen Ost-West-Senke auf. Nach Norden steigt das Gelände stetig an, um in der **Cima Dodici** (Tour 28) mit 2336 m zu kulminieren. Diese Nordwestecke ist kahl und steinig, während die Nordostecke bewaldet ist. Überall lauern Dolinen und Höhlen – und daneben menschengemachte Löcher: Geschützstellungen, Vorratskavernen und Schützengräben aus dem Ersten Weltkrieg. Die Geschichte ist hier in

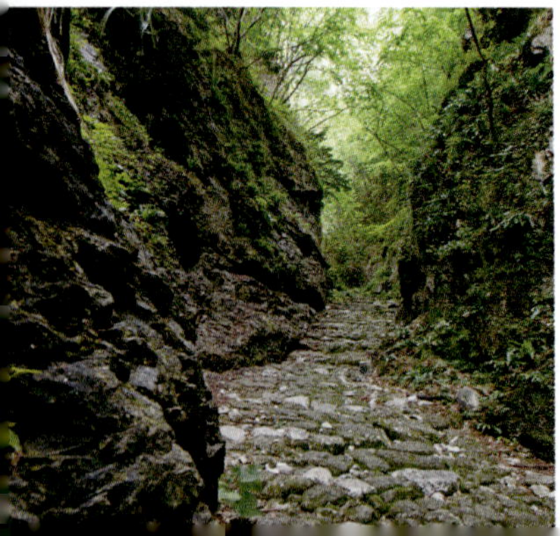

Die Cala del Sasso genannte Treppe verbindet die Asiago-Hochebene über 4444 Stufen mit dem Brentatal (Tour 35).

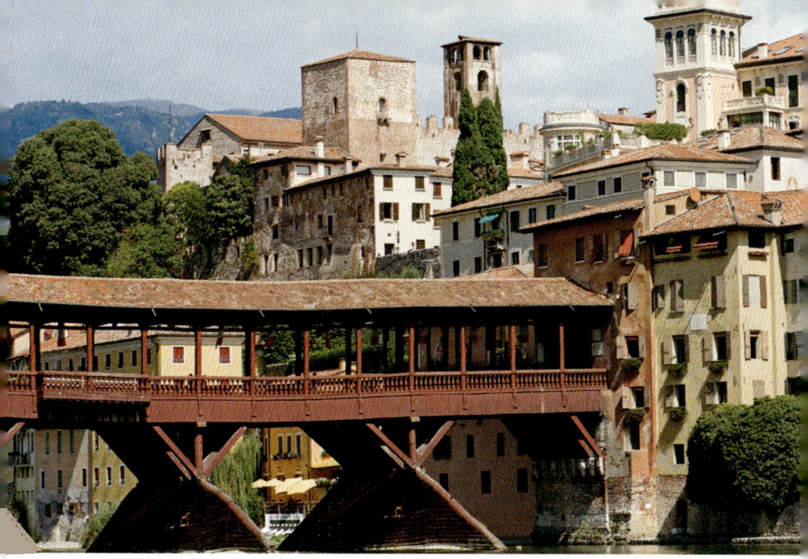

Bassano am Fuß des Monte Grappa.

der Landschaft sichtbar. Das faszinierende Felsenlabyrinth der **Castelloni di San Marco** (Tour 30) ist dagegen durch natürliche Erosion entstanden.

Monte Grappa

Der Canale di Brenta zwischen Bassano und Enego trennt die Asiago-Hochebene vom Monte Grappa ganz im Südosten dieses Wanderführers. Dieser kaum besiedelte Mittelgebirgsstock (bis 1775 m) ragt wie ein Turm über die Po-Ebene: die Aussichten sind gigantisch. Viele Gleitschirmflieger nutzen die Höhendifferenz. Das monumentale Denkmal für die Gefallenen des Ersten Weltkrieges auf dem Gipfel ist in ganz Italien bekannt und ist heute als Stätte der Versöhnung zu verstehen. Auch neben dem Gipfel sind herrliche alpine und liebliche Landschaften zu entdecken, insbesondere der Meatte-Weg (Tour 38) ist spektakulär.

Piccole Dolomiti und Tretto

Diese schroffen Gipfel ähneln ein wenig den Dolomiten, werden aber nicht zu diesen gezählt, da sie aus Kalk und nicht aus Dolomit bestehen. Sie umfassen die Massive **Cima Carega** (der höchste Punkt mit 2259 m, Tour 41) und Pasubio (Tour 39), sowie die Ketten Sengio Alto und Tre Croci (Tour 42). Der zentrale Ort ist **Recoaro Terme**, wo ein italienweit bekanntes Mineralwasser abgefüllt wird, allerdings ist die Cima Carega leichter vom südlich gelege-

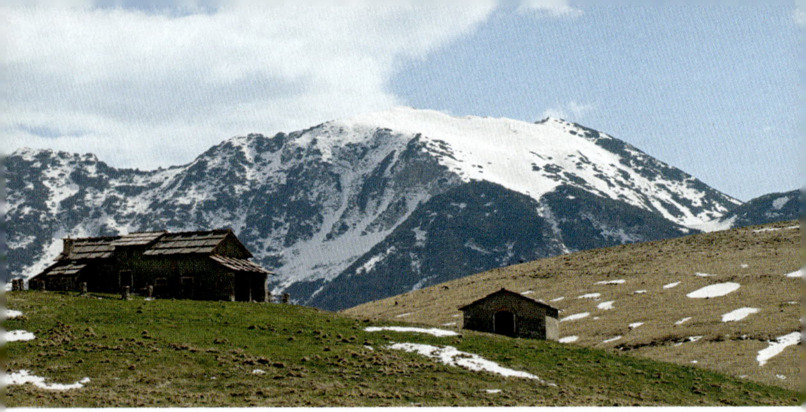

Alm mit typischem Steindach in der Lessinia; dahinter der Monte Zevola (Tour 53).

nen Val d'Illasi erreichbar. Sowohl alpine Gipfeltouren (39 bis 42) als auch entspannte Wanderungen auf halber Höhe (Touren 43 und 44) bieten sich an. Die geologische Fortsetzung jenseits des Passo Xomo ist das **Novegno-Massiv** oberhalb der lieblichen **Tretto-Hochebene**. Hier bieten die moderaten Gipfel erstaunliche Aussichten in die Po-Ebene und auf die Gipfel des Pasubio und der Asiago-Ebene.

Lessinia

Das Wandergebiet schließt südlich mit der **Lessinia** ab. Diese schiefe Ebene ist durch das tiefe Val Ronchi von den Piccole Dolomiti getrennt. Die Monti Lessini, also die Nordkante der Lessinia, überschreiten mehrfach die 1700-Meter-Marke, die Siedlungen enden ab etwa 1100 m. Mehrere Täler in Nord-Süd-Richtung schneiden die Ebene tief und steil ein. Nur an diesen steilen Hängen blieb der Wald erhalten. Der Rest ist Almweide. Das einzige besiedelte Tal ist das Val d'Illasi, über das die Cima Carega in den Piccole Dolomiti am besten zu erreichen ist.

Das Gestein ist oftmals geschichtet wie die neuseeländischen Pancake Rocks: auch in der Lessinia sehen die Felsen wie Stapel aus Pfannkuchen aus. Die Gesteine werden als Veroneser Marmor, Scaglia Rossa oder **Ammonitico Rosso** bezeichnet. Die rote Farbe rührt von Eisenionen im Gestein. Aus diesen beliebten Bau- und Werksteinen ist z. B. die Arena in Verona gebaut. Auch die (häufigeren) grauen Varianten werden gerne genutzt: die praktische Plattenform bietet sich an, um Dächer zu decken oder als Zaun Weiden zu begrenzen. Die **Platten** prägen die Landschaft im natürlichen Vorkommen, in der Kulturlandschaft und in den Dörfern. Karstphänomene sieht man allenthalben, am beeindruckendsten ist der **Ponte di Veja** genannte Natursteinbogen (Tour 56). Die Ostkante der Lessinia zum Etschtal ist ausgeprägt und aussichtsreich (Tour 54). Nach Süden läuft die Lessinia in das lieblich hügelige Valpollicella und in die Ebene um Verona aus. Im Osten endet die Lessinia mit der Provinz Verona.

Weitwanderwege

Der wenig begangene südliche Teil des **Europäischen Fernwanderweges E5** verläuft durch das Gebiet dieses Buches. Von Südtirol kommend betritt der E5 in Segonzano im Aviso-Tal das italienischsprachige Gebiet und führt über Palai/Palù im Bersntol, Levico, Passo Coe, Cima Carega, Monti Lessini und am Ponte di Veja vorbei nach Verona; siehe auch Rother Wanderführer »Fernwanderweg E5«.

Ebenso durchquert der **Sentiero della Pace** das hier beschriebene Gebiet (siehe Rother-Wanderführer »Sentiero della Pace«). Er ist an historischen Stätten des Ersten Weltkrieges orientiert, führt aber ebenso durch wunderbare Landschaften. Vom Etschtal kommend durchquert er die Hochebene von Folgaria, Lusern und Lavarone und die Hochebene von Asiago, um ins Valsugana abzusteigen. Dann geht es über den Lagorai in das Fleimstal und weiter in die Dolomiten. Eine bequeme Hütteninfrastruktur gibt es nicht, d.h. die Etappen müssen genau geplant werden und sind zwischen zwei Unterkünften schon mal sehr lang; es liegen auch einige Dörfer mit Hotels auf dem Weg.

Als »kürzere Weitwanderwege« bieten sich zusätzlich zu den in diesem Buch beschriebenen Touren im Lagorai zwei Mehrtageswanderungen an: die **»Alta Via del Granito«** entwickelt sich im Granitgebiet Cima d'Asta und Rava. Die zwei Varianten mit je zwei Hüttenübernachtungen sind unter altaviadelgranito.com beschrieben. Die Dreitageswanderung **»Lagorai Panorama«** erfasst beiden Seiten des Campelle-Tales. Details siehe: lagoraipanorama.it.

Die **»Translagorai«** genannte Tour ist dagegen mehr Idee als real existierender Weg. Die Idee ist, die Lagorai-Kette der Länge nach zu durchwandern. Es gibt keine definierte Route, geschweige denn entsprechende Markierungen. Unterwegs muss auch in Biwaks und unter freiem Himmel übernachtet werden. Insgesamt sind für die etwa 50 km mit rund 5000 Hm fünf bis sieben Tage zu planen.

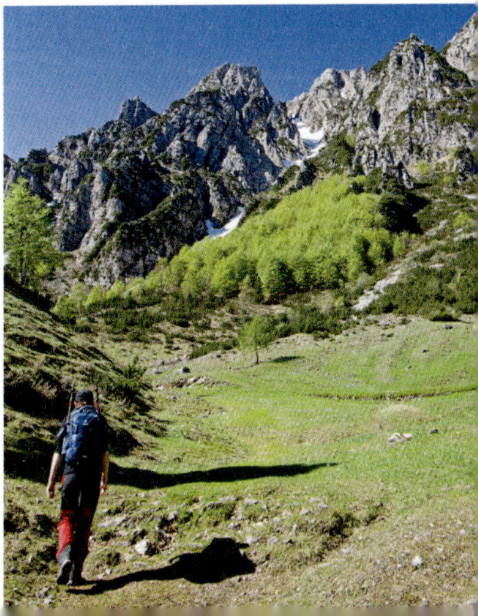

Kurz hinter der Battisti-Hütte zu Füßen der Tre Croci-Kette (Tour 42 und 43).

Geschichte und Sprachen

Das aufwühlendste – im wahrsten Sinne des Wortes – Kapitel in der Geschichte dieser Gegend war der Erste Weltkrieg. Davor sind eine römische Straße und bairische Holzfäller zu erwähnen. Fangen wir also vorne an:

Verteilt im Wandergebiet haben Archäologen diverse steinzeitliche Hinterlassenschaften ausgegraben. Die Gegend war also früh bewohnt. Konkretes weiß man nicht, bis die Römer ihr Fernstraßennetz mit der *Via Claudia Augusta Altinate* durch das Valsugana und die Tesino-Ebene führten. Diese Straße verband Augsburg über den Reschen- und Fernpass bzw. später über den Brenner mit dem Adriahafen Altino. Das Tal profitierte vom Durchgangsverkehr. Wirklich bedeutende römische Ruinen sucht man als neuzeitlicher Tourist jedoch vergeblich.

Im Mittelalter wechselten sich diverse lokale weltliche und kirchliche Herren ab: das unwirtliche Berggebiet spielte keine Rolle in der Weltpolitik. Allerdings lockte ein wertvoller Rohstoff: Holz. Die südlichen Gegenden des Wandergebietes, die Asiago-Hochebene und die Lessinia grenzen an die dicht besiedelte Po-Ebene und waren daher naheliegende Ressource für die holzhungrigen Städte. Insbesondere der Aufstieg Venedigs zur Seemacht ließ dessen Bedarf an Bauholz für Schiffe explodieren.

In jener Zeit, also im 13. Jahrhundert, wanderten aus Oberbayern und Tirol Waldarbeiter ein, die von der dortigen Armut getrieben und von den lokalen Fürsten gerufen wurden. Die erfahrenen Holzfäller und -verarbeiter sollten die Wälder roden und so das Holz gewinnen und gleichzeitig Weideland schaffen. Es folgten bairische Viehbauern, die auch die Milchverarbeitung übernahmen. Das vorher unbewohnte Land wurde so mit Baiern besiedelt. Die Volksgruppe wurde Zimbern (it.: *cimbri*) genannt, was sich vom mittelhochdeutschen Wort zimber für (Bau-)Holz ableitet, das z.B. auch im Wort Zimmermann und im englischen *timber* weiterlebt.

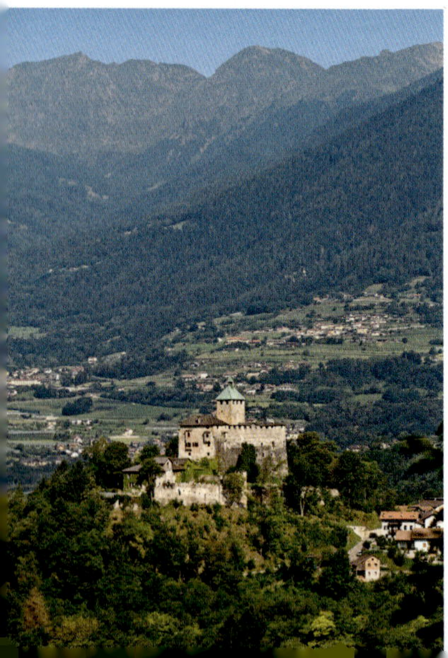

Das hat die Fantasie einiger Historiker belebt, die an eine Abstammung vom Germanenstamm der Kimbern denken. Die Kimbern wanderten um 120 v.Chr. aus Jütland aus und

Das mittelalterliche Castel Ivano im gleichnamigen Ort (Tour 20).

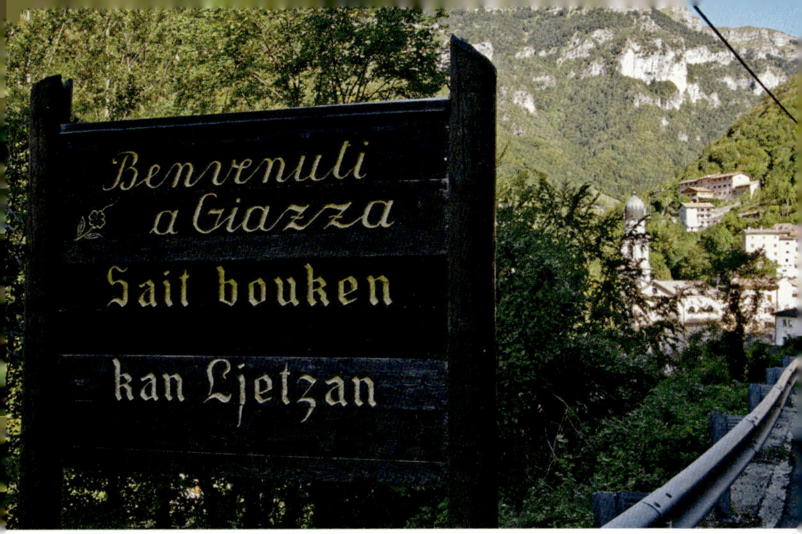

In Giazza/Ljetzan wird der Gast auf italienisch und zimbrisch begrüßt (in der Nähe von Tour 41 und 55).

drangen zusammen mit den Teutonen ins Römische Reich ein, wo sie den Legionen empfindliche Niederlagen bereiteten. Schließlich wurden sie 102 v. Chr. von den Römern – im wahrsten Sinne des Wortes – vernichtend geschlagen.

Ebenso abwegig ist die These, dass die Zimbern auf die Langobarden zurückgehen, den letzten germanischen Stamm, der mit der Völkerwanderung nach Italien kam und blieb. Tatsächlich bestand das Langobardenreich in Norditalien bis 774, allerdings hatten die Langobarden ihre germanische Sprache da schon aufgegeben.

Aufgrund der isolierten Lage auf den Hochebenen blieben die Zimbern lange unter sich und bewahrten ihre Sprache. Sie schufen sich eine von den Herrschern des Gebietes tolerierte Selbstverwaltung mit den fantasielosen Namen »Sieben Gemeinden« (mit Zentrum Asiago, das auf zimbrisch Sleghe heißt) und »Dreizehn Gemeinden« (in der Lessinia). Außerdem entstanden bairische Sprachinseln um Lavarone (Lavròu) und im Fersental (Bersntol), wobei letztere aus Tirol stammen und die Bewohner auf italienisch *mòcheni* genannt werden.

Die zimbrische Sprache verlor in der leichter zugänglichen Lessinia schon im 17. Jahrhundert an Bedeutung, auch durch italienisch sprechende Einwanderer. Die isolierteren Hochebenen blieben bis ins 20. Jahrhundert zimbrischsprachig, obwohl Napoleon die Verbünde der Sieben und Dreizehn

Gemeinden auflöste. Inzwischen war das Italienische schon etabliert, aber Zimbrisch weiterhin lebendige Sprache.
Der größte Schlag kam mit dem Ersten Weltkrieg: die Zimbern wurden aufgrund der Sprachähnlichkeit verdächtigt, mit dem italienischen Kriegsgegner Österreich zu kollaborieren, und daher unterdrückt. Die meisten Bewohner der Gegend – unabhängig von ihrer Muttersprache – wurden durch den Krieg vertrieben und viele Siedlungen zerstört, da die Front genau durch das zimbrische Gebiet verlief (s. u.).
Nach dem Krieg sorgte Mussolini mit seinem aus Rovereto stammenden Schergen Ettore Tolomei für die gewaltsame Italianisierung des Gebietes genau so wie in Südtirol; auch im Trentino galt die »Option«, d. h. die Möglichkeit, in von Hitler-Deutschland bestimmte Gebiete Osteuropas umzusiedeln, z. B. Böhmen.
Nach dem Zweiten Weltkrieg konnte sich die zimbrische Gemeinde nicht wieder erholen. Zeitungen, Radio und Fernsehen waren nur auf Italienisch verfügbar, Amtssprache und auch Kirchensprache wurde Italienisch, viele Zimbern verließen die Armut in den Bergen und suchten Arbeit in den Städten Norditaliens.
Heute gibt es rund tausend Sprecher des Zimbrischen, v. a. in Luserna (Lusèrn), Giazza (Ljetzan) und Roana (Robàan). Es wird jedoch seit einigen Jahren aktiv gepflegt; so erschien 1997 eine Grammatik und dann ein Lehrbuch. Ortsschilder werden gerne mit dem zimbrischen Ortsnamen neben dem geläufigen italienischen geschmückt. Im Bersntol ist der dem Tirolerischen nahe stehende Dialekt etwas präsenter, aber kaum Alltagssprache. Zusätzlich zum geläufigen italienischen und historischen zimbrischen Namen gibt es häufig österreichische Ortsnamen aus der Zeit, als das Trentino zu Österreich-Ungarn gehörte, z. B. Vielgereuth (Folgaria) oder Löweneck (Levico); diese Namen sind vor Ort nicht geläufig.

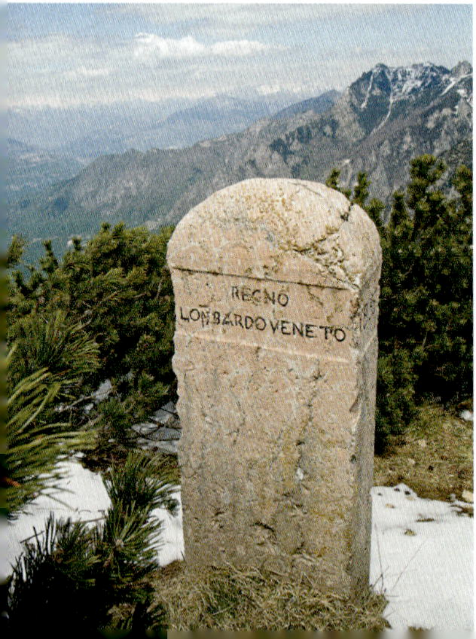

Ein Grenzstein zeigt den Lauf der Geschichte: hier grenzten das Königreich Lombardo-Venetien und Tirol aneinander: beides Teile des österreichischen Kaiserreiches. Ab 1866 verlief hier die Grenze zwischen dem neuen italienischen Königreich und Österreich. Seit Ende des Ersten Weltkrieges markiert er die Provinzen Trentino und Venentien innerhalb Italiens (Tour 53).

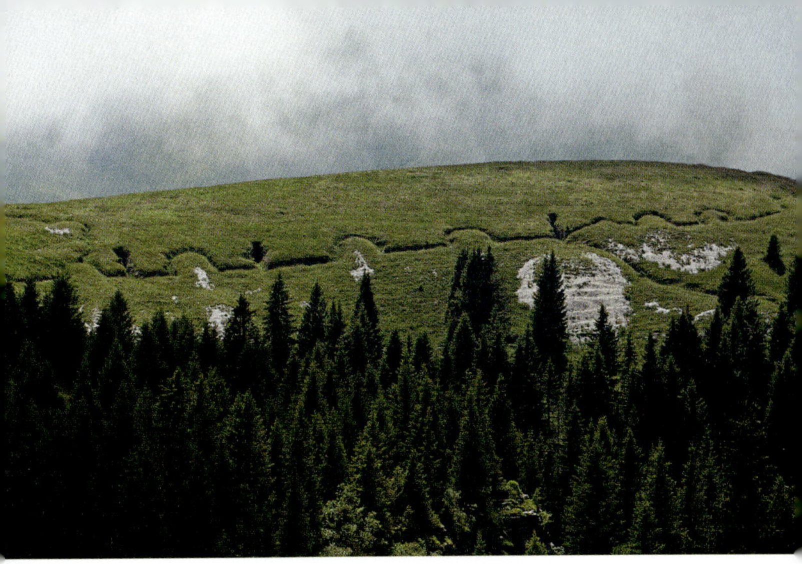

Schützengräben des Ersten Weltkrieges auf dem Monte Fior (Tour 33).

Von der Sprachgeschichte zurück zur politischen Historie: Als Grenzgebiet mit gemischten Sprachgruppen wechselten die Herrscher des Gebietes häufig. Auch als sich die sogenannten Nationalstaaten bildeten, in diesem Falle das Königreich Italien und das Österreich-Ungarn der Habsburger, waren alle Parteien an der Ausdehnung ihres Gebietes interessiert. Kulturelle und ethnische Argumente wurden vorgeschoben. So hatten die italienischen Irredentisten die Idee, dass alle Gebiete, in denen es italienischsprachige Bevölkerungsanteile gab, zum kurz davor (1870) etablierten Königreich Italien gehören sollten. Daher forderten sie den Brenner und in dessen Fortsetzung den Alpenhauptkamm als Nordgrenze Italiens. Damals gehörte Südtirol nicht zu Italien und auch die nördliche Hälfte dieses Wanderführers, also das heutige Trentino (damals Welschtirol genannt), gehörte zu Österreich.
Mit Ausbruch des Ersten Weltkrieges am 28. Juli 1914 sahen die italienischen Nationalisten eine Chance, ihre Ideen zu verwirklichen. Italien verhielt sich zunächst neutral, verlangte dafür aber von Österreich-Ungarn, Südtirol und das Trentino sowie weitere Gebiete abzutreten. Dazu waren die Habsburger nicht bereit. Parallel dazu gab es Geheimtreffen mit der Entente (den Gegnern Österreichs), die zum ebenso geheimen Londoner Vertrag führten; in diesem wurden Italien alle verlangten Gebiete zugesprochen, falls es gegen Österreich in den Krieg eintritt (und Österreich verlieren sollte). So erklärte Italien am 23. Mai 1915 Österreich den Krieg.

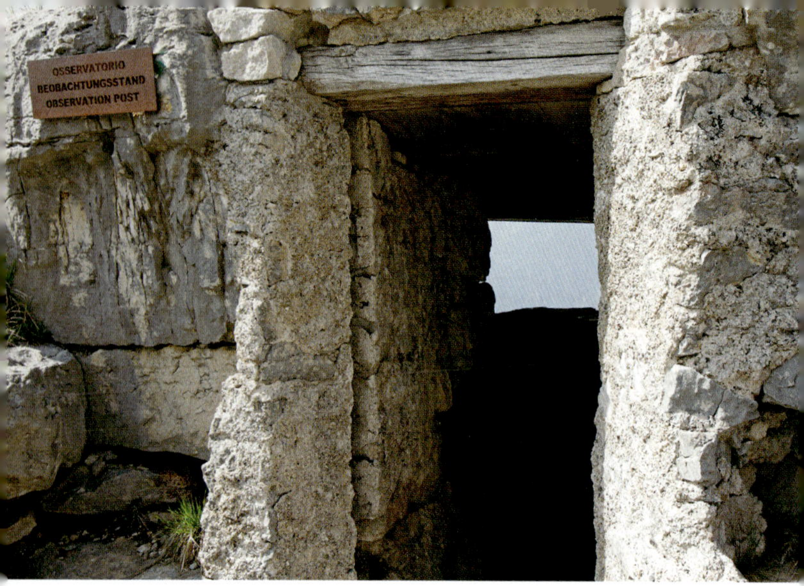

Die militärischen Beobachtungsstände sind heute schöne Aussichtspunkte (Tour 46).

Die Front verlief mitten durch das Hochgebirge und mitten durch das Gebiet dieses Buches. Wie auch an allen anderen Schlachtorten fuhr sich die Kriegsmaschinerie in schlammigen Schützengräben fest. Die Waffentechnik und Kampfstrategie der damaligen Zeit bevorteilte die Verteidiger gegenüber den Angreifern. Geländegewinne waren äußerst mühsam und selten, überwiegend gruben sich beide Kriegsgegner in Schützengräben ein und lieferten sich einen verlustreichen Stellungskrieg. Die Gräben sind – ebenso wie Bombentrichter – heute noch in der Landschaft erkennbar, teilweise auch restauriert.
Hinter der Front lagen Versorgungs- und Kommandoeinrichtungen, deren Ruinen heute entlang der Wanderwege stehen. Besonders beeindruckend und gruselig sind in den Fels getriebene Stollen und Kavernen, die immer noch begehbar sind (Achtung, es gibt keine Sicherungen oder Beleuchtung! Eintritt auf eigene Gefahr!). Die Schlachten und das gegenseitige Belauern in befestigten Stellungen fanden überwiegend im Hochgebirge statt und zwar das ganze Jahr über. So lagerten die Soldaten auch im Winter auf über 2000 m Höhe. Es gab mehr Tote durch Erfrieren, Verhungern und Lawinen als durch Feindeinwirkung.
Nur ein Beispiel um die monströsen Dimensionen zu erfassen: während der Frühjahrsoffensive (auf italienisch »Strafexpedition« genannt) der österreichisch-

ungarischen Truppen vom 15. Mai bis 25. Juni 1916 eroberten diese zwischenzeitlich fast die gesamte Hochebene von Asiago. Die Geländegewinne konnten sie nur zur Hälfte halten und die Front verlief dann in Nord-Südrichtung quer über die Hochebene. Der italienische Rückeroberungsversuch ging als Schlacht am Monte Ortigara (Battaglia del Monte Ortigara) in die Kriegsgeschichte ein. Vom 10. bis 29. Juni 1917 waren 300.000 Soldaten auf der Hochfläche versammelt, bei einer Zivilbevölkerung von knapp 40.000 Menschen (die zuvor evakuiert worden waren). Danach waren 34.000 Tote zu beklagen, die Dörfer waren vollständig zerstört, die Wälder, Weiden und Felder größtenteils vernichtet und die Front hatte sich um keinen Millimeter verschoben.

Ein weiteres heute noch sichtbares Zeugnis des Krieges sind die Fernkampfwerke (it.: *forte*). Es sind die Nachfolger der mittelalterlichen Burgen: Festungen an exponierten Positionen, wo schweres Geschütz mit vielen Kilometern Reichweite fest installiert war. Diese Festungsartillerie bildete die dritte Reihe hinter Infanterie und mobiler Artillerie. Die aufwendig gepanzerten Werke erfordern eine lange Bauzeit und wurden schon vor dem Krieg entlang der Grenzen angelegt. Sobald sich die Front zu weit verschoben hatte, verloren sie ihre Funktion. Manche wie z. B. das italienische Forte Campolongo (Tour 31) wurden schon gleich zu Beginn des Krieges zerstört, andere hielten selbst starkem Beschuss stand oder wurden wieder repariert. Fast alle Forts sind heute zu besichtigen, manche auch von innen.

Das Forte Dosso del Sommo gehört zur Reihe der Fernkampfwerke entlang der damaligen italienisch-österreichischen Grenze (Tour 25).

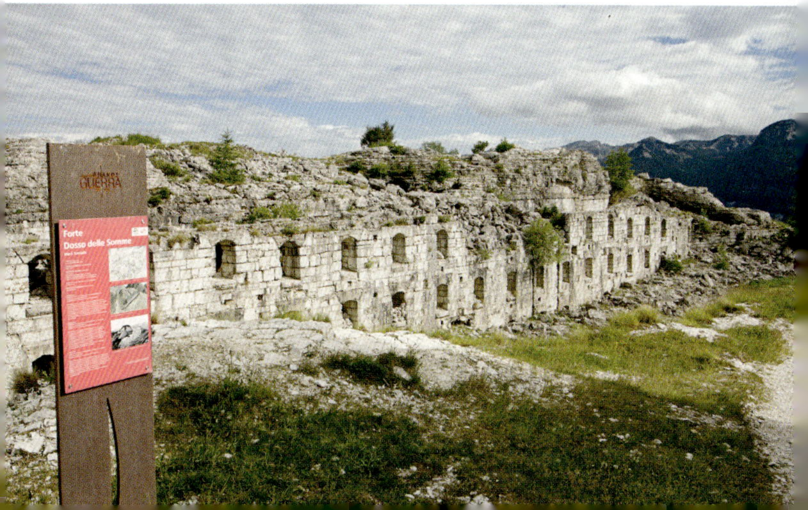

Die Soldaten Österreich-Ungarns drangen bis zum Kriegsende 1918 bis zum Monte Grappa vor, das bedeutet etwa 50 km Geländegewinn. Italien büßte damit einige Gebiete ein, schaffte es aber, die Truppen Österreichs vor der Po-Ebene zu stoppen. Österreich (inzwischen von Ungarn getrennt) erkannte, dass keine Aussicht auf einen militärischen Erfolg an den verschiedenen Fronten bestand und verhandelte über einen Waffenstillstand, der am 4. November 1918 in Kraft trat (nur zwischen Österreich und Italien). Im Vertrag von Saint Germain besiegelten 1919 die Siegermächte das Schicksal des Verlierers Österreich. Die Versprechungen des Londoner Geheimvertrages an Italien wurden überwiegend erfüllt und so wurden Südtirol und Trentino dem italienischen Königreich zugesprochen.
Die Bevölkerung kehrte nur teilweise in ihre Orte zurück: jedes Dorf war beschädigt, viele vollkommen zerstört. In der alten Heimat wartete karges Bauernleben; viele hatten während der Flucht das Stadtleben kennengelernt und dort Arbeit gefunden.
Die Faschisten mit Mussolini, ab 1922 an der Macht, stellten das Weltkriegsende als heroischen Sieg dar, um so das Volk auf die Nation einzuschwören und für den Krieg zu begeistern. Aus dieser Zeit stammen viele Gedenktafeln und Denkmäler in den Dörfern sowie gigantomanische Gedenkstätten wie in Asiago und v. a. auf dem Gipfel des Monte Grappa (Tour 37).
Da es in Italien nie eine Vergangenheitsbewältigung gab, wundert sich der nordische Tourist über faschistische Monumentalbauten oder über Ehrentafeln, die von »heldenhafter Eroberung«, »tapferen Kämpfern« oder dem »ewigen österreichischen Feind« sprechen. Wohlgemerkt: solche Texte wurden bis in die 1970er-Jahre eingemeißelt. Auch an sich ernstzunehmende Bücher schreiben heute noch im Stile anachronistischer Kriegsrhetorik. Vielerorts sind die Hinterlassenschaften des Ersten Weltkrieges mit Informationstafeln museal aufgearbeitet.
Der Zweite Weltkrieg war für die Gegend weniger erschütternd. Das faschistische Italien schloss mit dem Dritten Reich den »Stahlpakt«. Da Österreich durch Hitler »angeschlossen« worden war, war der Feind des Ersten Weltkrieges nun ein Verbündeter; die Fronten verliefen woanders. Nach dem Zweiten Weltkrieg blieben die Grenzen in Tirol und im Trentino zwischen Italien und Österreich unverändert.
Die Nachkriegszeit war geprägt durch Auswanderung, wie in allen ärmeren Regionen Italiens. Als mehr und bessere Straßen die Bergdörfer erschlossen, wurde es möglich, in die nahen Städte zu pendeln statt auszuwandern. Schließlich sorgte der Tourismus für wirtschaftlichen Aufschwung, der allerdings durch die Krise der letzten Jahre einen empfindlichen Dämpfer erhielt. Weiterer wichtiger Wirtschaftsfaktor ist die Landwirtschaft, die hochwertige Produkte wie Käse, Wurst und Salami vor Ort erzeugt.

Der Lago Brutto (»hässlicher See«) im Lagorai: einer von drei Seen auf Tour 2.

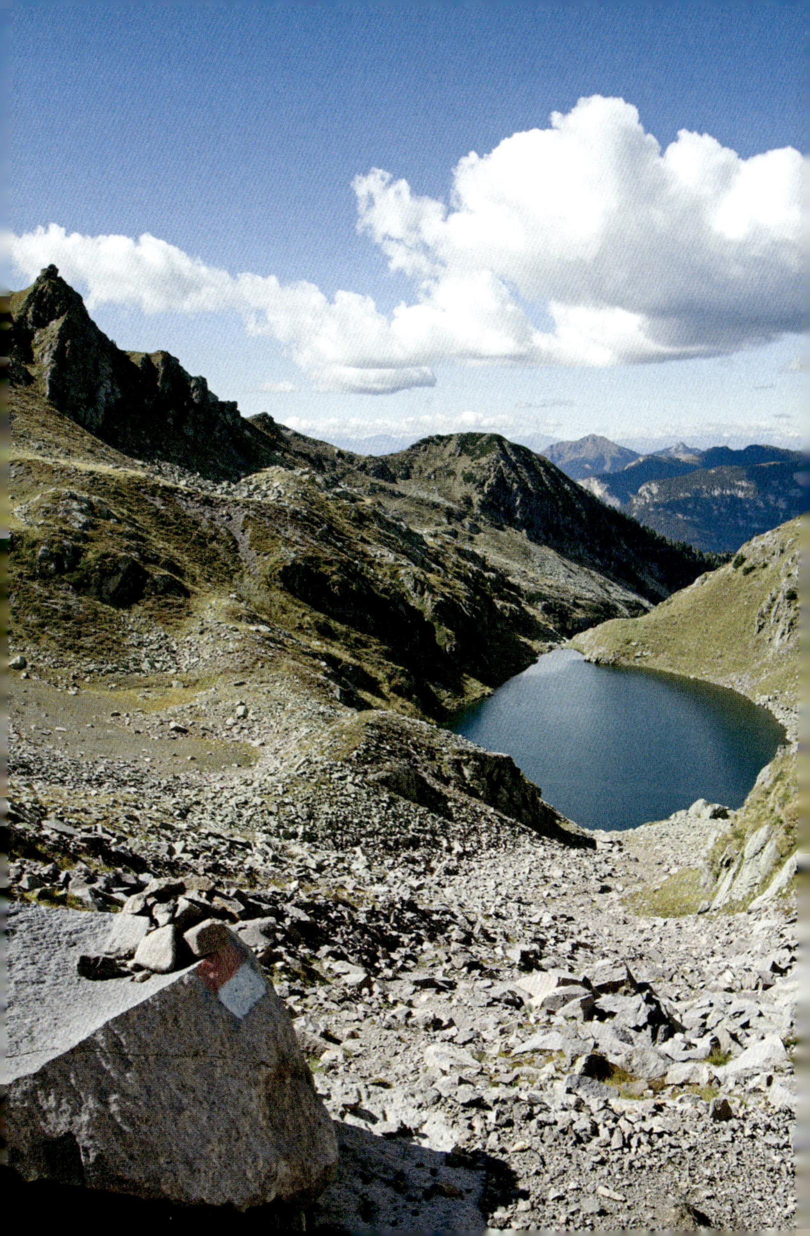

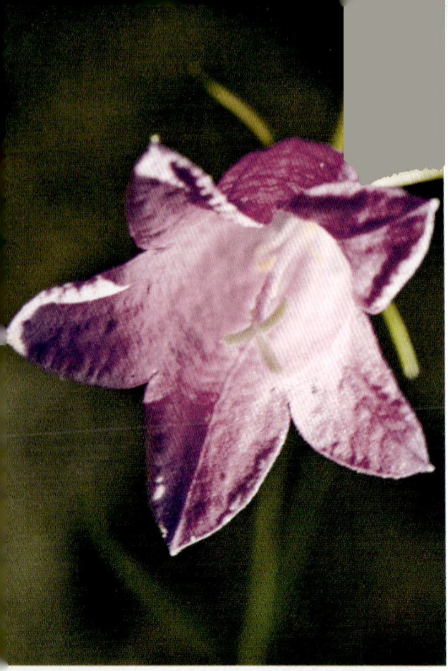

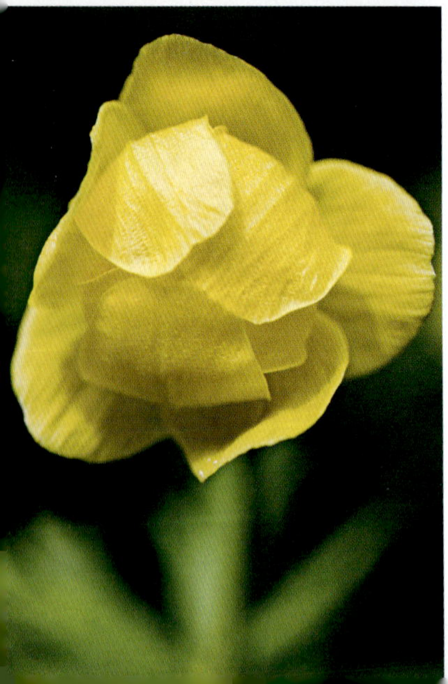

Flora

Wir finden die übliche südliche Alpenflora: in den Tälern Buchen und Ahorn, relativ wenige Rottannen und kurz vor der Baumgrenze Latschen. Sehr charakteristisch sind die ausgedehnten, meist lichten Lärchenwälder. In den tiefer gelegenen Kulturlandschaften am Südrand des Gebietes stehen viele Kirschbäume: im Frühjahr eine unfassbare Blütenpracht.

Am richtigen Ort zur richtigen Zeit drängen sich die Trollblumen oder die Schwarzviolette Akelei, in tieferen Lagen auch wilde Narzissen und Pfingstrosen. Rhododendren (Alpenrosen) belegen ganze Hänge. Orchideen finden sich in großer Zahl und Variation, darunter auch der Gelbe Frauenschuh. Türkenbund- und Feuerlilie leuchten immer wieder auf Wiesen und im Wald. Die typischen Alpenblumen wie Alpenenzian, Frühlingsenzian, Getüpfelter Enzian (in den Granitgebieten) und Gelber Enzian sind zahlreich; nur in den südlichen Alpen kommt die Schopfteufelskralle vor. Auf die Süd- und Ostalpen sind Alpen-Waldrebe (Clematis), Alpen-Prachtnelke und Europäisches Alpenveilchen beschränkt. Und das beste zum Schluss: Edelweiß ist an wenigen Standorten zu finden. Blumenfreunden sei der Trodo dei Fiori (Tour 17) besonders empfohlen.

Bilder links: Glockenblume (l.o.), Trollblume (l.u.); Bilder rechts: Getüpfelter Enzian, Edelweiß, Seidelbast, Gelber Frauenschuh, Türkenbundlilie, Feuerlilie, Alpenprachtnelke, Alpenenzian. (v.l.o.n.r.u.).

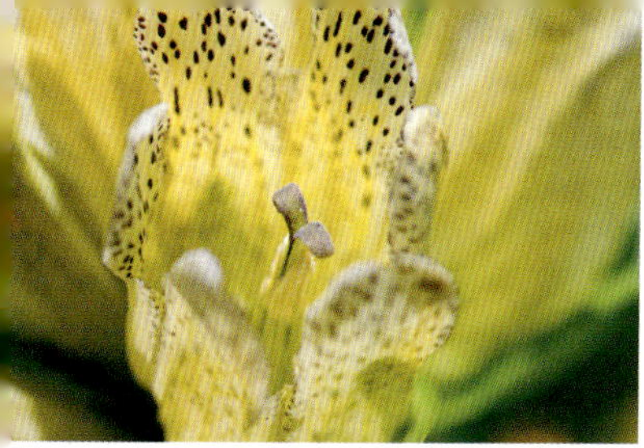
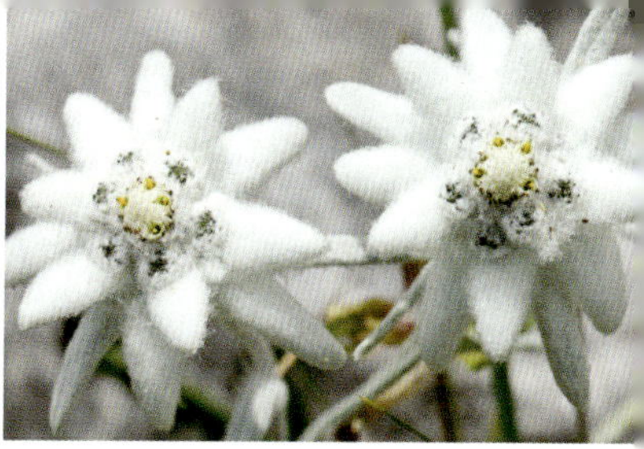
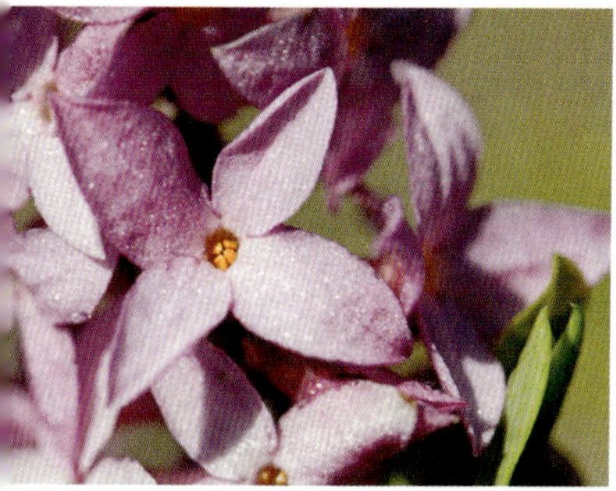
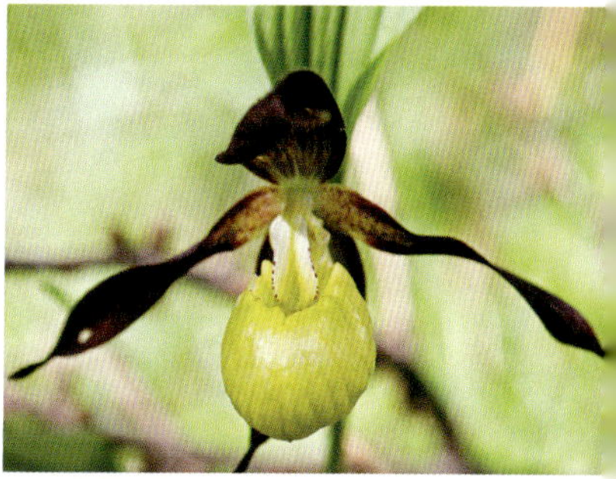
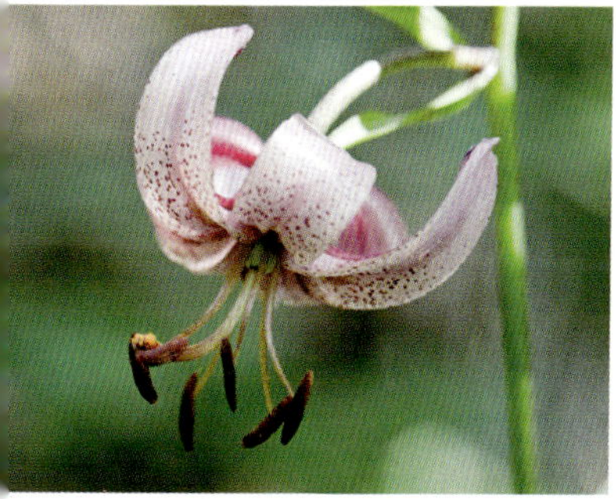
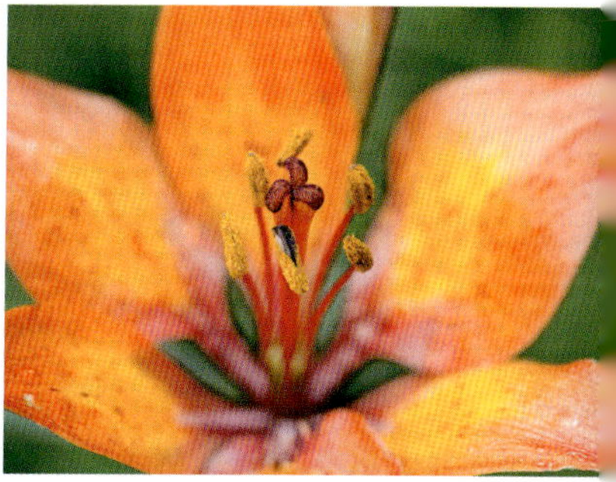
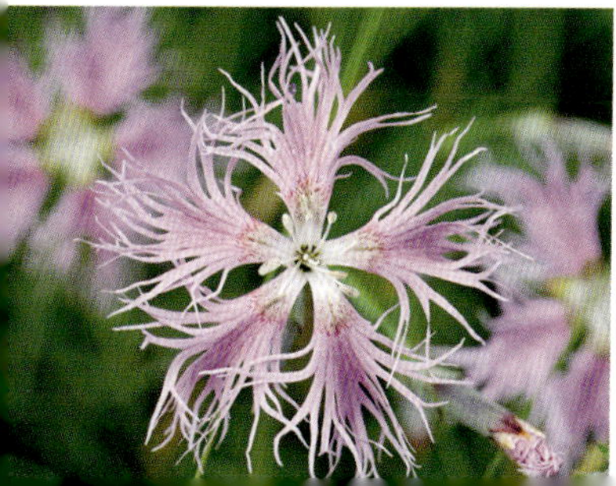
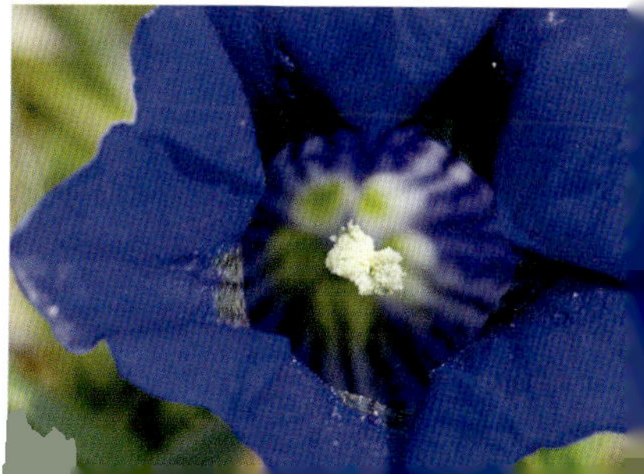

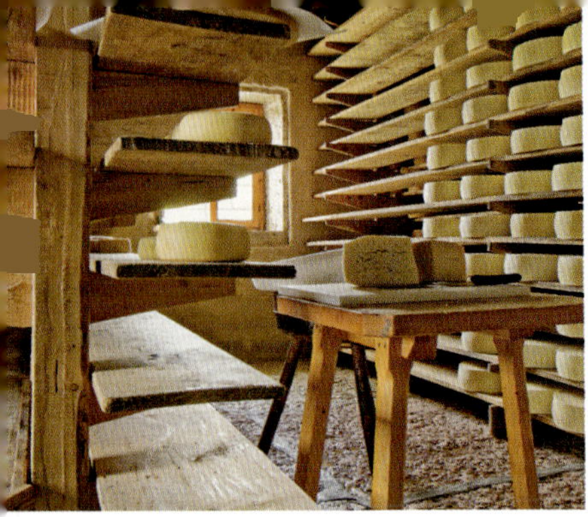

Kulinarisches

Die Bäckereien bieten eine schöne Vielfalt, z. B. wird auch reines Roggenbrot als *pane di malga* verkauft. Wesentliche Pfeiler der Küche sind Butter, Käse, Speck und Polenta. Das gibt ausreichend Energie zum Wandern – zum Abnehmen ist die traditionelle Küche hier nicht gedacht. Etliche Anleihen aus Tirol bereichern die Teller: *spätzli*, *canederli*, *strudel* heißen die lokalen Versionen von Spätzle, Semmelknödel und Apfelstrudel. Eine besondere Spielart sind die *strangolapreti*: tischtennisballgroße Semmelknödel mit Spinat und Käse. Fast alles wird in geschmolzener Butter serviert, z. B. die *gnocchi di malga*, also kleine Kartoffel- oder Mehlklößchen mit Käse und geriebener geräucherter Ricotta (*ricotta affumicata*); in der Gegend um

Oben: Es reift der Käse in der Malga Lessinia.
Unten: Canederli auf Radicchio an geschmolzener Butter – die rustikale Küche des Trentino.

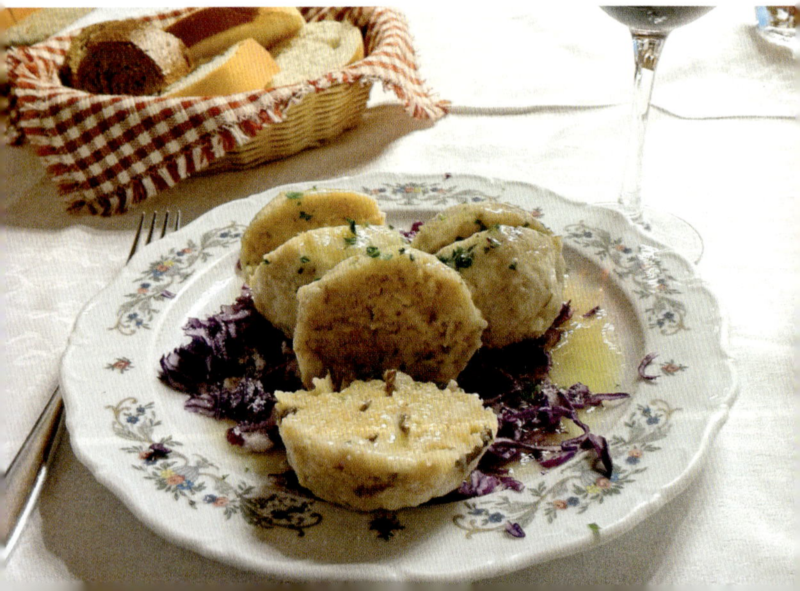

Pittoreske Häuser in hübschen Dörfern in der Tretto-Hochebene (Tour 48).

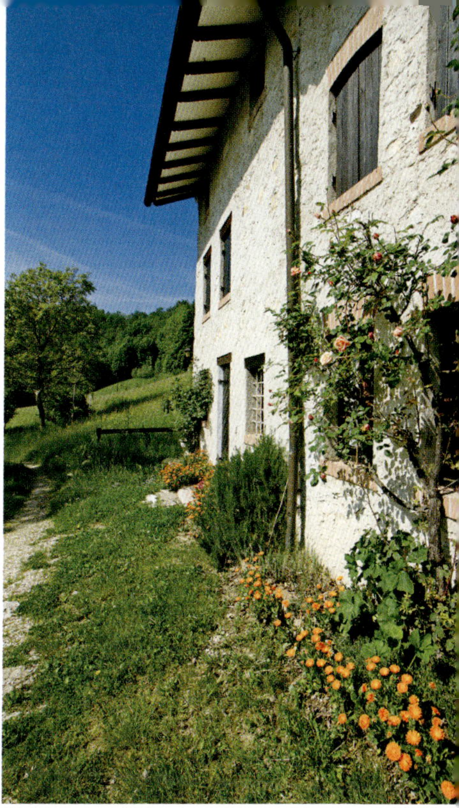

Recoaro (Piccole Dolomiti) kommt eine Ricottaart namens *fioreta* in die Gnocchi, sodass sie besonders fluffig werden.

An der Käsetheke lassen sich viele Dörfer und Berge erwerben: Asiago, Vezzena, Lagorai, (Monte) Verena, (Monte) Veronese. Es sind halbfeste, milde bis mittelkräftige Bergkäsesorten. Auch der *puzzone di Moena* ist trotz seines Namens (»großer Stinker«) recht mild. Die *tosella* ist ein kompakter Frischkäse, der gerne in Butter gebraten oder in Ravioli gefüllt wird, *Morlacco* dagegen ein junger, fast cremiger Weichkäse, der am Monte Grappa produziert wird. *Trentingrana* ist ein parmesanähnlicher Hartkäse. Ricotta wird oft geräuchert.

Wichtigster Fleischlieferant ist das Schwein, gerne in Wurstform, z. B. *lucanega*, *sopressa vicentina*, oder in diversen Speck-Variationen wie *pancetta*, *speck*, *lardo*. Überraschend lecker ist der *baccalà alla vicentina*: in Milch gekochter Stockfisch (getrockneter Kabeljau). Eine spannende Beilage ist blanchierter oder gegrillter Radicchio. Die allgegenwärtige Polenta kann Beilage oder erster Gang sein, als Brei oder frittiert.

Die meisten Restaurants, insbesondere die Agriturismo-Betriebe, sind bodenständig und traditionell. In der Nähe von Bosco di Tretto (Contrà Pacche) wurde das Restaurant Spinechile Resort vom Guide Michelin mit einem Stern verziert. Der Monte Grappa hat außer dem Namen nichts mit Tresterbrand zu tun. Dennoch gibt es in der Gegend, z. B. in Bassano (Foto S. 23, oben), berühmte Destillerien.

Nächste Doppelseite: Blick auf Arsiero und den Steilabfall der Asiago-Hochebene (Tour 49).

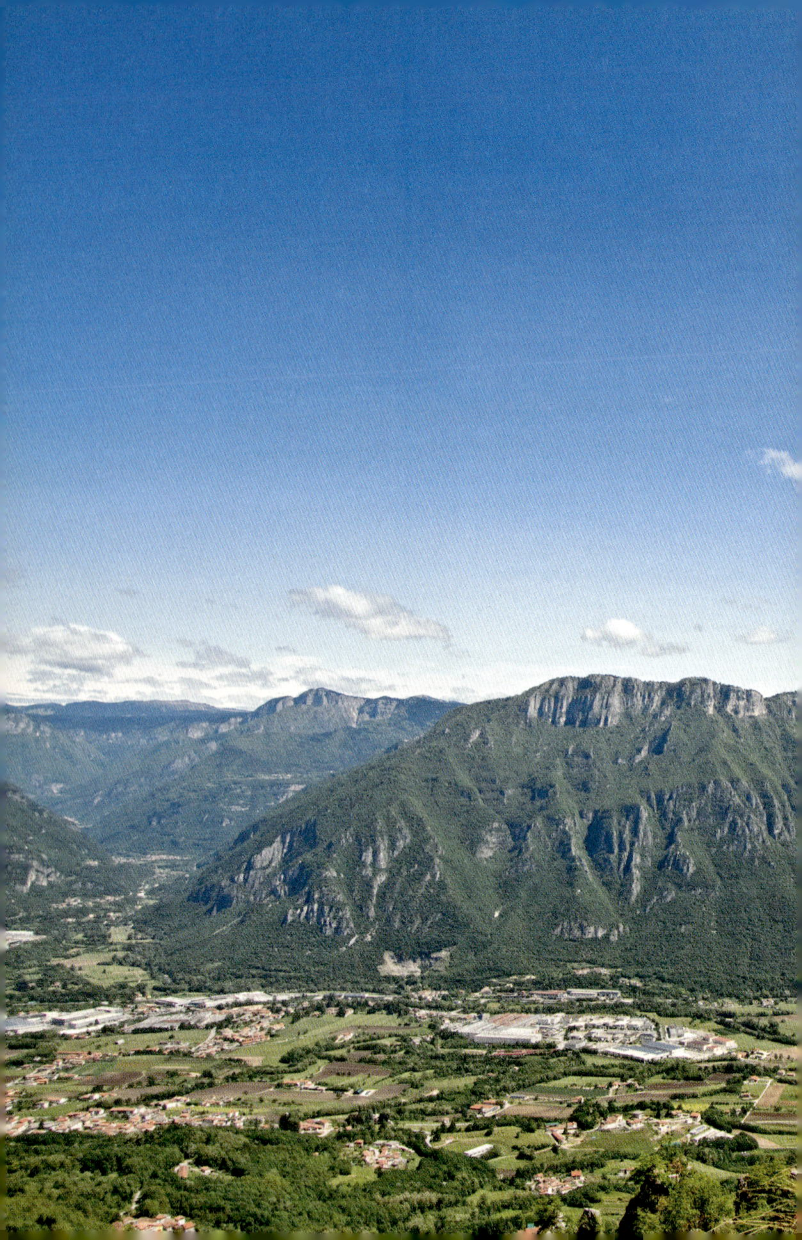

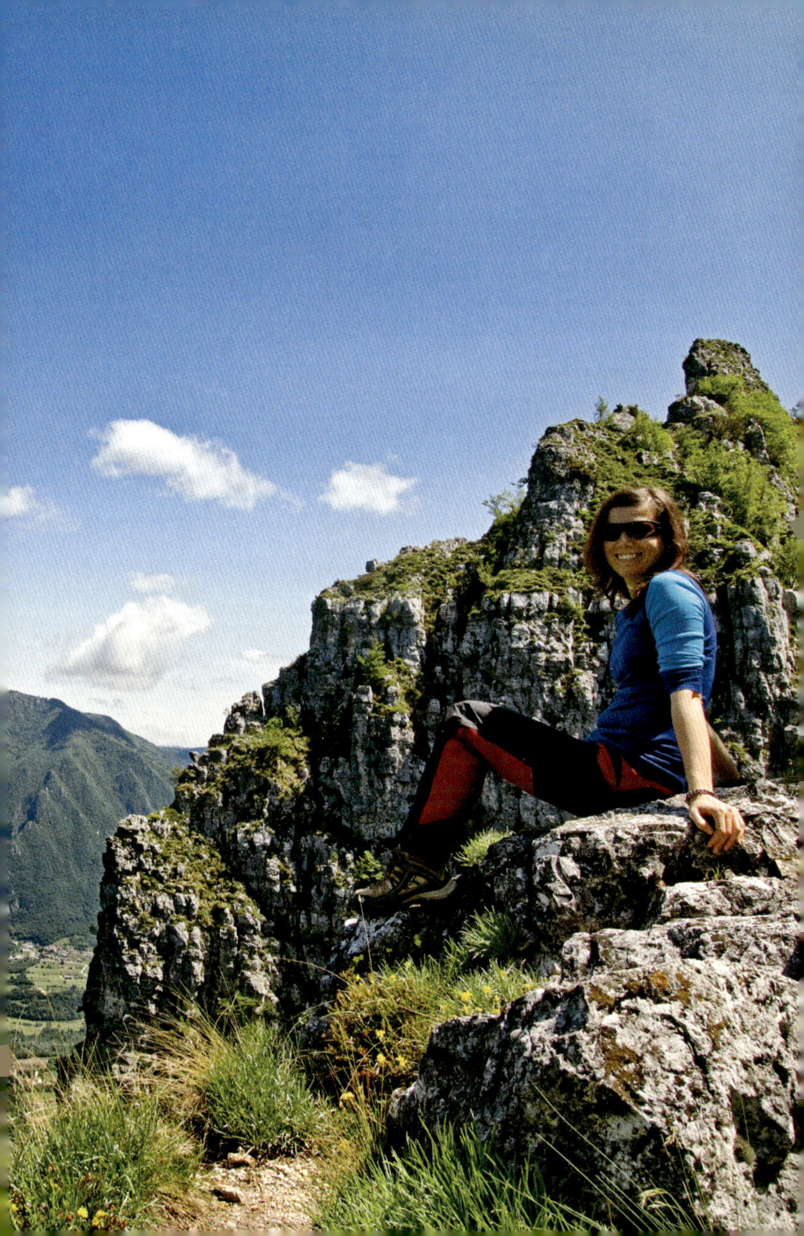

1 Sottosassa

2.15 Std.

Auf zwei Etagen durch die Travignolo-Schlucht

Zwei Kräfte haben diese Schlucht geschaffen: der Fluss Travignolo hat eine tiefe Rinne in das Gestein gegraben, dann hat der Mensch den nun freiliegenden Porphyr abgebaut. Unser Hinweg führt über einen breiten Forstweg zwischen Fels und tosendem Wasser. Als besondere Attraktion hat die Gemeinde 2015 eine Hängebrücke über den Fluss gebaut. Von dort haben wir einen schwankenden Blick auf die wilden Wasser 20 Meter unter uns. Zurück geht es eine Etage weiter oben durch den Wald. Die hohen Tannen balancieren auf und zwischen mächtigen Felsblöcken.

Ausgangspunkt: Unterhalb Zaluna. An der SS50 von Predazzo Richtung Bellamonte kurz nach Predazzo rechts zum Campingplatz Valleverde abbiegen. Kurz vor dem Campingplatz links (Wegweiser »Zaluna«) die schmale ansteigende Straße hinauf. Nach ca. 790 m an der Gabelung (rechts Schotterweg) unterhalb des Weilers Zaluna parken.
Höhenunterschied: 250 m.
Anforderungen: Leicht, aber ein paar holprige Abschnitte (werden in der Variante umgangen). Ausgeschildert.
Einkehr: Keine.
Variante: An der Hängebrücke umkehren und auf demselben Weg zurück, um alle holprigen Abschnitte zu vermeiden (blau). Dazu nach der Hälfte des Rückweges an der Maso Andreola wie beschrieben vorbei, dann links die vom Hinweg bekannte steile Kurve hinunter auf den Weg, den wir gekommen sind, um den holprigsten Abschnitt zu vermeiden.
Karte: Tabacco 014, Kompass 618.

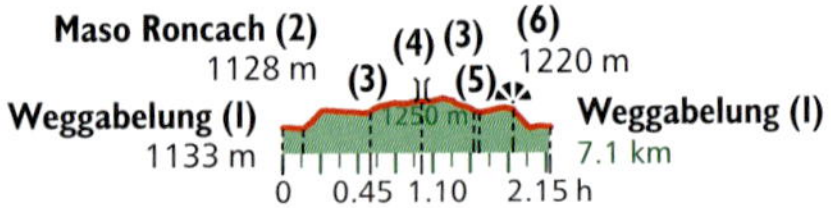

Von der **Weggabelung (1)** schlagen wir den ebenen Schotterweg ein und passieren den Stall. Nach dem Abstieg und dem Bach folgt ein Haus links, dann ein Haus rechts. Letzteres heißt **Maso Roncach (2)** und wird öfter auf Wegweisern erwähnt werden.

Am Waldrand mündet von links ein steiler Pfad: von dort kommen wir auf dem Rückweg. Zuerst gehen wir geradeaus weiter auf dem breiten Weg und an der Brücke vorbei (von der Brücke ein schöner Blick in die Schlucht). Dank der Infotafel mit Karte können wir uns einen Überblick verschaffen.

Immer auf dem breiten Weg gegen die Fließrichtung des Baches passieren wir die ehemaligen Steinbrüche, an deren Wänden sich heute Kletterer ver-

Früher Steinbruch, heute Klettergarten, schon immer Schlucht.

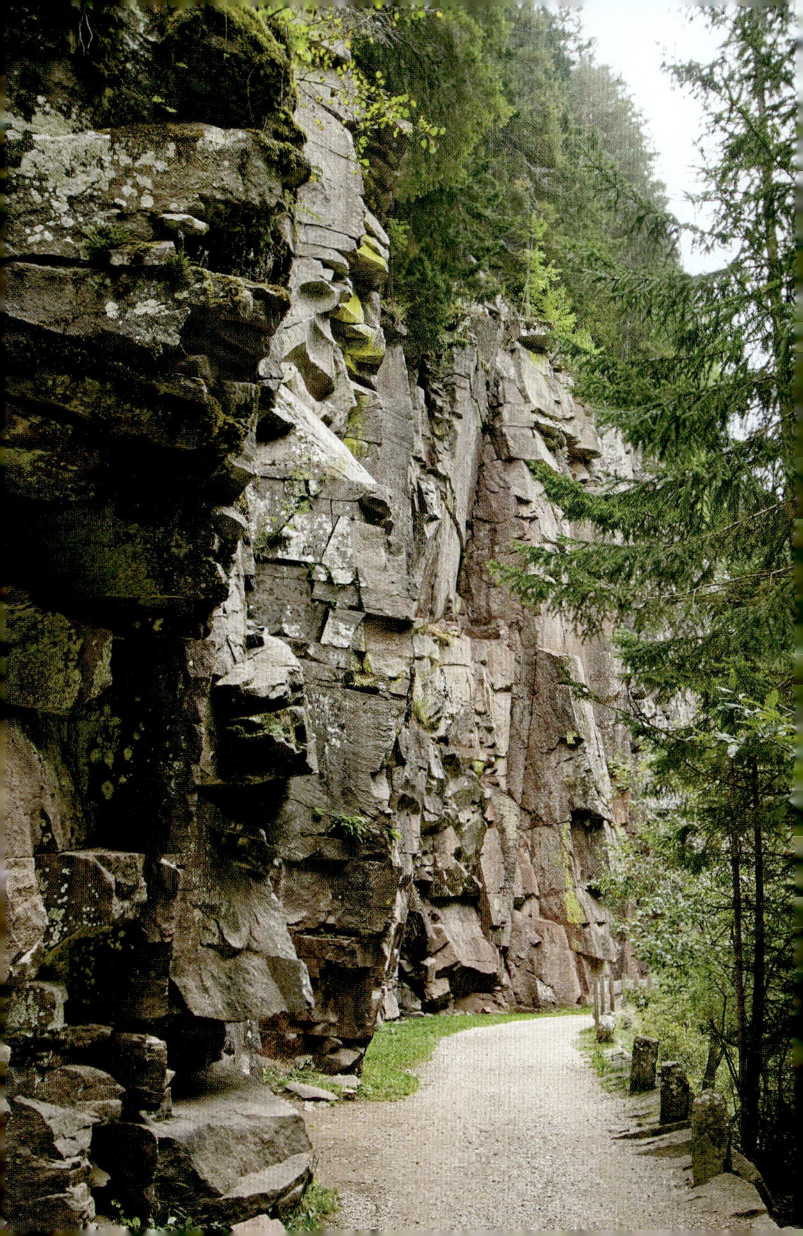

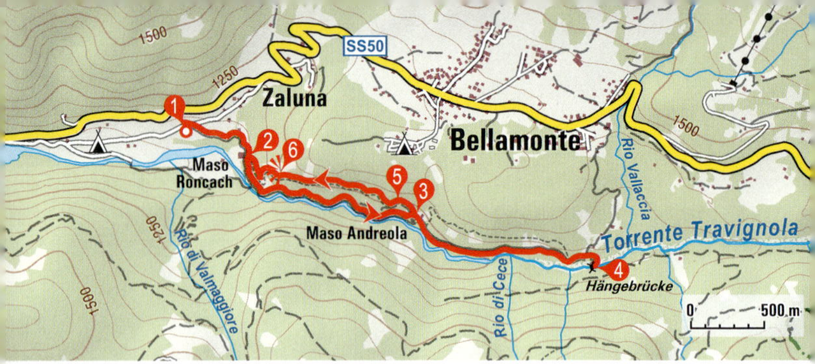

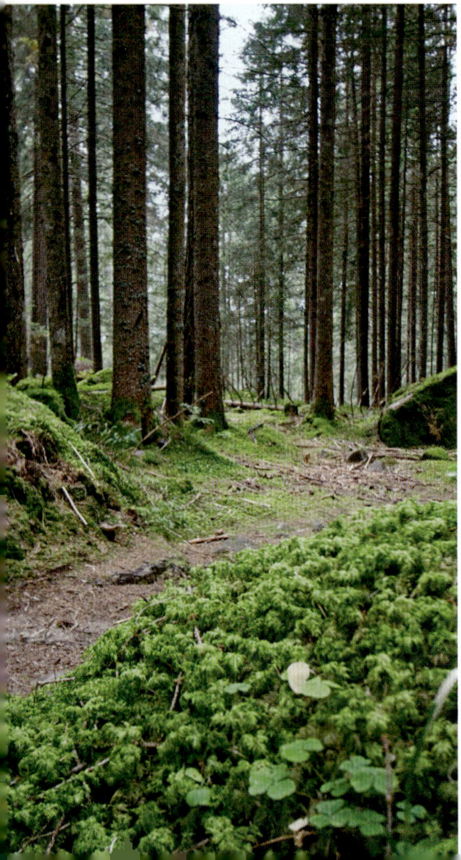

gnügen. Ein Pfad nach links (Wegweiser »Maso Roncach«) interessiert uns nicht. Wenig später sehen wir ein Haus oberhalb, genannt Maso Andreola, dem wir uns über einen sehr steilen, befestigten Weg annähern (Wegweiser u.a. »Scofa«). Nach der Kurve stehen wir unter dem **Maso Andreola (3)** und biegen auf den Pfad rechts am Zaun entlang ab.

Wir treffen wieder einen Schotterweg, auf den wir gemäß Wegweiser »Scofa« nach rechts einschlagen (von geradeaus kommen wir auf dem Rückweg).

In leichtem Anstieg bewegen wir uns kontemplativ durch den Wald. Nach einer Rodungsfläche biegt ein Weg scharf links ab, eine verwirrende Vielfalt an Wegweisern sammelt sich an der Verzweigung. Links sehen wir Bänke

Der Tannenwald in dieser Gegend ist berühmt für sein Tonholz für den Geigenbau.

Die Hängebrücke am Umkehrpunkt.

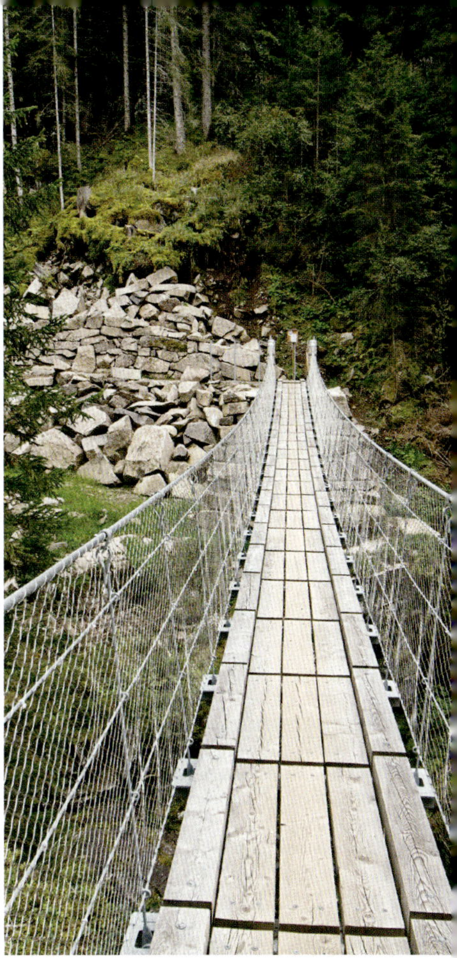

und eine Infotafel, wir steigen aber den Schotterweg weiter geradeaus an und gleich halb rechts auf den Pfad mit Geländer. Hier sehen wir schon die Hängebrücke (»Ponte Sospeso«). Auf der **Hängebrücke (4)** genießen wir das Schaukeln und den Tiefblick auf den rauschenden Fluss.

Wir gehen zurück zur **Maso Andreola (3)**. Wir gehen kurz wieder den Pfad am Holzzaun entlang (dasselbe Stück wie auf dem Hinweg), dann aber nicht links die steile Kurve hinunter (wobei das die Variante wäre), sondern rechts durch den Zaundurchlass auf das Privatgelände. Dem Schotterweg folgen wir nur 40 m und biegen noch vor dem Anstieg, der zum Haus führen würde, auf den flachen Weg nach links in den Wald ab.

Kurz darauf verlassen wir das Privatgelände an der **Schranke (5)** und nehmen dort den Pfad halb rechts (Wegweiser »Maso Roncac«), verlassen also den breiten Waldweg. Ein roter Holzpflock gibt die Richtung vor. Weitere rote Pflöcke und rote Punkte begleiten uns auf dem schmalen, manchmal holprigen Pfad durch verwunschen felsigen Tannenwald bis zu einem **Aussichtspunkt (6)** mit Infotafel und Bänken. Wir blicken durch das Travignolo-Tal auf Predazzo, dessen Kirche gut zu sehen ist.

Geradeaus weiter geht es relativ bequem hinunter bis zum **Maso Roncach (2)**. Dort gehen wir rechts und gelangen so auf bekanntem Weg zum Ausgangspunkt an der **Weggabelung (1)**.

TOP **2**

Lago Brutto, Lago delle Trote, Lago di Moregno

5.15 Std.

Drei-Seen-Panorama-Runde

Ein Höhenweg, der seinesgleichen sucht: alpine Felslandschaften zu Füßen von 2500ern, dunkle Seen am Grunde tiefer Kessel, Panorama, Panorama, Panorama. Wie der Lago Brutto (hässlicher See) zu seinem Namen gekommen ist, ist nicht zu verstehen. Die höchsten Gipfel des Lagorai begleiten uns und schmücken sich mit roten Felswänden und -halden. Das Vergnügen müssen wir uns mit einem zähen Aufstieg erarbeiten und wird mit einem ruppigen Abstieg abgegolten.

Ausgangspunkt: Malga Valmaggiore. Von der Ortsmitte in Predazzo Richtung Cavalese fahren, über den kleinen Kreisverkehr und über die kleine Brücke (über den Bach Travignolo), dann die erste Straße links (Wegweiser »Valmaggiore«) und sofort wieder links (Via alle Coronele; Wegweiser »Loc. Valmaggiore« und Wanderwegweiser). Der Straße 4,2 km auf Asphalt folgen, dann 2,5 km auf Schotter.
Höhenunterschied: 870 m.
Anforderungen: Überwiegend mittelschwer, aber ein paar sehr steile, holprige und rutschige Abstiege. Markiert.
Einkehr: Agriturismo Malga Valmaggiore am Ausgangspunkt.
Tipp: Bäckerei Bretta mit Filialen in Predazzo, Tesero und Cavalese.
Karte: Tabacco 014, Kompass 626.

Der Wanderweg startet direkt am **Parkplatz (1)**: Der breite Weg führt von der Straße weg (Wegweiser u. a. »Forcella di Valmaggiore«, 335) über Weiden Richtung Wald und in den Wald hinein. Steinig steigen wir zwischen Tannen lange an. An einigen Felsblöcken wechselt der Weg den Talhang. Kurz darauf bricht an einer Kurve an mehreren Stellen Wasser zwischen den Steinen hervor. Die folgende Lichtung gibt die Sicht auf umliegende Gipfel frei. Nach kurzem Bergab endet der Wald und der Col di Valmaggiore baut sich vor uns auf: zusammen mit dem kleinen **See (2)** ein hübsches Bild. Diesen See zählen wir noch nicht mit.
Der weitere Wegverlauf in der Geröllmulde vor uns ist schon zu sehen und ist einfacher als er aussieht. Anfangs ist der Weg schwer zu erkennen, aber die Markierungen helfen. Kurz vor dem **Pass** zweigt unser Weg eigentlich scharf rechts ab **(3)**, aber wir erlauben uns einen Abstecher zur Passhöhe (hin und zurück ca. 500 m). Dafür steigen wir weiter geradeaus an (Wegweiser u. a. »Bivacco Paolo e Nicola«, 349) und erreichen schnell das gemütliche **Biwak**. In derselben Richtung gehen wir so weit weiter bis uns die Aussicht genügt. Wir blicken in das waldige Val Fossernica, ein Seitental des Valle del Vanoi, dahinter die Cima d'Asta.
Zurück an der **Abzweigung (3)** gehen wir also nun links Richtung Forcella Moregna (349). Wir queren den Hang fast eben. Wir schauen über unseren Ausgangspunkt hinweg auf den Latemar jenseits von Predazzo. Hinter uns

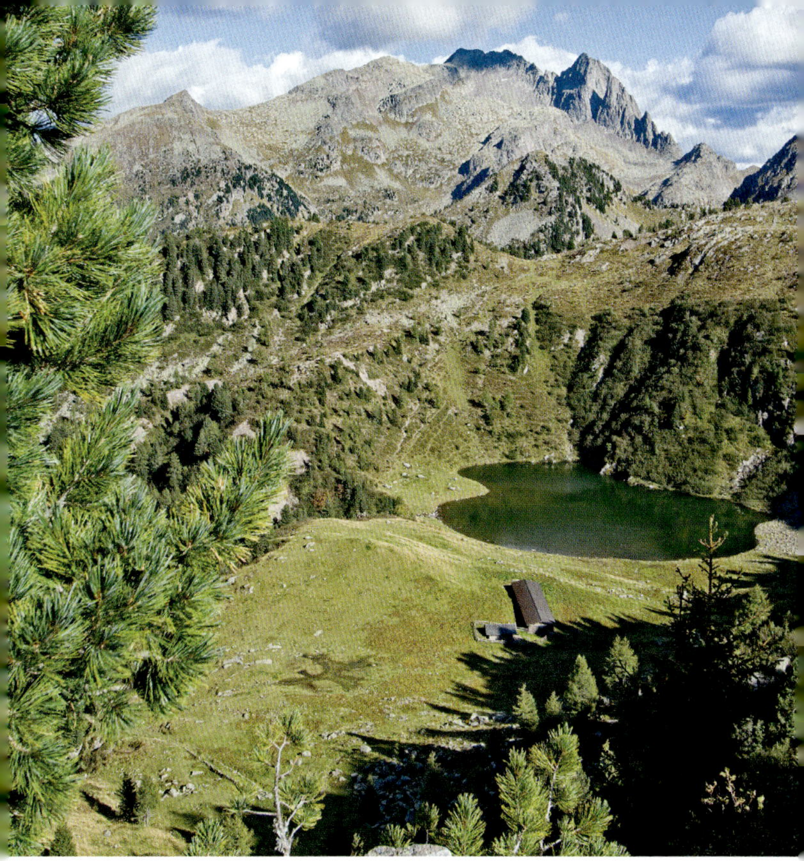

Der Lago di Moregna neben der gleichnamigen Alm. Dahinter die Cima di Cece.

thront die Cima di Cece, 2754 m, wobei der rund 60 m niedrigere Campanile di Cece in seiner spitzen Pyramidenform stärker ins Auge springt als die abgeplattete Kuppe der Cima.

Nach ein paar Serpentinen stehen wir im kleinen Sattel der **Forcella Dos Caligher (4)**. Gegenüber platzt die massige Cima Moregna ins Bild. Den abfallenden Pfad rechts ins Valbona beachten wir nicht. Es geht fast eben geradeaus weiter. Wir blicken in einen grandiosen Felskessel, im Hintergrund leuchten die Dolomiten am Horizont. Der flache Weg zieht eine weite Kurve, die uns den Landschaftsgenuss verlängert.

Der Spaziergang hat ein Ende unterhalb der Forcella Moregna. An der **Abzweigung (5)** biegen wir nach links aufsteigend ab, dem Wegweiser (349) folgend. Wenig später, wo ein ebener Weg geradeaus lockt, müssen wir rechts hinauf; der dazugehörige Pfeil ist etwas oberhalb auf den Felsen gepinselt (349). Nun geht es steil bergan zum Wiesensattel. In der **Forcella Moregna (6)**, 2397 m, angekommen, verschlägt uns der Blick auf den Lago Brutto den kaum noch vorhandenen Atem. Am Horizont die Gletscher der Zentralalpen. Die Mühe hat sich gelohnt.
Der Abstieg zum See ist steil und rutschig. Der Weg führt oberhalb des rechten Seeufers entlang, sodass wir erst am gegenüberliegenden Ende, also am **Ausfluss des Lago Brutto (7)**, die Füße ins Wasser stellen können. Wir folgen dem Bach, der sich jedoch schnell zur Schlucht eintieft (wir bleiben oben). Und schon kommt der nächste See ins Blickfeld: der **Lago delle Trote**, See Nr. 2. Grünblau schimmert er tief unter uns. Nach wenigen Metern bergauf und ein paar Felsen wirft uns der plötzliche **Dolomitenbreitwandblick (8)** fast um.
Leicht abfallend geht es weiter, die Abzweigung nach scharf links ignorieren wir und gehen geradeaus fast eben weiter (Wegweiser u. a. »Malga di Valmaggiore«, 339). Auf gepflasterten Wegstücken überwinden wir eine kleine Senke und dann beginnt ein wahrer Panoramaweg: fast eben und die Dolomiten zur Linken. Um den schon erlebten Panoramen noch eins draufzusetzen, gönnen wir uns einen Abstecher auf die **Corona delle Pozze** (hin und

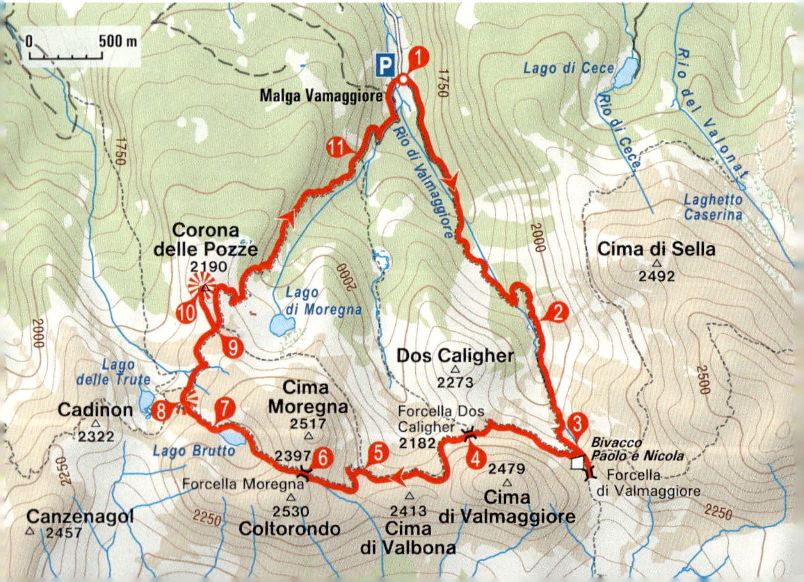

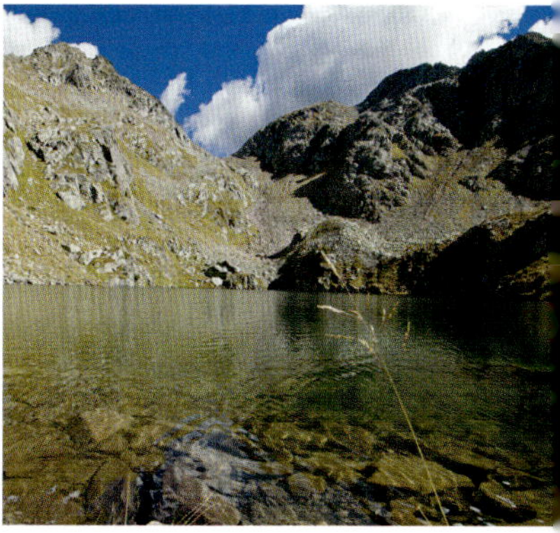

Am Ausfluss des Lago Brutto blicken wir zurück auf die Forcella Moregna.

zurück ca. 1 km). Wenige Meter bevor der ebene Weg in einem kleinen **Sattel (9)** in eine abfallende Linkskurve übergeht, brechen wir nach links aus und folgen weglos dem Geländerücken. Unterwegs ein Bilderbuchblick über den Lago di Moregna auf die Cima di Cece. Der wenig akzentuierte Gipfel der **Corona delle Pozze (10)**, 2190 m, bietet Lagorai-Panorama von der Cima di Cece über Cima di Valmaggiore und Cima Moregna bis zur Cima Busa Alta. Noch besser wird es, wenn wir über den Gipfel hinweg zu dem kleinen Felshaufen gehen. Von dort ist der Blick ins Fleimstal von Predazzo bis Cavalese und alle dahinter liegenden Dolomitengipfel phänomenal!

Wenn wir uns sattgesehen haben, kehren wir zum **Sattel (9)** des Hauptweges zurück. Direkt hinter der erwähnten Linkskurve erreicht uns von rechts der Weg 349B, wir bleiben aber auf unserem Weg, also leicht abfallend geradeaus. Rechts unten ruht der **Lago di Moregna** (Nr. 3 in unserer Seensammlung), bewacht von der Malga di Moregna. Dorthin steigen wir auf einem schön ausgebauten Steinweg hinab, lassen dann aber See und Alm rechts liegen und dringen auf demselben, hier vom Gras etwas überwachsenen Weg in den schütteren Wald ein.

Der Abstieg im Wald ist eindeutig, holprig, sehr steil und ohne besondere Vorkommnisse, abgesehen von einigen Ausblicken auf die Cima di Cece. Nach 390 Höhenmetern mit durchschnittlich 21% (!) Gefälle schlagen wir drei Kreuze, wenn die geschotterte **Forststraße (11)** beginnt, der wir immer absteigend folgen (Abzweigungen ignorieren wir). Wenige Momente später passieren wir die **Malga Valmaggiore** und erreichen den **Parkplatz (1)**.

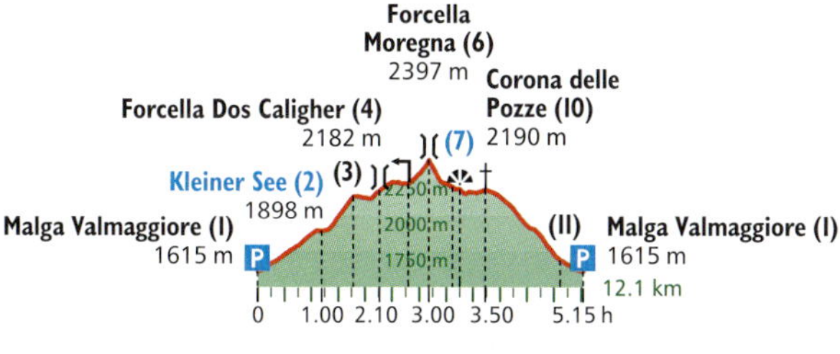

3 Monte Cauriol, 2494 m

5.30 Std.

Dolomitenaussicht und mehr

Ein Klassiker des Lagorai. Diese Route wird zu recht viel begangen: Durch das liebliche Val Sàdole mit lichten Wäldern, felsigen Hochweiden und Plätscherbach gelangt man relativ kommod zum Passo Sàdole, wo eine faszinierend felsige Alpinlandschaft beginnt. Hier ist die Aussicht schon großartig – der 360-Grad-Blick vom Gipfel ist gigantisch. Von den Pale di San Martino bis zum Brenta breiten sich gegen Norden die ganzen Dolomiten am Horizont aus, die gesamte Kette des Lagorai Richtung Osten und Westen, das Cima-d'Asta-Massiv und die Rava-Gruppe im Süden. Davor blicken wir das Valle del Vanoi entlang bis Canal San Bovo, im Norden durch das Val Sàdole bis Predazzo. Unterwegs treffen wir Ruinen eines ehemals ausgedehnten k. u. k.-Militärstützpunktes aus dem Ersten Weltkrieg. Der Anstieg von der Südseite wurde von italienischen Soldaten angelegt, daher »Via Italiana«, unsere Abstiegsroute im Norden vom Heer Österreich-Ungarns, daher »Via Austriaca«.

Ausgangspunkt: Rifugio Monte Cauriol.
Autoanfahrt: In Ziano di Fiemme über den Fluss in den Ortsteil Bosin. Dort den Wegweisern Rifugio Cauriol und Sàdole bergauf folgen. Zunächst asphaltiert, dann noch 3,2 km auf Schotterpiste. Zur Hochsaison (mind. Juni und August) ist die Zufahrt zur Hütte ca. 1 km unterhalb gesperrt.
Höhenunterschied: 910 m.
Anforderungen: Bis zum Passo Sàdole einfache Wanderung, dann teilweise sehr steil, rutschig und geröllig. Ab und zu Hände notwendig. Markiert.
Einkehr: Rifugio Monte Cauriol und Malga Sàdole, beide am Ausgangspunkt.
Variante: Nur bis zum Passo Sàdole und auf gleichem Weg zurück (Schwierigkeit: leicht).
Karte: Tabacco 014, Kompass 626.

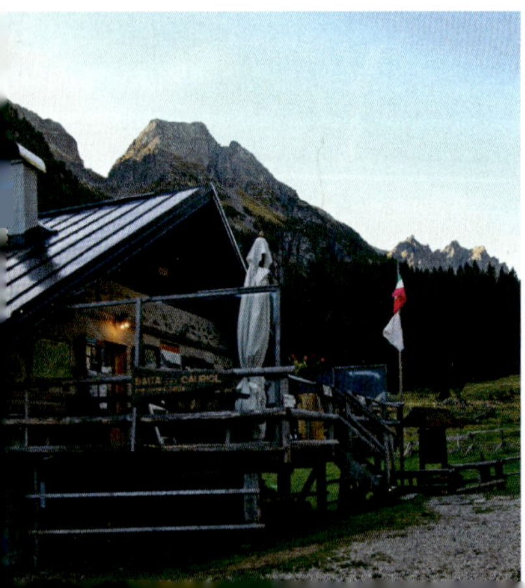

Wir steigen den breiten Schotterweg zwischen der Hütte **Baita Cauriol (1)** und der Alm an, wie es der Wegweiser »Passo Sadole« (320) anzeigt. Links vor uns der schroffe Gipfel des Cardinal. Wir gewinnen bequem an Höhe entlang spärlicher Markierungen. Auf einer Wiesenebene mit Brücke wird der Blick auf die noch schroffere Ostwand des Monte Cauriol frei, wobei der Hauptgipfel zunächst verdeckt ist. Der abschnittsweise gepflasterte, breite

Startpunkt ist das Rifugio Monte Cauriol.

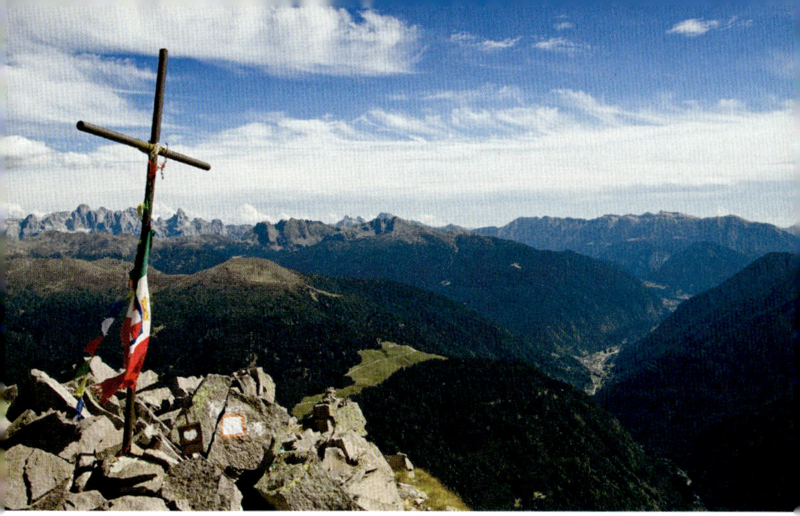

Vom Gipfel blicken wir über das Valle del Vanoi zu den Pale di San Martino.

Schotterweg führt uns durch ein liebliches Hochtal bis zu einer Quellfassung unterhalb einer enormen Wand aus Geröll. Kurz vor Ende des breiten Weges zweigt nach rechts ein **Pfad (2)** ab. Der zugehörige Wegweiser steht ein wenig oberhalb davon (»Passo Sadole«, 320).

Es geht in weiten Serpentinen gemütlich bergauf. Der stumpfe Hauptgipfel des Monte Cauriol wird sichtbar, unterhalb davon eine riesige Blockhalde, über die unser Rückweg führt. An der nächsten **Verzweigung (3)** halten wir uns rechts wieder Richtung Passo Sàdole (320); von links kommen wir auf dem Rückweg. Wir erblicken die Dolomiten, z. B. den Latemar. Der weiterhin deutliche Weg wird zum gepflasterten Militärweg. In dem breiten, steingefüllten Sattel finden wir einige Ruinen der kaiserlich-österreichischen Stellungen. Wir lassen uns durch Parallelwege nicht aus der Ruhe bringen und folgen den nun häufigeren Markierungen bis zu einem Holzkreuz im **Passo Sàdole (4)**. Ein neues Panorama liegt vor uns: die granitene Cima d'Asta mit

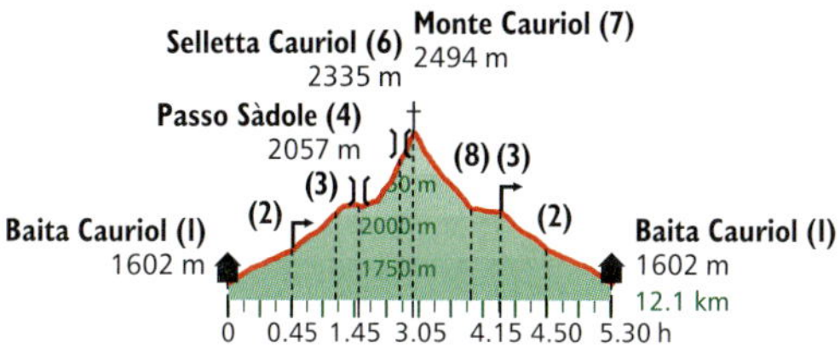

Schneefeld, darunter das Val Cia, weiter rechts der Passo Cinque Croci und die Rava-Gruppe. Ein Vorgeschmack auf das Gipfelpanorama! Hier steht ein reichhaltiger Wegweiser. Für uns zählt »Cima Cauriol via italiana«.

Wir gehen also auf der Südseite des Passes weiter, jedoch nicht hinunter sondern links den Hang fast eben querend. Es wird schon mal rutschig. Ein auf einem Felsen gepinselter **Pfeil (5)** mit der Schrift »Cauriol« schickt uns nach links hinauf. Nun beginnt der wirklich steile Abschnitt. Eine Senke lässt uns kurz verschnaufen, dann geht es in engen Serpentinen auf der Wiese zwischen den Geröllfeldern sehr steil bergan. Wir gelangen zur **Selletta Cauriol (6)**, einem Sattel zwischen dem Monte Cauriol (rechts) und dem Cauriol Piccolo (links). Die Aussicht nach beiden Seiten ist fantastisch, doch die Gipfelaussicht bietet noch mehr.

Den Gipfel erreichen wir durch einen Stichweg nach rechts (Wegweiser »Monte Cauriol«), d.h. wir kehren danach wieder zu diesem Sattel zurück. Der Steig zum Gipfel erfordert ab und zu minimale Kraxelei, manchmal ist es rutschig und ein wenig ausgesetzt. Kurz vor dem Gipfel gehen wir an der Verzweigung links hinauf; hier gibt es auch grün-weiß-rote Markierungen. Am Gipfel des **Monte Cauriol (7)**, 2494 m, mit Kreuz erinnern viele Inschriften an den Ersten Weltkrieg.

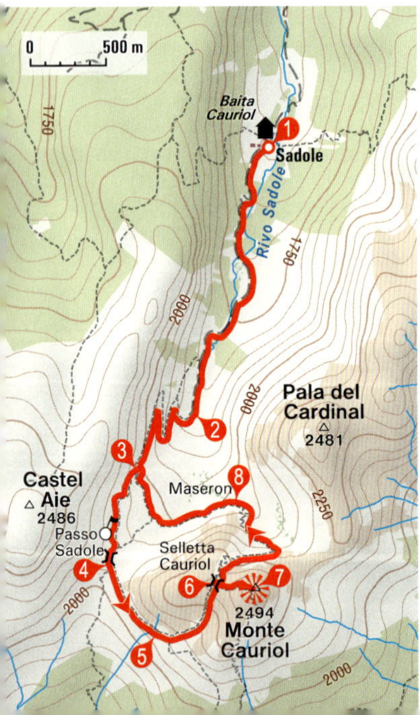

Zurück zum Sattel **Selletta Cauriol (6)** also über denselben Steig, dann rechts hinunter (Wegweiser »Via austriaca«). Der Serpentinen-Pfad ist zunächst extrem bequem, dann wird's holprig auf Blockwerk. Etwa 200 Höhenmeter müssen wir hinunterstolpern bis ein gepflasterter Militärweg beginnt. In einer **Senke (8)** spaltet sich der Weg: wir halten uns links auf der ebenen Hangquerung. Fast eben, nur unterbrochen von herabgestürzten Felsen führt der breite Weg zur bekannten **Verzweigung (3)** unterhalb des Passo Sàdole. Hier also rechts hinunter (Wegweiser u.a. »Rif. Cauriol«, 320) und auf bekanntem Weg zurück zur **Baita Cauriol (1)**.

Vom Gipfel des Monte Cauriol blicken wir in das Fleimstal, über Predazzo hinweg auf den Rosengarten.

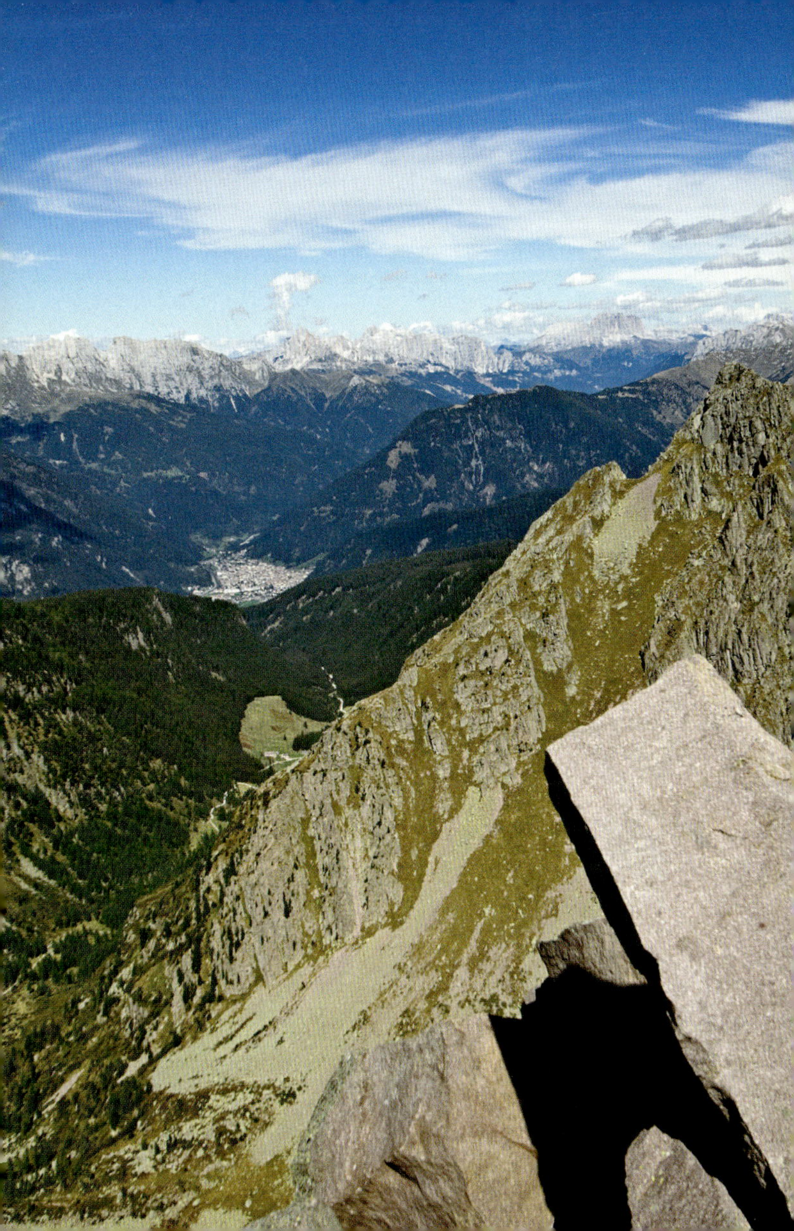

4 Um den Montalon

6.30 Std.

Im Reich des Porphyrs

Die Felszacken über der idyllischen Alm Val Sorda Seconda schimmern deutlich rot. Das ist der Porphyr des Lagorai. In unserer Runde um die Montalon-Kette erfreut uns der Kontrast zwischen den roten Steinen und deren grünem Flechtenbewuchs. Die Gipfel sind nicht auf Wanderwegen erreichbar, was uns angesichts der schroffen Formen nicht wundert. Dazwischen glitzern einige malerische Bergseen. Das großartige obere Montalon-Tal besticht durch Blütenvielfalt und Wasserreichtum.

Ausgangspunkt: Rifugio Carlettini, Val Campelle, Scurelle.
Der Hauptstraße im Val Campelle folgen, Wegweiser Rifugio Carlettini. Am Rifugio Carlettini parken.

Höhenunterschied: 1020 m.
Anforderungen: Schöne Bergpfade, einige Geröllabschnitte, markiert.
Einkehr: Am Ausgangspunkt.
Karte: Tabacco 058, Kompass 626.

Nach dem Cappuccino im **Rifugio Carlettini (1)** gehen wir wieder zur Straße und dort links (Wegweiser »Ponte Conseria«, 326). Immer die Straße entlang erreichen wir die Park- und Picknickplätze. Wir halten uns weiter geradeaus auf Asphalt, folgen der Linkskurve und überqueren auf der **Ponte Conseria (2)** den breiten Bach. Kurz darauf folgen wir den Wegweisern (u. a. »Malga Valsorda«, 317) nach rechts auf den Wiesenweg. Wir treffen wieder auf die Straße und folgen ihr nach links hinauf (Wegweiser wie zuvor). Die Straße tritt in den Wald ein und wird zur Schotterpiste. Nach der Spitzkehre nach rechts schlagen wir den deutlichen Waldpfad nach links ein (Wegweiser wie zuvor). Der Pfad führt uns in einem tiefen Bachtal zunächst gemächlich nach oben. Nach einem Brückchen über den Bach geht es im Talhang steiler in weiten Schleifen hinauf. Schließlich verlassen wir den Wald und gehen auf die Gebäude der **Malga Valsorda Seconda (3)** zu.
Dahinter beginnt eine Schotterstraße, der wir nur kurz folgen. Gleich hinter dem Bachgraben steht ein Wegweiser. Wir schlagen die Richtung »Forcella Laghi S. Rocco« (317) halb links ein. Anfangs ein schwacher Wiesenpfad, spä-

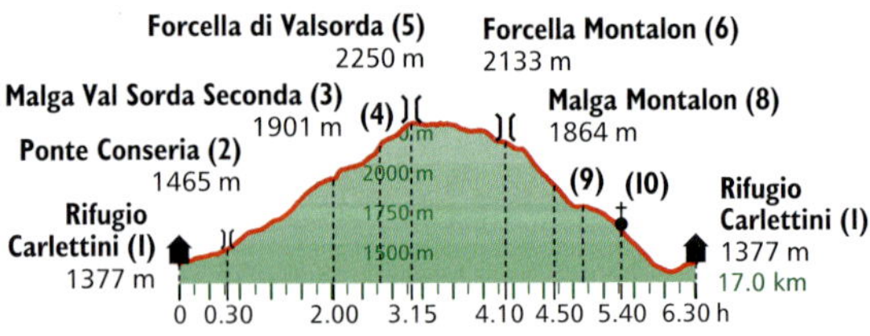

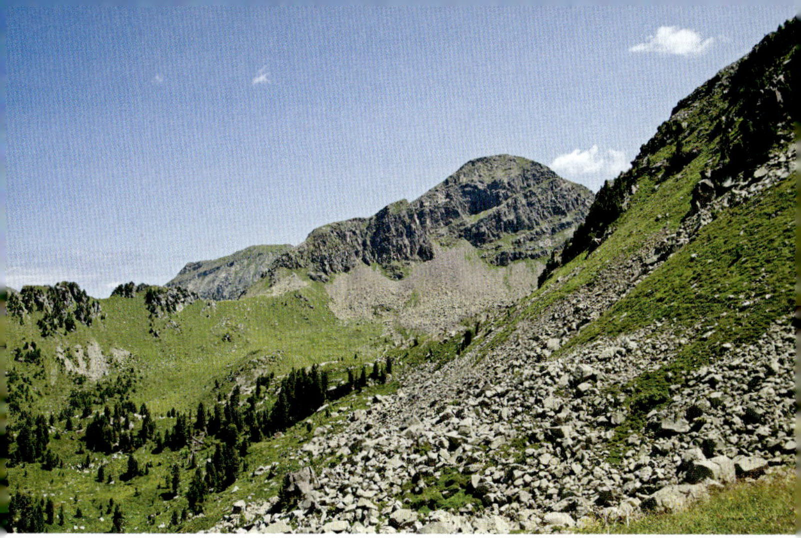

Kurz vor der Forcella Montalon blicken wir zurück auf die Cima delle Stellune.

ter deutlicher, führt er uns rot-weiß markiert (auf Felsen) nach oben und dann quer zum Hang, dort auch rutschig. Nach einem Anstieg stehen wir in einem wunderbaren Bergtheater, dominiert von der massiven Cima delle Stellune. Daneben geradezu grazil die Spitzen der Cima di Lagorai. Gegenüber die graue Cima d'Asta und daneben die Zacken der Rava-Gruppe; bei guter Sicht im Hintergrund: Monte Ortigara und Cima Caldiera jenseits des Valsugana.
Auf einem **Felsen (4)** zeigen gemalte Pfeile, wo es langgeht: für uns zählt »F. Val Sorda«, also links hinauf und zwar scharf links steil hinauf, obwohl halb links flach auch eine Markierung zu sehen ist. So gelangen wir zu einem Grat, unter dem der hübsche Lago delle Buse Basse (auch Lago di Rocco genannt) schimmert. Zunächst eben, dann ansteigend nähern wir uns dem Pass **Forcella di Valsorda (5)**, vor dem ein klammartiger Einschnitt zu durchmessen ist. Dahinter schickt uns ein Wegweiser nach links (u. a. »Forcella di Montalon«, 322).
Wir durchschreiten Ruinen aus dem Ersten Weltkrieg und eckige Felsblöcke. Bald stehen wir oberhalb des glänzenden Lago delle Stellune. Die Abzweigung zum See hinunter interessiert uns nicht: wir gehen weiter flach geradeaus (Wegweiser u. a. »Forcella di Montalon«, 322). In lockerem Auf und Ab hintergehen wir die Montalon-Gruppe mit permanenter Aussicht nach Nordwest. Markierungen und Steinmännchen sind nicht immer leicht zu sehen. Faszinierende Felsblöcke machen den Weg bisweilen beschwerlich. Wenn sich vor uns die Pyramide der Pala del Becco aufbaut, fehlt wenig zum Pass

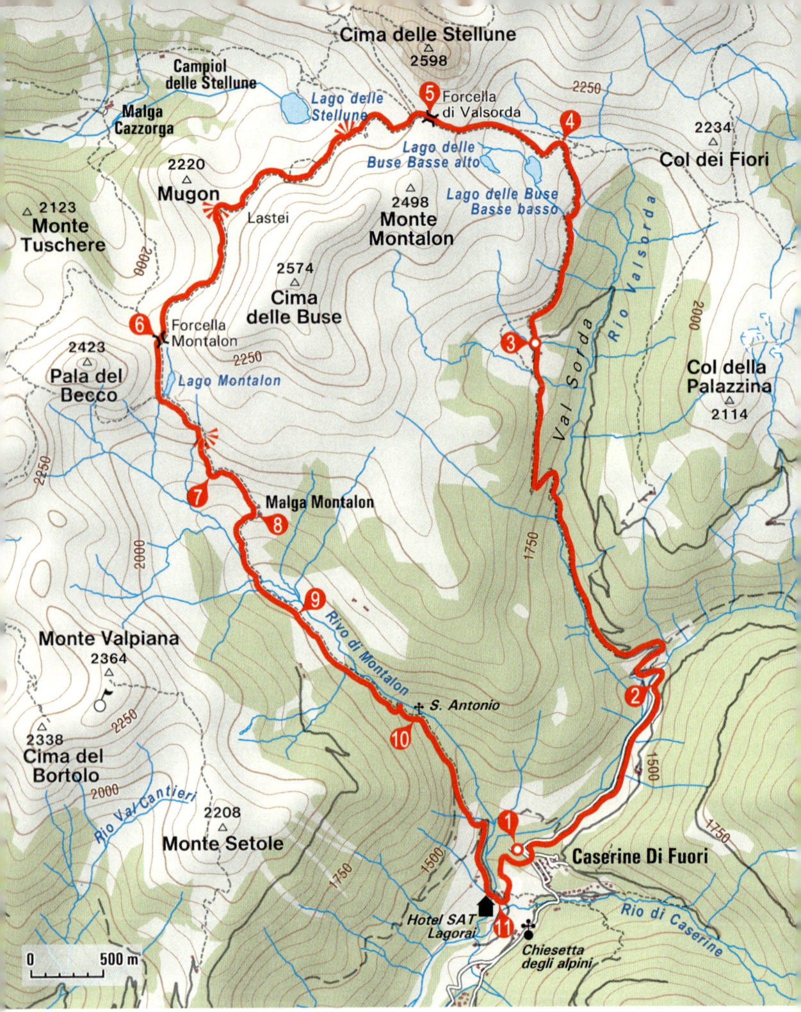

Forcella di Montalon (6). Im Pass steht ein Wegweiser, der unsere Richtung (u. a. »Cenon – Val Campelle«, 362) im Grunde richtig anzeigt, zunächst müssen wir aber am Wegweiser vorbei und links zum Gatter.
Hinter dem Gatter steigen wir zum **Lago di Montalon** ab. An dessen unterem Ende (am Auslauf) weisen uns Schrift und Pfeil auf einem Felsen nach

links (»Montalon Carlettini 362«). Nach einem kurzen Anstieg blicken wir auf die Zacken der südlichen Rava-Gruppe.

Nun beginnt der Abstieg auf einem blüten-, wasser- und markierungsreichen Pfad oberhalb eines idyllischen Hochtales. Wo wir einen **Querweg (7)** treffen, biegen wir nach links auf ihn ein auf die Alm zu. Dort gehen wir links am Stall und rechts am Gebäude der **Malga Montalon (8)** vorbei; hinter diesem dann rechts hinunter über die Weide. Einen verzweigten Bach überqueren wir mühelos. Nach der flachen Weide geht es kurz bergan, dann durch ein **Gatter (9)**. Dahinter nicht links hinunter zum Bach, sondern geradeaus immer mehr oder weniger parallel zum Bach.

Auf dem schönen Waldpfad passieren wir einen Bildstock des **Sant'Antonio (10)**. An einer Lichtung mit Blockhaus (»Campoleto«) schickt uns der Wegweiser nach links unten in den Wald. Nach kurzem Abstieg erreichen wir eine Schotterstraße, auf der wir bergab weitergehen. Etwaige Abzweigungen und die erste Brücke ignorieren wir, aber die zweite breite Holzbrücke bringt uns zum **Hotel SAT Lagorai (11)**. Wir lassen das Hotel rechts liegen und laufen an den Parkplätzen vorbei. Direkt danach biegen wir scharf links ab, wo der Asphalt nach wenigen Metern aufhört. Der Fahrweg endet kurz vor dem Haus, wo wir auf die Holzstege treten. Sie führen uns sicher über sumpfiges Gelände zu einem Pfad. Diesem folgen wir in den Wald. Dort halten wir uns rechts und erreichen das Abendessen im **Rifugio Carlettini (1)**.

Die typische Lagorai-Einsamkeit mit Blick auf die Pala del Becco.

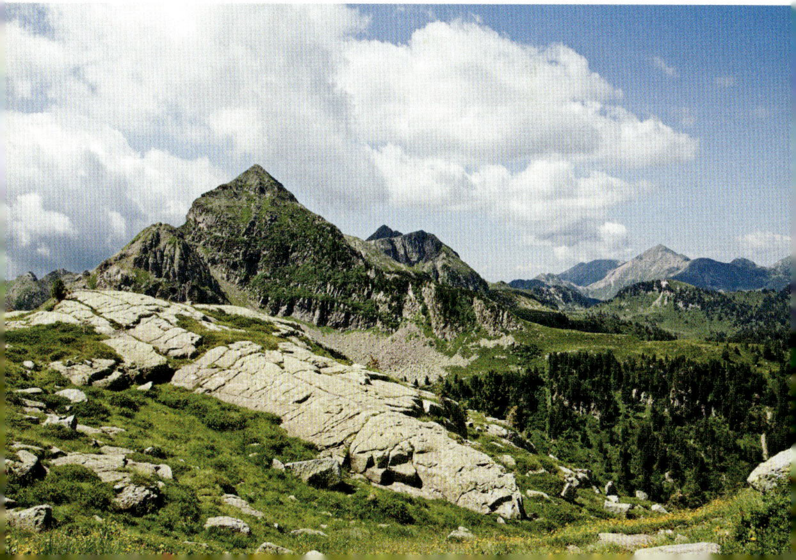

5 Monte Ziolera, 2478 m

5.30 Std.

Die zwei Seiten des Lagorai

Der Monte Ziolera ist einer der wenigen Gipfel des Lagorai-Rückgrates, der sich auf einem Wanderweg erklimmen lässt. Durch den Start am Manghen-Pass auf 2042 m fehlen nur noch gut 400 Höhenmeter. Steil ist es trotzdem. Die Aussicht entlohnt für die Mühen. Die Wanderung entwickelt sich auf dem Hinweg auf der Südseite der Lagoraikette (von einem kleinen Schlenker kurz vor der Forcella Ziolera abgesehen), der Rückweg liegt im Norden. Die Südseite ist schroffer und schwierig zu gehen, die Nordseite etwas weicher und einfach zu laufen. Jede Seite hat einen kleinen See und großartige Felslandschaften im Angebot und Aussichten sowieso.

Ausgangspunkt: Passo Manghen, 2042 m, Parkplatz am Passsattel. Im Valsugana nach Borgo Valsugana bzw. Telve fahren, im Fleimstal nach Castello di Fiemme bzw. Molina und ab dort der Beschilderung Richtung Passo Manghen folgen.
Höhenunterschied: 860 m.
Anforderungen: Schwierige Wanderung auf Bergpfaden und -steigen. Teilweise steil und rutschig. Markiert.

Einkehr: Knapp unterhalb des Ausgangspunktes: Manghen-Hütte.
Variante: Einige der schwierigsten (und schönsten) Stellen kann man vermeiden:
1. Auslassen des Gipfel-Abstechers zum Monte Ziolera;
2. An der Forcella Pala del Becco (6) nach links hinunter (Wegweiser »Passo Manghen«, 322). Am Querweg links (das ist unser Hauptweg).
Karte: Tabacco 058, Kompass 626.

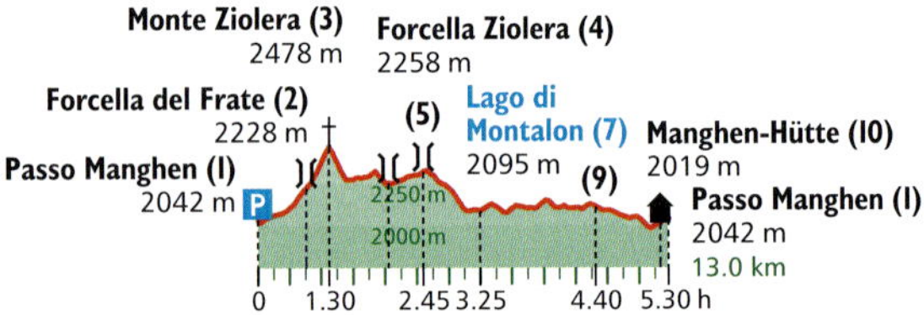

An dem kleinen **Parkplatz** an der Passhöhe des **Passo Manghen (1)** beginnt links von der Info-Tafel ein Pfad. Diesen Pfad nutzen wir, um Richtung Forcella Ziolera (322; Wegweiser) zu gehen, also die Passstraße im Rücken und die Manghen-Hütte zur Linken. Dieselbe Angabe zählt für uns am kurz darauf folgenden Wegweiser, also nach rechts. Vor uns breitet sich der komplette Weg bis zum ersten Pass aus: in weitem Schwung, dann in Serpentinen schraubt er sich zur **Forcella del Frate (2)**, 2228 m.
Hier streben wir links ein wenig den Kamm hinauf bis zur Weggabelung, wo der Gipfelabstecher beginnt (Wegweiser »Cima Ziolera«); der steile Aufstieg

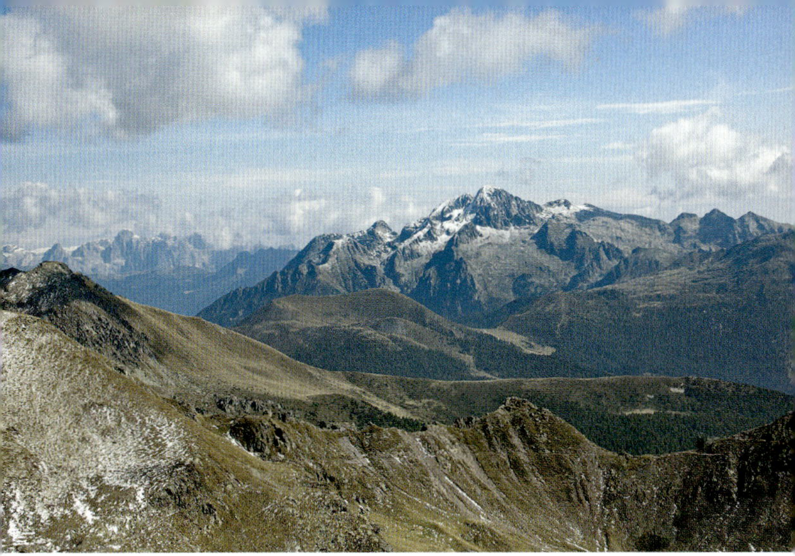

Blick vom Gipfel des Monte Ziolera auf die Cima d'Asta nach einem herbstlichen Schneeschauer.

lohnt sich wirklich wegen des Rundum-Panoramas: neben allen umliegenden Bergen sind auch die Dolomiten und die Zentralalpen zu sehen. Zum Gipfel des **Monte Ziolera (3)** hinauf halten wir uns einfach links an der Kante des Grates, die Pfade sind recht ausgetrampelt.
Vom Gipfel zurück zur Weggabelung bevorzugen wir denselben Weg, da der Abstieg auf der anderen Seite besonders steil, rutschig und ausgesetzt ist. An der bekannten Weggabelung nun also links, Richtung Forcella Ziolera (322). Flach bis leicht ansteigend umrunden wir den Gipfel.
An einem flachen Sattel mit Mauerresten wechseln wir die Seite, d. h. wir steigen auf der Nordseite des Sattels kurz links steil hinab, dann rechts etwas weniger steil. Der Pfad ist klar und ein wenig ausgesetzt. Unten links der Lago delle Buse, an dem wir auf dem Rückweg vorbeikommen. Nach wundersamen Felstürmen lassen wir einen bröseligen Sattel rechts liegen. Wenige Meter nach einer Stelle mit Seilversicherung zweigt ein Pfad links ab (das wäre theoretisch ein schneller Weg zurück, da dieser Weg 361 an den Lago delle Buse heranführt und somit zum Rückweg; aber diese Runde wäre arg kurz), wir gehen weiter gerade hinauf in einen Sattel mit Zementresten: das ist die **Forcella Ziolera (4)**. Die Ruinen stammen von einer militärischen Materialseilbahn. Oberhalb des Sattels steht ein Metallkreuz der Tiroler Standschützen.

Hier gehen wir halb links den flachen Weg Richtung Forcella di Montalon (322). Dieser Weg stellt keine Schwierigkeit dar und bietet einen schönen Rückblick auf den mächtigen Monte Ziolera.

Wenn rechts der relativ neue Weg 398 zum Herta-Miller-Haus (das wir von Weitem am hellen Dach erkennen) abbiegt, steigen wir halb links (Wegweiser »Forcella Montalon«, 322) über die Felsen an und weiter über rutschige Sandflecken bis zu einem hübschen **Sattel (5)** mit toller Aussicht auf die Pala del Becco vor uns, rechts auf die Monte Val Piana-Gruppe, unten auf den Lago delle Stellune und hinten auf die Cima d'Asta. Hinter dem Sattel halten wir uns links, um den folgenden Hang absteigend zu schneiden, sodass wir in der **Forcella Pala del Becco (6)** ankommen.

Wer das folgende, unbequeme Geröllstück meiden möchte, kann hier links absteigen (siehe Variante). Dann würden wir aber die Aussicht auf die Rava-Gruppe, die Cima delle Stellune, Cima Lagorai und schließlich den Lago di Montalon verpassen. Also gehen wir halb rechts (Wegweiser u.a »Lago di Montalon«, 322B), zunächst harmlos quer zum Hang, dann durch undankbares Blockwerk und Geröll, mitunter steil. Sobald der liebliche Lago di Montalon ins Blickfeld gerät, wird es einfacher.

Am **Lago di Montalon (7)** folgen wir der auf einen Fels gepinselten Schrift »Forcella Montalon« nach links aufsteigend in den gleichnamigen breiten Sattel. Ab jetzt ist die Wegbeschaffenheit wesentlich besser, nur kurz vor Ende wird es etwas felsig. Im **Sattel** finden wir einen Wegweiser, der uns nach links schickt (»Passo Manghen«, 322). Kurz darauf zweigt der Weg 362 ab, wir halten uns links, um auf dem Weg 322 zu bleiben. Links von uns schöne Felswände und -halden, durch die wir nicht durch müssen.

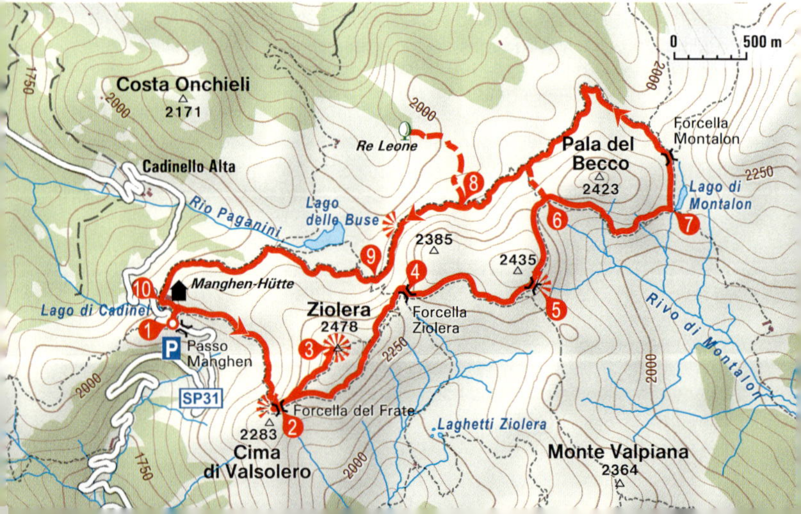

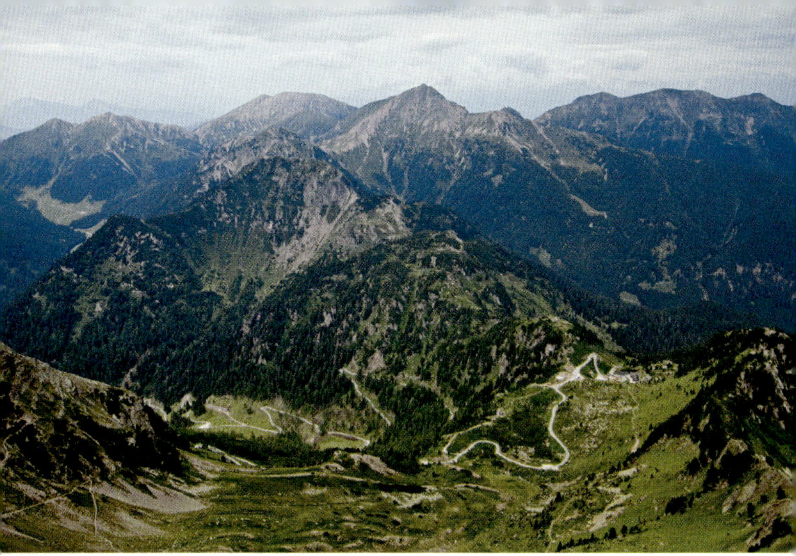

Im Anstieg auf den Monte Ziolera blicken wir auf den Manghen-Pass hinunter und zum Kraispitz / Monte Croce hinüber.

Nach vorne ist nun der Blick frei auf schneebedeckte Spitzen der Zentralalpen. Von links erreicht uns der Weg von der Forcella Pala del Becco, der in der Variante genutzt wird. Wenig später erblicken wir schon den Lago delle Buse, dahinter thront die rote Pyramide des Kraispitz / Monte Croce. Es geht in Serpentinen hinab, dann weist uns ein **Wegweiser (8)** auf »Re Leone« hin. Das ist eine imposante Zirbelkiefer: sie wird auf 800 Jahre geschätzt und hat einen Stammumfang von 7,10 m. Baumfreunde sollten den Abstecher dorthin (hin und zurück ca. 30 Min., 130 Hm, 1,5 km, markiert) in Betracht ziehen. Oberhalb des Sees weist eine Schrift auf einem Felsblock auf den Weg zur Forcella Ziolera hin. Wir gehen auf dem **roten Schotterweg (9)** weiter geradeaus, aber an der nächsten Verzweigung nicht hinunter zum See, sondern links über eine Art Brücke. So umrunden wir den See ein gutes Stück oberhalb. Hinter dem See kreuzt ein Pfad. Hier biegen wir links ab (Wegweiser wie zuvor »Passo del Manghen«, 322A). Im Folgenden wird es etwas felsig, aber der Weg ist eindeutig bis zur Manghen-Hütte. Kurz davor eine in einer Felsnische liegende Kapelle. An der **Manghen-Hütte (10)** gehen wir an den Gebäuden entlang und dann den Hang vor uns auf einem Pfad nach links hinauf, da wir nicht auf der Straße gehen möchten. So erreichen wir den ersten Wegweiser nach dem Startpunkt und gehen jetzt rechts, also kurz auf bekanntem Weg zum Ausgangspunkt am **Passo Manghen (1)** zurück.

6 Cima Socede, 2173 m

4.30 Std.

Zu den Lasteati-Seen

Die Cima Socede bildet den letzten Ausläufer des Cima-d'Asta-Massivs zum Lagorai hin. Direkt daneben liegt der Passo Cinque Croci, der die traditionelle Grenze zwischen den beiden Gebirgen bildet. Allerdings hält sich die Geologie nicht an die vom Menschen erdachte Grenze: die Cima Socede ist aus Porphyr aufgebaut wie der Lagorai und nicht aus Granit wie die Cima d'Asta. Der Pass hat seinen Namen von dem Dialektwort »Croce« für eine Landparzelle, denn hier grenzten fünf Besitztümer aneinander. Der Gipfel mit Nebengipfel ist ein dankbarer Aussichtspunkt. Um den Gipfel herum finden wir einige Hinterlassenschaften des Ersten Weltkrieges, die z.T. restauriert wurden. Unterhalb der Cima Socede liegen die kleinen Laghi dei Lasteati, denen wir auf dem Rückweg einen Besuch abstatten.

Ausgangspunkt: Ponte Conseria. Die Hauptstraße im Val Campelle bis zur Brücke Ponte Conseria hinauffahren. Dort ist die Durchfahrt verboten und es gibt Parkplätze (zeitweise gebührenpflichtig).

Höhenunterschied: 750 m.
Anforderungen: An sich leichte Wanderung, aber mit gewisser Höhendifferenz. Überwiegend markiert.
Einkehr: Rifugio Malga Conseria.
Karte: Tabacco 058, Kompass 626.

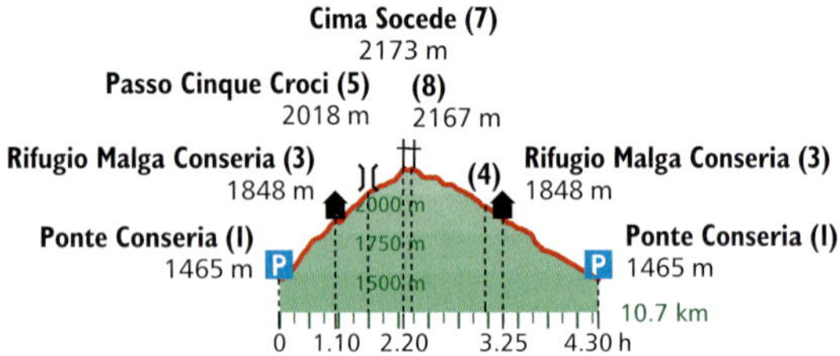

Wir gehen über die **Ponte Conseria (1)** und kurz danach rechts hinauf auf den Wiesenweg, so wie es der Wegweiser u.a. für »Passo 5 Croci« (326) angibt. Kurz darauf berühren wir wieder die Straße, laufen aber rechts auf dem Schotterweg weiter (Wegweiser wie zuvor). Nach einem Bach in einer Kurve verlassen wir den Schotterweg nach links oben auf einem **Pfad (2)**, – Wegweiser wie zuvor. Auf Serpentinen, zunächst mehr auf der Wiese, dann mehr im Wald gewinnen wir schnell an Höhe.

Am Ende des Waldes erblicken wir das **Rifugio Malga Conseria**. Kurz am Bach entlang, über die Brücke und ein paar Meter hinauf, schon stehen wir vor der Hütte **(3)**. Weiter geht's auf der Schotterstraße links von der Hütte

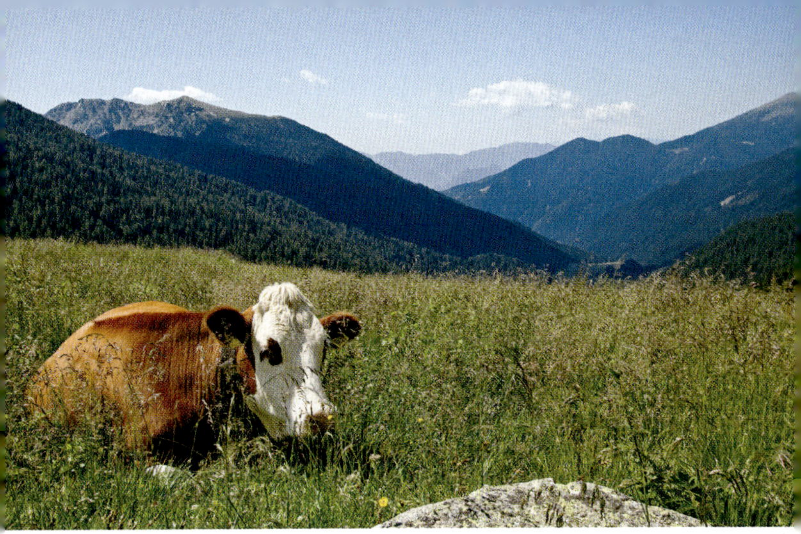

Rast am Passo Cinque Croci.

(Wegweiser wie zuvor), also an der fensterlosen Seite entlang. Schon an der ersten Linkskurve verlassen wir die Straße nach geradeaus auf einen steil ansteigenden Wiesenpfad. Nach einem Stück am Bach entlang erreichen wir eine große Wiese mit einem **Metallkreuz (4)** und Wegweiser. Auf dem Rückweg kommen wir hier von rechts, nun gehen wir geradeaus weiter (Wegweiser wie zuvor). Schnell sind wir am **Passo Cinque Croci (5)**.
Hier halten wir uns rechts (Wegweiser u. a. »Forcella Magna«, 326) und am nächsten Wegweiser links, wir nehmen also den breiten Pfad, der den linken Hang leicht ansteigend quert. Der Wegweiser zeigt zur Cima Socede zwar nach rechts, aber der Weg links ist schöner. Mit Blick auf die Ostwand der Cima d'Asta schlendern wir den bequemen Pfad bis zur **Abzweigung (6)** auf den Gipfel der Cima Socede, ein schmaler Pfad scharf rechts mit Wegweiser »Opere Prima Guerra Mondiale« (L38).
Wir gelangen schnell zu genau diesen, also restaurierte Reste von Baracken, Stollen und Schützengräben. Eine Holzbrücke führt uns über einen Schützengraben und wir steigen zum Gipfel der **Cima Socede (7)** auf. Der Gipfel mit dem Panoramateller erweist sich allerdings als Nebengipfel. Der ein Meter höhere Hauptgipfel liegt direkt daneben. Wir gehen zurück zu den Baracken und dort geradeaus weiter auf einen weiteren **Nebengipfel (8)**. Der Weg ist etwas beschwerlich, lohnt sich aber wegen der Aussicht. Auch dies ist nur ein Abstecher: Wir gehen also zurück zu den Baracken, dann den bekannten Weg rechts hinunter.

Lichter Lärchenwald vor der Cima d'Asta.

An der bekannten **Abzweigung (6)** nun rechts weiter Richtung »Forcella Magna« (326). Auf diesem Weg bleiben wir aber nur kurz: nach einem flachen bis absteigenden Abschnitt achten wir auf einen **unmarkierten deutlichen Pfad (9)** halb rechts. Diesen steigen wir hinauf und sehen gleich unter uns einen **kleinen See**. Zu diesem steigen wir ab und halten uns danach halb rechts, also durch den Sattel.

Hier ist kein Pfad erkennbar, aber am Hang rechts vor uns ist der abfallende Pfad schon gut zu sehen. Im Abstieg auf diesem Pfad sehen wir einen **größeren See**. Ein Abstecher dorthin lohnt sich und ist ab der kleinen Ebene leicht, wenn auch weglos möglich. Nach dem Abstecher gehen wir auf dem Pfad weiter hinab. Er bringt uns in den Wald. Dort mündet unser Pfad im flachen Winkel auf einen **breiteren Pfad (10)**. Wir gehen praktisch geradeaus weiter und sind schnell wieder an dem bekannten **Metallkreuz (4)** auf der Wiese.

Nun geht es auf bekanntem Weg zurück zum **Rifugio Malga Conseria (3)**, also links. An der Hütte könnten wir den selben Weg zurück gehen, aber es gibt eine bequemere, weil weniger steile Alternative. Dafür umrunden wir die Hütte, gehen also an der befensterten Seite entlang und folgen der Rechtskurve der abfallenden Schotterstraße. Direkt danach geht ein schöner **Pfad (11)** nach links über die Weide ab (Wegweiser u. a. »Aia del Buso«, L36), wir nehmen also nicht den Weg 326. Über eine Weide, dann durch Wald erreichen wir einen Tümpel. Dort beginnt eine Schotterpiste, die wir nach rechts einschlagen. Nach kurzen Anstieg treffen wir auf die Kurve einer Schotterstraße. Hier gehen wir geradeaus, also bergab. An der Asphaltstraße biegen wir rechts ab, wieder bergab und erreichen so den Parkplatz an der **Ponte Conseria (1)**.

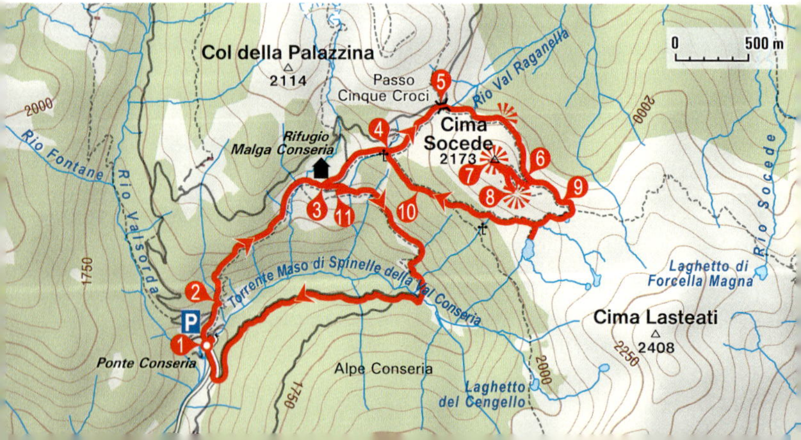

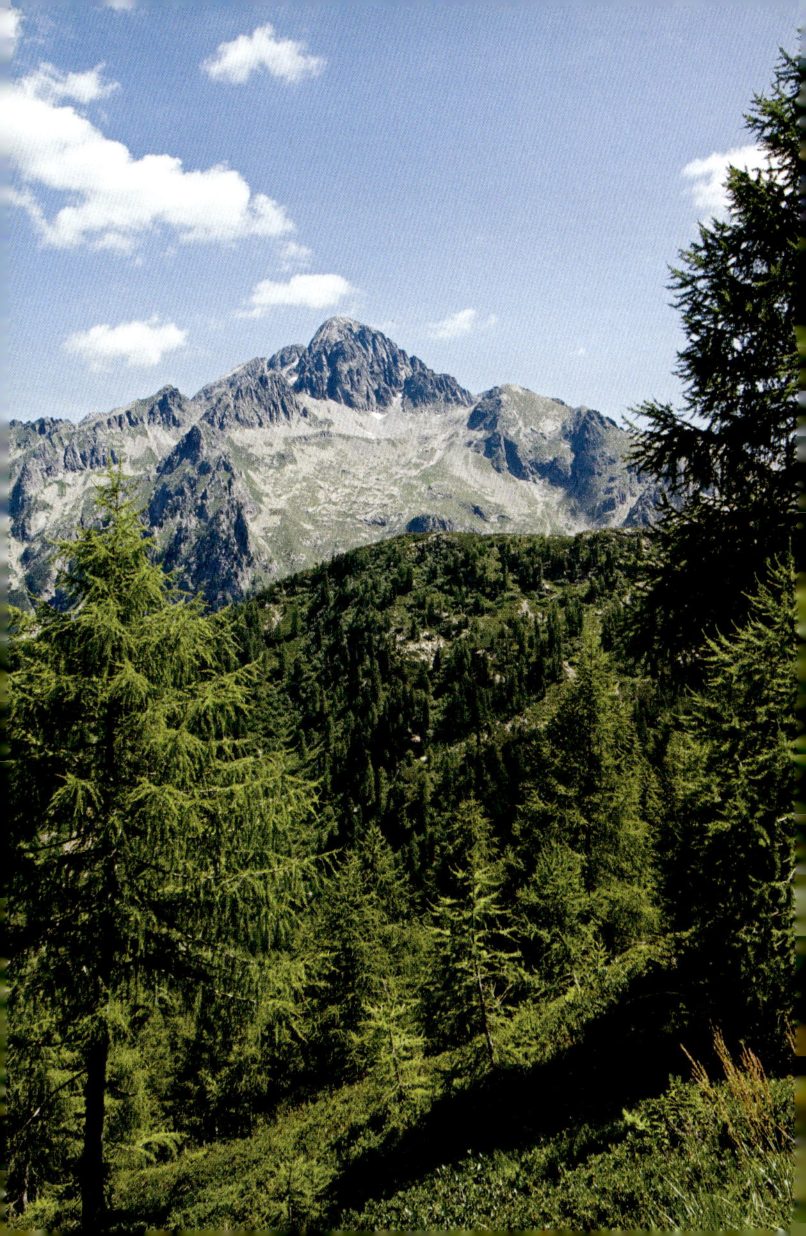

7 Um den Monte Cengello

5.45 Std.

Auf Höhenpfaden zwischen Cima d'Asta und Lagorai

Fast zwei Drittel der Wanderung entwickeln sich in bequemem Auf und Ab zwischen 2000 und 2350 Meter. Weite Aussichten auf das Massiv der Cima d'Asta, die Lagorai-Kette und die Täler dazwischen machen die Wanderung zum Genuss. Die Überbleibsel aus dem Ersten Weltkrieg in Form von Stollen, Mauerwerk, Schützengräben und Stacheldraht wollen nicht in das Bergidyll passen. Die Seen und kleinen Sümpfe, mit Wollgras verziert, verzaubern die blockige Berglandschaft aus rötlichem Porphyrgestein. Einziger Wermutstropfen: der lange, steile Abstieg am Ende.

Ausgangspunkt: Ponte Conseria. Die Hauptstraße im Val Campelle bis zur Brücke Ponte Conseria hinauffahren. Dort ist die Durchfahrt verboten und es gibt Parkplätze (zeitweise gebührenpflichtig).
Höhenunterschied: 1400 m.
Anforderungen: Überwiegend gute Pfade, teilweise aber ausgesetzt, am Ende der Wanderung geht es sehr steil bergab. Großer Höhenunterschied erfordert Kondition.
Einkehr: Rifugio Malga Conseria kurz nach dem Start und kurz vor Ende Malga Caserina Di Dentro.
Tipp: Am Vortag zum Rifugio Malga Conseria aufsteigen (1,9 km, 400 Hm) und dort übernachten, um den Aufstieg auf zwei Tage zu verteilen.
Karte: Tabacco 058, Kompass 626.

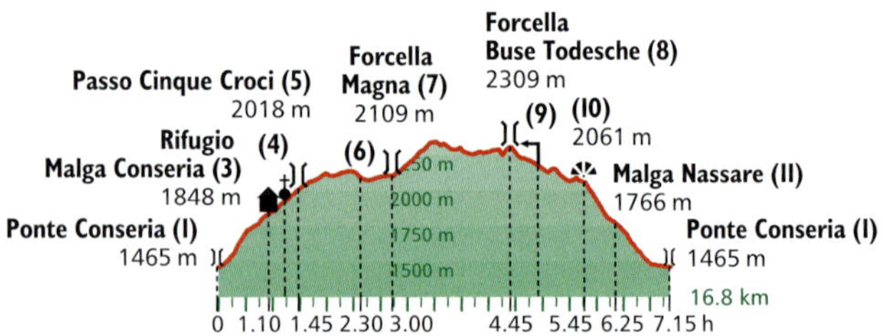

Wir gehen über die **Ponte Conseria (1)** und kurz danach auf dem Wiesenweg rechts hinauf, so wie es der Wegweiser u. a. für »Passo 5 Croci« (326) angibt. Kurz darauf berühren wir wieder die Straße, laufen aber rechts auf dem Schotterweg weiter (Wegweiser wie zuvor). Nach einem Bach in einer Kurve verlassen wir den Schotterweg nach links oben auf einem **Pfad (2)** – Wegweiser wie zuvor. Auf Serpentinen, zunächst mehr auf der Wiese, dann mehr im Wald, gewinnen wir schnell an Höhe.

Am Ende des Waldes erblicken wir das **Rifugio Malga Conseria**. Kurz am Bach entlang, über die Brücke und ein paar Meter hinauf, schon stehen wir vor der **Hütte (3)**. Weiter geht's auf der Schotterstraße links von der Hütte

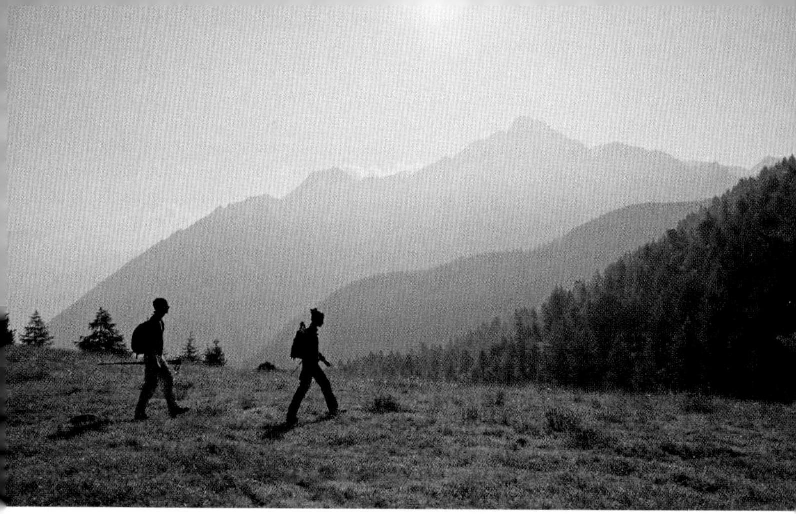

Morgendlicher Dunst am Passo Cinque Croci vor der Silhouette der Cima d'Asta.

(Wegweiser wie zuvor), also an der fensterlosen Seite entlang. Schon an der ersten Linkskurve verlassen wir die Straße geradeaus auf einen steil ansteigenden Wiesenpfad. Nach einem Stück am Bach entlang erreichen wir eine große Wiese mit einem **Metallkreuz (4)** und Wegweiser, nun geradeaus weiter (Wegweiser wie zuvor). Schnell sind wir am **Passo Cinque Croci (5)**, erkennbar am Eisenkreuz mit den fünf Kreuzen darauf. Ein Stück weiter rechts steht ein Wegweiser.

Wir folgen der Richtung »Forcella Magna« (326) praktisch geradeaus und sehen schon links im Nordost-Hang der Cima Socede den deutlichen, flachen Weg. Am Wegweiser wenige Schritte weiter gehen wir also links (und folgen nicht dem Pfeil) auf den lichten Lärchenbestand zu.

Der Weg führt klar und markiert in lockerem Auf und Ab durch felsige Wiesen mit ständigem Blick auf den Trumm der Cima d'Asta und nach links auf den östlichen Teil der Lagorai-Kette.

Ein kurzer Abstieg führt uns zu einer fabelhaften **feuchten Ebene (6)**. Nach deren Durchquerung geht es rechts hinauf zur Forcella Magna, die wir schon im Anmarsch als Bilderbuchpass erkennen. Im Sattel des Passes **Forcella Magna (7)** schickt uns der Wegweiser rechts hinauf (u.a. »Forcella delle Buse Todesche«, 373) zunächst leicht steigend quer zum Hang, dann nach der Rechtskurve steiler. Wir passieren einen Stollen aus dem Krieg. Schnell ist die Steigung vorbei und wir blicken auf einen malerischen kleinen See. In der Umgebung sind viele Kriegsreste (Schützengräben, Höhlen, Gebäuderuinen) zu erkennen. Es geht hinauf und unterhalb eines Biwaks vorbei.

Nun schlendern wir auf fast gleichbleibender Höhe lange Zeit auf deutlichem Pfad weiter. Vor uns der Klotz des Monte Cengello, den wir fast umrunden, links das tiefe Val Sorgazza. Eventuelle Abzweigungen schwacher Pfade lassen uns kalt: Unser Weg ist immer deutlicher.

Nach einer größeren **Höhle** treffen wir auf den Weg 360, wir halten uns rechts aufsteigend Richtung Forcella Buse Todesche (360). Und nun drei weitere Wegweiser in kurzer Folge: auf dem Grat (ohne dass dort eine Verzweigung wäre), ein paar Schritte weiter, wo der Weg 373 nach unten abzweigt und wir weiter geradeaus Richtung Forcella Buse Todesche (360) weitergehen, und schließlich der dritte Wegweiser im **Sattel**: das ist die **Forcella Buse Todesche (8)**. Dort verzweigt sich die Trasse einer alten Kriegspiste. Auf der anderen Seite des Sattels steigen wir rechts steil hinab Richtung Rifugio Carlettini.

Die Markierungen führen uns sicher mit Linkstendenz durch Geröll und Blockhalden hinab: ein toller Kessel voller Felsen und Tümpel. Das Gelände wird unübersichtlicher, deswegen müssen wir genauer nach den Markierungen Ausschau halten. Am Abzweig des Weges L35 nach rechts bleiben wir

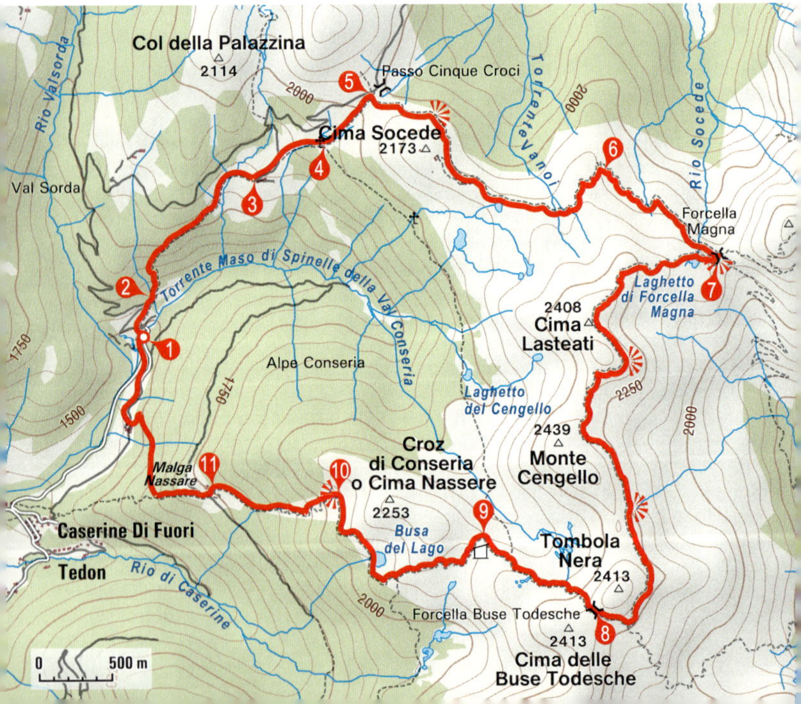

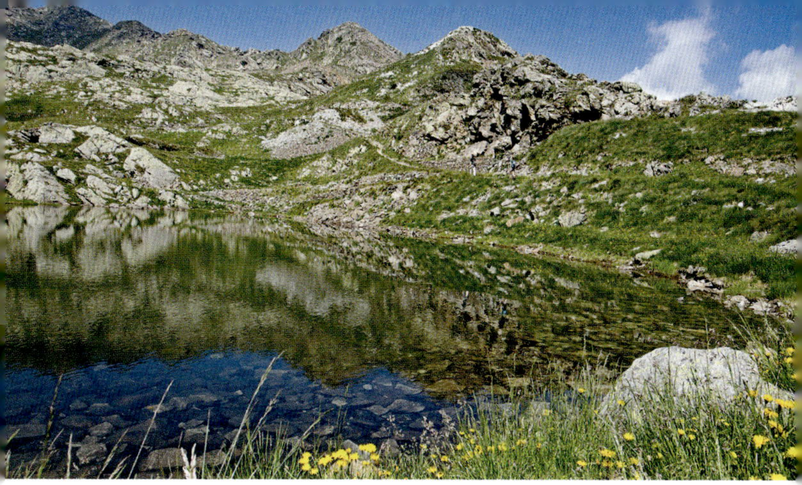

Der idyllische See oberhalb der Forcella Magna.

geradeaus (Wegweiser u. a. Bivio L31, 360). Nach einem kurzen, flachen, gepflasterten Stück knicken wir links ab **(9)**: geradeaus wäre der Pfad etwas deutlicher, aber nach links ist er rot-weiß markiert. So streben wir auf ein weiteres **Biwak** zu, drehen aber wenige Meter davor, wo ein Wegweiser steht, nach rechts ab. In dieser Richtung geht es bergauf weiter, gemäß Wegweiser »Carlettini« (360).

An der nächsten Verzweigung folgen wir wieder »Loc. Carlettini«, diesmal mit Nummer L31, also rechts hinauf, und verlassen so den Weg 360. Der Anstieg ist sehr kurz, dann schlängeln wir uns zwischen **Schützengräben**. Rechts unten schlummert ein See zwischen Lärchen. Unser Weg führt uns am See vorbei, danach ein kleiner gemeiner Anstieg. Nach kurzem Waldstück erreichen wir eine große **Lichtung (10)** mit Aussicht in das Val Campelle. Der markierte Weg steigt über diese Lichtung steil ab. Hinter der gefassten **Quelle** dringen wir in den Wald ein, wo der Weg nach rechts tendiert. So geht es durch ein Gatter, aus dem Wald heraus und dann auf das Gebäude der **Malga Nassare (11)** zu. Auf dem breiten Weg vor dem Haus gehen wir links und nach dem ersten Baum gleich rechts hinunter auf den Wiesenpfad (unauffällige Markierung). Die Schotterpiste überqueren wir schräg (zwei Wegweiser; u. a. »Loc. Carlettini«, L31) und betreten wieder den Wald. Es geht weiter bergab und an einer Weggabelung nach rechts (Wegweiser »Ponte Conseria«). Der Pfad führt uns schräg im Waldhang nach unten. Nach einer scharfen Linkskurve treffen wir an der Straße auf die Malga Caserina Di Dentro. Die Straße vor dem Haus schlagen wir rechts ein und folgen ihr immer geradeaus zur **Ponte Conseria (1)**.

TOP **8**

Cima del Frate, 2364 m

2 Tage

Granit in seinen schönsten Formen

Wer Spaß an Kraxeleien hat und schwindelfrei ist (siehe Anforderungen!) sowie sich für die mal zerklüfteten, mal glatten Formen des Granits begeistern kann, ist hier genau richtig. Es beginnt malerisch mit der idyllisch gelegenen Hütte Caldenave. Dahinter türmen sich zackige Spitzen, die wir umrunden und so von allen Seiten bewundern können. Ganz nebenbei bieten sich atemberaubende Aussichten, z. B. vom Gipfel, 2439 m, oberhalb des Passes Forcella Segura, dem höchsten Punkt der Wanderung. Danach sind wir umringt von Granitformationen aller Art. Am spektakulärsten sind die Felstürme der Cresta del Frate mit der Skulptur der Cima del Frate zum krönenden Abschluss.

Ausgangspunkt: Abzweig Tedon. An der Hauptstraße im Val Campelle an der Zufahrt zum Hotel SAT Lagorai und der kleinen Kapelle »Chiesetta degli Alpini« direkt an der Straße vorbei und weiter Richtung Rifugio Carlettini. Nach der scharfen Linkskurve, auf die eine Brücke über den Bach folgt, direkt hinter der Brücke links parken.
Höhenunterschied: Vom Tal zur Hütte 450 Hm; von der Hütte zum Gipfel und zurück ins Tal: 1160 m bergauf, 1610 m bergab.
Anforderungen: Technisch und konditionell sehr anspruchsvoll; leichte Kletterpassagen mit und ohne Seilversicherung, z. T. ausgesetzt, sehr steil und rutschig. Schwindelfreiheit und Trittsicherheit erforderlich. Überwiegend gut markiert. Achtung, aufgrund der Kletterpassagen kann dieser Weg nur in der angegebenen Richtung gegangen werden!
Einkehr: Unterwegs keine.
Übernachtung: Rifugio Caldenave. Geöffnet Ende Mai bis Anfang Oktober. Tel. +39 340 6351259, rifugio.caldenave@gmail.com, mountbnb.com/it/452/rifugio-caldenave-4.
Variante: Wer extrem konditionsstark ist, kann die Tour ohne Übernachtung im Rifugio Caldenave an einem Tag durchziehen (gesamt: 1650 Hm, 17,0 km, 10.00 Std.).
Karte: Tabacco 058, Kompass 626.

Vom Tal zur Hütte (einfacher Weg, 2,9 km; 1.20 Std): Schräg gegenüber vom **Parkplatz im Val Campelle (1)** zweigt neben dem Holzhäußchen mit elektrischen Anlagen eine Asphaltstraße ab. Ab hier ist der Weg durchgehend mit »Rif. Caldenave«, 332, ausgeschildert. Der Straße folgen wir gut 400 m durch die Ferienhaussiedlung Tedon bis zur Spitzkehre und verlassen den Asphalt geradeaus in den Wald. Immer am Bach entlang steigen wir hinauf. Wir biegen rechts auf die Schotterpiste ein. Wenig später queren wir hinter dem Wasserwerk den Bach auf der **Holzbrücke Ponte Campivelo (2)**. Nun weiter immer geradeaus hinauf am rauschenden Bach im Wald entlang. Sobald wir aus dem Wald heraustreten, sehen wir die Hütte. Im idyllischen Hochtal spazieren wir weiter immer geradeaus hinauf bis zum **Rifugio Caldenave (3)**.

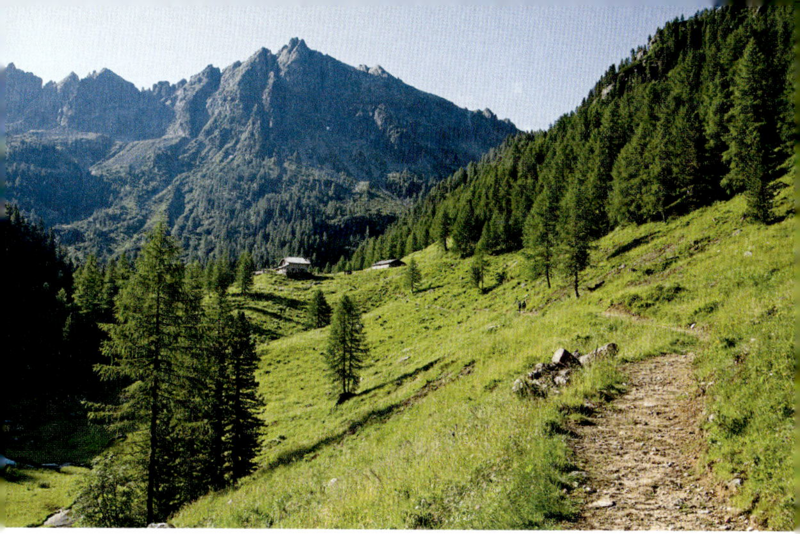

Kurz vor dem Rifugio Caldenave.

Von der Hütte zum Gipfel und zurück ins Tal (schwieriger Weg, 14,6 km, 8.00 Std.): Am **Rifugio Caldenave (3)** starten wir gemäß Wegweiser (u. a. »Forcella Ravetta«, 332) in das hinter der Hütte liegende, flachbödige Tal hinein (Achtung, am Brunnen nicht rechts hinauf!). Das wunderschöne Tal ist teilweise sumpfig, weshalb der Weg am Rand des Tales verläuft.

Wir treffen auf einen **Wegweiser (4)**, der uns nach links auf die andere Seite des Tales schickt. Es ist nur ansatzweise ein Pfad zu erkennen. Wir schlagen genau die Richtung des Pfeiles (»Forcella Orsera«, 373A) ein und sehen bald wieder rot-weiße Markierungen. Auf einem Felsbrocken hilft ein gemalter Pfeil mit der Schrift »Val Orsera« weiter. Sogleich folgt ein Holzsteg über einen Bach.

Wir betreten den Wald, wo der nun deutliche Pfad markant ansteigt. Nach dem Wald geht es bequem zwischen Felsblöcken weiter. An einer Stelle gurgelt ein Bach darunter hinweg. Rot-weiße Markierungen und Steinmännchen sind relativ häufig.

Am Talschluss geht es halb links durch Blockwerk hinauf, ab und zu müssen wir die Hände zu Hilfe nehmen. Wer hier schon Schwierigkeiten bekommt, muss umkehren. Kurz nach Ende des Blockwerks folgt ein **seilversicherter Abschnitt (5)**. Die Seile machen den sehr steilen Anstieg bequemer. So erreichen wir die **Forcella Orsera (6)** mit fantastischer Aussicht auf die Cima d'Asta und die Felstürme in nächster Umgebung sowie zurück über das Caldenave-Tal zum Lagorai.

Nun beginnt der wirklich schwierige Teil. Wer bis hier schon Schwierigkeiten hatte, sollte zurückgehen, aber nicht denselben Weg, sondern am Pass nach links über den Weg 373 zur Forcella Buse Todesche (Wegweiser), dort links über den Weg 360 an den Biwaks Baito Scagni und Baito Lastei vorbei hinunter. Diese Wege sind nicht schwierig und führen zurück zum Rifugio **Caldenave (3)**.

Wer sich die ausgesetzte und steile Kletterpassage zutraut geht an dem Wegweiser, der links des Passes steht, Richtung Forcella Quarazza (373), also scharf rechts bergab. So gehen wir unterhalb des Passes entlang, um dann den versicherten Steig anzugehen. Dieser endet an einem kleinen Pass. Hier machen wir einen kleinen Abstecher zu einem unscheinbaren **Gipfel (7)** mit Steinmännchen links oberhalb: dies ist der höchste Punkt der Wanderung. Das Panorama ist umwerfend! Der Felskoloss direkt vor uns ist die Cima Brunella, 2530 m.

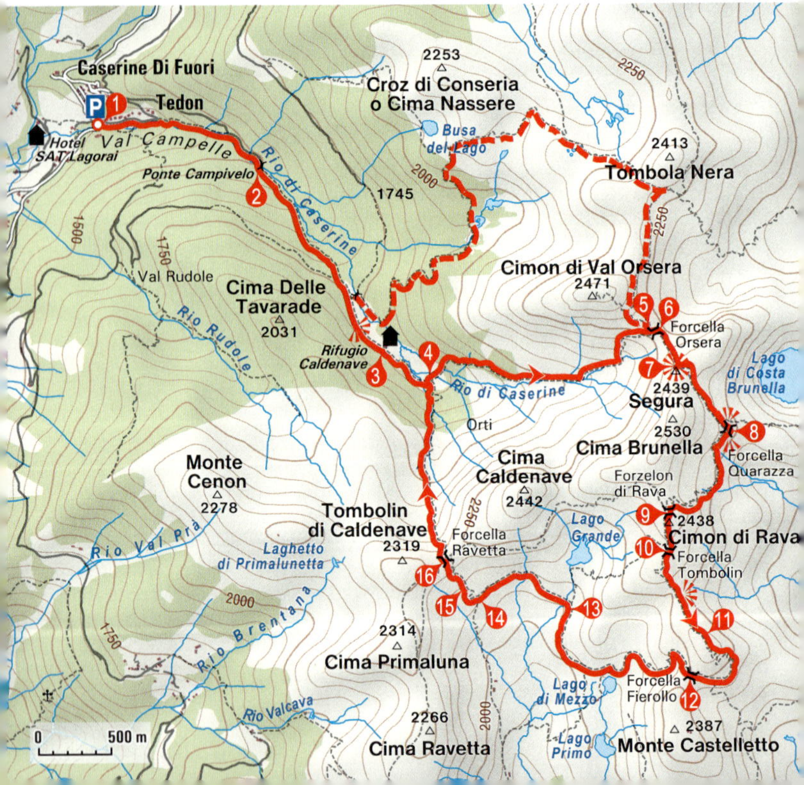

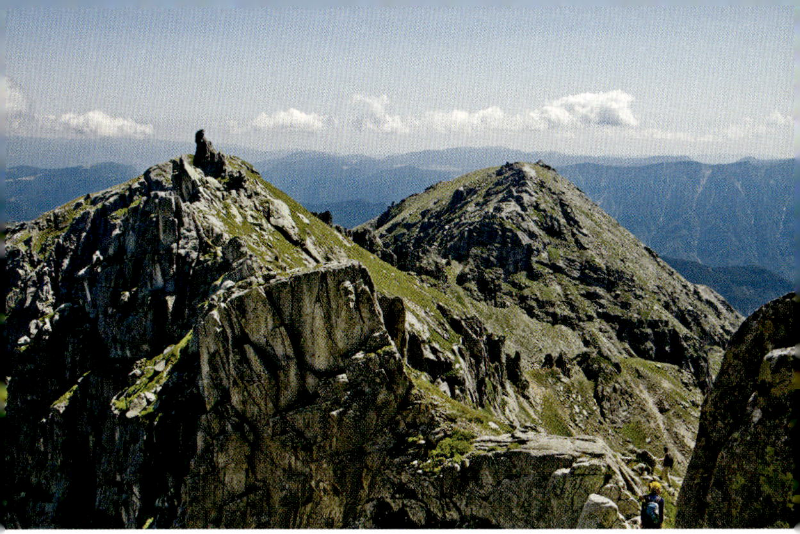

Die wilden Granitklippen um die Cima del Frate mit der gleichnamigen Felsstatue am höchsten Punkt.

Wir steigen kurz ab zu dem Pass **Forcella Segura** zwischen unserem Steinmännchengipfel und der Cima Brunella. Unter uns sehen wir den Stausee Lago di Costa Brunella und rechts oberhalb die Furche Forcella Quarazza, unser nächstes Zwischenziel. Auf den rutschigen, erodierten Serpentinen kurven wir Richtung See hinunter, ignorieren aber die Abzweigung links zum See und streben zur genannten Furche. Wir gehen gemäß Wegweiser (u. a. »Forzelon di Rava«, 328) durch die **Forcella Quarazza (8)**, wo uns auf der anderen Seite ein bequemer Weg erwartet, der allerdings an zwei Stellen weggespült ist. An der ersten, schwierigeren Stelle kann es sich lohnen, etwa 70 m zurückzugehen, wo ein Pfad nach unten abzweigt. Über diesen Pfad können wir die Erosionsrinne an einer etwas weniger schwierigen Stelle überwinden.

Wenig später steigt unser Weg an und führt z. T. über ehemals gepflasterte Abschnitte. An einem kleinen See halten wir uns rechts und umrunden den See in einem weiten Linksbogen oberhalb des Sees. Dabei gewinnen wir an Höhe und gelangen so zum Pass **Forzelon di Rava (9)**. Hier gehen wir links (Wegweiser u. a. »Lago Grande«, 328) auf den Felsgipfel Cimon Rava zu. Diesen umgehen wir auf der rechten Seite, also absteigend. Der Weg verzettelt sich etwas, aber Markierungen helfen. Zudem ist das nächste Zwischenziel schon sichtbar, der kleine Pass **Forcella Tombolin (10)**, sowie die Cima del Frate.

Am Pass bleiben wir auf derselben Seite und folgen dem Wegweiser »Gradinata Tombolin di Rava« (366B) den Felsen hinauf. Eine Metallplakette widmet diesen Steig Giovanni Strobele. Nun wird es abermals technisch. Der folgende Steig spielt in der selben Liga wie der letzte vor der Forcella Segura. Klar markiert schlängeln wir uns zwischen den Felstürmen hindurch. Die Treppen stammen noch aus dem Ersten Weltkrieg, zum Glück gibt es inzwischen Seile zum Festhalten.

An einer besonders ausgesetzten Stelle mit Blick auf die andere Seite (also nach Osten) gehen wir gegen die Pfeilrichtung des Wegweisers. Es gibt eine nicht ausgesetzte Alternative: am Wegweiser rechts die enge Kluft zwischen zwei glatten Felsen durchschreiten (ca. 3 m lang, 50 cm breit) und sofort danach durch eine sehr ähnliche Kluft nach links. An deren Ausgang sind wir wieder auf dem Hauptweg, der nach rechts durch eine lange, ebenso schmale Kluft führt. Schließlich stehen wir direkt neben der Steinskulptur des **Cima del Frate** und umrunden sie auf der Rückseite. Hier endet der Giovanni-Strobele-Steig (Metallplakette) und rechts ist eine **Höhle (11)** zu sehen.

Danach geht es in Serpentinen bequem hinab und rechts herum um den Berg und wieder hinauf zur **Forcella Fierollo (12)** – den Abzweig »Laghi Bela Venezia« nach unten ignorieren wir. Kurz vor dem Pass Stollen aus dem Krieg, dahinter diverse Mauerreste. Wir steigen auf der anderen Passseite (Schrift auf dem Felsen »Bivio 365 M Rava di Sopra«) auf engen rutschigen Serpentinen ab. Diese schwingen in weiten Kurven aus, teilweise ist altes Pflaster erhalten. Vor dem See neben der Alm drehen wir auf deutlichem Weg rechts ab und verlassen so unmerklich den Weg 366 und ebenso unmerklich fädeln wir uns auf den Weg 328 ein. Die offizielle Kreuzung beider Wege liegt unterhalb der Alm, weshalb dieser Verbindungsweg einiges an Strecke und Höhenmetern spart.

Unser Weg fällt nach kurzer Steigung wieder ab. Dort laufen wir wieder über altes Pflaster. Nun Obacht, in flachem Winkel rechts zweigt ein rot-weiß markierter Pfad nach rechts ab! Wir bleiben hier aber noch kurz auf dem breiteren Weg geradeaus und biegen dann links ab **(13)**. Dieser Pfad ist eher als

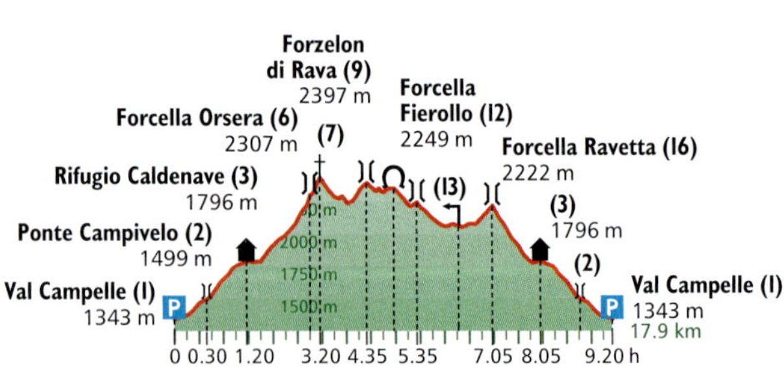

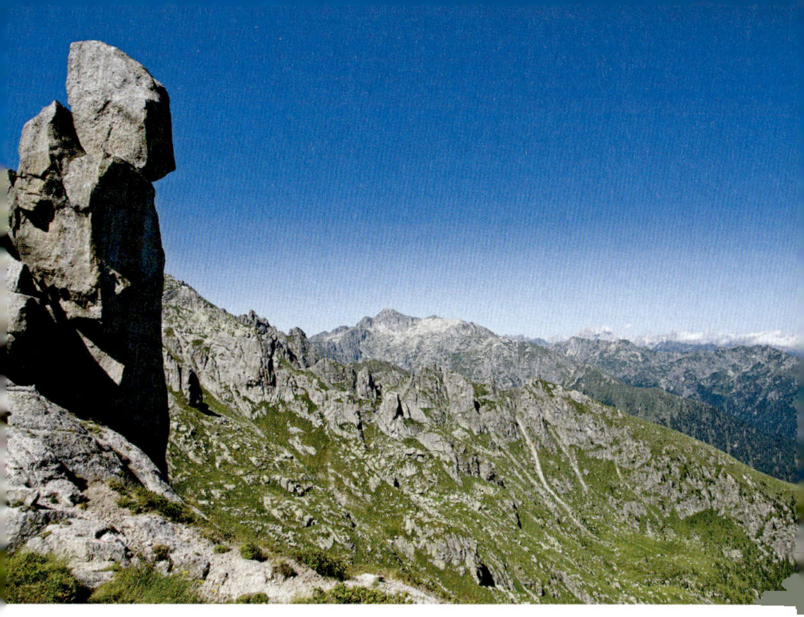

Die Felsstatue der Cima del Frate blickt weit übers Land.

Geländetrasse einer ehemaligen Militärstraße denn als Pfad zu erkennen. Aber der Verlauf ist deutlich.

Anfangs leicht ansteigend dann flach passieren wir eine markante Felswand. Dann geht es steil hinauf und schon treffen wir die Serpentinen des markierten **Weges 328 (14)**, denen wir nach oben folgen. Vorsicht, sobald der Pfad geradeaus fast eben weitergeht (der Pfad ist im Hang im weiteren Verlauf gut zu sehen), verlassen wir ihn an einem **Pfahl mit rot-weißer Markierung (15)** nach rechts oben! Der folgende Wiesenpfad ist kaum zu erkennen, die Markierungen auf den Felsen oder auf Pfählen sind schwer zu sehen, aber die Richtung ist klar: zum Pass Forcella Ravetta oberhalb von uns. Dort winkt schon ein Wegweiser. Nach der Wiese biegen wir nach links ein und kämpfen uns die erodierten Serpentinen bis zum Pass **Forcella Ravetta (16)** empor.

Auf der anderen Seite wieder hinunter (Wegweiser u. a. »Malga Caldaneve«, 332); es ist steil, rutschig und geröllig, aber was soll uns nach dieser Tour noch schockieren? Die rot-weißen Markierungen führen uns sicher, auch durch das folgende Blockwerk, bis hinunter in das vom Hinweg bekannte Tal hinter der Hütte. Hier also auf dem bekannten Weg nach links (Wegweiser u. a. »Rif. Caldenave«, 332) zum **Rifugio Caldenave (3)** und auf bekanntem Weg zurück ins Tal zum **Parkplatz im Val Campelle (1)**.

9 Cima Cenon, 2278 m, und Croz di Primalunetta, 2304 m

6.15 Std.

Panorama pur

Eine wahre Panoramaroute: anfangs blicken wir vom Grat zwischen Cima Cenon und Croz di Primalunetta über das Val Campelle auf den Lagorai und auf die Randberge der Asiago-Hochebene jenseits des Valsugana. Nach der Passüberschreitung schauen wir in die entgegengesetzte Richtung auf die bizarren Granitfelsen der Rava-Gruppe, aus der die Cima del Frate wie ein hochgereckter Daumen heraussticht. Am Gipfel der Croz di Primalunetta wurde eine Stellung aus dem Ersten Weltkrieg restauriert, sodass wir die Grundmauern einiger Gebäude sowie diverse Schützengräben und einen Stollen sehen.

Ausgangspunkt: Malga Cenon di Sopra. An der Hauptstraße im Val Campelle, wo links die Zufahrt zum Hotel SAT Lagorai abgeht, scharf rechts hinauffahren. Am Parkplatz »Ponte di Rudole« (Wanderwegweiser) vorbei. Nach zwei Spitzkehren liegt rechts die Malga Cenon di Sopra.
Hinweis: Samstags und sonntags dürfen Autos die Straße (wird zur Schotterstraße) hinter der Malga Cenon di Sopra weiter hinauffahren. Dann parken an der Linkskurve der Straße (2) mit Wegweiser; das spart insgesamt 2,6 km und 150 Hm auf der Schotterstraße.
Höhenunterschied: 950 m.
Anforderungen: Teilweise sehr steile, rutschige Gebirgspfade; leidlich markiert. Langer Abstieg.
Einkehr: Keine.
Karte: Tabacco 058, Kompass 626.
Tipp: Käse, Ricotta u. a. aus eigener Herstellung in der Malga Cenon di Sopra am Ausgangspunkt.

Von der **Malga Cenon di Sopra (1)** marschieren wir die Straße weiter hinauf. Der Belag wechselt zu Schotter. Nach ca. 1,3 km steht an einer **Linkskurve (2)** ein Wanderwegweiser, der auf den deutlichen Pfad links ansteigend hinweist (»Cima Cenon«, L34): hier also weg von der Straße und hinauf (von

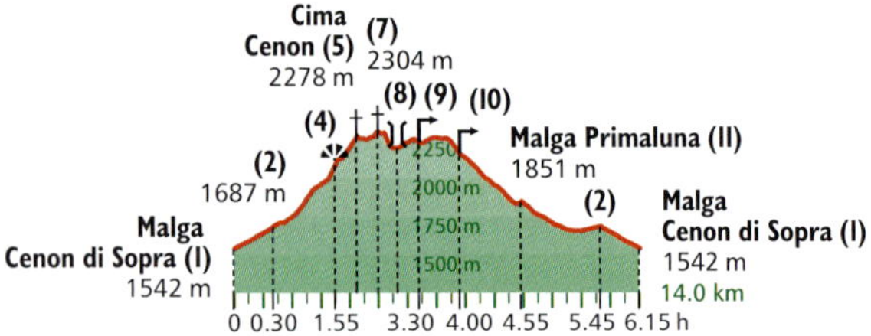

Durch diese Rinne müssen wir hinab und dann links, sodass wir später den Hang links auf dem deutlichen Weg queren.

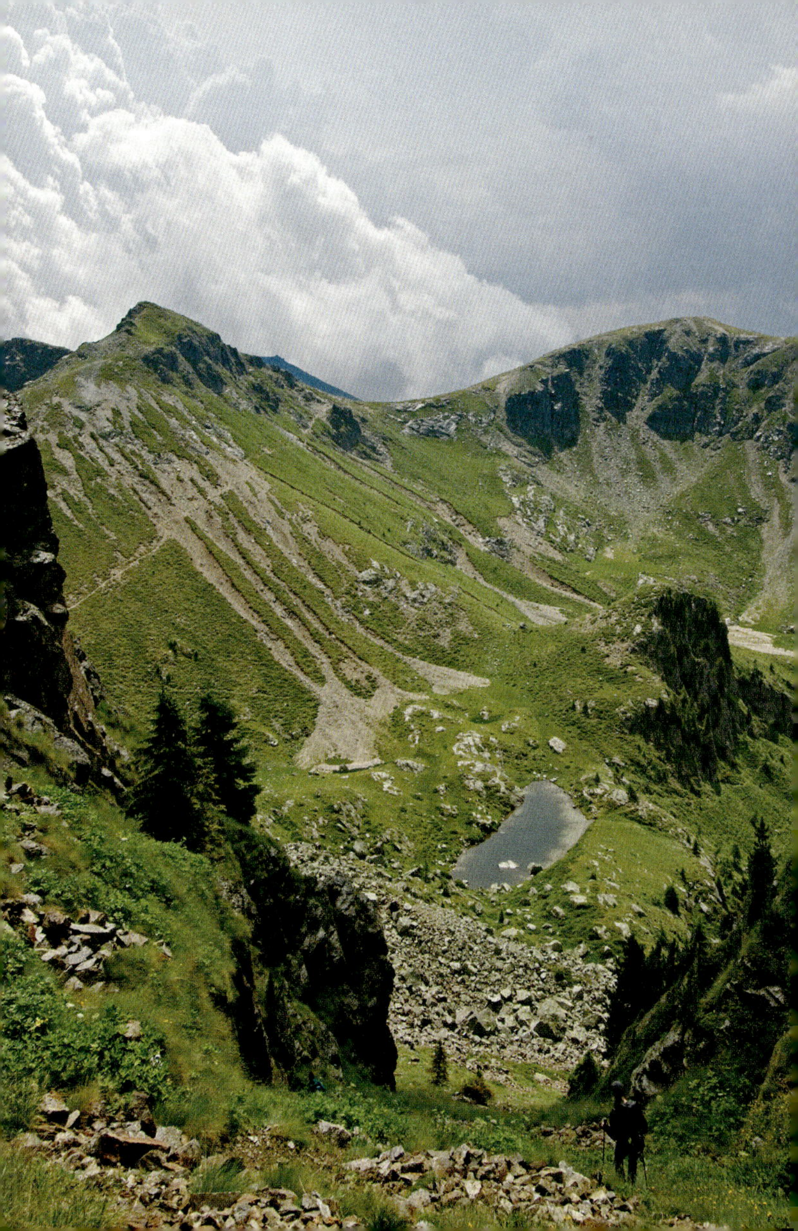

geradeaus kommen wir auf dem Rückweg). Wir queren den Hang oberhalb der Straße in leichtem Anstieg. Dabei sehen wir zuerst blaue, dann rot-weiße Markierungen.

Nach einem Häuschen pendeln wir in Serpentinen zwischen Wald und Lichtung und steigen so entschiedener an. Wir treffen auf einen **Querweg (3)**, den wir nach links einschlagen. Flach bis leicht ansteigend queren wir eine Lichtung mit Aussicht und erreichen dann einen **Grat (4)**, ebenfalls mit Aussicht. Den Rücken mit spärlichem Baumbewuchs rechts oberhalb des Grates müssen wir nun steil hinauf. Rot-weiße Markierungen helfen dabei. Auf dem kleinen Gipfel oberhalb des Rückens haben wir schon eine tolle Aus-

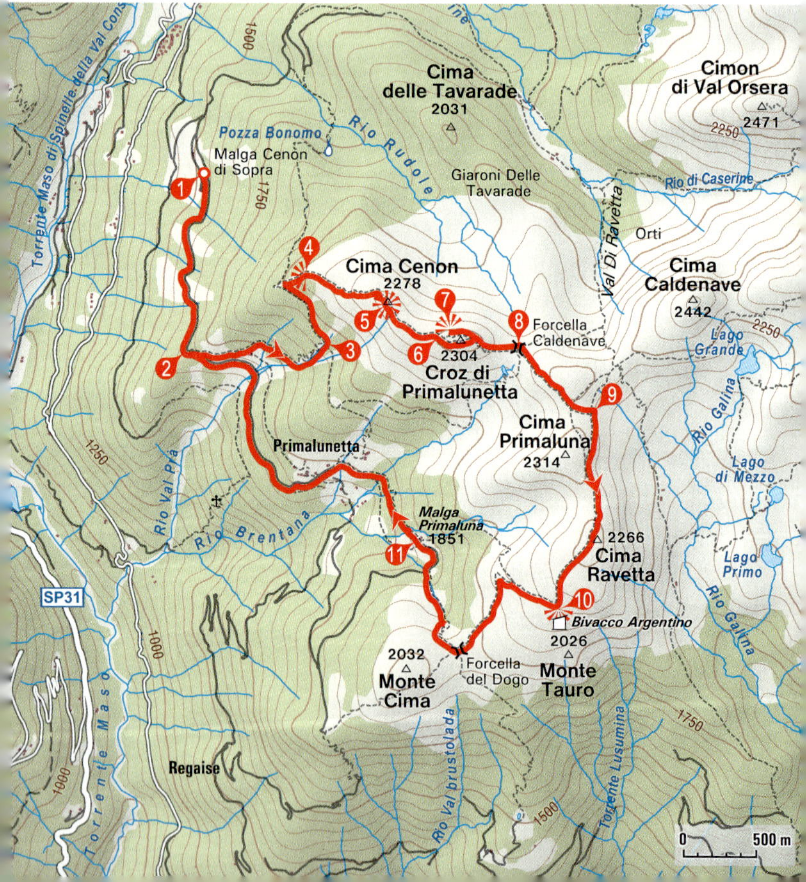

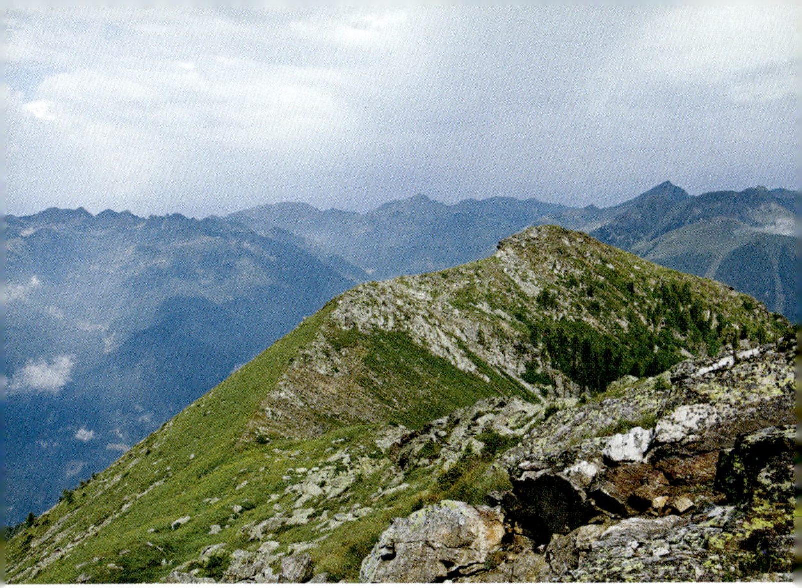

Der Panoramagrat zwischen Cima Cenon und Croz di Primalunetta im Rückblick.

sicht, aber es kommt noch besser! Der breite kahle Rücken vor uns ist unser Weg, das Ziel der Gipfel darüber, die Cima Cenon. Wir orientieren uns an der Direttissima. Anfangs auf einem Wiesenpfad, später weglos schnaufen wir hinauf. Rot-weiße Markierungen und Steinmännchen schlagen einen Verlauf vor, Pfadspuren sind selten.

Das Panorama am Gipfel der **Cima Cenon (5)** ist fantastisch. Vor uns liegt der Grat mit einem Sattel und dem nächsten Gipfel, der Croz di Primalunetta. Der Weg beginnt allerdings links unterhalb des Grates. Die Markierungen führen uns teils links unterhalb des Grates, teils auf dem Grat. Vor dem Gipfel durchqueren wir restaurierte Grundmauern von Kriegsbaracken und kommen an einer **Biwakhütte (6)** vorbei. Dort biegen wir links ab Richtung Gipfelkreuz und gehen kurz im Schützengraben. An dessen Verzweigung verlassen wir ihn nach links oben, wo rot-weiße Markierungen zu sehen sind. So umrunden wir den bekreuzigten Gipfel **Croz di Primalunetta** in weitem Bogen. Dieser Gipfel ist schlecht zu erreichen, aber ein Abstecher zu dem 1 Meter niedrigeren **Nebengipfel (7)** links ist einfach. Wir erkennen ihn an einer Art Metallrohr mit Platte: das ist eine Tafel, die das Panorama erklärt.

Zurück auf dem Weg stehen wir sehr bald in einem Sattel vor einer tiefen, steilen Rinne oberhalb eines kleinen Sees. Diese Rinne nutzen wir zum Abstieg, was in Serpentinen immer noch steil ist. Zunächst ein Blick auf den weiteren Weg: Wir streben zuerst den Sattel links oberhalb des Sees an und queren von dort aus den folgenden Hang auf dem deutlichen Weg. Nun also die Rinne hinab!

Bevor wir das Geröllfeld erreichen, das zwischen uns und dem See liegt, biegen wir nach links ab und queren den Hang oberhalb des Geröllfeldes. Wenig später müssen wir dann doch durch das Blockwerk. Der Wegverlauf ändert sich nach jedem Winter. Wichtig ist, die Höhe zu halten, um dann den bequemen Pfad zu dem Sattel vor uns einzuschlagen.

Im **Sattel (8)** erfreut uns ein Wegweiser. Wir gehen also halb rechts geradeaus weiter (Richtung u. a. »Bivio E333«, L34) und queren, wie schon von oben gesehen, den Hang in leichtem Anstieg. Ein paar sandige Schotterfelder erfordern Aufmerksamkeit. Der Sattel hinter dem Hang ist sehr breit. Wir gehen nach links hinunter (also mit dem See im Rücken) auf den Wegweiser zu, der ein gutes Stück weiter unten steht (Pfähle mit rot-weißem Kopf helfen). Der Wegweiser steht an einem **Querweg (9)** – Weg-Nr. 333 – und wir gehen in Richtung »Bivacco Argentino«, also nach rechts.

Der bequeme Weg trifft auf einen alten Pflasterweg und führt an einigen Kriegsruinen vorbei. An einer Kapelle, von der nur mehr ein Steinhaufen übrig ist, steht ein Erinnerungsschild. Nach links blicken wir auf die spektakulär gezackte Rava-Gruppe mit den drei großen Seen und dem Finger der Cima del Frate im Grat.

Der Gipfel Croz di Primalunetta erfordert leichte Kraxelei etwas abseits des Wegs.

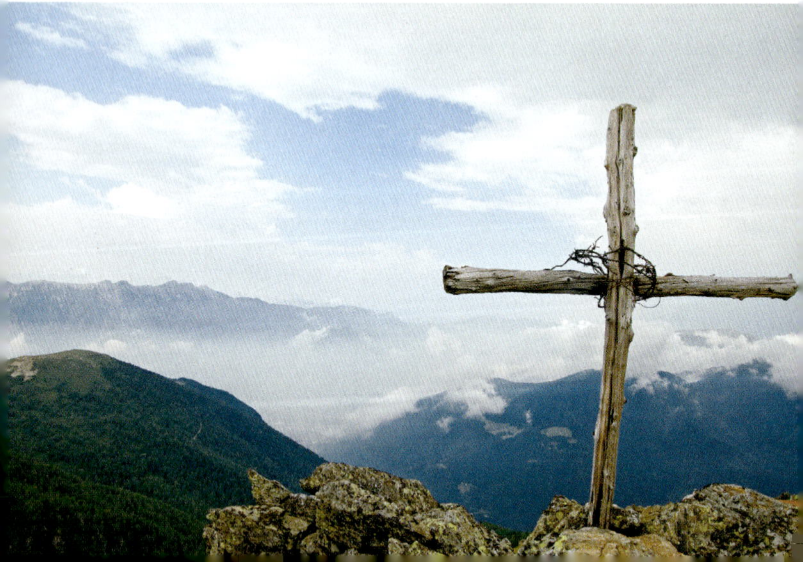

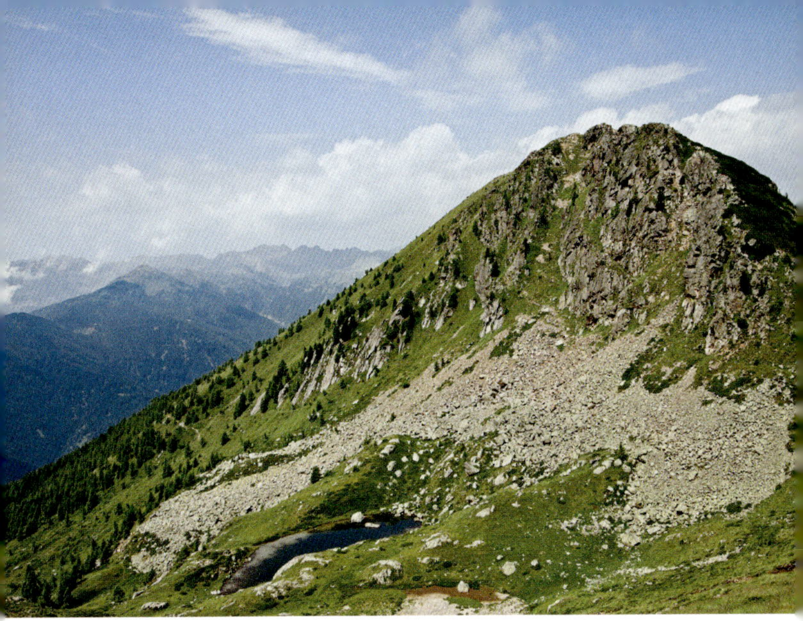

Derselbe kleine See wie auf dem ersten Bild dieser Tour von der anderen Seite gesehen.

Wo der Weg abflacht und ein Gipfelkreuz links sichtbar wird, spaltet er sich. Wir wählen den rechten Zweig, der nicht auf das Kreuz zuführt. So gelangen wir zur Gipfelebene der Cima Ravetta ohne ausgeprägten Einzelgipfel. Ein kurzer Abstecher zu den Felsgruppen links lohnt wegen der Aussicht. Zurück auf dem Weg steigen wir wieder ab. In der unbequemen Wiese müssen wir genau hinschauen, um die Markierungen zu finden. Bald kommt schon die **Biwakhütte Argentino Vanin** in Sicht. Auf diese streben wir zu und biegen kurz davor auf dem **Sandweg (10)** nach rechts ab (Wegweiser »Forcella del Dogo«, 333). Dieser deutliche Weg bringt uns sicher zu dem genannten Sattel. Dort folgen wir dem Wegweiser »Val Campelle« (333) für ein paar Meter auf einem Wiesenpfad, dann zwischen Alpenrosen, schließlich im Lärchenwald und auf Wiesen, immer bergab. Kurz vor einer Alm kreuzen wir eine Schotterstraße und steigen dahinter über eine markierte Weide zum Stall auf und dann zum Haus der **Malga Primaluna (11)**. Danach beginnt ein wunderschöner Weg durch einen felsigen Lärchenwald. Nach dem Wald durchqueren wir das Gelände eines Feriendorfes für Jugendgruppen. Dahinter beginnt eine Schotterstraße, auf der wir zur bekannten **Linkskurve (2)** mit Wegweiser gelangen und dann auf bekanntem Weg zur **Malga Cenon di Sopra (1)** spazieren.

10 Um die Cima Sette Selle

7.00 Std.

Vier Pässe, fünf Täler

Eine außerordentliche Tour durch felsige Hochtäler. Die vier Pässe verheißen viel Auf und Ab aber auch landschaftliche Abwechslung. Die abweisenden Felsstürze der umliegenden Berge lassen keinen Zweifel, dass Wanderwege hier keine Chance auf eine Gipfelbesteigung haben. Riesige Felsbrocken sind offenbar von den Bergstöcken abgebrochen und hinuntergekullert. Eine faszinierende Steinlandschaft! Der rote Porphyr kontrastiert erbaulich mit den grünen Wiesen. Ab der Forcella d'Ezze tragen die Berge und Flure deutsch klingende Namen. Denn hier sind wir auf der Seite des Bersntol / Valle del Fèrsina, wo sich vor Jahrhunderten Auswanderer aus Tirol ansiedelten.

Ausgangspunkt: Malga Valtrighetta. Vom Telve im Valsugana aus die Manghen-Passstraße hinauffahren. Vor den eigentlichen Passserpentinen links zur Malga Valtrighetta (Schild). Nach 200 m Parkplatz vor einem Haus.

Höhenunterschied: 1180 m.
Anforderungen: Anstrengende Wanderung. Teilweise sehr steil und geröllig. Leidlich markiert.
Einkehr: Rifugio Sette Selle.
Karte: Tabacco 058, Kompass 626.

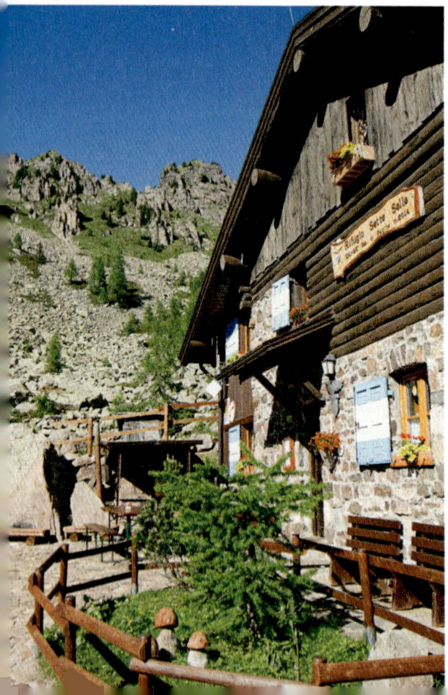

Gegenüber der Einfahrt am hinteren Ende des eingezäunten **Parkplatzes an der Malga Valtrighetta (1)** mit Infotafeln beginnt ein Feldweg, der uns zur Rückseite des Hauses bringt. Dort knicken wir links ab und gleich wieder rechts hinab gemäß Holzwegweiser (»Oasi di Vatrigona«). Hier beginnen rot-weiße Markierungen. Oberhalb des Baches biegen wir in den Querweg nach links ein.

Wir überqueren den nächsten Bach (in den der erste Bach gemündet ist) auf einer Brücke und steigen im schönen Wald den Markierungen folgend an. Eine Abzweigung links ignorieren wir, den querenden **Schotterweg (2)** schlagen wir nach rechts ein (Wegweiser u. a.

Die Sette-Selle-Hütte.

Blick auf die Cima Sette Selle von der gleichnamigen Hütte aus.

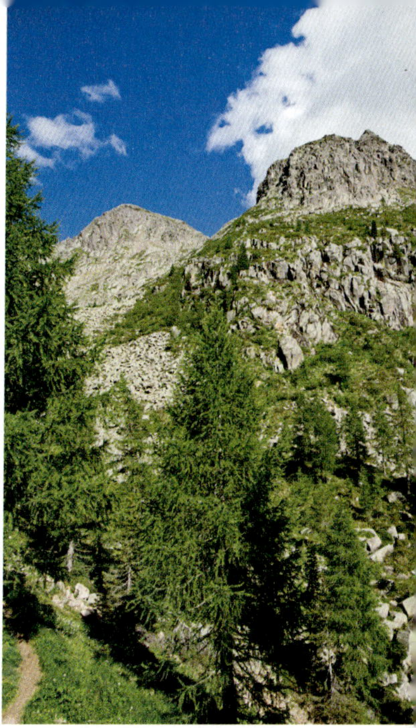

»Forc. V-Trigona«, 374). Nach zwei Spitzkehren endet der Schotterweg mit einem **Wendehammer**. Unser Weg geht als Pfad geradeaus weiter, aber wir zweigen sehr bald nach links oben ab **(3)** – Wegweiser u. a. »Forcella Valtrigona«, 374. Auf dem Rückweg kommen wir von geradeaus.

Der folgende Anstieg im Wald ist etwas verzettelt, aber der Hauptweg ist immer der deutlichste und markiert. Nach einem beträchtlichen flachen Abschnitt knickt der Weg nach rechts oben ab, um parallel zu einem Bach zu verlaufen. Ein Wegweiser erwähnt »Malga Valtrigona« (374). Eine Abzweigung, die über den Bach führen würde, interessiert uns nicht. So gelangen wir zur genannten **Malga Valtrigona (4)** auf einer lieblichen Lichtung, die zu einem Informationszentrum des WWF-Naturschutzgebietes umgestaltet wurde. Achtung, hier gibt es nur Informationen, keine Gastronomie!

Unser Weg quert die Lichtung von unten nach oben und führt im Lärchenwald weiter. Am Ende des steilen Waldes erwartet uns ein weiterer Stützpunkt des WWF mit angeschlossenem **Biwak** (Rückseite des Hauses). Die offene Landschaft gewährt uns einen Blick über das wunderbare Hochtal. Unser erster Pass, die Forcella Valtrigona, ist schon in Sicht.

Der Weg dorthin ist immer deutlich und wird immer steiler. Im Rückblick sehen wir gegenüber die Cima Vasolero und den Monte Ziolera oberhalb des Manghen-Passes. In der **Forcella Valtrigona (5)** angekommen, blicken wir in das nächste Hochtal: das obere Val d'Ezze. Gegenüber sehen wir einen weiteren Pass mit deutlichem Weg, aber das ist nicht unser Ziel. Unser Pass ist noch verdeckt von der Cima d'Ezze; er liegt vor dem höchsten Berg, der Cima Sette Selle.

Der Pfad, den wir auf der anderen Passseite absteigen, ist anfangs deutlich, dann wird es aber schwierig: wir halten zuerst die Richtung zum weit entfernten Lago d'Ezze, orientieren uns dann aber zu den Gebäuden der Malga d'Ezze, ohne bis dorthin hinunterzusteigen. Die Markierungen sind selten

und auf den flachen Steinen schwer zu finden. Das gute ist: den Wegweiser auf dem Grasbuckel rechts oberhalb der Alm sehen wir schon von Weitem. Am **Wegweiser (6)** gehen wir rechts hinauf (u.a. »Rif. Sette Selle«, 315) durch die Wiese. Dabei bleibt der Hügel mit dem Kreuz zu unserer Linken und wir gehen auf ein Steinband zu. Wir umrunden den Hügel mit Kreuz auf der Wiese, jedoch nicht direkt an dessen Fuß, da es dort zu sumpfig ist. Die rot-weißen Markierungen sind hier deutlich, aber selten. Auf der Rückseite des Hügels wird es etwas besser. Wir laufen fast flach durch sumpfige Senken zwischen Hügeln. Rechts und vor uns bauen sich die imposanten roten Felswände von La Colombara, Cima d'Ezze, Cima Sette Selle und Inderschrumm auf. Das ganze Tal ist von einem majestätischen Dreiviertelkreis aus Felsgipfel umgeben.
Unser Pass Forcella d'Ezze ist ein erschreckend hoch liegender kleiner Einschnitt vor der Cima Sette Selle. Davor ist ein ungemütliches, steiles, aber immerhin gut markiertes Blockfeld zu überwinden. Von dort aus ist wieder der Lago d'Ezze zu sehen. Am Pass **Forcella d'Ezze (7)**, 2269 m, angekommen, erblicken wir das noch wildere Tal Indertol. Die Hütte ist recht weit unten hinter einem Hügel im Wald versteckt, also noch nicht sichtbar.
Wir gehen geradeaus hinunter (Wegweiser u.a. »Rif. Sette Selle«, 315). Sogleich begegnen uns einige Ruinen aus dem Ersten Weltkrieg. Der Pfad ist

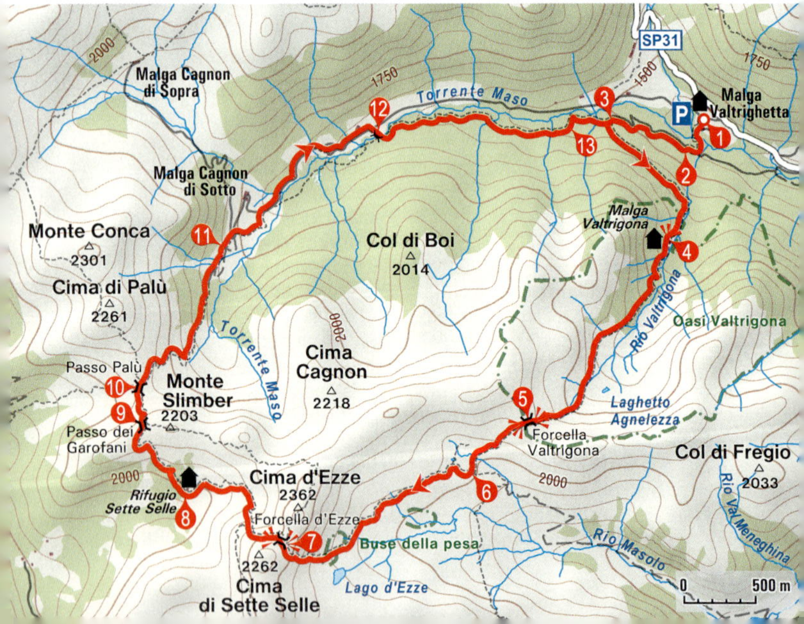

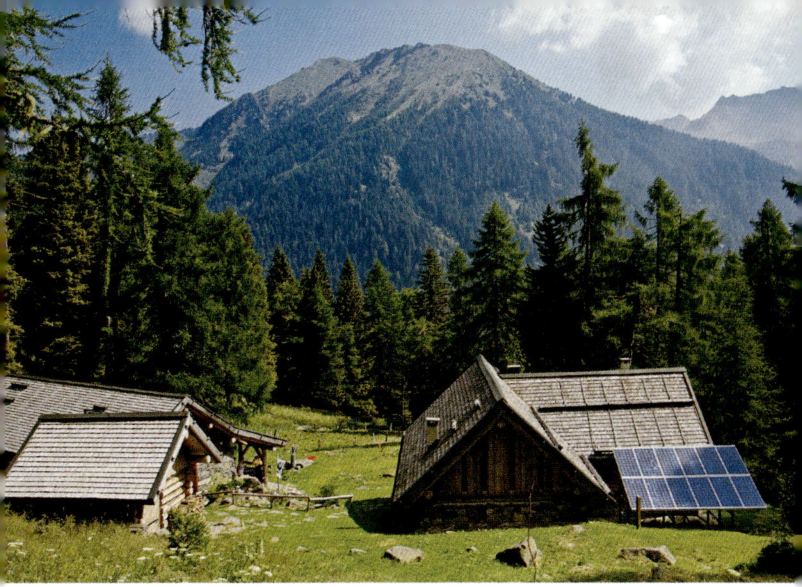

Die Malga Valtrigona ist ein Infozentrum des WWF.

geröllig und steil, aber gemütlich im Vergleich zum gerade erkämpften Aufstieg. Noch im Geröllfeld zweigen wir nach rechts unten ab (Wegweiser u. a. »Rif. Sette Selle«, 343). Es geht holprig, aber klar weiter und plötzlich stehen wir vor dem hübsch gestalteten **Rifugio Sette Selle (8)**, 1981 m.
Der Rückweg beginnt an der Terrasse gegenüber dem Eingang der Hütte, also dort wo der Madonnenschrein steht. Der entsprechende Wegweiser an der Terrasse zeigt u. a. »Passo dei Garofani« und »Passo Palù« (340) an. Zuerst erreichen wir auf einem entspannten Pfad den **Passo dei Garofani (9)**, 2150 m. Die Aussichten auf die Felstürme der umliegenden Berge sind faszinierend: es scheint, als würden die Felsbrocken wie Gletscher von den Gipfeln herabfließen. Es empfiehlt sich vom Pass aus ein kurzer Abstecher nach links Richtung Stong (Monte Stanga), um die Landschaft aus Stein noch besser überblicken zu können.
Unser Weg geht aber geradeaus weiter (Wegweiser u. a. »Passo Palù«, 340), also auf der anderen Seite hinunter, wo direkt der nächste Pass folgt, der **Passo di Palù / Ausertoljoch (10)**. Der Weg ist erodiert, aber machbar. Gegenüber thront der Kraispitz/Monte Croce, nach links blicken wir ins Ausertol, nach rechts ins obere Maso-Tal. Letzteres wird unser Rückweg. Dafür steigen wir am Passo di Palù nach rechts ab (Wegweiser u. a. »Malga Valtrighetta«, 340). Der restliche Weg ist überwiegend ein (langer) Spaziergang.

Wenn wir auf die **Piste (11)** treffen, folgen wir dem Wegweiser »Malga Valtrighetta«, also auf der Piste nach unten, aber wenige Meter später verlassen wir sie wieder nach rechts auf einer Wiesenfahrspur. Dadurch treffen wir erst kurz vor dem Wald wieder auf die Piste und kommen nicht an den Häusern vorbei, was alles gut zu überblicken ist. Dann geht es auf der Piste weiter, wobei wir ein gutes Stück nach einer Brücke eine Kurve auf deutlichem Pfad abschneiden können.

Kurz nach der **Malga Casa Bolenga** auf der linken Seite sehen wir im Tal am Waldrand eine Fußgängerbrücke über den Bach. Theoretisch könnten wir die langweilige Piste zum Ausgangspunkt weitertraben, aber wer Spaß an einer Rother-Schnitzeljagd auf lauschigen Waldwegen hat, geht weglos über die Weide zur **Brücke (12)**.

Direkt nach der Brücke knicken wir links ab, um auf undeutlichem Pfad am Bach entlangzugehen. Wir treffen einen breiteren Pfad, dem wir nach rechts hinauf folgen, um ihn gleich wieder nach links auf eine Lichtung zu verlassen. Wir queren die Lichtung weglos, aber dahinter beginnt ein grober Waldpfad. Dieser geht in einen deutlichen Waldweg über (links ginge es zu einer Furt hinunter). Auf der Lichtung kurz danach löst sich der Weg wieder auf. Wir gehen nicht den verlockenden Weg rechts hinauf, sondern mit Linkstendenz über die Lichtung. Im Wald ist der Weg wieder deutlich. Es folgt ein relativ langes Stück ohne Überraschungen.

An einer etwas größeren **Lichtung (13)** verliert sich der Weg abermals. Hier halten wir uns an den linken Rand der Lichtung und gehen hinunter. In Sichtweite des Baches beginnt am Waldrand wieder ein klarer Weg, der uns nach rechts weiterführt. Auf einer weiteren Lichtung direkt danach am Bach (links eine Furt) bleibt der Pfad erhalten (wenn auch undeutlich) und wir durchqueren die Lichtung der Länge nach. Mit dem Wald beginnt ein deutlicher, ansteigender Pfad, der uns zu dem **Abzweig (3)** beim Ende des Schotterwegs bringt, den wir vom Hinweg kennen. Hier also geradeaus und auf bekanntem Weg zurück zum **Parkplatz an der Malga Valtrighetta (1)**.

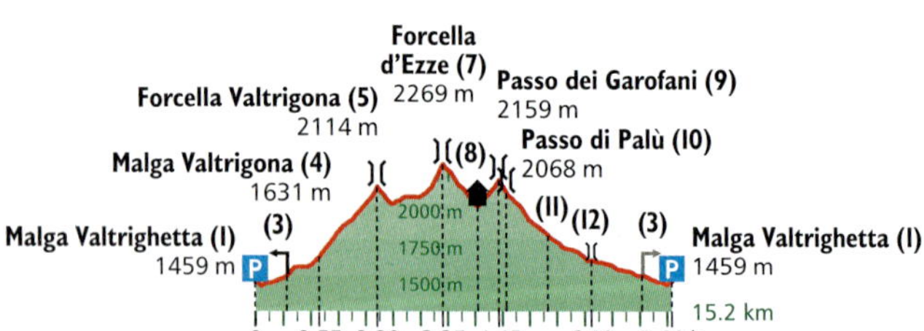

Typische Lagorai-Blockfelsenlandschaft im Abstieg von der Forcella d'Ezze.

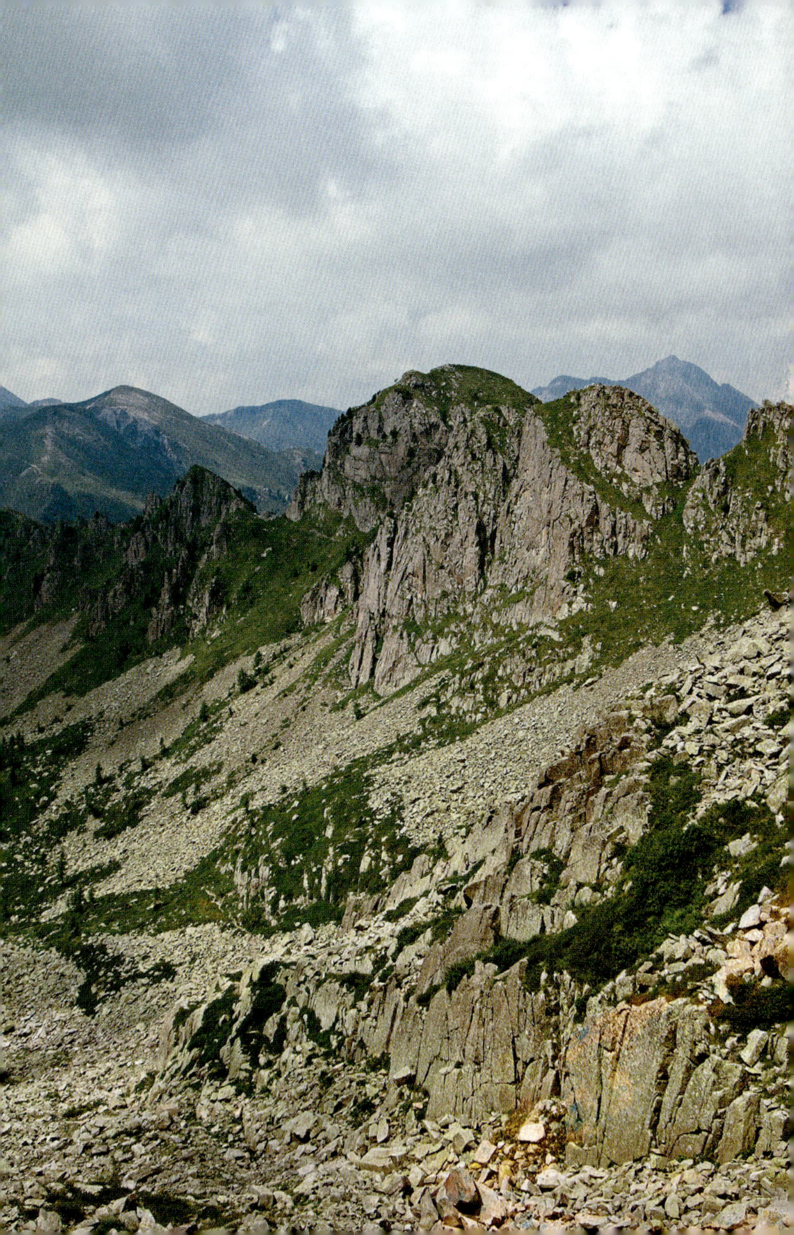

TOP **11**

Um den Hoabont

5.00 Std.

Panorama superb

Diese Tour ist der beste Beweis dafür, dass eine fantastische Wanderung auch ohne Gipfelbesteigung auskommen kann. Der 1,5 Kilometer lange Panoramagrat umgeht den Hoabont und läuft unterhalb der Hoaspitz und lässt nichts missen. Die Blicke in die umgebenden Hochtäler und in die Ferne erfreuen uns über weite Strecken. Im Abstieg kommen wir an den Sieben Seen (Sette Laghi) vorbei und erleben mittelhohe Landschaften aus Alpenrosen, Blaubeeren und Lärchen. Eine insgesamt erbauliche Runde!

Ausgangspunkt: Rifugio Serot. An der SP65 zwischen Roncegno Terme und Ronchi Valsugana auf die Abzweigung mit Schild »Rifugio Serot« achten; dann immer der Beschilderung folgen (Achtung, nicht den rot-weißen Wanderwegweisern folgen!).
Höhenunterschied: 830 m.
Anforderungen: Überwiegend mittelschwere Wanderung, aber einige etwas ausgesetzte und rutschige Stellen. Markiert.
Karte: Tabacco 058, Kompass 626 oder 621.
Einkehr: Rifugio Serot am Start.
Tipp: Das Rifugio Serot hat schöne Zimmer, tolle Aussicht und hervorragendes Essen!

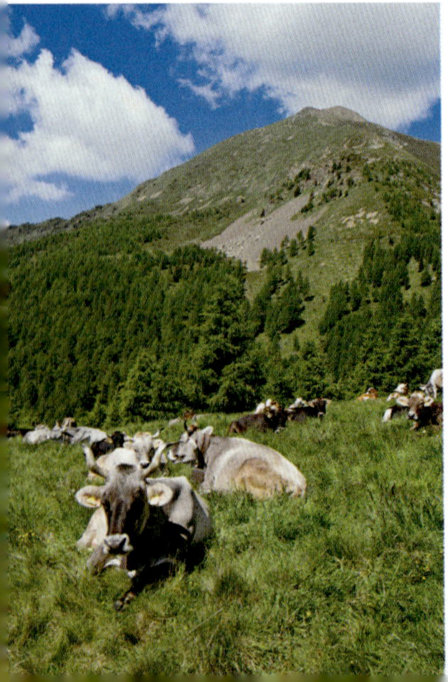

Am **Rifugio Serot (1)** gehen wir hinauf zum Parkplatz oberhalb und dort links (wenn man das Rifugio im Rücken hat). An der Abzweigung nach wenigen Metern geradeaus, leicht abfallend (Wegweiser »Agritur Rincher«). Sogleich folgt ein Wegweiser, der unser erstes Zwischenziel »Passo della Portela« (371) erwähnt. Es geht also weiter auf der Asphaltstraße hinab. Nach dem Bach gehen wir rechts hinauf zu den Gebäuden der **Malga Fravort** (Wegweiser wie zuvor). Rechts hinter der Malga geht es auf einem steilen Pfad hinauf in den Wald.
In einer Linkskurve des deutlichen Pfades können wir links abbiegen, um einen Abstecher zum Laghetto

Am Anfang geht's noch gemütlich hinauf mit Blick auf den Monte Fravort.

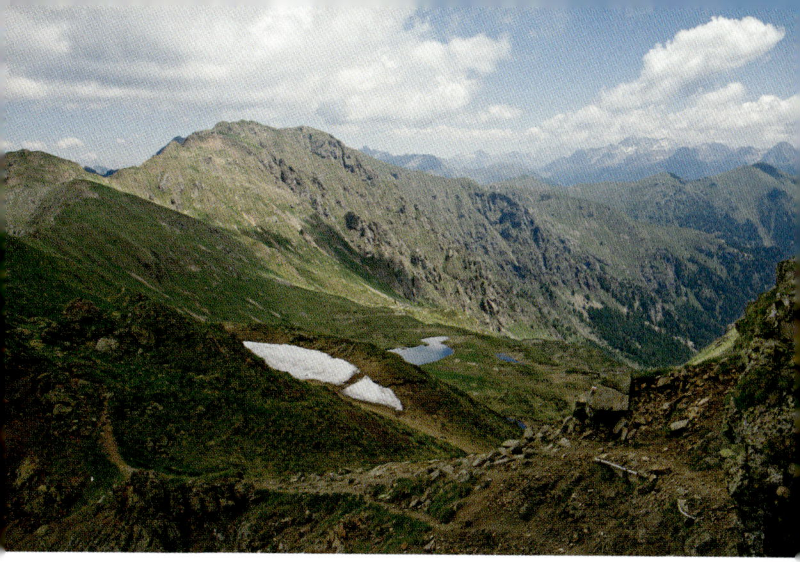

Blick in die Sieben-Seen-Ebene am Beginn des Panoramagrates.

delle Prese zu machen (ca. 200 m einfach). Unser eigentlicher Weg steigt weiter an und trifft eine Schotterstraße. Diese schlagen wir nach rechts ansteigend an (Wegweiser). Nach einem Steg über einen Bach hintergehen wir die **Malga Prese** und weitere Gebäude. Kurz hinter einem davon überwinden wir ein **Gatter (2)** und biegen wenige Meter dahinter halb rechts ab (Wegweiser auf der Rückseite). Nun geht es im Val della Portela bergan, zunächst sanft, dann steiler. Der Pfad ist immer deutlich. Anfangs gehen wir auf den Fravort zu, dann sehen wir rechts den Hoabont, den wir umrunden werden. An einer **Biwakhütte** gehen wir links vorbei. Eine hübsche Quelle aus einem Felsspalt lassen wir links liegen.

Im **Passo della Portela (3)** blicken wir ins Bersntol und auf den westlichen Lagorai mit dem Seajoch. Wir folgen dem Wegweiser »Forcella del Lago« (325), also ganz kurz vor dem Pass auf den deutlichen Pfad rechts quer zum Hang. Es geht hinauf zu einem Sattel; hier halten wir uns links auf dem deutlichen und rot-weiß markierten Pfad. Wir blicken jetzt abwechselnd nach Ost und West in die Ferne, in Kürze auf dem Grat in beide Richtungen. Allerdings wird es zunächst etwas ausgesetzt und rutschig. Das Schlimmste ist mit Erreichen des Grates überstanden und nun: Panorama superb! Nach Westen sehen wir die Brenta und viele weitere Schneegipfel, nach Osten die Cima Cece, Cima d'Asta, die Pale di San Martino und die Belluneser Dolomiten. Wir schreiten den 1,5 km langen Panoramagrat genüsslich ab bis zum **Passo del Lago (4)**. Hier nun rechts hinab (Wegweiser »Rif. Serot«, 323) zu den Sette Laghi. Die Serpentinen führen kommod hinab, sodass wir den Blick in den Canale di Brenta und die umliegenden Felsstürze genießen können.

Wir steigen ab bis zu einem Teich der **Sette Laghi (5)**, den wir umrunden. Wir überschreiten den Bach, um auf dem Wegweiser zu lesen, dass wir nach links abbiegen müssen (»Rif. Serot«, 323). Achtung, wir nehmen den deutlicheren Pfad, sodass wir in Fließrichtung des Wassers gehend den Bach zur Linken haben! Der weitere Wegverlauf ist gut zu sehen: eine verwegene Hangquerung. Es bleibt aussichtsreich: auf die Rava-Gruppe, in den Canale di Brenta, eine Alm in der Tiefe, später ins Valsugana und die darüber thronende Felswand mit Castelloni di San Marco, Cima Ortigara, Cima Dodici, Cima Portule. Nach steilen Hängen durchqueren wir zwei Hochebenen namens **Busa di Casa Pinello (6)** und **Col del Sète (7)**. Diese sind reich an Alpenrosen und Blaubeeren (und jeweils ein Wegweiser).

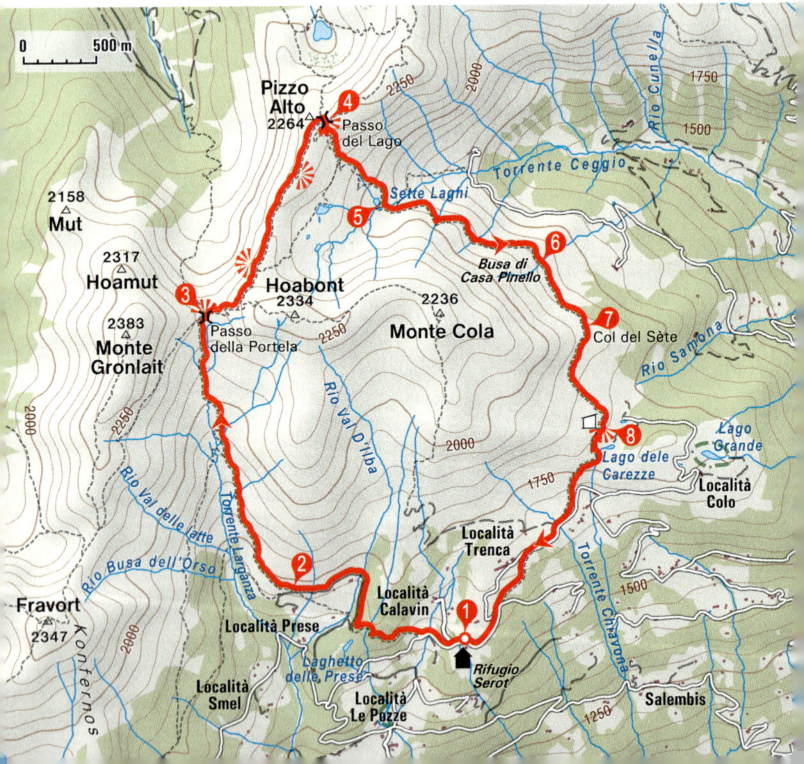

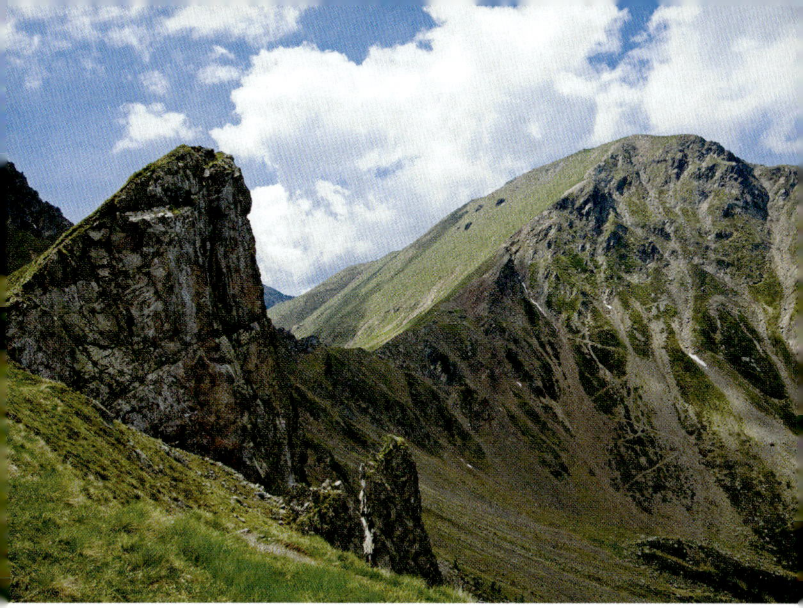

Rückblick auf den Monte Gronlait.

Auch im weiteren Verlauf viele Alpenrosen und unterhalb einer kleinen **Holzhütte (8)** ein See, der **Lago dele Carezze**. Hier steigen wir kurz steil ab, um rechts vom See geradeaus weiter abzusteigen; dabei geht der Blick bis zum Grund des Valsugana. So gelangen wir zu einer Asphaltstraße, auf die wir nach rechts einbiegen, sodass wir nach der Brücke kurz bergauf gehen. Direkt nach dem Anstieg verlassen wir die Straße nach halb links auf einen Wiesenpfad (auch hier ein Wegweiser). Zwischen Lärchen steigen wir weiter ab und treffen wieder eine Asphaltstraße in einer Spitzkehre. Wir gehen immer geradeaus auf der Straße bis zum **Rifugio Serot (1)**.

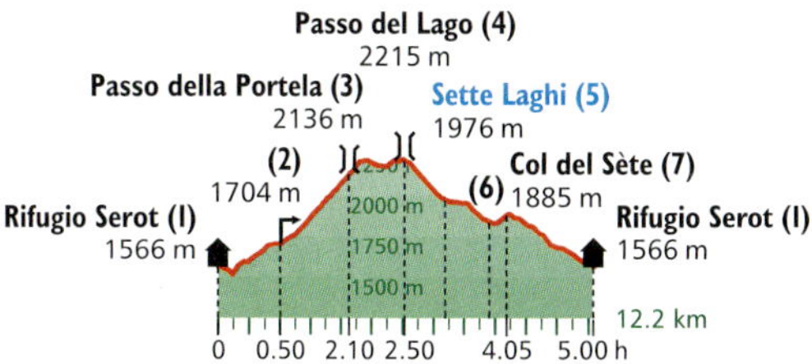

12 Monte Gronlait, 2383 m, und Monte Fravort, 2347 m

7.15 Std.

Der Abschlussgrat

Innerhalb der Lagorai-Kette sind die beiden Gipfel Monte Gronlait (selten Groa Lait oder Hoajoch genannt) und Monte Fravort/Hoabort der südliche Abschluss. Sie liegen auf der Hauptlinie, d. h. es gibt Sicht in beide Richtungen, also in das Valsugana und das Bersntol/Valle del Fèrsina – und natürlich alle Berge rundherum. Die abwechslungsreiche Wanderung bietet Almlandschaft, alpine Grate und lichte Wälder und vor allem: weite Panoramen. Der Preis dafür: harte An- und Abstiege.

Ausgangspunkt: Rifugio Serot. An der SP65 zwischen Roncegno Terme und Ronchi Valsugana auf die Abzweigung mit Schild »Rifugio Serot« achten; dann immer der Beschilderung folgen (Achtung, nicht den rot-weißen Wanderwegweisern folgen!).
Höhenunterschied: 1180 m.

Anforderungen: Sehr steile, rutschige und geröllige An- und Abstiege. Markiert.
Einkehr: Rifugio Serot, am Ausgangspunkt.
Karte: Tabacco 058, Kompass 621.
Tipp: Das Rifugio Serot hat schöne Zimmer, eine tolle Aussicht und hervorragendes Essen!

Am **Rifugio Serot (1)** gehen wir hinauf zum Parkplatz oberhalb und dort links (wenn man das Rifugio im Rücken hat). An der Abzweigung nach wenigen Metern geradeaus, leicht abfallend (Wegweiser »Agritur Rincher«). Sogleich folgt ein Wegweiser, der unser erstes Zwischenziel »Passo della Portela« (371) erwähnt. Es geht also weiter auf der Asphaltstraße hinab. Nach dem Bach gehen wir rechts hinauf zu den Gebäuden der **Malga Fravort** (Wegweiser wie zuvor). Rechts hinter der Malga geht es auf einem steilen Pfad hinauf in den Wald.

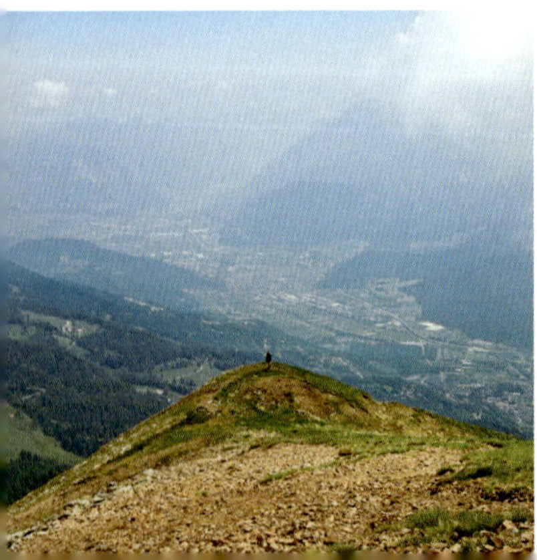

In einer Linkskurve des deutlichen Pfades können wir links abbiegen, um einen Abstecher zum Laghetto delle Prese zu machen (ca. 200 m einfach). Unser eigentlicher Weg steigt weiter an und trifft eine Schotterstraße. Diese schlagen wir nach rechts ansteigend ein (Wegweiser). Nach einem Steg über einen Bach hintergehen wir die **Malga Prese** und weitere Gebäude. Kurz hinter

Im Anstieg auf den Monte Fravort blicken wir tief ins Valsugana.

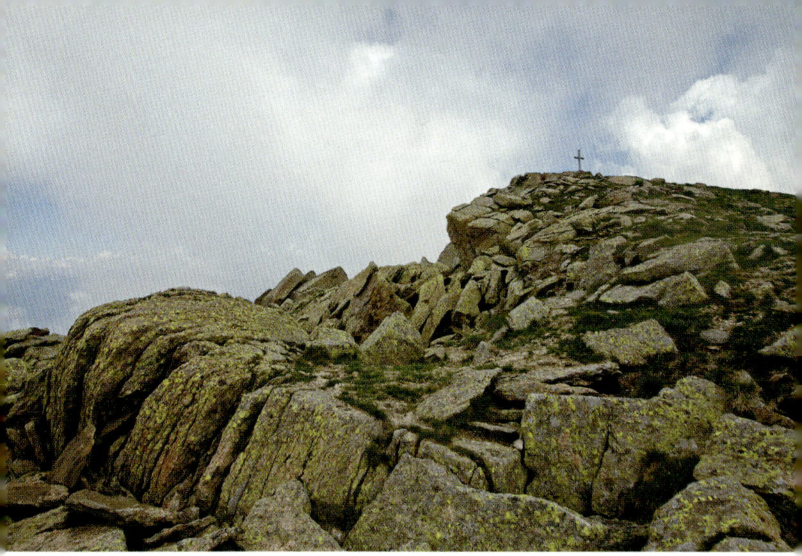

Der Gipfel des Monte Gronlait.

einem davon überwinden wir ein **Gatter (2)** und biegen wenige Meter dahinter halb rechts ab (Wegweiser auf der Rückseite). Links sehen wir den mit Holzpflöcken markierten Pfad (nicht den breiten Weg), von dem wir auf dem Rückweg kommen. Nun geht es im Val della Portela bergan, zunächst sanft, dann steiler. Der Pfad ist immer deutlich. Anfangs gehen wir auf den Fravort zu, dann sehen wir rechts den Hoabont, den wir umrunden werden. An einer **Biwakhütte** gehen wir links vorbei. Eine hübsche Quelle aus einem Felsspalt lassen wir links liegen.

Im **Passo della Portela (3)** blicken wir ins Bersntol und auf den westlichen Lagorai mit dem Seajoch. Im Pass biegen wir nach links ab, also Richtung Gronlait (325). Jetzt wird's steil, rutschig und geröllig! Der Weg ist klar: im-

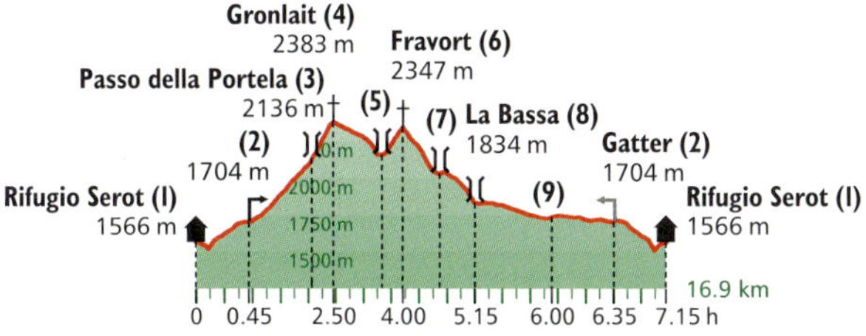

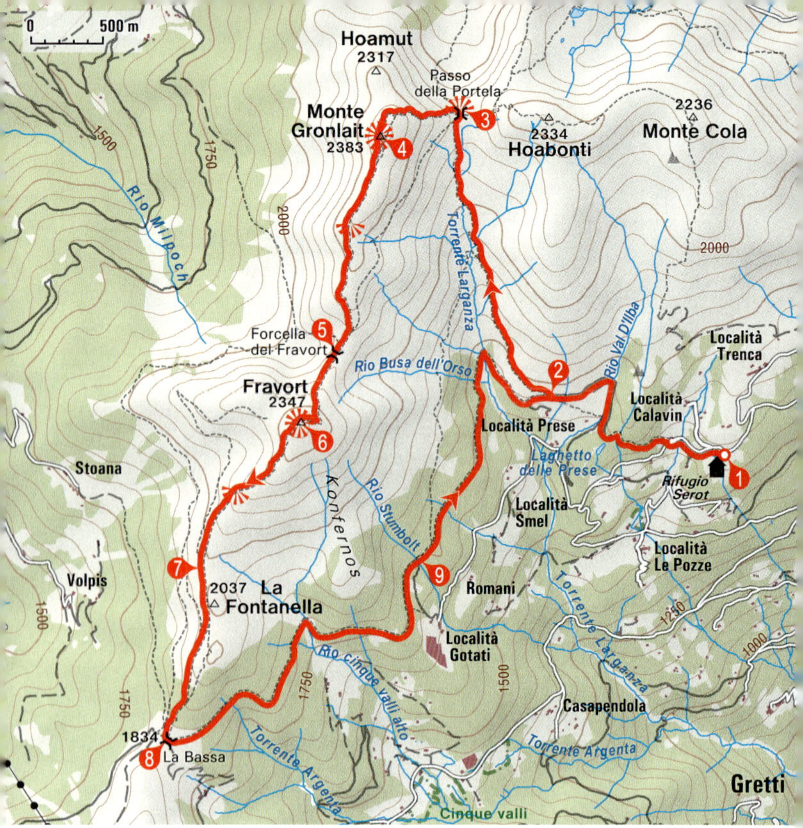

mer hinauf in der Nähe der Kante. Achtung, nicht zu weit nach links (von der Kante weg), da dort ein Pfad läuft, der nicht zum Gipfel führt!

Der Gipfel des **Gronlait (4)**, 2383 m, ist ein Rücken, der eine Steinpyramide und ein Kreuz trägt. Wir gehen von der Pyramide zum Kreuz und in derselben Richtung weiter: dort wo es felsiger wird, läuft der Pfad etwas links vom Grat (Holzpflock), später wieder auf dem Grat. So geht es weiter: mal auf dem Grat mal links davon, immer mit Aussicht und relativ bequem. Kurz vor dem tiefen Sattel Forcella del Fravort wird es nochmal steil. Der Fravort direkt vor uns sieht erschreckend steil aus – und das ist er auch. Im Tiefpunkt des Grates zwischen Gronlait und Fravort, also an der **Forcella del Fravort (5)**, geht es einfach geradeaus weiter (Wegweiser »Fravort«, 325), anfangs einfach nur steil und rutschig, dann nach einer Rechtskurve auf grobem Geröll.

Auf dem Gipfel des **Fravort (6)**, 2347 m, steht ein Kreuz und unterhalb davon restaurierte Schützengräben und Baracken aus dem Ersten Weltkrieg. An diesen entlang gehen wir zum **Südwestgrat** des Berges, den wir für den Abstieg nutzen. Aussichtsreich geht es zunächst relativ bequem bergab. Wir folgen immer dem schon von Weitem gut sichtbaren Weg geradeaus. Nach einem sehr holprigen, steilen, stark erodierten Abschnitt betreten wir einen breiten **Wiesensattel (7)**, die Richtung bleibt gleich, nun also wieder bergan, aber nur kurz. Vor dem nächsten Gipfel (Baitjoch) scheren wir leicht rechts aus (rot-weiß markiert) und steigen ab. Vor uns sehen wir den antennenbestandenen Monte Panarotta, auf den wir zugehen, aber nicht hinaufgehen. In dem tiefen Sattel **La Bassa (8)** davor biegen wir links ab (Wegweiser »Rif. Serot«, 372).

Es folgt ein langer, lauschiger Waldspaziergang, eben oder leicht abfallend. Immer wieder gibt der Wald die Sicht auf die Felsstürze am Südrand des Valsugana frei. Zwei Abzweigungen rechts ignorieren wir. Wenn der breitere Weg in einer Rechtskurve nach unten führt, bleiben wir geradeaus auf dem **schmaleren Weg (9)** – Wegweiser »Ippovia trentina occidentale«. Hier und auch kurz später leiten uns die Pfähle mit dem Taubensymbol des Sentiero della Pace geradeaus. Nach Ende des Waldes überqueren wir den Bach auf einer großen **Holzbrücke**, dann fehlt nicht mehr viel zum bekannten Abzweig mit **Gatter (2)**. Jetzt also geradeaus und auf bekanntem Weg zurück zum **Rifugio Serot (1)**.

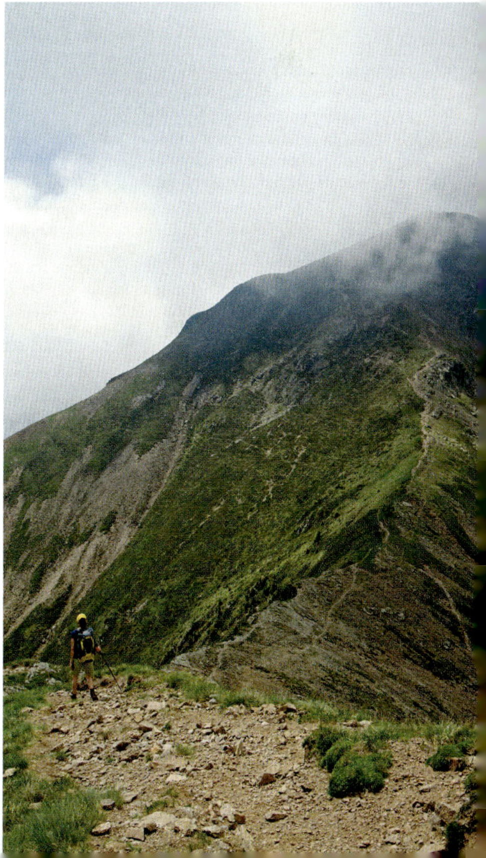

Vom Monte Fravort zum Monte Gronlait immer auf dem Grat bleiben.

13 Cima di Palù, 2261 m

4.30 Std.

Der unscheinbare Hausberg mit wunderbarem Panorama

Der Anstieg durch das Ausertol ist relativ gemütlich und führt durch ein rhododendronreiches Hochtal. Schon der Passo di Palù/Ausertoljoch geizt nicht mit Aussicht. An der unscheinbaren Cima di Palù würde man fast vorbeilaufen, da der offizielle Wanderweg unterhalb vorbeiführt. Aber der kurze Abstecher über die Wiese führt zu einem wunderbaren Panorama. Aber es ist noch zu toppen: wer den sehr anstrengenden Ausflug zum Monte Croce / Kraispitz wagt (Variante), wird mit einem großartigen 360°-Blick belohnt.

Ausgangspunkt: Wanderparkplatz in Palù del Fèrsina/Palai en Bersntol. **Anfahrt mit Auto:** im Bersntol/Valle del Fèrsina die SP8 immer Richtung Palai/Palù. Im Ortsteil Lenzer geht die SP8 in die SP135 über. Genau dort links hinauf Richtung Frotten/Vròttn. Der Straße folgen bis zum Durchfahrtsverbot für Nicht-Anwohner; dort rechts großer, gebührenpflichtiger Parkplatz.
Anfahrt mit Bus: Die Linie 417 der Gesellschaft Trentino trasporti esercizio startet in Pergine, fährt durch Sant'Orsola und hat ihre Endhaltestelle in Batister/Battisti, also etwa 700 m vor dem Ausgangspunkt an derselben Straße.
Höhenunterschied: 800 m.
Anforderungen: Überwiegend mittelschwere Wanderung, aber einige etwas rutschige Stellen, sehr steiler, z. T. gerölliger Abstieg. Markiert.
Variante: Anstrengender Gipfelabstecher auf den Monte Croce/Kraispitz mit rutschigen, ausgesetzten und kraxeligen Stellen. Bei guter Sicht großartiges 360°-Panorama vom Gipfel. Am dem Passo Cagnon di Sopra sich links haltend weiter Richtung Passo Val Mattio, also den Pfad, der den Hang aufsteigend quert, z. T. von Holzbalken flankiert. Der Passo Val Mattio ist als breiter Wiesenpass zu sehen, wir biegen aber in einem kleinen Sattel vorher ab: schwacher Pfad im feinen Geröll rechts, am Beginn ein Steinhäufchen; gegenüber deutlicher Pfad unterhalb Grat sichtbar. Meist unterhalb des Grates, manchmal auf dem Grat weiter leicht ansteigend, dann zum Passo Scalet hinunter. Dort geradeaus weiter, also steil hinauf (Wegweiser »Monte Croce«, 460). Auf deutlichem, steilem, rutschigem Pfad hinauf zum Gipfel. Auf demselben Weg zurück. Zusätzlich 6,4 km, 580 Hm, 3.00 Std.
Karte: Tabacco 058, Kompass 626.

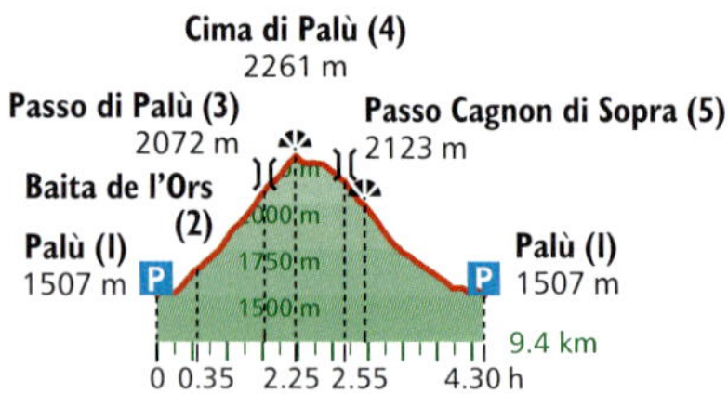

Das Bersntol / Val Fèrsina.

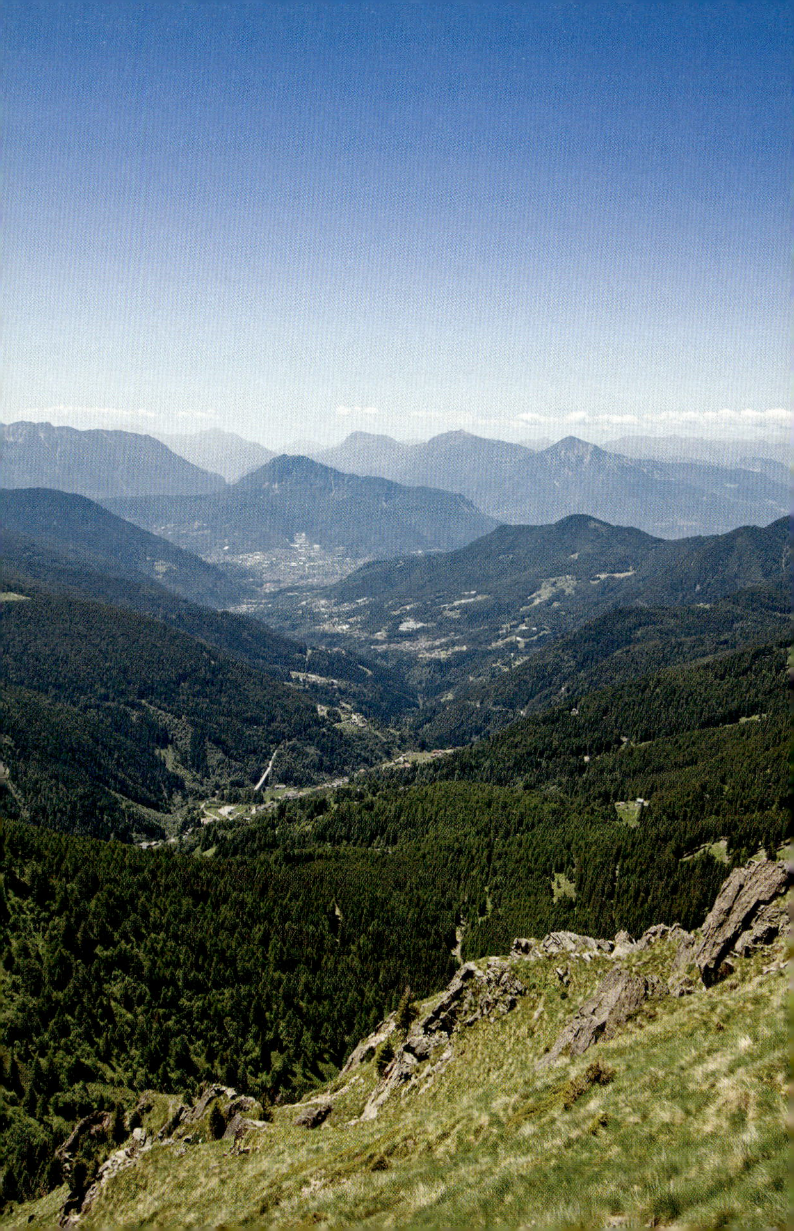

Gegenüber der Einfahrt zum **Parkplatz** in **Palù del Fèrsina (1)** stehen drei Infotafeln. Hier beginnt unser Weg als steile Waldtreppe neben einer Wasserrinne (Wegweiser »Rif. Lago Erdemolo«, 325). Wir treffen die Asphaltstraße und biegen links auf sie ein (Wegweiser »Fraz. Tasaineri«). Wir folgen dieser Straße immer geradeaus, passieren den Agriturismo Scalzerhof und gelangen zum Weiler **Tasaineri/Tasainar** mit schönen alten Holzhäusern. Gemäß den Wegweisern »Passo Palù« (370) gehen wir zuerst geradeaus weiter auf Asphalt, und sogleich rechts auf einen schmalen Pfad.

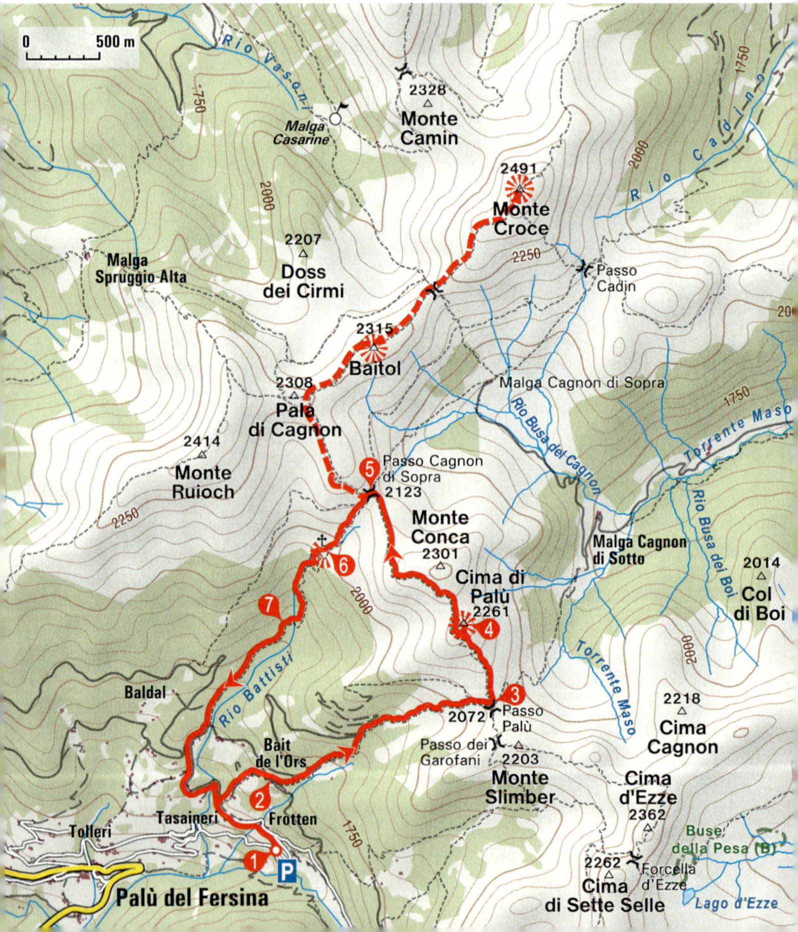

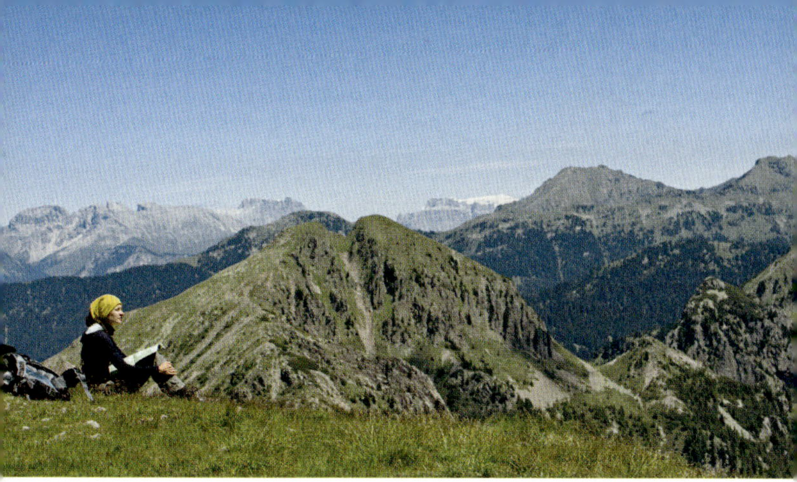

Dolomitenblick von der Cima di Palù.

Unterhalb von ein paar Häusern treffen wir einen Querweg, den wir nach rechts in Richtung der Häuser einschlagen. An den Gebäuden gehen wir links vorbei und auf einer steilen **Betonfahrspur** hinauf. An der folgenden Lichtung biegen wir halb rechts auf einen schmalen Pfad ein (Wegweiser wie zuvor) und steigen die steile Wiese hinauf, an der **Baita Bambin** links vorbei und immer weiter geradeaus hinauf und auch am nächsten Haus links vorbei; dahinter dann rechts auf die Schotterstraße (hier wie an den folgenden zwei Abzweigungen der gleiche Wegweiser »Passo Palù«, 370).
Die Schotterstraße trifft an der **Baita de l'Ors (2)** auf eine Asphaltstraße, die wir nur wenige Meter nach rechts begehen, denn direkt nach dem Haus biegen wir nach links ab auf eine Schotterstraße und sogleich wieder links auf einen Pfad. Nach einem Waldstück treffen wir eine Kreuzung aus Schotterpisten. Hier gehen wir rechts auf die schmalere, ansteigende Piste. Die folgende Abzweigung rechts ignorieren wir. Der Weg wird schmaler und biegt an einem flachen Stück Wiese nach links ab (schlecht zu erkennen; auf schwache Markierung achten!).
Im Wald spaltet sich der Weg am Schild »Auzertol«; wir nehmen den linken Zweig (Wegweiser wie immer). An einem Wasserreservoir mit Zaun touchieren wir die Kurve der Straße, bleiben aber auf Kurs (geradeaus bergauf) und gehen am Zaun entlang.
Kurz vor Ende des Waldes erblicken wir rechts den Monte Gronlait und die Becca di Filadonna. Mit schwindendem Baumbewuchs eröffnet sich vor uns ein wunderbares Hochtal voller Rhododendren. Der Passo di Palù ist schon zu erkennen. Der Weg schlängelt sich eindeutig hinauf. Im **Passo di Palù (3)**,

2071 m: Aussicht! Wir sehen das weite obere Masotal und dahinter die Pyramide der Ziolera, ganz hinten die Cima d'Asta, im Rückblick das Bersntol und die Brenta-Dolomiten.

Wir gehen im Pass den deutlichen Weg links hinauf (Wegweiser »Monte Conca«, 340), auch wenn es kurz rutschig ist. Schon gleich gerät die Pyramide des Monte Croce / Kraispitz ins Blickfeld, das macht Lust auf die Variante. Wir queren den linken Hang ansteigend. Im Rückblick werden der Passo dei Garofani und der Passo d'Ezze sichtbar. Die Aussicht wird immer weiter. Im höchsten Punkt des Weges, wenn nach vorn eine neues Bergbild erscheint, ist die beste Gelegenheit, zur **Cima di Palù (4)** aufzusteigen. Der unscheinbare Grasbuckel rechts ist auch weglos leicht zu besteigen. Gibt es dort Aussicht? Est! Est! Est! So unspektakulär der Gipfel der Cima di Palù wirkt, so fantastisch ist das Rundum-Panorama: die Dolomiten, große Teile des Lagorai, die Cima d'Asta mit der Rava-Gruppe, die Cima Dodici lugt durch ein Joch hindurch, Becco di Filadonna, das Bersntol, Brenta-Gruppe, das Rujoch und direkt vor uns der Monte Conca / Kunko!

Nachdem wir wieder auf den Hauptweg hinabgestiegen sind, umrunden wir den Monte Conca/Kunko links. Der Panoramapfad führt klar, aber manchmal rutschig zum **Passo Cagnon di Sopra (5)**, 2121 m. Hier beginnt die Variante für ausdauernde Wanderer (s. o.). Andernfalls biegen wir hier links hinab (Wegweiser »Palù del Fersina«, 314). Der Abstieg ist steil und rutschig.

Blick von der Cima di Palù in das Maso-Tal. Am Horizont die Cima d'Asta.

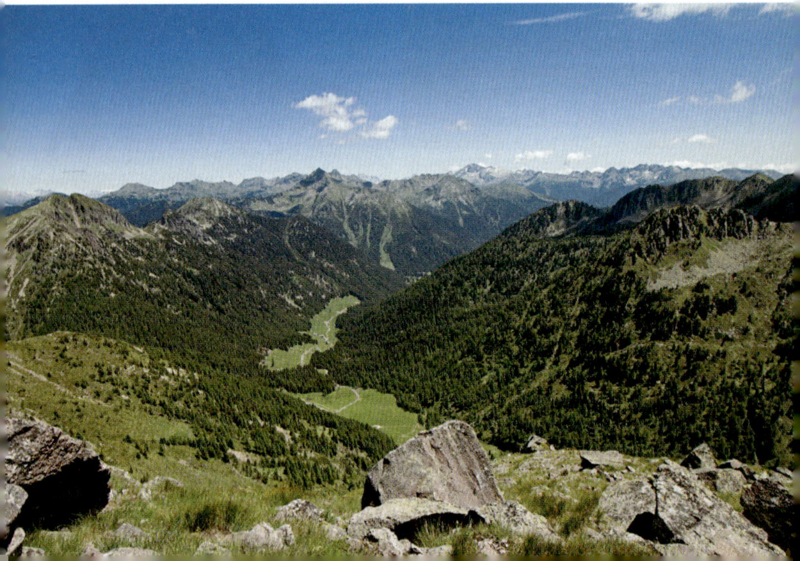

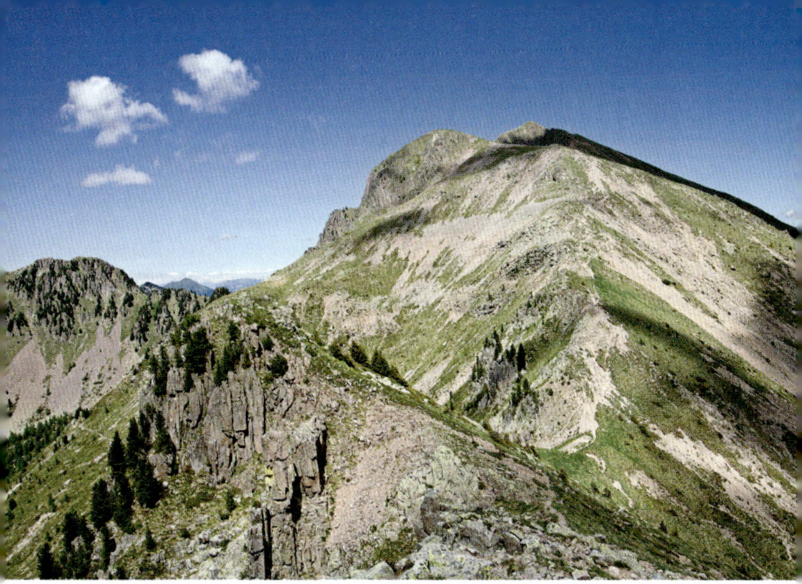

Das Ziel der anstrengenden Variante: Kraispitz / Monte Croce.

Nach einer Bachüberquerung erreichen wir einen **Aussichtsplatz (6)** mit Bank und einem kleinen Kreuz: der Blick geht über das Bersntol bis Pergine und zum Monte Gronlait. Danach macht steiler Schutt den Abstieg unbequem. Erst wenn wir einen breiten Forstweg treffen, wird es besser: hier biegen wir rechts ab (der Wegweiser nach Palù trifft den Winkel nicht ganz).
Kurz hinter der Brücke, noch vor dem Wald achten wir auf einen schwachen Wiesenpfad links mit dem üblichen Wegweiser: endlich weicher Untergrund! An einem kleinen Metallkreuz vorbei steigen wir über Wiesen und im Wald ab. In einer kleinen Lichtung zweigt ein **schmalerer Weg (7)** nach links ab, dem wir nach unten folgen (Pferdewegweiser »Malga Cere«). Nach einem kurzen Stück am Bach entlang treffen wir die Asphaltstraße neben der Brücke. Wir überqueren die Straße und gehen geradeaus weiter (Wegweiser »Palù del Fersina«, 314). Sogleich folgen zwei Abzweigungen rechts, die wir ignorieren (Wegweiser wie zuvor): wir gehen geradeaus auf Asphalt.
Von nun an können wir den Wegweisern »Scalzerhof« und »Tasaineri« bzw. Tasainar« vertrauen. Der harte Belag macht die steilen Abstiege nicht angenehmer, aber ein schöner Ausblick auf den Hoamander lenkt etwas ab. Nach einer Brücke glaubt man es kaum: es geht bergauf! So erreichen wir **Tasaineri/Tasainar**, wo wir geradeaus gehen und so auf bekanntem Weg zurück zum **Parkplatz** in **Palù del Fèrsina (1)**.

14 Lago Erdemolo und Inderschrumm / Sasso Rotto

5.15 Std.

Bilderbuchlandschaften im südlichen Lagorai

Eine Wanderung durch Bilderbuchlandschaften: der kristallene Lago Erdemolo wird bis in den Sommer von Schneefeldern umrahmt, die grün bewachsenen roten Felsen, der Inderschrumm krümmt sich zackig wie ein Drachenrücken, zum guten Schluss: die hübsche Sette-Selle-Hütte. Die typische Felslandschaft des Lagorai bietet einsame Hochtäler rechts und links des Weges.

Ausgangspunkt: Wanderparkplatz in Palù del Fèrsina/Palai en Bersntol. **Anfahrt mit Auto:** im Bersntol / Valle del Fèrsina die SP8 immer Richtung Palai/Palù. Im Ortsteil Lenzer geht die SP8 in die SP135 über. Genau dort links hinauf Richtung Frotten/Vròttn. Der Straße folgen bis zum Durchfahrtsverbot für Nicht-Anwohner; dort rechts großer, gebührenpflichtiger Parkplatz.
Anfahrt mit Bus: Die Linie 417 der Gesellschaft Trentino trasporti esercizio startet in Pergine, fährt durch Sant'Orsola und hat ihre Endhaltestelle in Batister/Battisti, also etwa 700 m vor dem Ausgangspunkt an derselben Straße.
Anforderungen: Überwiegend mittelschwere Wanderung, aber einige etwas kraxelige, geröllige und rutschige Stellen. Markiert.
Einkehr: Rifugio Sette Selle etwa eine Stunde vor Ende der Wanderung.
Karte: Tabacco 058, Kompass 621 oder 626.

Gegenüber der Einfahrt zum **Parkplatz** in **Palù del Fèrsina (1)** an den drei Infotafeln beginnt unser Weg als steile Waldtreppe neben einer Wasserrinne (Wegweiser »Rif. Lago Erdemolo«, 325). Wir kreuzen die Asphaltstraße, um gegenüber auf einem ansteigendem Pfad weiterzuwandern (Wegweiser wie zuvor). Schon gleich kommt von links ein Weg: von da kommen wir auf dem Rückweg. Nun aber geradeaus, praktisch flach weiter (Wegweiser wie zuvor). Wir touchieren die Straße in einer Kurve und biegen rechts auf einen Asphaltweg ein (Wegweiser wie immer). An einer Brücke imponiert uns ein **Wasserfall**.

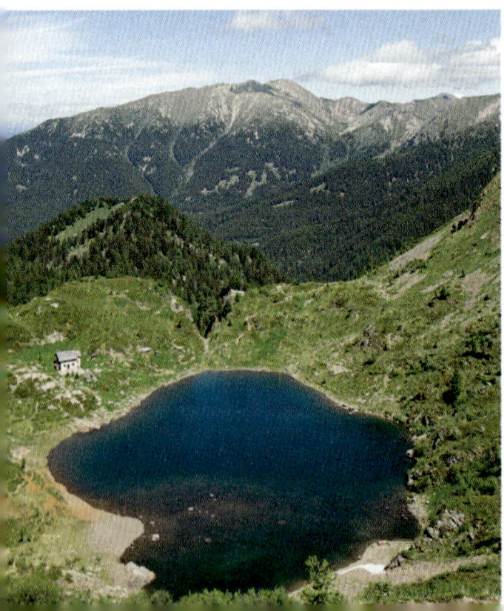

Der Lago Erdemolo von oben.

Der Asphaltbelag wird zu Pflaster und dann zu Schotter. An einer Verzweigung wählen wir den schmale-

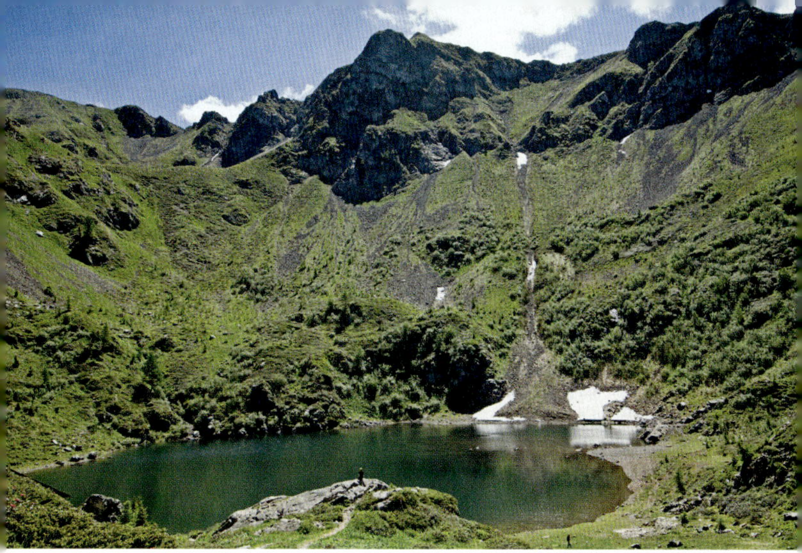

Der Lago Erdemolo von unten.

ren Zweig links (Wegweiser). Nach einer kleinen Brücke über den Bach folgt ein Anstieg und dann ein Querweg unterhalb des alten Hofes **Maso Lenzi (2)**. Wir bleiben auf dem Weg 325, also links hinauf (Wegweiser »Lago di Erdemolo«). In dem idyllischen Tal mit Wiesen, Wald und Lärchen gewinnen wir schnell an Höhe. Im Rückblick sehen wir den Hoamonder (mit Kreuz) und nach einigen Höhenmetern dahinter einen gigantischen Steinhaufen: das ist der Inderschrumm/Sasso Rotto und die Cima Sette Selle.

Nach einigem Hinaufschnaufen erreichen wir eine **Kreuzung (3)** mit Wegweiser und sehen den kristallenen **Lago Erdemolo**. Kaum 50 m nach links liegt die (seit Jahren geschlossene) gleichnamige Hütte. Der kurze Abstecher zur Hütte für einen Blick auf See lohnt sich: Berglandschaft wie aus dem Bilderbuch!

Unser Weg geht geradeaus weiter, d. h. auf dem gut sichtbaren Pfad rechts oberhalb des Sees (Wegweiser »Passo del Lago«, 325). Der Pfad führt sicher hinauf zum Pass, immer wieder tolle Rückblicke auf den See, auf den Rujoch und hinüber zum Monte Gronlait. Im **Passo del Lago (4)** schauen wir hinab in die Hochebene der Sette Laghi, unterhalb des Hoabont, aber aus dieser Perspektive ist keiner der Seen zu sehen. Das ändert sich schnell, wenn wir links gehen, d. h. hinauf gemäß Wegweiser »Rif. Sette Selle« (343). Es folgt typische Lagorai-Felslandschaft, dann queren wir recht bequem einen Hang. Immer wieder blicken wir auf den Erdemolo-See und das Valsugana hinab.

Nach einem etwas rutschigen Schotterstück streben wir das Felstor links oben an und lassen uns nicht von den vielen Wegspuren nach unten locken. Im **Felstor (5)** knapp unterhalb des Monte del Lago öffnet sich die Perspektive zur anderen Seite bis hin zum Kraispitz/Monte Croce. Den Gipfel lassen wir unberührt links liegen. Vor uns entfaltet sich der Weg entlang des Grates. Der folgende Weg geht deutlich immer geradeaus, an manchen Stellen jedoch kraxelig.

Der Abstieg zum nächsten Pass ist rutschig und steil. Im Pass **Forcella Cavè (6)**, 2184 m, behalten wir die Richtung bei (Wegweiser »Rif. Sette Selle«, 343) und erreichen hangquerend einen namenlosen Sattel. Nun liegen Auß(z)erschrumm / Sasso Rosso und Inderschrumm/Sasso Rotto wie ein felsiger Drachen vor uns: den Kopf des Drachens bildet die Cima Sette Selle als letztes in der Reihe. Den Auß(z)erschrumm umgehen wir einfach links. Vor dem Auß(z)erschrumm liegt die Forcella di Cunella, die wir rechts liegen lassen.

Zwischen den Schrummen liegt die **Forcella Sasso Rosso (7)** ein gutes Stück rechts oberhalb des Weges. Aber ein Abstecher dorthin lohnt sich wegen der Aussicht in das Ezze-Hochtal. Achtung, im Sattel beginnt der »Sentiero Fratelli Giuliani«, der aber kein Wanderweg ist, sondern eine ungesicherte Kletterroute, die entsprechende Erfahrung und Ausrüstung erfordert!

Blick ins Val d'Ezze von der Forcella Sasso Rosso.

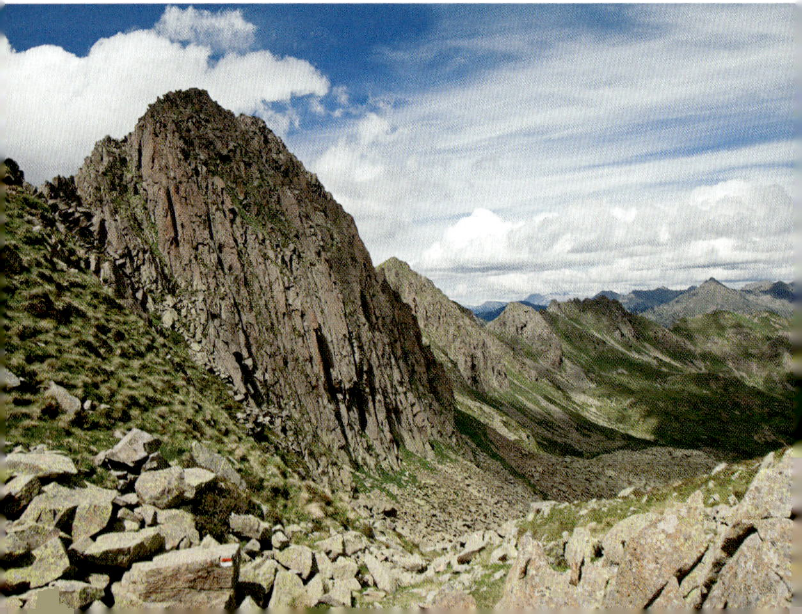

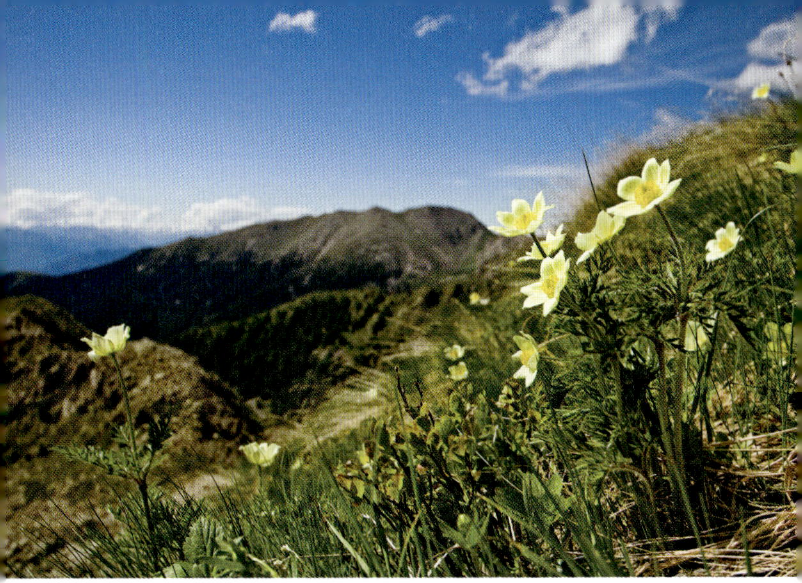

Unterhalb der Cima Sette Selle genießen die Blumen die Aussicht.

Wir gehen daher zurück auf den Wanderweg, der den Inderschrumm an seiner linken Flanke umgeht, zunächst bequem, dann über rumpeliges Blockwerk und schließlich bergauf. Das Rifugio Sette Selle im Tal lässt sich nur schwer ausmachen, da es hinter Bäumen kaum hervorlugt.

Oben angekommen, sehen wir Palai/Palù, den Felsgrat der Cima di Sette Selle, die Cima d'Ezze und dazwischen den Passo d'Ezze. In das Geröllfeld darunter steigen wir ab und biegen dann links hinunter ab (Wegweiser »Rif. Sette Selle«, 343). Relativ bequem steigen wir zuerst felsig, dann zwischen Rhododendren ab und stehen recht unvermittelt vor dem hübschen **Rifugio Sette Selle (8)**. Wir gehen links daran vorbei (wobei ein Aufenthalt auf der

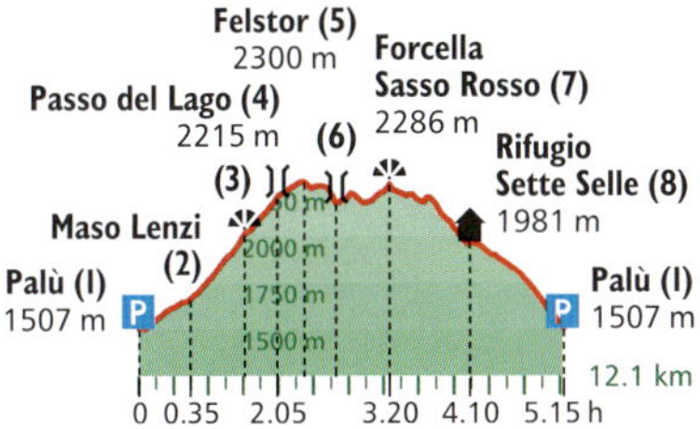

wunderbaren Terrasse praktisch obligatorisch ist) und folgen dem Wegweiser »Frotten« (343).

Kurz darauf zweigt der 342er Weg links ab, was uns nicht interessiert: wir halten uns an den 343 nach Frotten. Es wird waldig, bleibt aber steinig. Am Kreuz **Croce del Laner** bietet sich ein schöner Blick, der Weg geht geradeaus weiter (Wegweiser wie zuvor). Sogleich wählen wir an der Abzweigung im Wald den linken Zweig hinab (Wegweiser wie immer). Steil führen die Serpentinen nach unten. In einer Rechts- und in einer Linkskurve ginge es auch geradeaus, wir folgen aber jeweils der Kurve. Die Markierungen sind hier erst einige Meter hinter den Kurven zu sehen.

Kurz vor Waldende gehen wir oberhalb eines **Häuschens (9)** vorbei und danach rechts und den steilsten der Wege hinab am Rand einer Wiese entlang. Schnell sind wir an einem Querpfad, den wir nach rechts einschlagen. An der Asphaltstraße zeigt ein Wegweiser »Vròttn« links an, wir gehen aber geradeaus den Waldpfad hinunter (Wegweiser »Palù del Fersina«, 343), genauso an der nächsten Kreuzung mit der Asphaltstraße. Am nächsten Querpfad dann rechts und auf bekanntem Weg zurück zum **Parkplatz** in **Palù del Fèrsina (1)**.

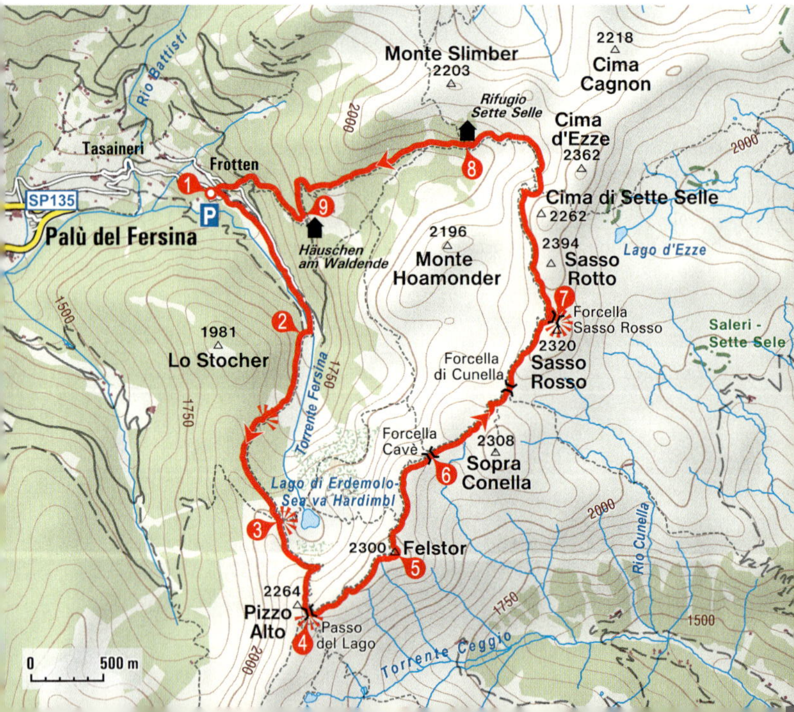

2.00 Std.

Im Bersntol bei Sant'Orsola 15

Wasser, Wald und Weiler

Das Bersntol / Valle dei Mòcheni / Valle del Fèrsina hat etwas Schwarzwaldhaftes, nur dass die Berge darüber deutlich alpiner sind als Feldberg & Co. In den vielen verstreuten Weilern stehen die typischen Holzhäuser mit den umlaufenden Balkonen. Manche verfallen, manche sind herausgeputzt und blumengeschmückt. Wir laufen oft im Wald, genießen aber auch Blicke auf die hübschen Dörfer und hohen Kirchtürme auf der anderen Talseite, auf die Felsgrate des Lagorai und auf die Burg von Pergine. Gegen Ende wandern wir am Bach Bersn/Fèrsina entlang, der dem Tal den Namen gab.

Ausgangspunkt: Sant'Orsola Relax Hotel in Sant'Orsola. **Anfahrt mit Auto:** Sant'Orsola/Oachpergh liegt an der SP8 zwischen Pergine und Palù/Palai. Das Sant'Orsola Relax Hotel befindet sich am Hauptplatz des Dorfes gegenüber dem Restaurant »La Miniera dei Sapori«.
Anfahrt mit dem Bus: Die Linie 417 der Gesellschaft Trentino trasporti esercizio verbindet Sant'Orsola mit Pergine. Haltestelle am Ausgangspunkt.
Höhenunterschied: 290 m.
Anforderungen: Einfache Wanderung auf asphaltierten Wegen mit steilen Abstiegen; am Ende steiler Anstieg. Überwiegend markiert.
Einkehr: Am Ausgangspunkt.
Karte: Tabacco 062, Kompass 621.

Frassilongo / Garait / Gereut an der gegenüberliegenden Talseite.

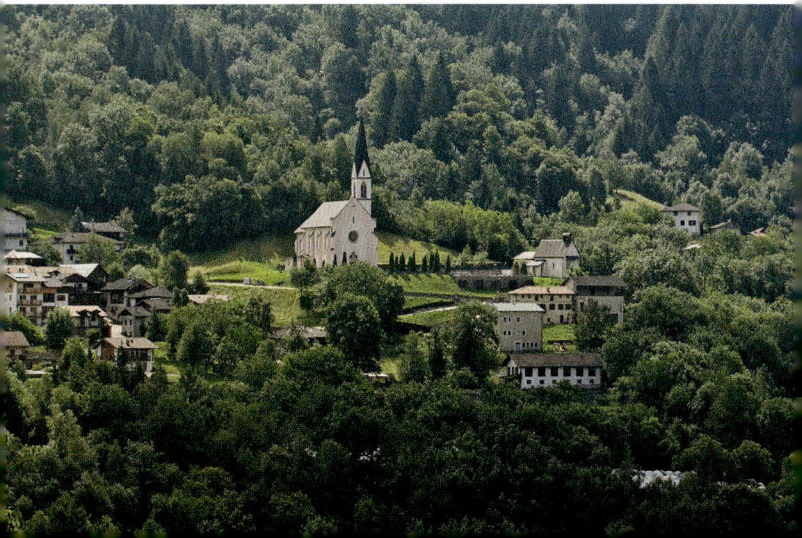

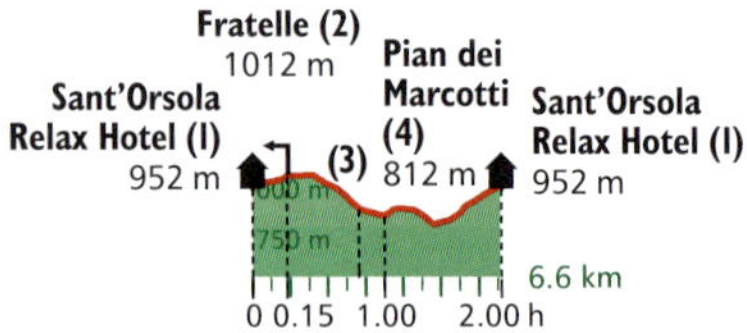

Wenn wir die Bar des **Sant'Orsola Relax Hotels (1)** verlassen und auf die große Kreuzung treten, biegen wir nach rechts aufsteigend ab (Wegweiser »Dosso di Costalta«, 405). In Kurven gewinnen wir an Höhe, gegenüber der **Sporthalle** (Palestra) können wir eine Kurve auf dem schmalen Sträßlein geradeaus abschneiden. Dahinter bleiben wir nur kurz auf der größeren Straße und biegen nach links ab (Wegweiser wie zuvor und »Mantoani«, 1). Dem Weg »Passegiata Torrente Fèrsina, 1« folgen wir nun etwa zur Hälfte.
Nach einer Brücke ignorieren wir die Abzweigung links, nach einer weiteren Brücke gehen wir geradeaus (Wegweiser wie zuvor). Kurz steigen wir in dem Buchenwald an. An der Gabelung gehen wir geradeaus (halb links) und kurz darauf am Ende des Waldstückes teilt sich die Straße am **Schild »Frattelle« (2)**: Wir nehmen den rechten Zweig (hier fehlt ein Wegweiser). Nach einer Linkskurve über einen Bach spaltet sich die Straße am Schild »Località Maoro«, diesmal gehen wir links bergab. Wir durchschreiten Kulturlandschaft mit Wiesen und Obstanbau. Die Aussicht öffnet sich auf die Talseite gegenüber mit der hübsch gelegenen Kirche von Frassilongo/Gereut und die Bergspitzen des Lagorai.
Immer den Hauptweg hinunter kommen wir am **Wertstoffhof (3)** – C.R.M. – vorbei und erreichen nach der Rechtskurve die große Straße. Wir biegen

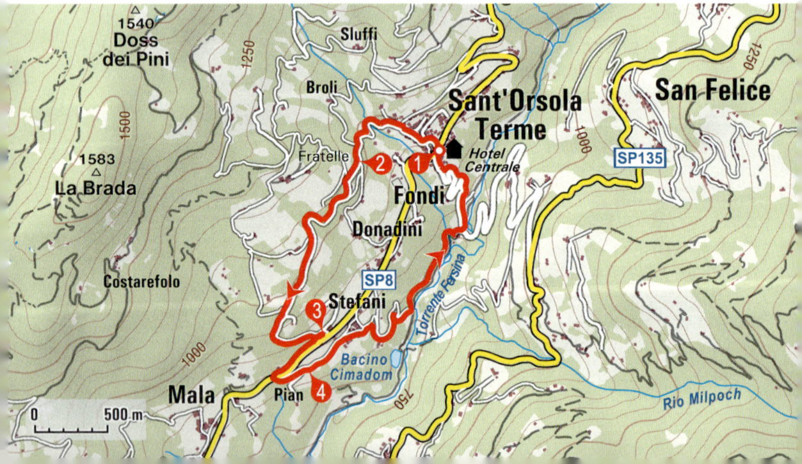

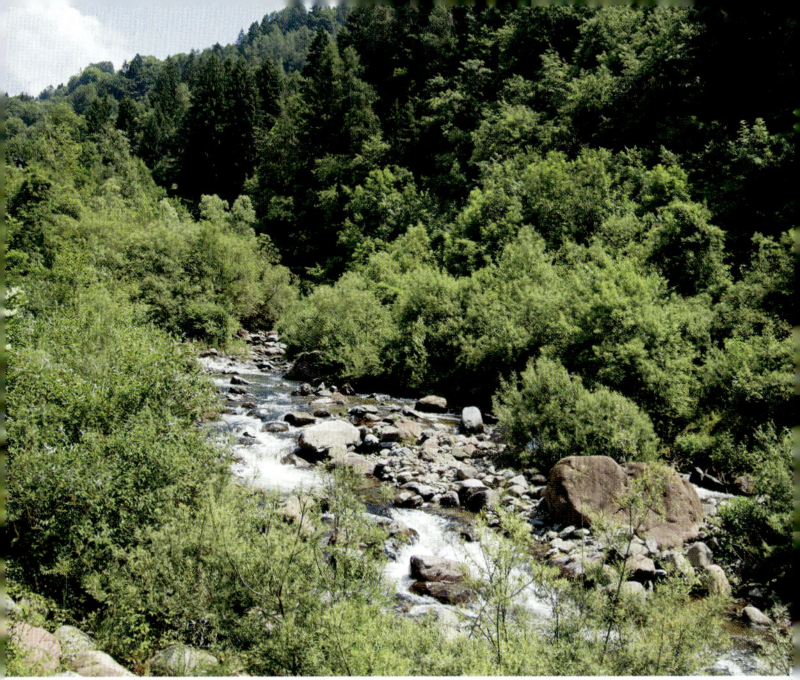

Der Bach Bersn/Fèrsina gab dem Tal seinen Namen.

halb rechts auf die Straße ein und blicken auf die Burg von Pergine. Wir bleiben ca. 350 m auf der Straße und knicken in die nächstmögliche Straße nach links ab (Wegweiser »Stefani«, 1) und steigen in den Ort **Pian dei Marcotti (4)** hinab. Am ersten Haus gehen wir geradeaus (Wegweiser »Fèrsina«, 1). Kurz nach dem Schild »Stefani« gehen wir in einer Art Kreisverkehr geradeaus auf die abfallende Straße (Wegweiser »Rossati«).

Nach dem letzten der schönen alten Häuser spazieren wir weiter geradeaus (Wegweiser »Clom«, 1) und es beginnt der Abstieg zum Fluss. Dafür folgen wir immer den Kurven des Hauptweges.

Im Tal biegen wir an der T-Kreuzung links ab (Wegweiser »Clom«, 1), also gegen die Fließrichtung des Baches. Immer am rauschenden Wasser entlang, an einem Picknickplatz vorbei und über eine kleine Brücke neben einer Furt gelangen wir in recht steilem Anstieg zu den Häusern von Clom. An der Kreuzung in Clom gehen wir links steil hinauf. Diese Straße führt in steilen Kurven direkt auf die Kreuzung vor dem **Sant'Orsola Relax Hotel (1)** in Sant'Orsola.

16 *Cima d'Asta, 2847 m*

2 Tage

Höhepunkt aus Granit

Die Cima d'Asta ist mit 2847 Meter der höchste Gipfel dieses Buches. Von sehr vielen hier beschriebenen Wanderungen aus ist er sichtbar und sehr beeindruckend. Es reizt also, dieses Massiv zu erwandern und den Gipfel zu besteigen. Nicht nur das Gipfelpanorama ist überwältigend. Schon der Aufstieg zur Hütte führt durch faszinierende Granitlandschaften. Das gilt noch mehr für den Gipfelanstieg selbst und auch für den hier vorgeschlagenen Rückweg. Das Cima-d'Asta-Massiv besticht durch seine urigen Felslandschaften mit vielfältigen Formen: Zacken, Platten, Blöcke, Seen.
Die unbedingt empfehlenswerte Besteigung sollte auf zwei oder drei Tage verteilt werden mit Übernachtung in der 2015 renovierten Ottone-Brentari-Hütte. Wenn man den Gipfelanstieg nicht mehr im Anschluss an den Aufstieg zur Hütte durchführen möchte, kann er auch am folgenden Morgen vor dem Abstieg erfolgen.

Ausgangspunkt: Malga Sorgazza. Am Ortsende von Pieve Tesino halb links hinauf, Wegweiser Val Malene. Immer geradeaus, Wegweiser Malga Sorgazza. Am Ende des Asphalts großer Parkplatz.
Höhenunterschiede: Vom Tal zur Hütte: 1050 m auf, 10 m ab; **von der Hütte zum Gipfel und zurück:** 490 m auf und ab; **von der Hütte ins Tal:** 90 m auf und 1130 m ab.
Anforderungen: Vom Tal zur Hütte: Technisch mittelschwere Wanderung auf klaren Wegen und Pfaden, jedoch großer Höhenunterschied; gerade noch rot, wenn der längere Trodo dei Aseni gewählt wird, und schwarz auf dem felsigen Sentiero per Esperti (siehe Wegbeschreibung); markiert. **Von der Hütte zum Gipfel und zurück:** Viel Blockwerk und einige kraxelige Passagen, z. T. per Stahlseil gesichert; markiert; schwarz. **Von der Hütte ins Tal:** einige kraxelige und sehr steile Passagen; leidlich markiert; schwarz.
Einkehr: Malga Sorgazza (Ausgangs-/Endpunkt), Rifugio Ottone Brentari.
Variante: Von der Hütte ins Tal zurück auf dem selben Weg wie im Aufstieg. Dann auf jeden Fall den Trodo dei Aseni wählen!
Achtung: Wer zusätzlich zur hier beschriebenen Wanderung den Rundweg »Giro del Zimon« ab dem Rifugio Brentari im Uhrzeigersinn um den Gipfel herum gehen möchte: bis zum Lago del Bus schwierig und anstrengend, dann ein sehr steiler, sehr schwieriger Anstieg zum Pass Forcella del Col del Vento; anschließend eine lange, ausgesetzte, rutschige, kraxelige Passage. Nur für schwindelfreie, trittsichere, geübte Bergwanderer! Faszinierende Landschaft, tolle Aussichten! Gut markiert.
Karte: Tabacco 058, Kompass 626.

Vom Tal zur Hütte (3.30 Std. / 6,3 km): Ab dem Parkplatz an der **Malga Sorgazza (1)** wandern wir auf der Straße in derselben Richtung wie die Anfahrt weiter (Wegweiser »Rif. Cima d'Asta-Brentari«, 327). Der Asphalt endet sofort und wir gehen zwischen dem **Stausee** und dem Denkmal am ehemaligen Soldatenfriedhof durch. Der breite Schotterweg steigt im Wald bequem an.

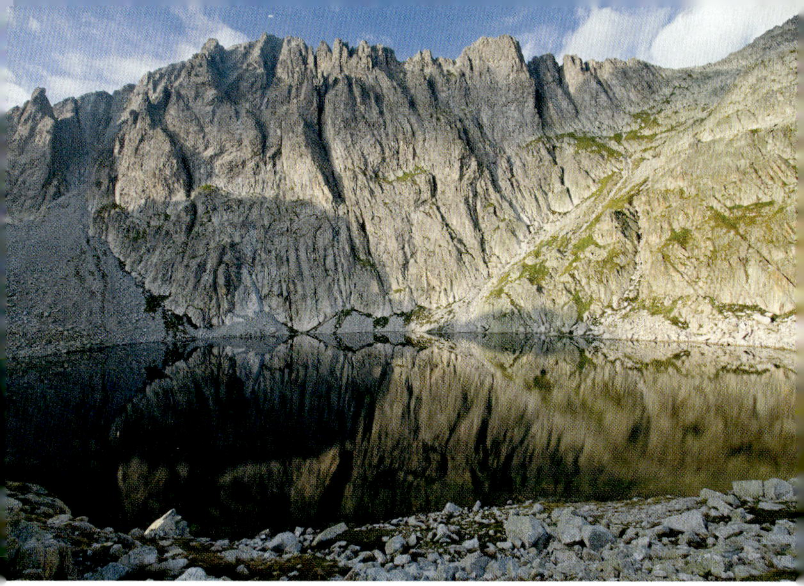

Der See unterhalb des Gipfels der Cima d'Asta.

Wir passieren eine Abzweigung rechts: Von hier kommen wir auf dem Rückweg (über die Holzbrücke, die unten zu sehen ist). Wo es der Wald zulässt, blicken wir auf den breiten Pass Forcella Magna.
Die Schotterpiste endet an der **Talstation** der **Teleferica Brusà (2)**; das ist, die Materialseilbahn, die das Rifugio Brentari versorgt. Hinter der Seilbahn nehmen wir nicht den breiten Waldweg sondern den schmalen Pfad, der rechts über ein paar Holzstufen ansteigt (Wegweiser wie zuvor). Über Steine und Wurzeln »stolpern« wir zu einer Holzbrücke. Dahinter folgen einige Stege über sumpfige Stellen.
Durch lichte liebliche Lärchenwälder mit Blaubeeren und Alpenrosen gewinnen wir an Höhe. Der Blick wird frei zum faszinierenden Westhang des Cima d'Asta-Massivs mit senkrechten Mauern, schrägen Platten und einem Wasserfall. Rechts und links bizarre Granitzacken. Unser Weg steigt die linke Talseite in Serpentinen hinauf; am Ende der Serpentinen steht der übliche Wegweiser.
Nun ein Stück geradeaus, dann ist an einem **Feuchtgebiet (3)** eine Entscheidung gefordert: geradeaus hinauf läuft der »**Sentiero per esperti**« (327B), also der Weg für erfahrene Wanderer. Nur bei Trockenheit und nur im Aufstieg ist dieser Weg eine kurzweilige Alternative. Hier erwarten uns Kraxeleien über schräge Granitplatten. Dabei erreichen sie kaum eine Neigung

von 45°, d. h., wer griffige Schuhe und einen guten Gleichgewichtssinn hat, kommt hinauf, ohne die Hände zu Hilfe nehmen zu müssen. Der **»Trodo dei Aseni«** (327), also der Eselsweg, verläuft nach rechts ähnlich wie der bisherige Weg, aber mit mehr Geröll und am Ende auch felsig. Dieser Weg ist deutlich länger, aber dafür wesentlich weniger steil. Beide Varianten sind gut markiert.
Noch vor der Hütte treffen sich beide Wege wieder. Ab hier geht es direkt auf die mächtige, zerklüftete Wand des Gipfels zu, oben ist das Gipfelkreuz erkennbar. Wenig später stehen wir knapp oberhalb des Sees: was für ein Anblick! Hier halten wir uns rechts (üblicher Wegweiser) und sind schnell am schönen **Rifugio Brentari (4)**, auch Rifugio Cima d'Asta genannt.

Von der Hütte zum Gipfel und zurück (2.30 Std. / 3,6 km): Von der Terrasse des **Rifugio (4)** blicken wir in Richtung Gipfel. So sehen wir das Gipfelkreuz und den Wegweiser »Cima d'Asta« (364). Dieser zeigt nach halb rechts, wo der rot-weiß markierte Weg über Felsen beginnt. Rechts vom Gipfel liegt der Forzeleta genannte Einschnitt im Grat, zu dem wir hinaufmüssen (gute Augen erkennen sogar den dortigen Wegweiser).
Sogleich umrunden wir eine sumpfige Stelle auf der rechten Seite und dann geht's in einem Linksbogen auf die Steinbaracke zu. Auf dem gut markierten Pfad wird es immer steiler und holpriger, ab und zu müssen wir die Hände zu Hilfe nehmen. Im Pass **Forzeleta (5)** angekommen, sehen wir den Gipfel: der breitere Berg links mit Kreuz; der spitzere Berg weiter rechts ist der Colle dei Diavoli, keine 40 m niedriger als der Gipfel.
Im Pass steht ein Wegweiser, aber es geht nur in eine Richtung weiter, nämlich bergab. Das ist trotz der Stahlseile nicht einfach. Nach diesem sehr steilen Blockwerk geht es fast flach auf Blockwerk weiter bis zur **Verzweigung (6)** mit Wegweisern. Keiner davon zeigt zum Gipfel (nach links), aber ein Fels ist mit »alla Cima« beschriftet. Der Weg ist gleich zu Anfang am schwierigsten,

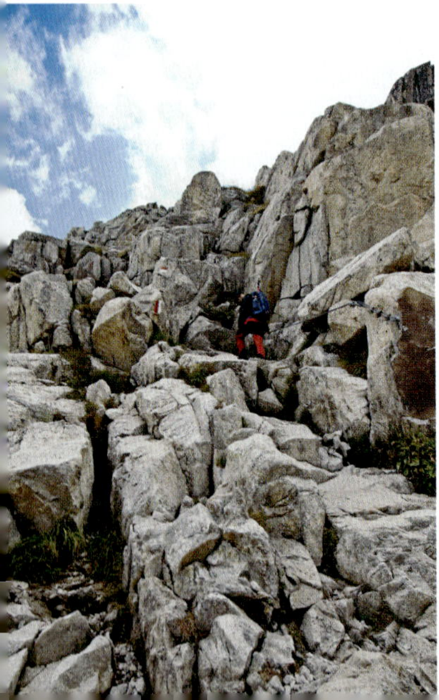

In der Nähe des Passes Forzeleta wird's etwas schwierig.

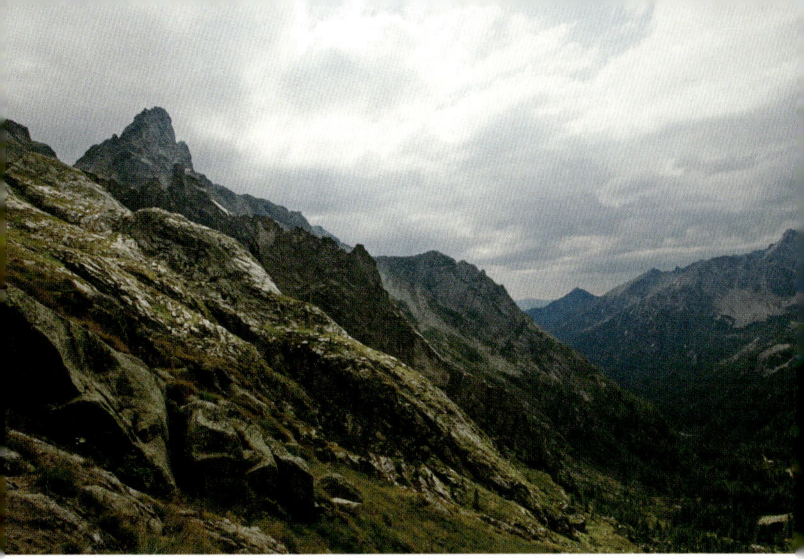

Im Aufstieg erheben wir uns über das Val Sorgazza.

etwas Kraxelei ist notwendig, aber es wird nach oben immer leichter. Am **Gipfel** der **Cima d'Asta (7)** wartet ein filigranes Metallkreuz auf uns und eine umwerfende Rundsicht. Der Blick auf das Rifugio und den See ist frappierend. Auf demselben Weg zurück bis zum **Rifugio Brentari (4)**.

Von der Hütte ins Tal (3.30 Std. / 9,0 km): Der Rückweg beginnt an der Bergstation der **Materialseilbahn** am **Rifugio Brentari (4)** gemäß Wegweiser »Sentiero Campagnassa, Malga Sorgazza« (386) an der Holzbaracke und wenige Meter weiter am Pfahl auf dem Felsen. Nun folgen wir den rotweißen Markierungen über Fels und Stein. Kurz vor dem Pass **Forcella del Passetto (8)** ein kurzer Anstieg; im Pass beeindruckt uns die Aussicht, die uns eine Weile begleiten wird. Hinter dem Pass rechts (Wegweiser wie zuvor), quer zum Hang. An der Talseite gegenüber erkennen wir den kleinen Lago d'Asino, der lange in unserem Blick bleibt. Links sehen wir die Belluneser Dolomiten, geradeaus am Horizont den Monte Grappa.
Die tolle Aussicht lenkt uns ab, sodass wir aufpassen müssen, den Abzweig links hinab an einem großen **spitzen Felsen (9)** nicht zu übersehen. Vor uns liegt auf einer Terrasse das Dorf Cinte Tesino – die erste Siedlung, die wir seit Langem sehen. Es geht steil und rutschig bergab. Nach einem Bach geht es wieder hinauf. Immer mehr rücken der zackige Rücken des Monte Coppolo und der Skiberg Monte Agaro ins Blickfeld.

Es wird sehr steil und holprig, dann bestätigt ein Wegweiser, dass wir auf dem richtigen Weg sind (»Malga Sorgazza«, 386). Das folgende Blockfeld verlangt einiges an Balancekünsten, aber das ist nur das Aufwärmen für den sehr steilen, kraxeligen Anstieg dahinter. Oben auf dem **Pass (10)** angekommen, erblicken wir die Staumauer des Lago di Costa Brunella und den Finger der Cima del Frate am Hang gegenüber, also in der Rava-Gruppe. Unser weiterer Weg ist vor uns als Pfad, der den Wiesenhang quert, gut zu sehen. Um dorthin zu kommen, müssen wir wenige Schritte hinunterkraxeln, aber keinesfalls zu tief. Wir erreichen einen Geländerücken mit Blick auf eine Reihe von Grasbuckeln, über die wir absteigen werden. Es wird noch einmal kurz schwierig, aber es sind nur zwei, drei Schritte an den Felsen, bei denen wir besser die Hände zu Hilfe nehmen. Dann nicht rechts steil und rutschig hinunter, sondern links zwischen zwei 2–3 m hohen Felsen durch. Dahinter geht es viel einfacher auf einem Pfad weiter.

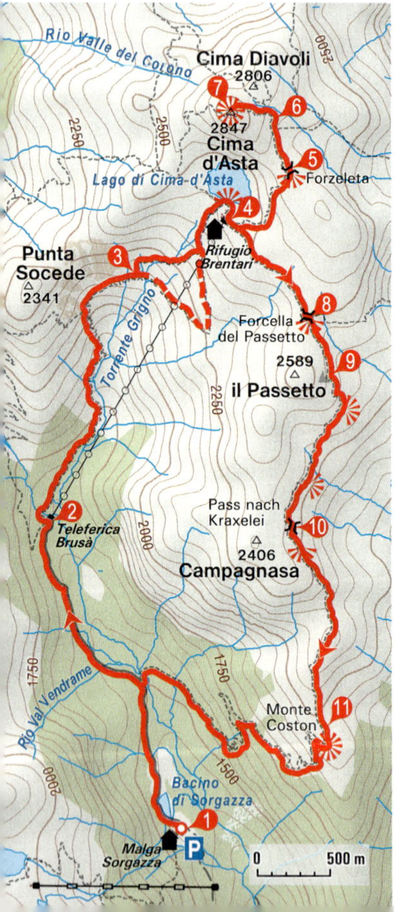

Nun haben wir das Schlimmste hinter uns: bequem steigen wir über den Wiesenpfad immer auf dem Rücken ab. Auf der rechten Seite kommt tief unter uns die Malga Sorgazza und der Stausee daneben in Sicht. Wenn der Grat, auf dem wir die ganze Zeit schon laufen, wieder **ansteigt (11)**, biegen wir halb rechts ab (niedriger Wegweiser »Malga Sorgazza«, 382 in der Wiese). Vor dem Abstieg können wir hier noch 50 m geradeaus auf die Monte Coston geheißene Kuppe weitergehen, um uns von dem weiten Panorama zu verabschieden.

Nun geht es zuerst über lärchenbestandene Wiesen, dann durch Wald mit Lichtungen in weiten Serpentinen immer bergab. An einigen Quer-Passagen liegt die Malga Sorgazza in unserem Rücken, aber das soll uns nicht wundern. Wir über-

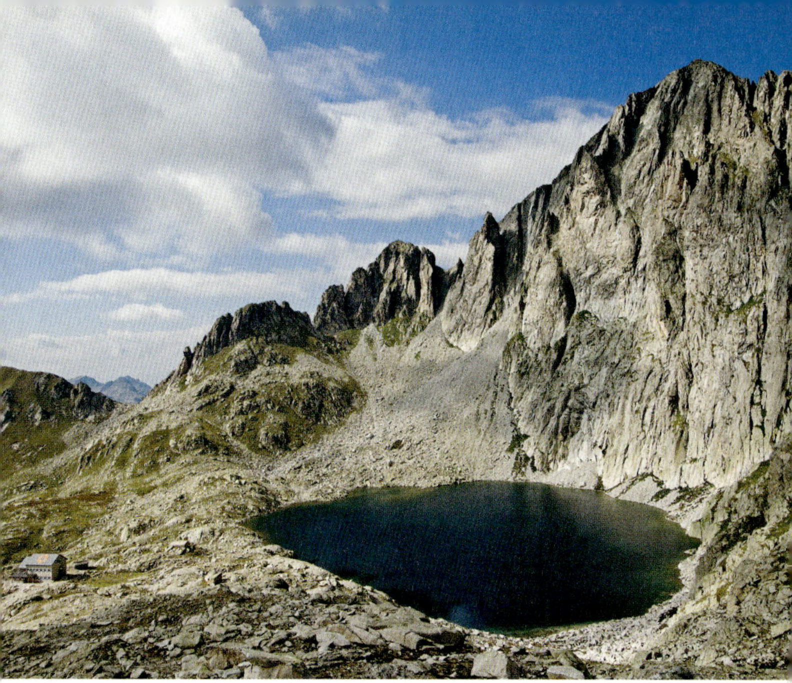

Der Cima d'Asta-Dreiklang: Hütte, See und Gipfel.

queren den Bach auf der Holzbrücke, die wir auf dem Hinweg schon gesehen haben, und gelangen nach kurzem Anstieg auf den breiten Schotterweg, den wir vom Hinweg kennen. Hier also links und schnell sind wir an der **Malga Sorgazza (1)**.

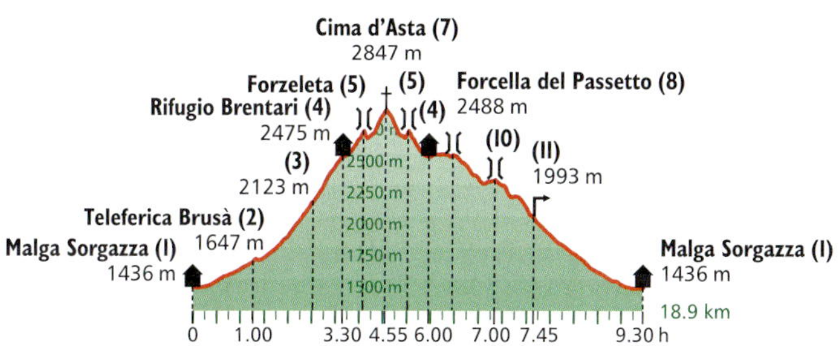

17 Trodo dei Fiori mit Col del Boia, 2066 m

2.45 Std.

Blumenweg für Anfänger

Trodo dei Fiori heißt Blumenweg und der Name ist Programm: v. a. die Gipfelregion und der Südhang, den wir am Ende des Rundweges queren, sind wahre Blütenwunder. Auch botanisch Unbedarfte werden sich an der Farbenfülle freuen und können dazulernen: in den Lokalen am Ausgangspunkt ist ein Infoblatt erhältlich, auf dem die wichtigsten Blütenpflanzen abgebildet und benannt sind, am bemerkenswertesten sicher das Edelweiß. Die Vielfalt an Pflanzen erklärt sich dadurch, dass hier das Kalkgestein der Voralpen in den Granit des Cima-d'Asta-Massivs übergeht, sodass saure und basische Böden vorkommen. Zusätzlich gibt es ein wunderbares Panorama von den Dolomiten bis zur Cima Dodici – und ein paar Kriegsrelikte.

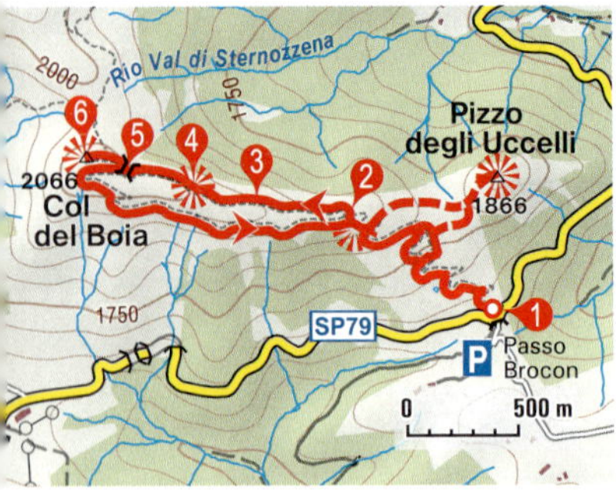

Ausgangspunkt: Passo Brocón. Über die SP79 zwischen Canal San Bovo und Castello Tesino zum Passo Brocón fahren.
Höhenunterschied: 480 m.
Anforderungen: Überwiegend einfache Wanderung. Im Gipfelbereich etwas ausgesetzt. Wer zu Schwindel neigt, dem sei Variante 1 empfohlen. Markiert (rot-weiß und gelbe Pfeile auf Holzpflöcken).
Einkehr: Am Ausgangspunkt.
Variante: 1. ohne ausgesetzte Passagen: an der Verzweigung, wo der Rundweg beginnt (2), nach links gehen bis zum Sattel im Gipfelgrat (5). Auf demselben Weg zurück. Dadurch nur einfache Wege.
2. für Orientierungsexperten (nur bei guter Sicht!): Auf dem Rückweg fällt an der Weggabelung, wo der Rundweg aufhört (2), der Pizzo degli Uccelli, 1866 m, ins Auge. Dieser wunderbare Aussichtsberg ist zwar ohne technische Schwierigkeiten aber nur weglos erreichbar. Dafür verlassen wir den Rückabstieg an der zweiten Rechtskurve nach geradeaus und schlagen uns über die Wiese bis zum Sattel, 1787 m, vor dem Gipfel durch. Von dort in direttissima zwischen Tannen über Wiesen zum Gipfel. Achtung, zugewucherte Schützengräben sind heimtückische Fallen für Wanderer! Der Gipfel stellt sich als flacher Grat heraus. Am Ende bietet sich ein Dolomiten-Panorama bis zu den Feltriner Bergen. Zurück zum Sattel wie gehabt. Am Sattel wenige Schritte steil hinunter auf die Gebäude am Passo Brocón zu bis zu einer Art Zwischenhügel. Wir entdecken einen Stollen und verstehen, dass der Zwischenhügel der Aushub des Stollens ist. Hier sind Pfadspuren nach rechts erahnbar, auf denen wir zum gut sichtbaren Hauptweg zurückkehren. Der Abstecher ist 1,2 km lang, 80 Hm Anstieg, 150 Hm Abstieg.
Karte: Tabacco 058, Kompass 626.

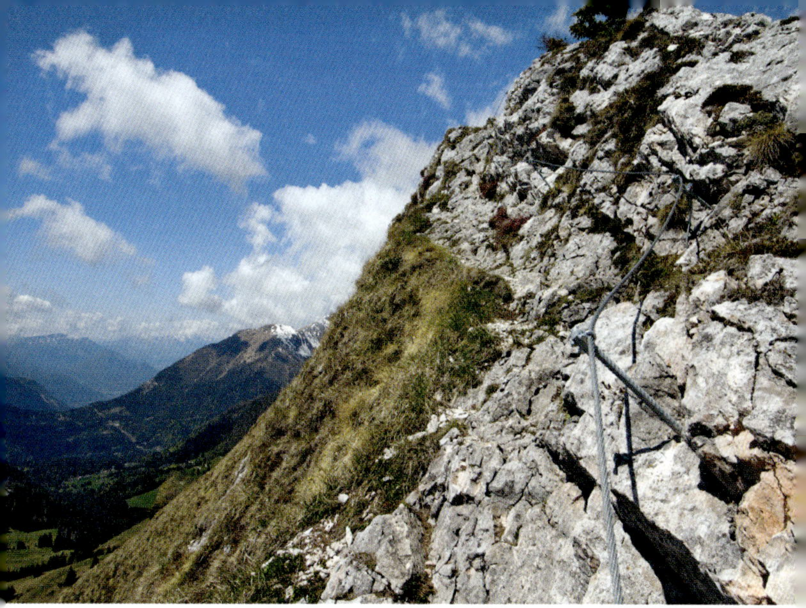

Sieht viel schwieriger aus, als es ist: kurz vor dem Nebengipfel.

Wir beginnen am **Parkplatz** am **Passo Brocón (1)** links vom Hotel Pizzo degli Uccelli. Am Rande des Gebäudekomplexes steht ein Wanderwegweiser (u. a. »Col del Boia«, 396), der uns die Böschung hinauf zur Infotafel schickt. Nun schwingen wir uns in Serpentinen gemächlich hinauf. An der Verzweigung mit Wegweiser beginnt der **Rundweg (2)**: nach rechts gehen wir, von links werden wir wieder kommen. Auch hier ist u. a. »Col del Boia« (396) angezeigt. Wenig später wird es etwas felsig. Plötzlich öffnet sich die Sicht und wir sehen den Gipfel und den Weg dorthin auf einem **Grat (3)**. Auch die Aussicht auf die umliegenden Berge ist schon bemerkenswert, aber am besten ist sie am Gipfel. Hier ist es etwas ausgesetzt und kurz vor dem Gipfel noch etwas steiler dazu, aber ein Drahtseil gibt ein sicheres Gefühl, obwohl die Versicherung für die meisten gar nicht nötig wäre.
Oben angekommen bemerken wir: es ist nur ein **Nebengipfel (4)**, 2038 m, des langen Grates! Aber hier sind Panoramafotos angebracht, die die umliegenden Gipfel benennen. Und zum Gipfel gehen wir auch noch. Dafür führen wir die Gratwanderung fort.
An einem **Sattel (5)** mit Wegweiser geht der offizielle Blumenweg nach links unten weiter. Zum Hauptgipfel führt also ein Abstecher weiter am Grat entlang. Einige alte Schützengräben machen das Fortkommen etwas be-

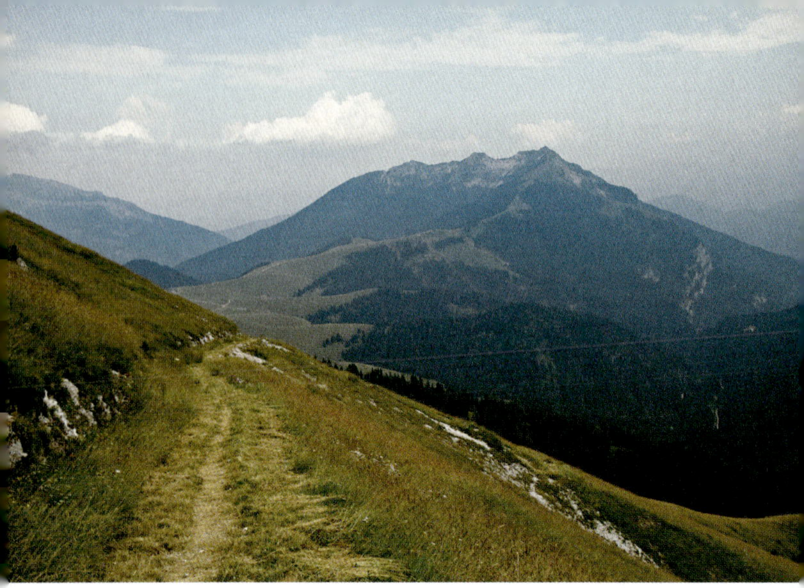

Beim bequemen Abstieg zeigt uns der Monte Coppolo seine Breitseite.

schwerlich. Der erste von mehreren gleich hohen Gipfelpunkten am Grat des **Col del Boia (6)**, 2066 m, ist durch eine Rundmauer zu erkennen. Kurz vor und am Ende des Grates sind Geschützstände in den Fels hineinbetoniert. Dort haben wir einen hervorragenden Blick auf die zackige Rava-Gruppe. Die Cima del Frate ist als einzelne Felssäule zu erkennen.

Wir gehen zurück zum **Sattel (5)** und steigen nach rechts ab (gelber Pfeil auf Holzpflock). Der Weg ist ausnehmend bequem und die Blütenpracht um uns herum unbeschreiblich. Der Blick geht nach vorn auf die Breitseite des Monte Coppolo und nach rechts auf den von Skipisten und -liften verunstalteten Monte Agaro. So gelangen wir zur bekannten Weggabelung, wo der **Rundweg (2)** begann, und schwingen die bekannten Serpentinen wieder hinab zum **Parkplatz** am **Passo Brocón (1)**.

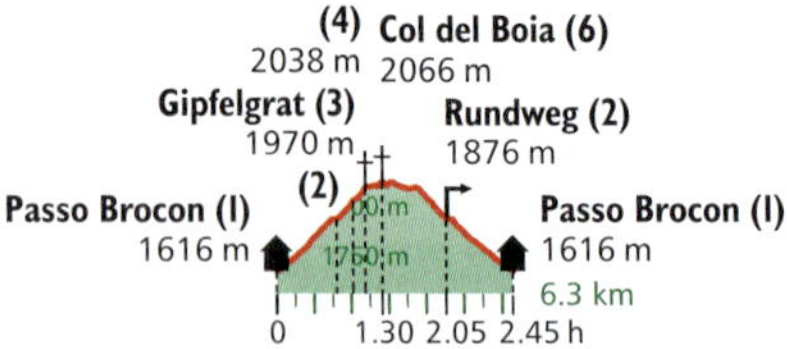

3.00 Std.

Monte Coppolo, 2070 m 18

Panoramaweg mit Gipfel

Schon vom Startpunkt aus bewundern wir die breite Felsflanke des Monte Coppolo. Die höchste Spitze liegt ganz rechts und bis kurz davor führt ein bequemer Weg (Schwierigkeit leicht). Nur die letzten Meter sind als schwierig (schwarz) zu bewerten. Aber schon vom Vorgipfel, und sogar schon während der gesamten Wanderung schweift der Blick weit zu den Belluneser Dolomiten (u. a. Pale di San Martino) zur Linken und den Ausläufern des Cima-d'Asta-Massivs zur Rechten. Es gilt »Siehe nicht hinter dich!« (1. Mose 17,19), denn auf dem Rückweg schauen wir ohnehin in diese Richtung: die Rava-Gruppe und der östliche Teil des Lagorai zeigen sich von der schönsten, nämlich zackigsten Seite.

Ausgangspunkt: Agriturismo Malga Arpaco, 1668 m. Über die SP79 zum Passo Brocón fahren, dort die Straße neben dem Gefallenendenkmal zum Agriturismo Malga Arpaco (Schilder) hinauf und immer die Asphaltstraße entlang.
Höhenunterschied: 420 m.
Anforderungen: Eigentlich einfache Wanderung, letztes Stück schwierig (kann ausgelassen werden, siehe Variante). Nicht markiert, aber problemlos.
Einkehr: Nur am Ausgangspunkt.
Variante: Bis zum Vorgipfel ist der Weg einfach (blau). Ohne die letzten 350 m und 50 Hm bis zum Gipfel mit dem Kreuz ist die Wanderung für jeden gehbar und bietet genügend Aussicht.
Karte: Tabacco 058, Kompass 626.
Tipp: Käse aus eigener Produktion an der Malga Arpaco.

Der Weg ist fast bis zum Schluss so einfach wie hier.

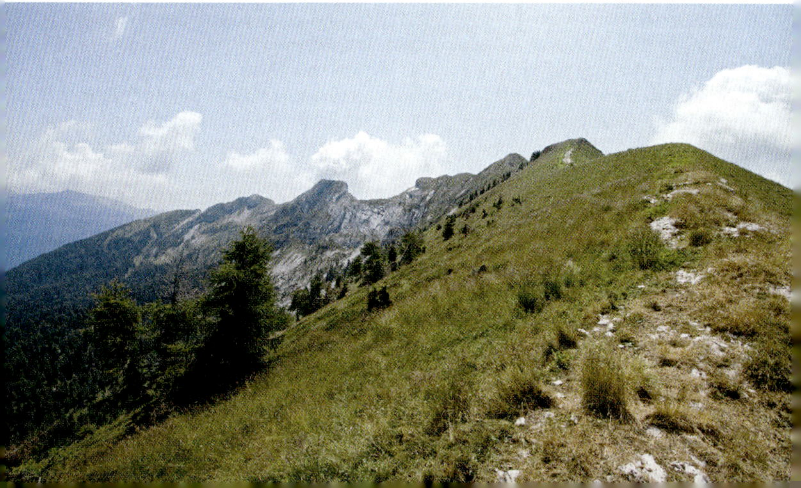

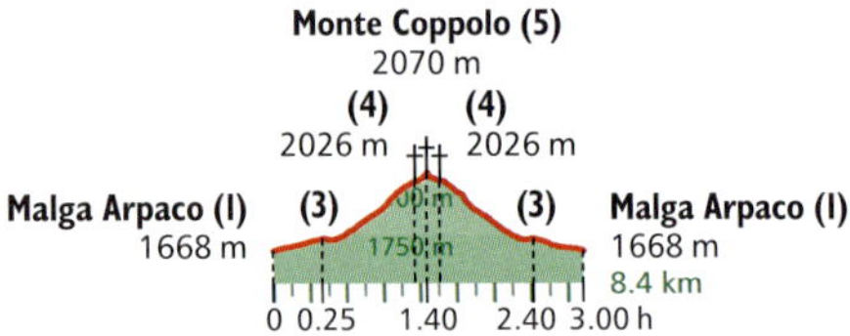

Wir gehen vom Parkplatz vor dem Agriturismo **Malga Arpaco (1)** ein kurzes Stück die Straße zurück, die wir bei der Anfahrt gekommen sind, und dann links hinauf zu dem **kleinen Haus (2)** neben dem großen Stall. Links neben dem Haus geht der Asphalt in einen breiten Schotterweg über. Diesem Weg folgen wir.

Er hört kurz hinter einer **Kuppe (3)** auf und setzt sich als Wiesenweg, z. T. über Felsplatten, später als Wiesenpfad fort. Wir bleiben konsequent auf der Kammlinie und erreichen so einen **Vorgipfel (4)**, 2026 m, des Monte Coppolo. Ab hier wird es schwierig und ausgesetzt: immer auf oder neben dem Grat weiter, links unterhalb des Kreuzes kurz am Gipfel vorbei und dann rechts in Gegenrichtung auf den Gipfel des **Monte Coppolo (5)**, 2070 m, hinauf. Zurück zur **Malga Arpaco (1)** geht es auf demselben Weg.

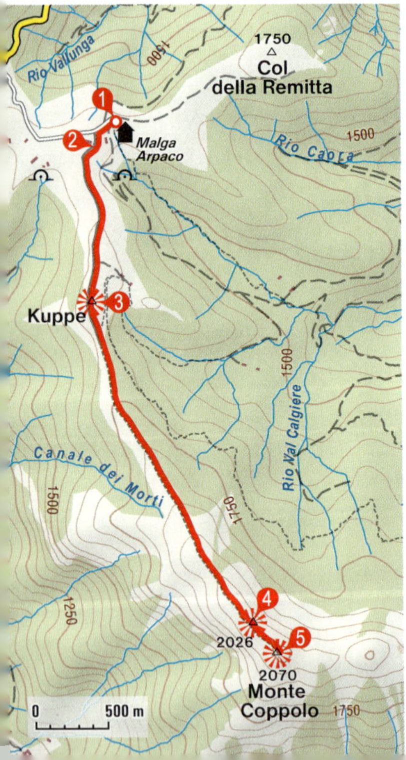

Achtung, unterhalb des Gipfels führt ein schmaler Steig weiter in Richtung des hinteren Nebengipfels mit dem zweiten Kreuz! Dieser Kraxelsteig hat nichts mehr mit Wandern zu tun, auch wenn zwischendurch ein einfacher Wanderpfad erscheint. Der hintere Nebengipfel ist ohnehin nicht erreichbar, denn der Klettersteig dorthin ist gesperrt; der Klettersteig wird nicht mehr instand gehalten: Lebensgefahr! Die Sperrung ist vor Ort nicht kenntlich gemacht.

Wer bis zum Gipfelkreuz will, muss kurz davor schwieriges Gelände bewältigen.

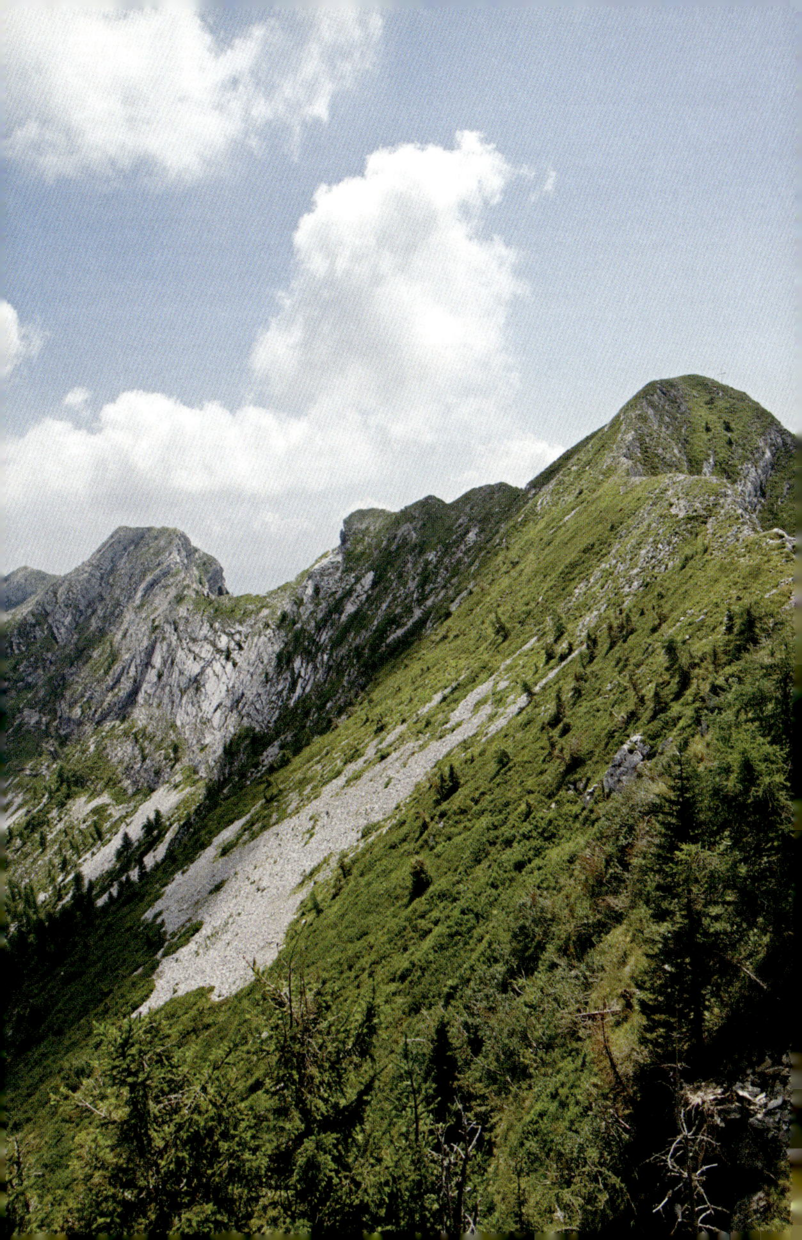

19 Monte Mezza, 1679 m

2.45 Std.

Waldweg mit Überraschung

Durch hochstämmigen Mischwald steigen wir gemütlich an. Plötzlich wird es steil und schon sind wir am Gipfel mit Rundum-Panorama. Das Verhältnis Anstrengung zu Panorama ist auch hier sehr gut; etwas weniger Aussicht als von der Cima Vezzena, aber auch ein paar Höhenmeter weniger. In Pieve Tesino wurde Alcide De Gasperi geboren.

Ausgangspunkt: Picknickplatz »Le Buse«, 1197 m, im Wald oberhalb Località Monte Mezza, Cinte Tesino. Von Pieve Tesino nach Cinte Tesino fahren. Direkt am Ortsschild von Cinte scharf rechts hinauf Richtung Loc. Monte Mezza (Wegweiser). An der Verzweigung kurz nach dem Ortsschild »Località Monte Mezza« rechts (Wegweiser u. a. »M. Mezza Alto«. Durch eine Ansammlung von Ferienhäusern, am Bildstock geradeaus weiter in die etwas schmälere Straße und fast flach auf den Wald zu. In den Wald hinein, dort ansteigend. An einer Abzweigung geradeaus weiterfahren (bereits dort steht ein Wanderwegweiser u. a. »Cima la Presa«, 397) bis zum Picknickplatz an Lichtung mit Brunnen und Parkplatz (Ende Asphaltstraße).
Höhenunterschied: 480 m.
Anforderungen: Überwiegend einfache Wanderung. Im Gipfelbereich steil, holprig und ein bisschen ausgesetzt. Markiert.
Einkehr: Keine.
Karte: Tabacco 058, Kompass 621.

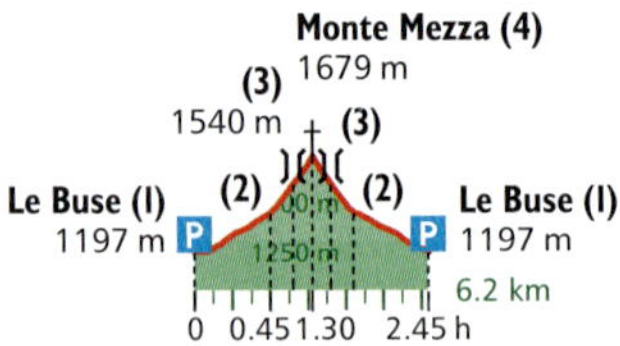

Wir gehen vom **Picknickplatz »Le Buse« (1)**, 1197 m, auf dem Waldweg in Anfahrtsrichtung weiter, wie es der Wegweiser »Cima la Presa« (397) anzeigt. Die Abzweigung rechts gleich danach ignorieren wir, ebenso den verlockenden Abstieg nach rechts nach der Linkskurve und Schranke (dort auch rot-weiß markiert). Auch an der kommenden Kreuzung und Abzweigung bleiben wir geradeaus, also hoch auf dem geschotterten Waldweg. Die Wegweiser wiederholen sich (»Cima la Presa«, 397).
Nach einer Spitzkehre nach rechts steigen wir auf den breiten **Pfad (2)** halb links (Wegweiser wie zuvor). Nun geht es noch steiler hinauf. Wenn es wieder etwas abflacht, interessiert uns der Wegweiser und Pfad links (»Col delle Bagole«, 397A) nicht, der nächste Wegweiser wenige Schritte später umso mehr. Hier biegen wir scharf links aufsteigend auf den Pfad ein (Wegweiser

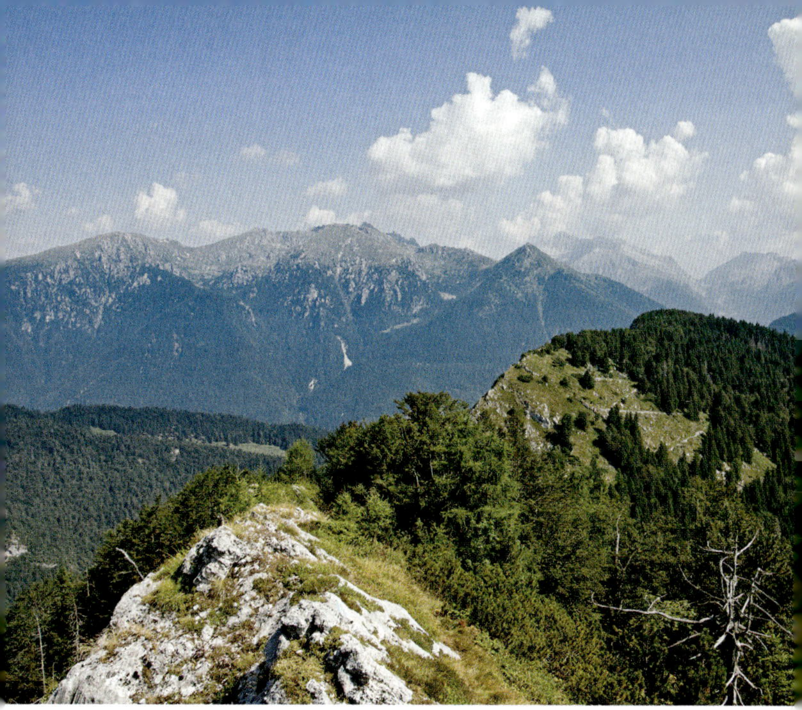

Blick vom Monte Mezza Richtung Lagorai.

»Monte Mezza – Cima Lasta«, 395), der uns sofort zu einem kleinen **Sattel (3)**, 1540 m, bringt. Eigentlich gehen wir links weiter, aber rechts locken ein paar Felsen und freie Sicht. Ein Abstecher von ein paar Metern zu dieser Aussicht sei uns gestattet.

Dann zurück zum kleinen Sattel und hinauf zum Gipfel. Hier wird's schmal, steil und holprig, gegen Ende auch etwas ausgesetzt, aber die rot-weißen Markierungen sind zuverlässig. Immer wieder sind Ausfallschritte zur Kante möglich – für diejenigen, die nicht bis zur Aussicht am Gipfel warten können. Unterwegs ein Stollen aus dem Ersten Weltkrieg.

Den Gipfel des **Monte Mezza (4)**, 1679 m ziert ein Kreuz und eine 360°-Aussicht: die grünen Wiesen der Marcesina-Hochebene, Castelloni di San Marco (mit Wald), Cima Caldiera (mit Kreuz), Cima Ortigara (mit Gedenksäule), ganz knapp zu sehen die Spitze der Cima Vezzena, Vigolana-Massiv, mit Glück die Adamello-Gruppe, das Valsugana, Monte Fravort und die Lagorai-Kette bis zum Monte Ziolera, dann Cima Ravetta und Rava-Gruppe (wer genau hin-

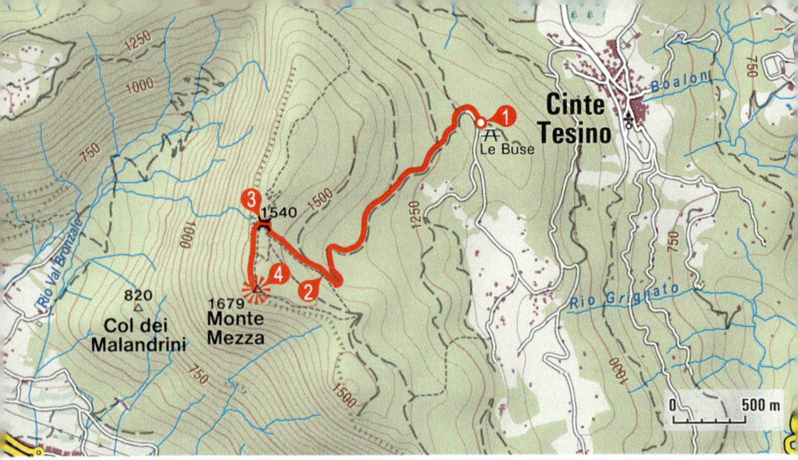

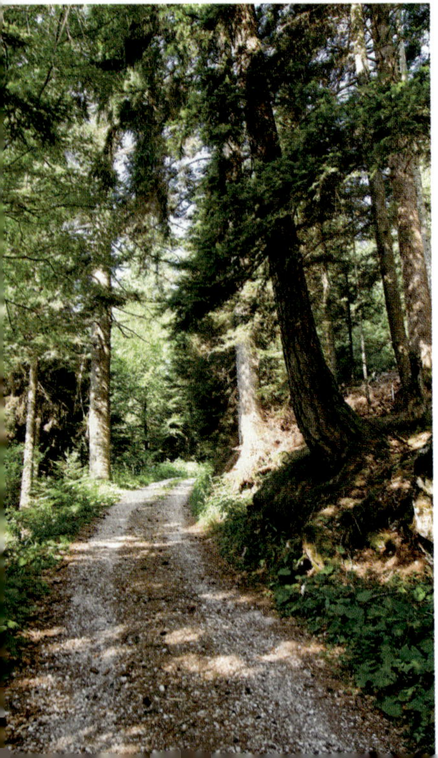

schaut, kann die Cima del Frate identifizieren), die Pyramide des Monte Fierollo, Cima d'Asta, Col del Boia, die schroffe Seite des Monte Agaro (die Skipisten sind auf der anderen Seite), darunter das Dorf Castello Tesino, Monte Coppolo, Feltriner Dolomiten, Monte Grappa; rechts unter uns der Monte Lefre, sogar die Ponte dell'Orco ist im Wald als Bogen zu erkennen.

Geradeaus auf dem Grat hinter dem Gipfel locken Markierungen. Dieser Abstieg wurde aber 2018 durch vom Sturm umgestürzte Bäume versperrt. Daher steigen wir auf dem bekannten Weg wieder ab zum **Picknickplatz »Le Buse« (1)**.

Links: Der Aufstieg verläuft überwiegend auf breiten Wegen im Wald. Rechts: Blick vom Monte Mezza Richtung Asiago-Hochebene mit Castelloni di San Marco und Cima Ortigara.

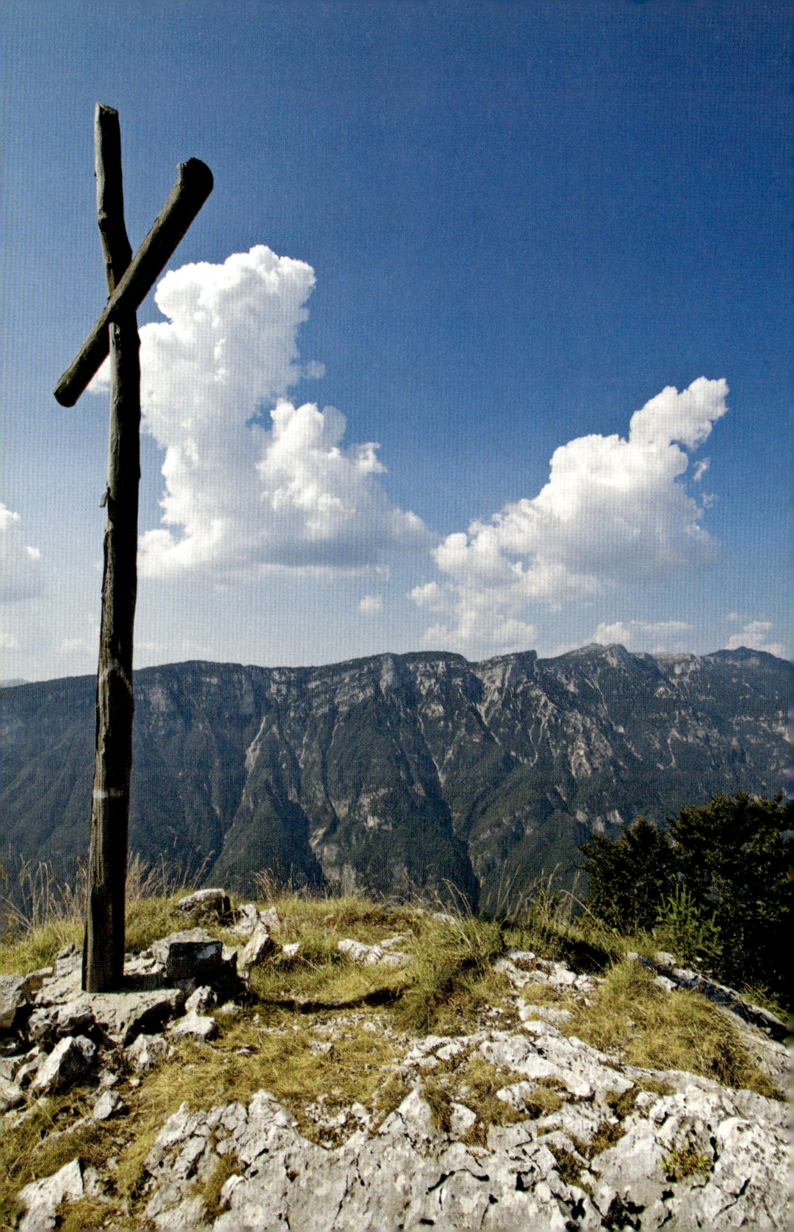

20 Monte Lefre, 1305 m, und Ponte dell'Orco

5.45 Std.

Naturbrücke und Aussichtskanzel über dem Valsugana

Warum soll man einen Berg hinauf- und wieder hinuntergehen? Wegen der tollen Aussicht! Wir schauen wie aus dem Flugzeug auf das Valsugana hinab. Im Norden baut sich die Rava-Gruppe auf (ganz vorne die Cima Ravetta), dahinter die Lagoraikette, aus der die Pyramide des Monte Ziolera hervorsticht. Schräg gegenüber der südliche Lagorai und links die enorme Wand der Asiago-Hochebene. Aber warum hinauf laufen, wenn man auch mit dem Auto fahren kann? Weil eine selbst erarbeitete Aussicht viel schöner ist, weil schon der Weg verschiedene Aussichten bietet, weil unterwegs die faszinierende Naturbrücke Ponte dell'Orco zu bewundern ist, weil Bewegung in frischer Luft gut tut, weil das Kaltgetränk in der Hütte oben dann viel besser schmeckt. Überzeugt? Also los!

Ausgangspunkt: Fracena. Im Doppelort Ivano-Fracena zum hinteren Ortsteil Fracena fahren. Immer der Hauptstraße folgen (auch wenn's eng wird) bis zum Parkplatz kurz vor dem Abzweig der Via agli Oni.
Höhenunterschied: 960 m.
Anforderungen: Längere, sehr steile Abschnitte mit holprigem Untergrund. Markiert.
Einkehr: Rifugio Monte Lefre.
Variante: Nur bis zur Ponte dell'Orco und wieder zurück (5,6 km, 330 Hm, mittlere Schwierigkeit).
Tipp: Kürzester Weg zum Ponte dell'Orco: Im Dorf Ospedaletto dem Wegweiser »Ponte dell'Orco« folgen und über die Via Garibaldi bis zum Parkplatz am Waldrand fahren (kurz vor Picknickplatz). Dort links hoch den Wegweisern folgen. Hin und zurück ca. 1,8 km, 160 Hm, manchmal steil.
Karte: Tabacco 058, Kompass 621.

Wir gehen vom **Parkplatz** in **Fracena (1)** auf der Hauptstraße dieselbe Richtung weiter wie wir gekommen sind. Schon bald geht es oberhalb des Spielplatzes links hinauf (Wegweiser u.a. »Rif. Monte Lefre«, 329; so auch alle folgenden Wegweiser) und direkt danach an der Gabelung rechts auf Asphalt bleiben. An dem überdachten Kreuz gehen wir geradeaus. Links oben bewundern wir die Steilwände des Monte Lefre, rechts auf der anderen Talseite die Felsstürze der Hochebene von Asiago.
An einer Ausbuchtung der Asphaltstraße steigen wir die Fahrspur links an (Wegweiser). Nach einem steilen Abschnitt zwischen Kiefern folgt eine scharfe Linkskurve mit Aussicht. Danach geht es steil und ungemütlich hinauf, aber nach wenigen Schritten biegen wir auf einen deutlichen **Pfad (2)** nach rechts ab, gemäß dem Wegweiser »Ponte dell'Orco«. Hier beginnt der Abstecher zur Naturbrücke. Schon gleich bietet sich eine schöne Sicht auf den Ort Ospedaletto im Tal mit den Felswänden dahinter.
Der gepflegte Pfad läuft eindeutig, aber manchmal steil und rutschig bis zur Naturbrücke. Wenn wir den **Brunnen** passieren, fehlt nicht mehr viel, am

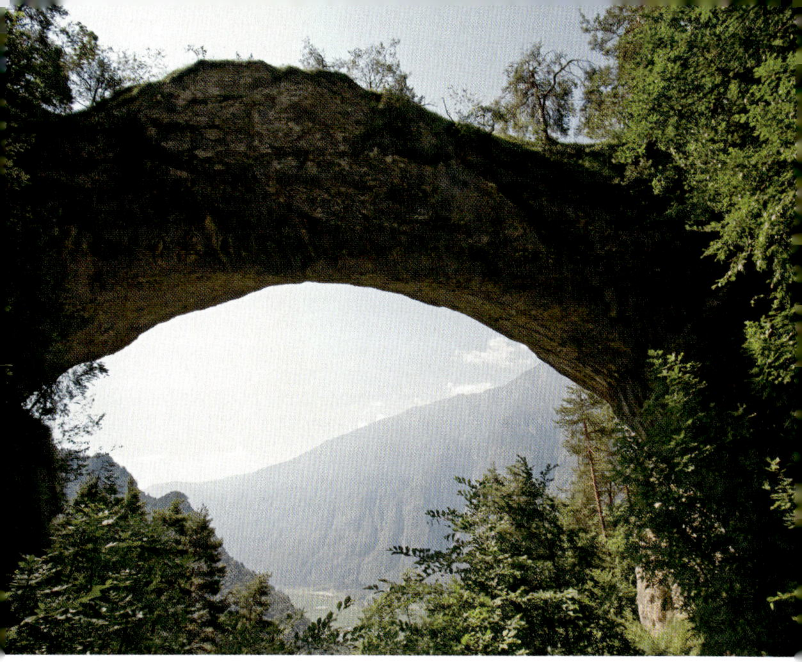

Die Naturbrücke Ponte dell'Orco.

kleinen Platz mit den Bänken sind wir fast da (hier links hoch). Ganz plötzlich stehen wir unter der **Ponte dell Orco (3)**. Wer wirklich schwindelfrei und mutig ist, kann auf Trampelpfaden hinauf zur Brücke und darüber gehen (auf eigene Gefahr!).

Zurück zum Hauptweg über denselben Pfad. Am Hauptweg dann rechts hinauf. Es wird ungemütlich holprig und ab der Felsnische mit dem **hl. Antonius (4)** und Picknickbänken davor wirklich sehr steil. Wenige Meter vor

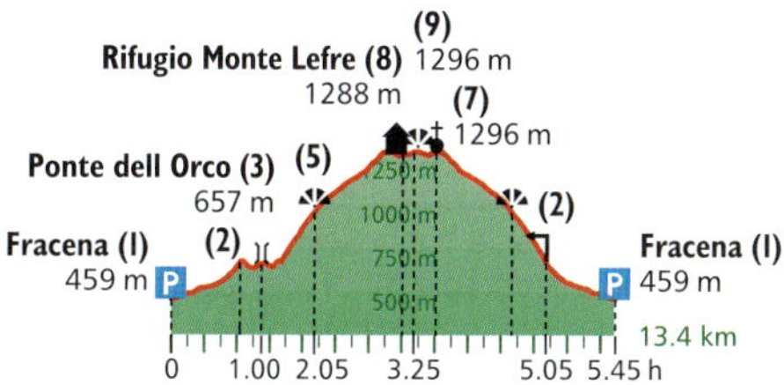

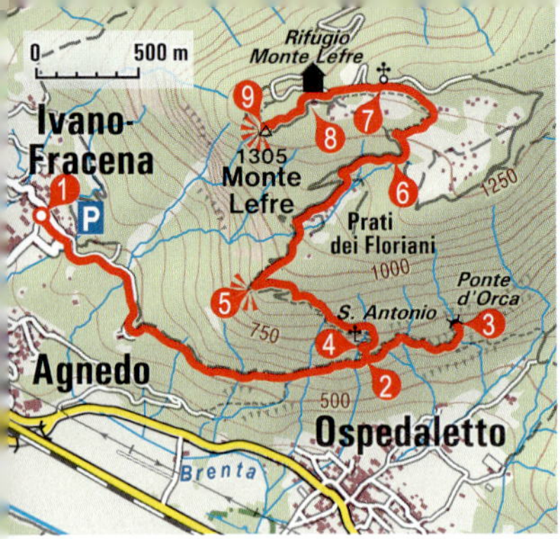

dem hl. Antonius können wir ein paar Schritte auf einem Pfad nach links zu einem schönen Aussichtspunkt machen. Die hässliche Stelle direkt nach dem hl. Antonius können wir umgehen, indem wir rechts auf einen deutlichen, flachen Pfad ausweichen. Dieser knickt bald links ab und bringt uns wieder auf den Hauptweg. Dort geht es sehr steil weiter. Das Schlimmste ist überstanden, wenn wir den Beginn eines breiteren Schotterweges unter einer Felsböschung erreicht haben. Wir gehen allerdings nicht den Schotterweg rechts, sondern den schmalen Pfad geradeaus.

Wir treffen zum zweiten Mal die Piste und biegen nach links auf sie ein, verlassen sie aber an der nächsten Spitzkehre mit **Höhle** geradeaus (rot-weiß markiert). Ein **Aussichtspunkt (5)** lässt uns erschaudern: wegen der enormen Felswände und wegen der Sicht auf den Gipfel: ja, genau da müssen wir hinauf. Es geht rechts auf dem Pfad weiter, der zum dritten Mal die Piste trifft. Hier wieder links und wieder an der nächsten Kurve auf den markierten Pfad ausweichen. Beim vierten Mal kreuzen wir die Piste, beim fünften Mal ebenso und beim sechsten Mal biegen wir auf die Piste nach links ein und bleiben darauf, d. h. die Abzweigung rechts interessiert uns nicht.

Wir passieren eine Brücke und steigen am Rand einer großen Lichtung (Prati dei Floriani) mit schicken Häusern an. An einer betonierten Kurve bietet sich eine tolle Aussicht, wenig später treffen wir auf eine Asphaltstraße, der wir geradeaus folgen (Wegweiser). Nach zwei Spitzkehren folgt ein längeres gerades Stück. Wenn der Wald licht wird, achten wir auf einen breiten, sehr steilen Pfad links (Wegweiser). Hier hat der Sturm »Vaia« 2018 alle Nadelbäume umgelegt. Deutlich markiert schlängelt sich der Pfad hinauf.

Wo ein breiter Waldweg quert, schlagen wir ihn nach links ein (Wegweiser). Ab jetzt im Grunde immer geradeaus: an der modernen **Kapelle (7)** und am hausähnlichen Unterstand links vorbei, kurz hinunter und auf dem Asphaltweg zum **Rifugio Monte Lefre (8)**. An der Hütte gehen wir links vorbei und dann auf dem deutlichen Weg in den Wald. Dieser führt zum **Aussichtspunkt (9)** am Steilabbruch des **Monte Lefre**. Wir steigen auf demselben Weg wieder ab (üblicherweise ohne Abstecher zur Naturbrücke), dabei fällt der Monte Mezza, der Nachbarberg des Monte Lefre, viel stärker ins Auge als auf dem Hinweg. Wir wundern uns, wie schnell wir wieder am **Parkplatz (1)** sind.

Dorfplatz in Ivano mit Blick auf den Monte Lefre.

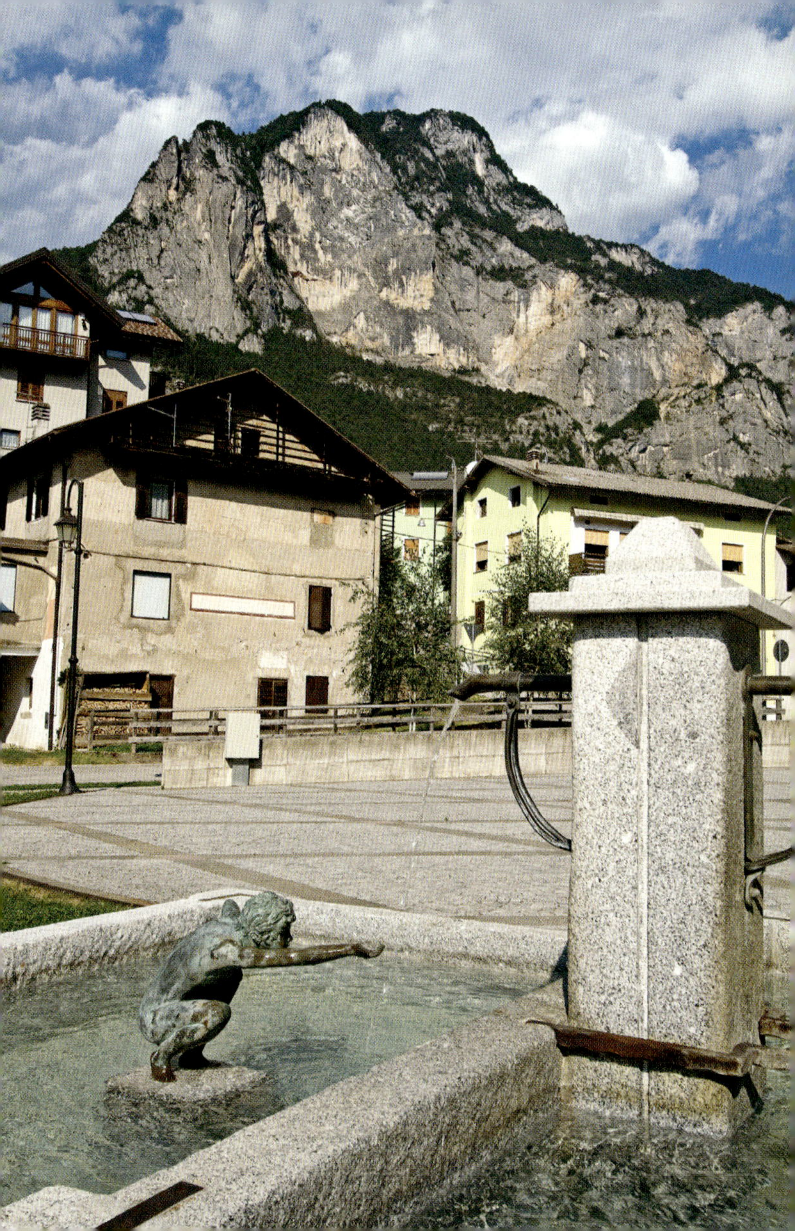

21 Forte di Tenna

2.15 Std.

Zwischen den Seen

Das Dörfchen Tenna liegt auf dem Hügel zwischen den Seen von Caldonazzo und Levico. Wir schlendern durch schöne Mischwälder und Weinberge und durch das Dorf Tenna. Unterwegs erfreuen wir uns immer wieder an malerischen Seeblicken. Das Fort Tenna, 1880 von Österreich-Ungarn erbaut, ist zurzeit nicht zu besichtigen.

Ausgangspunkt: Parkplatz im Ortsteil Brenta von Caldonazzo direkt nach der Ausfahrt von der Schnellstraße SS47, Ausfahrt Brenta. Von Pergine (Norden) kommend durch die Fußgängerunterführung nach Brenta.
Höhenunterschied: 250 m.
Anforderungen: Längerer Spaziergang (abkürzbar) auf Wald-, Feld- und Asphaltwegen.
Einkehr: In Tenna.
Variante: An der Kreuzung mit Bänken und Brunnen in Tenna links abbiegen (Wegweiser »Caldonazzo«, 1) und so die zweite Schleife des Weges abschneiden (gesamt 4,2 km, 1.10 Std., 150 Hm; ab Kreuzung 1,4 km, 20 Min. bis zum Ausgangspunkt).
Tipp: Eis und Süßigkeiten in der Pasticceria Milano in der Via Regia 42 (unterhalb des Kirchenportals) in Levico Terme.
Karte: Tabacco 057, Kompass 621.

Blick über den Caldonazzo-See auf die Becco di Filadonna-Gruppe.

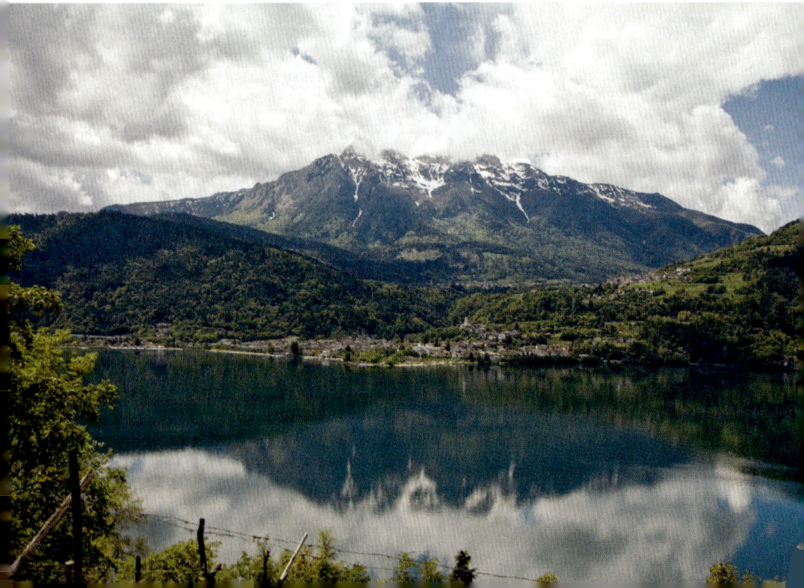

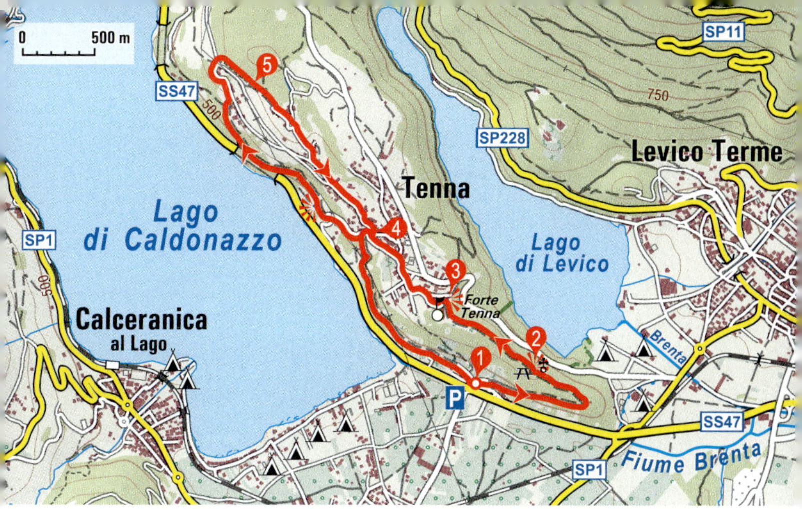

Am **Parkplatz** in **Brenta (1)** gehen wir links am Restaurant vorbei nach oben und folgen der Hauptstraße nach rechts (Wegweiser u. a. »Chiesetta San Valentino«); von links kommen wir auf dem Rückweg. Die Straße wird schnell zum schmalen Wirtschaftsweg zwischen Wein, Äpfeln und Wald. Immer wieder blicken wir auf die Berge und ins Tal. Lange geht es leicht ansteigend an Trockenmauern überwiegend im Wald weiter. Kurz vor dem **Kirchlein San Valentino** blicken wir nach rechts unter uns auf den See von Levico. Vom **Picknickplatz (2)** an der Kirche blicken wir dann auf den Lago di Caldonazzo.

Am Gebäude gegenüber der Kirche gehen wir rechts vorbei wieder in den Wald. So erreichen wir die umzäunte **Festung Forte Tenna (3)**. Daneben ein Aussichtspunkt auf den Lago di Levico und das gleichnamige Städtchen und in der anderen Richtung auf den See von Caldonazzo. Hinter der Festung geht es auf der Via Roma zwischen Häusern bergab. An einem Kapellchen vorbei gehen wir weiter geradeaus (Wegweiser u. a. »Tenna«) und gelangen zur größeren Via Venezia. Rechts in der Ecke eines modernen Gebäudes steht ein römischer Meilenstein. Wir müssen eigentlich in die Straße halb links (Via Campolungo) hinein, können aber einen Abstecher nach geradeaus machen, denn hinter der Kirche liegt der Hauptplatz von Tenna (ca. 100 m) mit Supermarkt, Bar und Pizzeria (letztere nur abends geöffnet).

Von der Via Campolungo zweigt links die Via al Lago ab, in die wir abbiegen (Wegweiser »Caldonazzo«). So kommen wir zu einer **Kreuzung (4)** mit Bänken und Brunnen. Hier können wir abkürzen, indem wir links hinab in die namenlose Straße einbiegen (siehe Variante). Der eigentliche Weg geht geradeaus weiter (Wegweiser »Alberè«, 1), auf dem Rückweg kommen wir von

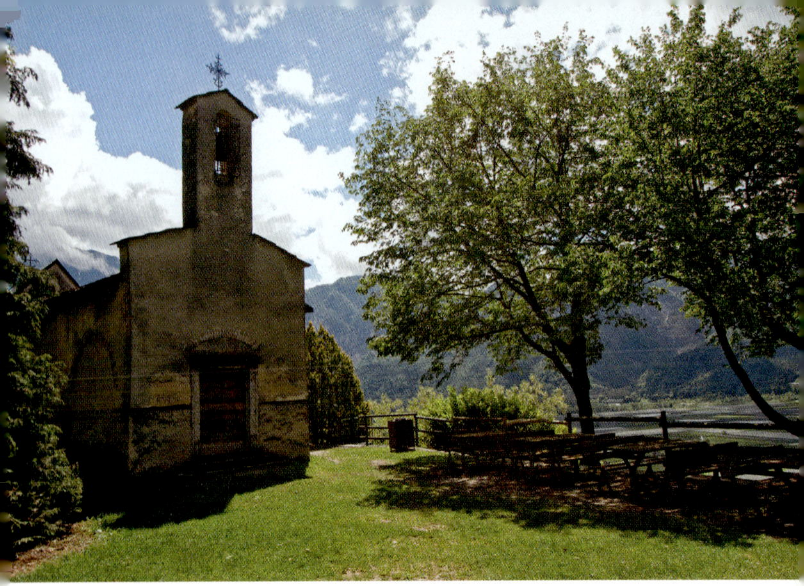

San Valentino mit Picknickplatz und Aussicht.

rechts. Die Straße läuft kurz flach, dann mit Bürgersteig bergab. Es beginnt schon das See-Berg-Panorama. An einer Spitzkehre gehen wir den ersten Weg geradeaus und verlassen so die Straße (Wegweiser wie zuvor). Es wechseln sich Weinberge mit Aussicht und waldige Abschnitte ab.

An den Häusern kommt Asphalt und wir gehen weiter geradeaus bis zur T-Kreuzung: dort rechts hinauf (Wegweiser »Canevazze«, 1), in der Rechtskurve auf Asphalt bleiben und gleich darauf links. Wenig später kreuzt eine große Straße, die wir queren müssen, um den Pfad gegenüber zu erreichen. Dort nehmen wir den oberen Pfad und gehen auf die Wegweiser zu. Wir folgen dem Wegweiser »Tenna« nach rechts, kurz bergauf. Von rechts mündet ein breiterer **Schotterweg (5)** ein, auf dem wir weiter ansteigen.

Wir erreichen den Ortsrand von Tenna, wo wir weiter geradeaus auf Asphalt gehen. Nach einer Linkskurve biegen wir rechts ab und blicken über Tenna

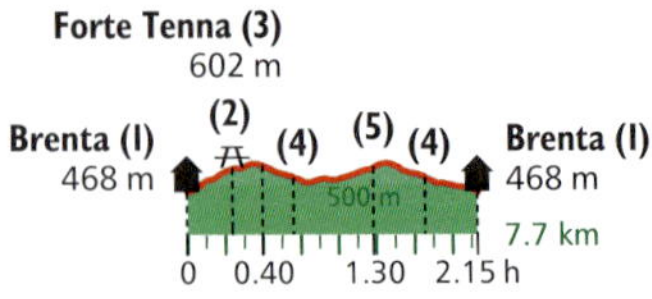

hinweg auf die zerklüftete Bergwand oberhalb des Valsugana mit der Cima Vezzena mit Kreuz. Die Querstraße am Brunnen schlagen wir links absteigend ein. Wenn die Bebauung dichter wird, achten wir auf die Gasse Via dei Cavai halb rechts (darüber ein kleiner Madonnenschrein in der Hauswand). Diese Gasse bringt uns hinunter zur bekannten **Kreuzung (4)** mit Bänken und Brunnen. Jetzt gehen wir geradeaus die namenlose Straße hinab (wie Variante). Der sanft absteigende Weg führt uns immer geradeaus bis zur Kreuzung am **Parkplatz (1)**.

Blick auf die Cima Vezzena, wo die Asiago-Hochebene ins Valsugana abbricht.

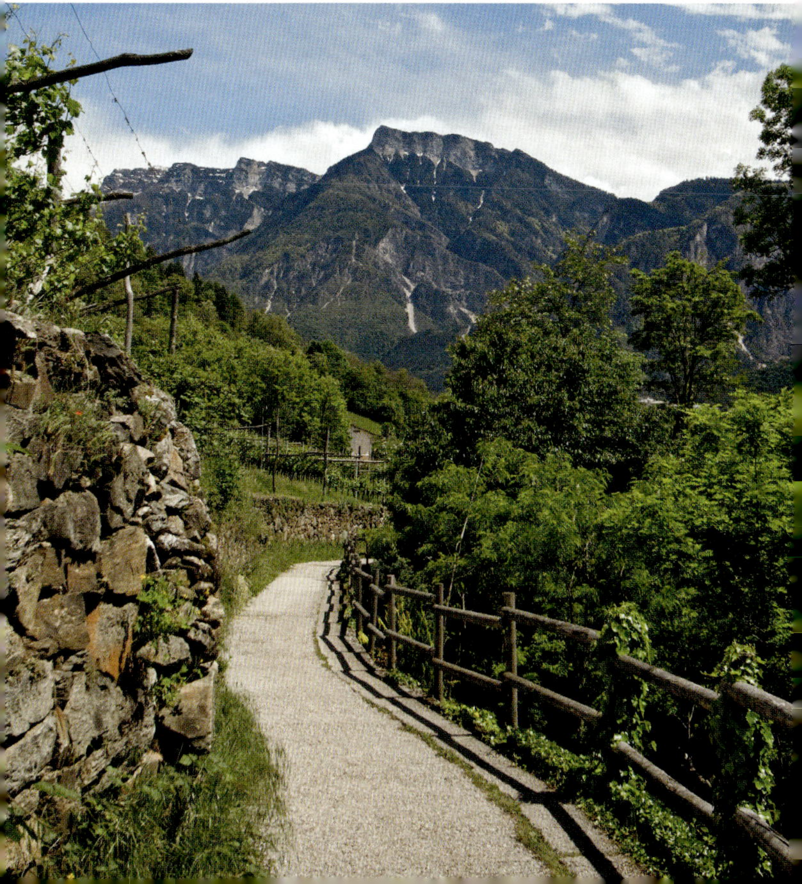

22 Torre dei Sicconi

1.45 Std.

Spaziergang zur Burgruine

Sanfte Waldwege entlang alter Trockenmauern bringen uns zur Ruine der Torre dei Sicconi auf dem Monte Rive. Von der Burg sind kaum Grundmauern erhalten, aber die Aussicht ins Valsugana, auf die Bergwände drumherum und den See von Caldonazzo lohnt sich.

Ausgangspunkt: Piazza Municipio (Hauptplatz) in Caldonazzo.
Anfahrt mit Bus: Die Linie 401 der Gesellschaft Trentino Trasporti Esercizio zwischen Trento und Borgo Valsugana hält in Caldonazzo in der Via Marconi; dieser Straße noch ca. 600 m folgen bis zum Ausgangspunkt. **Anfahrt mit Zug:** Caldonazzo liegt an der Zugstrecke, die von Trento durch das ganze Valsugana bis Bassano del Grappa führt. Vom Bahnhof Caldonazzo den Viale Stazione ca. 650 m immer geradeaus bis zum Ausgangspunkt. **Anfahrt mit Auto:** Von der SS47 den Schildern nach Caldonazzo folgen und ins Zentrum hineinfahren.
Höhenunterschied: 250 m.
Anforderungen: Spaziergang auf Waldwegen und -pfaden. Teilweise markiert.
Öffnungszeiten der Burgruine: Apr., Mai, Sept., Okt.: Sa. und So., 10 bis 17 Uhr; Juni, Juli, Aug.: Mi. bis So., 11 bis 18 Uhr.
Einkehr: In Caldonazzo, Kiosk an der Burgruine.
Karte: Tabacco 057, Kompass 621.

Wir stellen uns vor das **Rathaus** von **Caldonazzo (1)** und blicken auf den Platz. So haben wir die **Via della Polla** zu unserer Rechten. In diese leicht ansteigende und schmaler werdende Straße gehen wir hinein und gelangen so zum Platz vor der Kirche. Wir gehen rechts an der Kirche vorbei und nur kurz auf Asphalt. Dort, wo eine Wanderkarte steht, biegen wir nach rechts auf einen Schotterweg ein (Wegweiser u.a. »Campreghèri«, 428). So umrunden wir den Garten des Stadtschlosses (Privatbesitz).
An einem runden **Bildstock (2)** verzweigt sich der Weg: wir gehen nach links in den Wald (Wegweiser u.a. »Maso Piatèle«). Der breite Pfad führt leicht ansteigend hinauf, meist von einer Trockenmauer begleitet. Oberhalb eines Weinbergs bietet sich eine schöne Sicht ins Tal und die Bergwand zur Asiago-Hochebene hin. An einem schiefen Bildstock gehen wir halb rechts hinauf (Wegweiser u.a. »Campreghèri«, 428). Nach einer hohen, moderneren Mauer treffen wir einen **Schotterfahrweg (3)**, in den wir spitz rechts einbiegen (Wegweiser u.a. »Torre dei Sicconi«). An einem großen Hof vorbei führt uns der Weg flach oder bergab

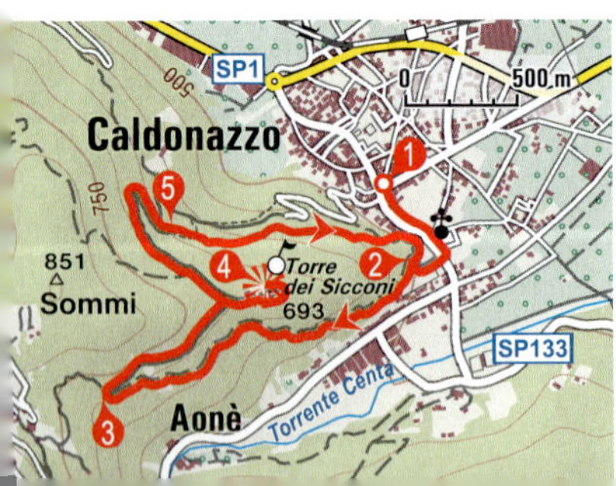

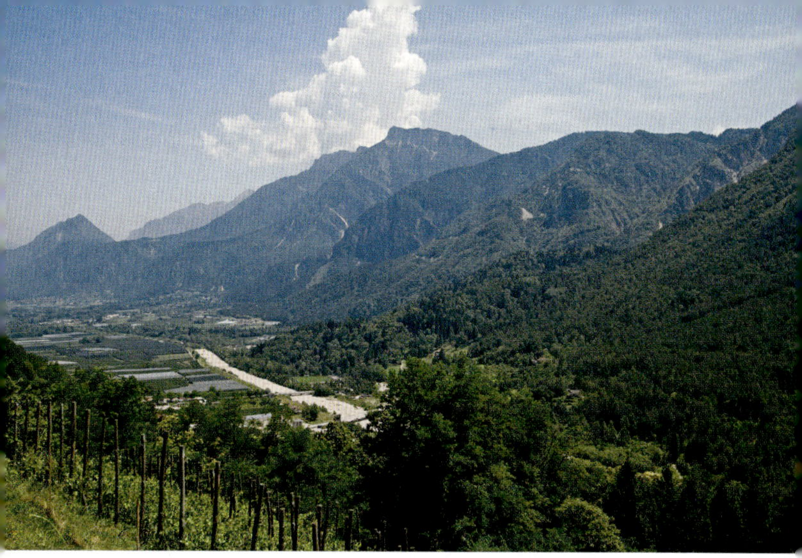

Blick in das Valsugana. Die bewaldeten Hänge grenzen die Asiago-Hochebene ab.

zum **archäologischen Park**, in dem die Ruine der Burg **Torre dei Sicconi** steht (Öffnungszeiten beachten, s. o.). Wir gehen durch das Tor in den Park hinein und nach den Gebäuden umrunden wir den **Burgberg (4)** rechts, um ihn dann von hinten zu besteigen. Auf demselben Weg zurück zum Eingang des Parks und dort rechts (also wo wir nicht hergekommen sind; Wegweiser »Caldonazzo«).

An der kommenden Verzweigung bleiben wir auf dem breiten Waldweg, also geradeaus (Wegweiser »Caldonazzo«) und bald bergab. Die nächste Spitzkehre an der Picknickbank machen wir mit, die dann folgende **Spitzkehre (5)** jedoch nicht, sondern gehen entgegen der Meinung des Wegweisers geradeaus weiter. An der Stelle, an der ein steiler Waldpfad kreuzt, laufen wir geradeaus, an der folgenden Gabelung halb links. Der Pfad wird schmaler und steiler. In einen Querweg biegen wir rechts ein und bald wird unser Pfad zu einem tief eingeschnittenen Hohlweg. Diesem folgen wir immer geradeaus hinab; wo es matschig wird, können wir links oberhalb den parallelen Alternativweg gehen. So erreichen wir wieder den runden **Bildstock (2)** und spazieren auf bekanntem Weg zurück zum **Rathausplatz (1)**.

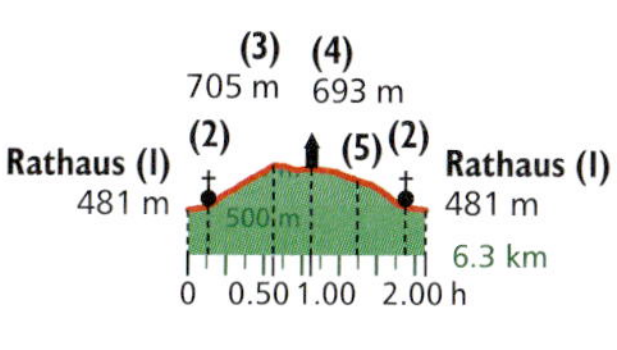

TOP **23**

Cima Vezzena, 1908 m

4.00 Std.

Viel Aussicht für wenig Geld

Die Cima Vezzena (oder Piz di Levico) ist der Aussichtsberg mit dem besten Preis-Leistungs-Verhältnis: nirgends in diesem Buch gibt es mehr Aussicht für so wenig Anstrengung. Der Gipfel ist nur 1908 Meter hoch, aber die Sicht in die Umgebung wird nicht durch höhere Berge verstellt. Adamello, Brenta, die Seen von Caldonazzo und Levico, direkt vor uns der Monte Fravort, dahinter der ganze Lagorai, Cima d'Asta, die Dolomiten (Rosengarten) und die Pale di San Martino, rechts vorne die breite Flanke der Cima Portule. Erst ganz oben wird klar, dass der Gipfel ein zerstörtes Fort aus dem Ersten Weltkrieg ist. Daher auch der bequeme Weg nach oben. Unterwegs liegt ein weiteres Betonmonster aus Kriegszeiten, das Fort Verle. Dieses war das Ziel des ersten italienischen Angriffs im Ersten Weltkrieg am 24. Mai 1914, markiert also den Kriegseintritt Italiens. Hier war Luis Trenker bis 1916 stationiert.

Ausgangspunkt: Passo di Vezzena, 1427 m. **Anfahrt mit Auto:** Von Asiago über die SS349 zum Passo di Vezzena. Vom Valsugana aus über die SS349 oder auch über die Kaiserjägerstraße (SP133 dir) zwischen Lochere (Ortsteil von Caldonazzo) und Monterovere; Achtung, die Kaiserjägerstraße ist sehr eng, steil und ausgesetzt! Nichts für schwache Nerven! **Anfahrt mit Bus:** Die Linie 100 der Gesellschaft FTV fährt von Anfang Juni bis Mitte September fünfmal werktäglich von Asiago und Luserna (über Lavarone) zum Passo Vezzena.
Höhenunterschied: 540 m.
Anforderungen: Mittelschwere Bergwanderung (Grenzbereich zu leicht, »hellrot«). Im Gipfelbereich recht steil.
Einkehr: Keine am Weg, am Ausgangspunkt großes Restaurant, nach 100 m gemütliches Ausflugslokal »Ristorante al Verle«).
Variante: **1.** Kürzerer, jedoch sehr steiler und anstrengender Anstieg über den Weg 205. Dafür nach dem Abzweig zur Malga Verle (2) auf der Straße bleiben und am Waldrand geradeaus die direttissima hinauf (markiert).
2. Längerer, aber weniger steiler Rückweg: ab dem Gipfel auf demselben Weg zurück.
Hinweis: An schönen Wochenenden viel los.
Karte: Tabacco 057, Kompass 623, 631.

Vom **Riesenparkplatz (1)** der **Pass-Gaststätte** führt eine Straße hinten links zum Ristorante al Verle. An diesem gehen wir vorbei und an der folgenden Weggabelung nach rechts in die Via dei Forti. Und schon sehen wir unser Ziel: die Bergspitze mit Kreuz am nahen Horizont.
Wir bleiben auf der Asphaltstraße, wobei sich mehrere Pfade anbieten, um Kurven abzuschneiden. Wir kommen an den grausigen Überresten des Fort Verle vorbei. An der folgenden Abzweigung nach links zur **Malga Cima Verle (2)** gehen wir geradeaus weiter auf der Asphaltstraße und verlassen sie kurz danach nach halb rechts auf einem deutlichen Pfad durch

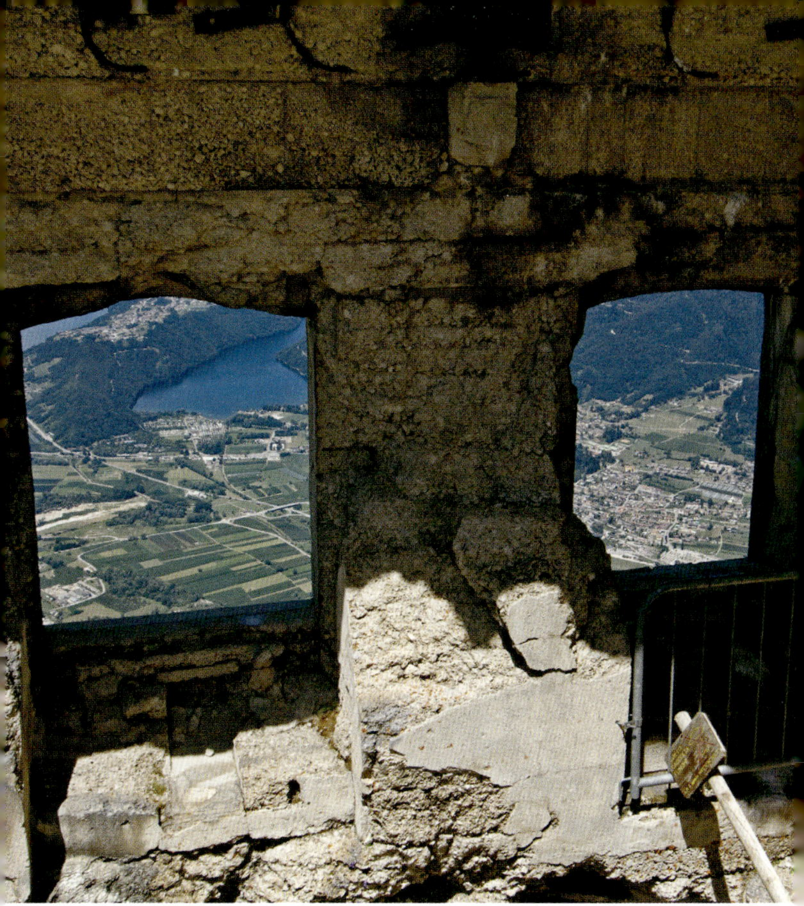

Der Gipfel der Cima Vezzena besteht aus einer Festung.

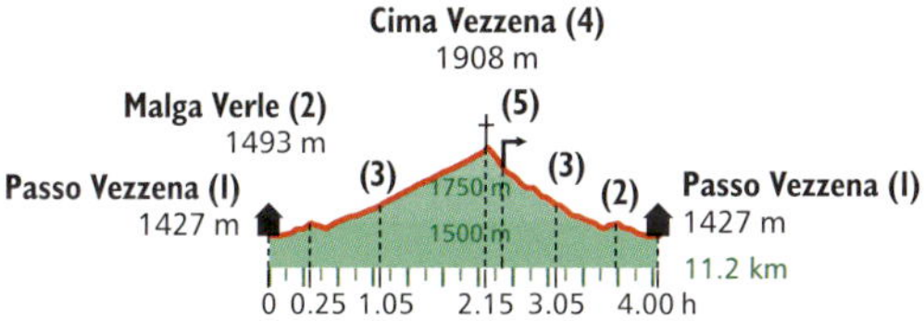

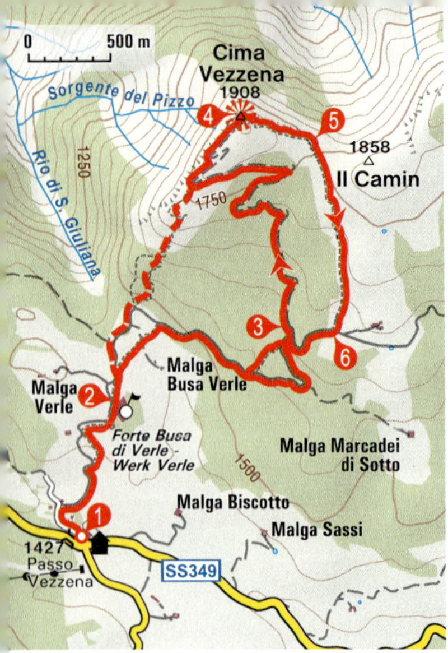

die Weide. Dieser bringt uns zum Waldrand, unterwegs kreuzen wir die Zufahrt zu einem einsamen Haus. Am Waldrand treffen wir wieder auf die Asphaltstraße, auf der wir nach rechts in den Wald eindringen. Wir bleiben eine Zeit lang auf dieser Straße. Die Abfahrt zur Malga Marcadei interessiert uns nicht, d. h. wir folgen der Spitzkehre der Straße.

An der kommenden **Spitzkehre (3)** jedoch verlassen wir die Asphaltstraße geradeaus zugunsten eines geschotterten Weges, wie der Wegweiser »Cima Vezzena« angibt. Die Kurven verschaffen uns einen sanften Anstieg im Wald. Wenn der Wald sich langsam auflöst, treffen wir an einer Spitzkehre auf den rot-weißen Wanderweg 205 (siehe Variante). Wir bleiben jedoch auf dem Schotterweg. Ab der übernächsten Kurve beginnt die Aussicht, am besten ist sie natürlich am Gipfel selbst, der direkt vor uns liegt. Der Schutt direkt am Gipfel der **Cima Vezzena (4)**, 1908 m, macht die letzten Meter etwas beschwerlich. Es handelt sich nicht um Gestein, sondern um die Betonreste des Forts. Wir steigen auf der anderen Seite des Gipfels auf dem deutlichen Pfad nahe der Kante ab. Wenig später steht an einem **Zaundurchlass (5)** ein Wegweiser, ohne dass hier eine Kreuzung oder Abzweigung wäre. Wir gehen also weiter geradeaus (u. a. »Bocca di Forno«, 205). wenige Schritte später führt ein undeutlicher Wiesenpfad nach halb rechts, während der rot-weiß markierte Pfad geradeaus fast nicht zu sehen ist (auch die Markierung kommt erst einige Meter weiter ins Sichtfeld). Unser Weg soll der undeutliche, nicht markierte Pfad werden. Dieser quert den Wiesenhang zunächst leicht abfallend, dann steil zwischen Bäumen hinab. Nach einem Teich steigen wir leicht an, immer parallel zum rechten Waldrand.

Am darauf folgenden Zaundurchlass sehen wir schon die Straße **(6)** hinter einem weiteren Teich, auf die wir zustreben. Die Straße schlagen wir nach rechts in den Wald ein. Wir folgen ihr (Kurven abschneiden ist auf deutlichen Pfaden erlaubt). Das ist die Straße, die wir auf dem Hinweg schon benutzt haben, aber etwas vorher verlassen hatten. Wir gehen also im weiteren Verlauf auf dem bekannten Weg zurück zum **Parkplatz (1)**.

Auf der Cima Vezzena: die wohl schönste Aussicht dieses Buches.

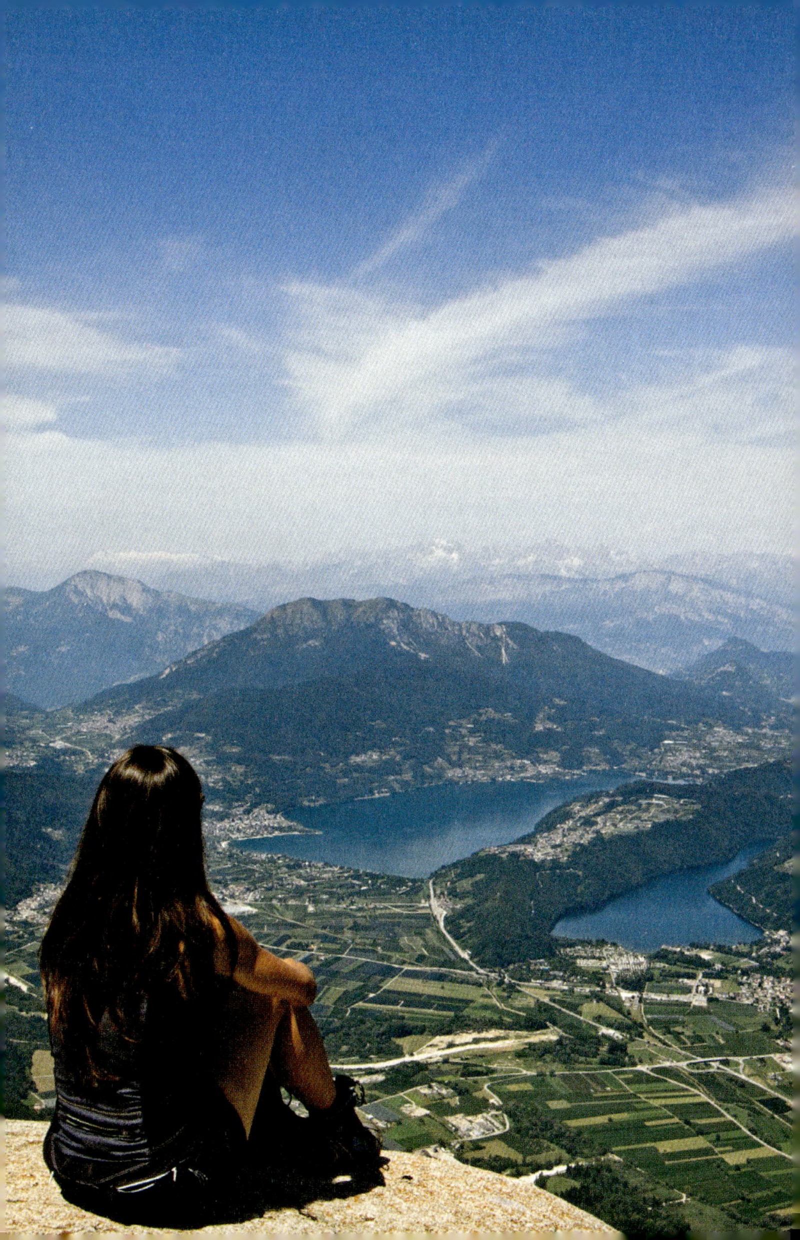

24 Monte Cornetto, 2060 m

6.15 Std.

Die drei Gipfel des Monte Cornetto oberhalb des Paradieses

Der Hausberg von Folgaria ist wiederhergestellt: die Skilifte wurden zurückgebaut, geblieben ist noch die Berghütte mit dem schönen Namen Rifugio Paradiso. Der Weg hinauf ist geschickt angelegt und bietet schon diverse Aussichten, sodass der Anstieg ganz leicht wirkt. Das wird oberhalb der Hütte anders. Trotzdem lohnt es sich wegen des Aussichtsgrates mit den drei Gipfeln des Monte Cornetto.

Ausgangspunkt: Hauptkirche San Lorenzo in Folgaria. **Anfahrt mit Bus:** Die Linien 306 und 315 der Gesellschaft Trentino Trasporti Esercizio verbinden Rovereto und Lavarone mit Folgaria. An der Haltestelle »P.le Nazioni Unite« aussteigen und die Via Giuseppe Mazzini hinaufgehen bis zur Hauptstraße (Via Colpi). Dort links und immer der Hauptstraße folgen bis zum Ausgangspunkt. Ca. 700 m. **Anfahrt mit Auto:** Folgaria liegt an der SS350 zwischen Calliano und Lavarone. Die Kirche San Lorenzo liegt an der gleichnamigen Piazza, wo die Via Battisti in die Via Roma übergeht.

Höhenunterschied: 1050 m.

Anforderungen: Bis zum Rifugio Paradiso mittelschwere Wanderung, dann einige sehr steile und rutschige Passagen im An- und Abstieg. Markiert.

Variante: Auf dem Rückweg zum Hauptgipfel nach dem zweiten Gipfel links abzweigen (Wegweiser »Sentiero Gentilini«, 425B) und so unterhalb des Hauptgipfels entlang bis zum Wegpunkt 11. Achtung, dieser Bergpfad ist nur für Schwindelfreie geeignet!

Einkehr: Rifugio Paradiso (in der Hälfte des Anstiegs).

Karte: Tabacco 057, Kompass 631.

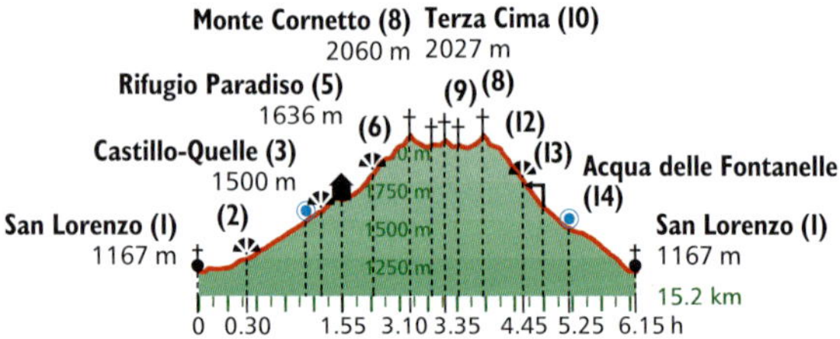

Mit der **Kirche San Lorenzo (1)** an der gleichnamigen Piazza im Rücken gehen wir die Hauptstraße nach links. Wir folgen dieser Straße bis zur Abzweigung rechts nach dem **Hotel Luna Bianca**. Hier biegen wir rechts ein in die Via del Parco. Nun weiter geradeaus am Spielplatz und an der Pizzeria Alle Ginestre vorbei. Dahinter weiter geradeaus in die Sackgasse hinein, wie uns der Wegweiser »Monte Cornetto« (425) heißt.

Mit Ende des Asphalts beginnt der Anstieg im Wald (Wegweiser wie zuvor). Wir gehen immer geradeaus bergan, folgen also einem Wegweiser Richtung

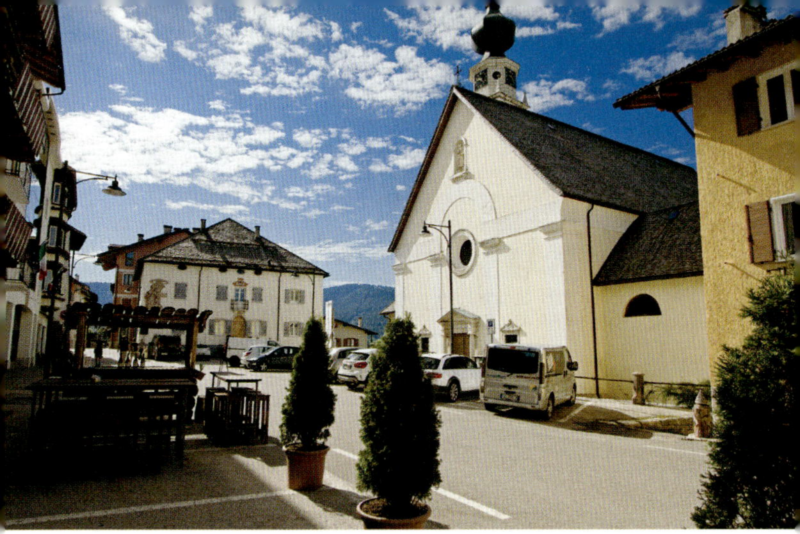

Die Kirche San Lorenzo in Folgaria: hier geht's los.

»Loc. Paradiso« (7). Am Wegrand laden Trimm-dich-Stationen zur Gymnastik. An dem verwilderten Picknickplatz »La Teza« gehen wir weiter geradeaus vorbei. Nach den Reckstangen weist ein Schild auf den **Punto Panoramico (2)** über dem Val di Gola hin: dieser Aussichtspunkt mit Bänken liegt wenige Meter ab vom Weg und lohnt einen Abstecher. Unser Weg steigt in Serpentinen deutlich an. An Station 10 des Trimm-dich-Pfades verlassen wir denselben nach links (Wegweiser »Giro del Paradiso«, 7).
Schon gleich zweigen wir ab nach rechts auf den Holzstufenweg (Wegweiser »Monte Cornetto«, 425). Der Serpentinenweg lässt uns schnell an Höhe gewinnen. Wo ein Weg in einer Linkskurve von rechts dazustößt, gehen wir links (Wegweiser wie zuvor). Nach einem Felsband beginnt der offene, aussichtsreiche Teil des Anstiegs. Das Etschtal und die Bersenello-Burg liegen tief unter uns. Ein Pfad mit Holzgeländer führt nach wenigen Metern zur idyllischen **Castillo-Quelle (3)** mit Holzkreuz und Aussicht.
In der zweiten Kehre nach dem Quellenabstecher gehen wir geradeaus in den Wald (Wegweiser wie zuvor). Wir passieren ein weiteres Felsband und ein Geröllfeld mit Aussicht. Eine neue Perspektive, nämlich auf unser Ziel den Monte Cornetto, eröffnet eine Rechtskurve. Dort können wir kurz geradeaus auf einem **Aussichtspunkt (4)** für Schwindelfreie rasten.
Wenig weiter zweigt ein schmaler steiler Pfad rechts ab (Holzschild »Rifugio Paradiso«). So erreichen wir nach wenigen Schritten eine steile Wiese, an deren oberem Ende wir das große Rifugio Paradiso schon sehen. Direkt un-

terhalb ein Kreuz und ein Teich. Der schönste Weg zur Hütte geht links den zunächst grasigen, dann waldigen Rücken hinauf (Schild »Fortini«). Der Pfad führt deutlich zwischen Latschen weiter, dann öffnet sich rechts eine Lücke, durch die wir wieder die Hütte sehen. Hier verlassen wir den Weg und gehen über die Wiese zum **Rifugio Paradiso (5)**.

Der weitere Aufstieg beginnt am Wegweiser links vor der Hütte (das ist die Perspektive, wenn wir auf die Hütte zugehen) und führt zuerst zur kleinen Kapelle. Direkt hinter der Kapelle biegen wir rechts ab (Wegweiser »Monte Cornetto«, 425) und queren so den Wiesenhang ansteigend parallel zum Latschen- bzw. Waldrand.

Am Waldeingang steht der übliche Wegweiser. Zwischen Tannen geht es deutlich bergauf bis wir eine ehemalige Skipiste treffen. Hier biegen wir nach links auf die Piste ein (Wegweiser wie immer) und erreichen schnell den

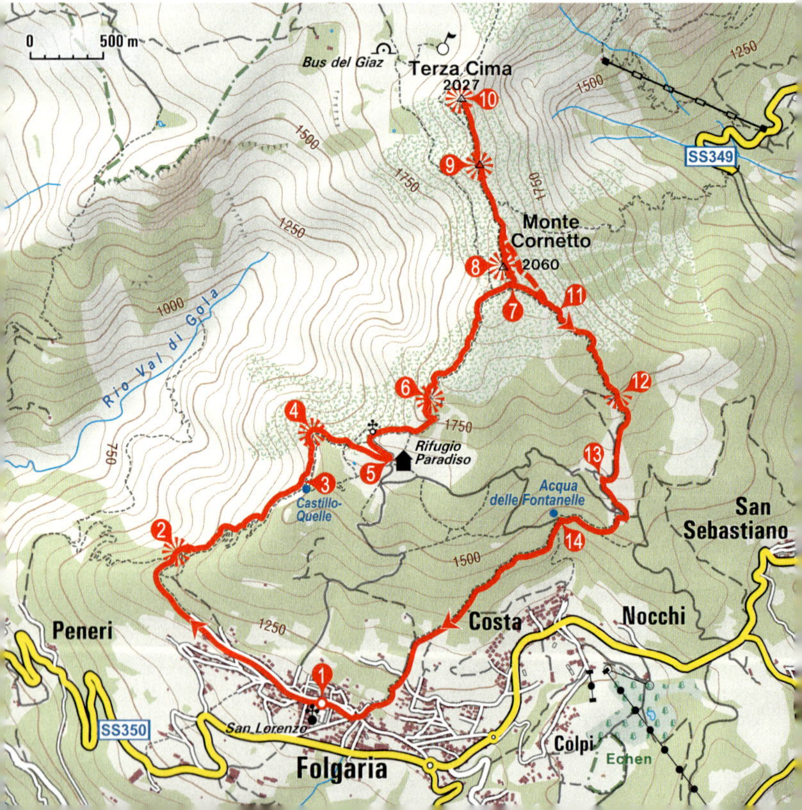

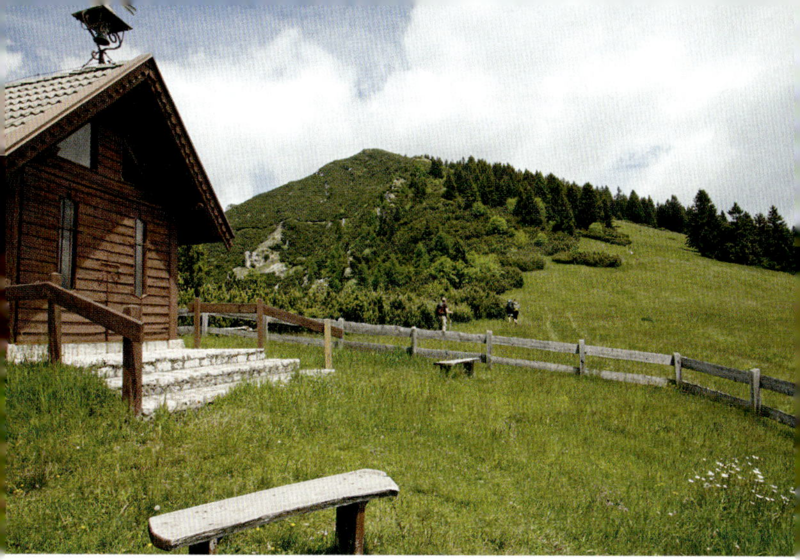

Die Kapelle direkt oberhalb des Rifugio Paradiso. An diesem Waldrand geht es entlang hinauf in den Tannenwald.

Punto Panoramico (6) mit Holzkreuz. Hier sind Start- und Endpunkt der Wanderung im Blick. Jetzt wird's ernst: wir steigen rechts zwischen den Latschen steil an. Bis zum Gipfel wechseln sich knackig steile und erholsame Passagen ab, wobei erstere deutlich überwiegen.
An einer Verzweigung mit Aussicht gehen wir halb rechts fast flach an der Mauer entlang. An einem Querpfad mit **Holzkreuz (7)** und Bänken biegen wir links aufsteigend ab (rechts wird unser Rückweg). Nun ist es fast geschafft. Kurz vor dem Gipfel steht ein skurriles Kreuz aus Skiern und Skistöcken. Der **Gipfel** des **Monte Cornetto (8)**, 2060 m, ist mit zwei halbrunden Mauern ausgestattet, wo die sichtbaren Berggipfel bezeichnet sind. Das Panorama rechtfertigt die Mühe!
Das ist der erste (und höchste) Gipfel des Monte Cornetto. Der Weg zum zweiten und dritten Gipfel lohnt sich wegen der Aussicht, insbesondere auf den Becco di Filadonna und den Rückblick auf den Hauptgipfel des Monte Cornetto. Dafür gehen wir einfach über den Gipfel hinweg. Dort erwartet uns eine kurze Kraxelei. Eine weitere ähnliche, aber kürzere Stelle erwartet uns im weiteren Verlauf.
Nun immer geradeaus ohne die Abzweigungen rechts zu beachten. Am zweiten Gipfel, **Seconda Cima (9)**, gehen wir zunächst unterhalb vorbei (wir nehmen ihn auf dem Rückweg mit). Am Fuß des dritten Gipfels spaltet sich

der Gipfelaufstieg nach rechts vom Hauptweg ab. Noch kurz zwischen Latschen, dann stehen wir schon auf dem dritten Gipfel, **Terza Cima (10)**, 2027 m. Nun geht es auf demselben Weg zurück zum Hauptgipfel, wobei sich unterwegs ein kurzer Abstecher zum **zweiten Gipfel (9)**, 1996 m, deutlich anbietet. Vom zweiten Gipfel sollten wir denselben Weg zurück auf den Hauptweg nehmen und nicht über den Gipfel geradeaus weitergehen, denn dieser Weg verliert sich zwischen den Latschen. Nach dem **Hauptgipfel (8)** weiter auf bekanntem Weg bis zum **Holzkreuz (7)** mit Bänken.
Am Holzkreuz biegen wir nach links ab (Wegweiser »Folgaria«, 451) und folgen immer geradeaus dem kaum abfallenden Weg. Auch auf einer Lichtung, wo der Weg schlechter erkennbar ist, weiter geradeaus. Links ein schöner Blick auf den Becco di Filadonna, dann kommt von links der **Weg 425B (11)** (hier trifft die »alpine« Variante wieder auf den Hauptweg).
Wir halten uns weiter geradeaus absteigend auf dem Weg 451 (Wegweiser »Folgaria«). Zunächst bleibt der Weg aussichtsreich, dann dringen wir in den Wald ein, wo es auch steiler wird. Wo ein breiter Weg quert, biegen wir auf diesen links bergab ein. Am Ende des Waldes geht es ebenso steil auf einer Wiese hinunter (eine ehemalige Skipiste). Immerhin lädt eine **Bank (12)** zum Genuss der Aussicht ein.
Schon von Weitem sehen wir einen Wegweiser an einem Baum, der uns nach links in den Wald schickt; aber nach einer Rechtskurve sind wir wieder

Am höchsten der Monte-Cornetto-Gipfel werden die umliegenden Berge bezeichnet.

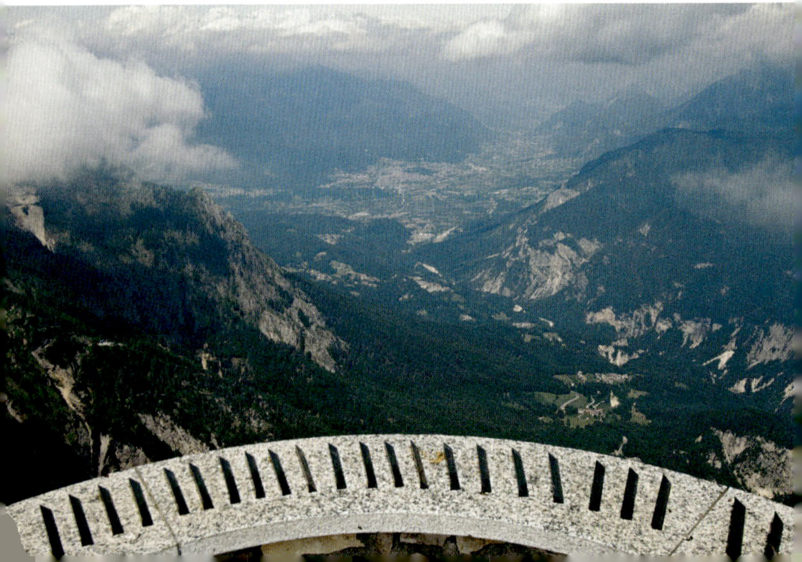

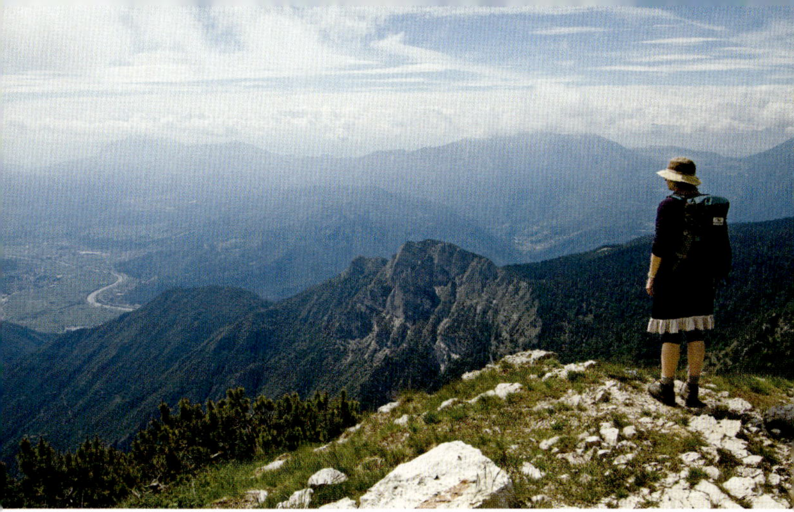

Der lange Grat zwischen den drei Gipfeln ist aussichtsreich.

auf der Wiese. Die Wiese flacht nur kurz ab, dann geht es steil weiter (Pfahlmarkierung). Wir gehen auf den Wald zu, aber kurz vor einem einzelnen Baum biegen wir wie der Wiesenpfad rechts ab. Jetzt aufgepasst: wir steigen nicht bis zu dem Schotterweg weiter unten ab, sondern biegen am **Waldrand (13)** scharf links ab, um dann an diesem entlangzugehen. Ein Wegweiser »Folgaria« (451) unterstützt uns dabei.

Nur kurz bleiben wir im Wald, dann folgt wieder eine Wiese, über die der Pfad zu einem Schotterweg führt. Hier biegen wir scharf rechts ab, aber nicht auf den Schotterweg, sondern auf den schwachen Wiesenpfad (Wegweiser wie immer). Noch vor dem Waldrand knickt dieser nach links ab und wir steigen hinab zu einer gerölligen breiten Forststraße. Auf dieser steigen wir nur kurz ab, dann können wir auf einem weicheren Pfad parallel dazu in der breiten Schneise (eine ehemalige Talabfahrt) hinunterwandern.

Die Skipiste verlassen wir geradeaus auf einer Schotterstraße kurz vor der Quelle »**Acqua delle Fontanelle**« **(14)**, die mit Bänken und einem Kreuz ausgestattet ist. Hier biegen wir auf den absteigenden Schotterweg nach halb links in den Wald ab (Wegweiser wie immer). Immer geradeaus erreichen wir eine Landschaft aus Wiesen und Höfen und kreuzen eine Asphaltstraße. Wir gehen gegenüber auf den Treppenweg entlang eines Baches, der sich zu einer kleinen Klamm eintieft. So erreichen wir das Dorf und steigen auf Asphaltsträßlein bis zur Hauptstraße Via Roma ab. In diese biegen wir nach rechts aufsteigend ein, passieren die Touristeninformation und gelangen zum Ausgangspunkt an der **Kirche San Lorenzo (1)**.

25 Wolfsschlucht und Forte Dosso del Sommo

3.30 Std.

Schlucht und Schützengräben, Festung und Aussicht

Aufgrund einer Privatinitiative und in Zusammenarbeit mit dem CAI wurde dieser besondere Wanderweg eingerichtet und 2015 eröffnet. Er führt entlang eines Schützengrabensystems durch den waldigen Steilhang des Terrangolo-Tales. Dabei nutzt er natürliche Felsspalten der Forra del Lupo (Wolfsschlucht). Was früher strategisch war, ist heute spektakulär. Ziel ist die Festung Dosso del Sommo (auch Dosso delle Somme oder Werk Serrada genannt) aus dem Ersten Weltkrieg, die relativ gut erhalten ist (Betreten auf eigene Gefahr!). Auch wer sich nicht für die Geschichte interessiert: Die Aussichten, Waldbilder und Blumenwiesen bieten ausführliches Landschaftserlebnis.

Ausgangspunkt: Restaurant Cogola in Serrada, Via Pasubio 135. **Anfahrt mit Bus:** die Linie 315 der Gesellschaft Trentino trasporti esercizio verkehrt zwischen Rovereto und Folgaria; die Haltestelle »Serrada« liegt am Ausgangspunkt der Wanderung. **Anfahrt mit Auto:** Serrada liegt an der SP2 zwischen Folgaria und Rovereto. Das Restaurant liegt an der SP2, also der Hauptstraße Via Pasubio am südlichen Ortsausgang von Serrada.
Höhenunterschied: 530 m.
Anforderungen: Gerade noch mittelschwere Wanderung, da einige sehr steile und rutschige Stellen im Anstieg. Kurzer Tunnel gerade noch ohne Taschenlampe begehbar. Markiert.
Einkehr: Rifugio Baita Tonda (Öffnungszeiten beachten!).
Karte: Tabacco 057, Kompass 631.

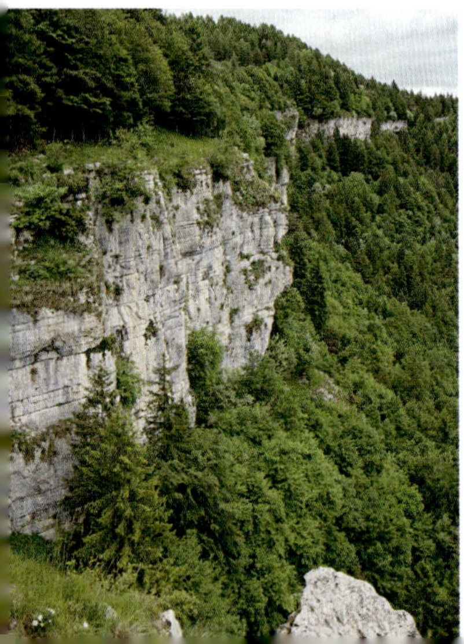

Noch vor der Einfahrt zum großen Parkplatz des **Ristorante Cogola (1)** geht die Straße Via San Rocco nach links zwischen Wald und Restaurant hinauf (Wegweiser »Forte Dosso delle Somme«, 137). Gleich hinter dem Restaurant biegen wir am Ende der Holzleitplanke nach rechts auf den Pfad ab (Wegweiser wie zuvor) und schon gleich breitet sich das Tal von Terragnolo unter uns aus. Nach einem kurzen Abstieg achten wir auf die Holztreppenstufen, die links emporführen (Wegweiser u. a. »Rifugio Baita Tonda«). Gleich danach treffen wir die

Steil bricht die Ebene von Folgaria in das Terragnolo-Tal ab.

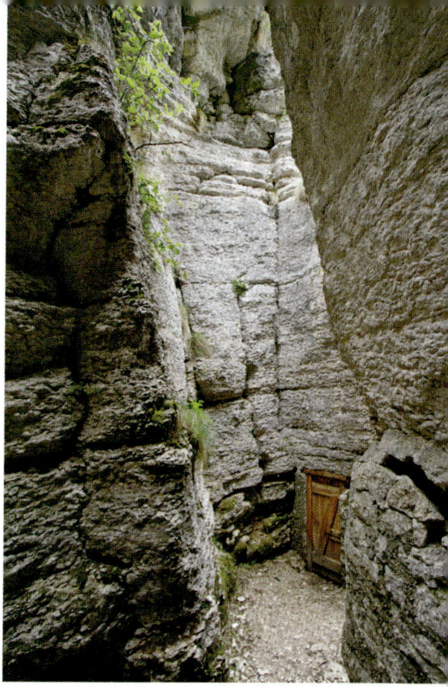

Der Wanderweg führt durch eine Schlucht und durch Schützengräben.

ersten Überreste von Mauern aus dem Ersten Weltkrieg und wieder eine Aussicht.
Nach engen, steilen Serpentinen im Wald folgt eine ansteigende Wiese. An dem Metallkreuz von 2015 ignorieren wir den Pfad nach links. Wenige Meter hinter dem Kreuz liegt rechts ein alter **Beobachtungsposten (2)**, der natürlich weite Aussicht bietet. Wir blicken auf den Nordhang des Pasubio-Massivs, aber der Doppelgipfel ist noch verborgen. Nach einem weiteren steilen Waldstück erreichen wir nach »Le Stei« den schluchtartigen Abschnitt des Weges. Darunter auch Abschnitte im ehemaligen Schützengraben. Dennoch bietet sich immer wieder weite Aussicht. An einer schwarzen **Holzhütte (3)** mit Tisch sehen wir links unten eine Schotterstraße. Der Weg geht hinter der Hütte weiter und verläuft dann etwas kompliziert, aber immer gut markiert: An einem viereckigen Betonloch gehen wir links hinunter, dahinter wieder rechts hinauf. Nach einem kurzen Stück durch einen Graben treten wir auf die Lichtung »Teze« mit Infotafel, wo ein breiterer Weg quert. Wir gehen weiter geradeaus auf dem schmalen Pfad im Wald aufwärts (Wegweiser wie immer).
Lärchenwald und Wiesen wechseln sich ab. Einen letzten steilen Wiesenhang mit Lärchen gilt es zu erklimmen. Der Weg führt klar in Serpentinen nach oben. Nach einem flachen Stück im Graben biegen wir scharf rechts ab (Wegweiser). An der nächsten Verzweigung dann rechts und das **Panorama (4)** erschlägt uns fast: das obere Tal von Terragnolo, rechts die Pasubio-Gipfel, links die Fels- und Waldflanken des Monte Maggio. Es folgt ein Panoramaweg, der uns zu einem breiten Wiesensattel führt. Diesen queren wir am rechten Rand, wo auch alte Schützengräben verlaufen. Auf dem Hügel oben erahnen wir schon die Reste des Forte Dosso del Sommo.
Auf der anderen Seite des Sattels erwartet uns unter Lärchen eine Entscheidung: *sentiero difficile* oder *sentiero facile* (Wegweiser). Da der leichte Weg

unser Rückweg wird, wählen wir jetzt den **schwierigen Weg (5)**, also rechts. Sogleich öffnet sich der Fels: ein Tunnel ist zu durchschreiten. Dank der Fenster ist er relativ hell. Am Ende des Tunnels bitte nicht erschrecken: ein Abgrund! Aber unser Weg geht scharf rechts hinauf, sodass wir einen Wiesenhang aufsteigen und plötzlich stehen wir vor den imposanten Ruinen der Festung **Dosso del Sommo**, 1670 m.

Wir biegen links ab, sodass wir an der langen Fassade entlanggehen und zur **T-Kreuzung (6)** mit Wegweiser gelangen. Nach links wäre der Rückweg, aber zunächst machen wir einen Abstecher zu einem Aussichtspunkt. Dafür gehen wir auf dem Schotterweg nach rechts (Wegweiser »Passo Coe«, 136). Kurz darauf, noch vor dem Verschlag mit Solarzellen, biegen wir rechts ab (Wegweiser wie zuvor). Wir passieren einen weiteren Teil der Festung und steigen die Treppe hinauf. Wir gehen immer geradeaus weiter bis zum **höchsten Punkt des Kammes (7)**: Die Aussicht ist wunderbar. Weiterzuwandern würde bedeuten, in das Skigebiet zu gelangen, was wir vermeiden; wir kehren also spätestens um, wenn links unterhalb der Skilift in unseren Blick gerät.

Nun gehen wir zurück bis zur Festung und bleiben an der **T-Kreuzung (6)** auf dem Schotterweg (Wegweiser »Megabike Classic« und »Rifugio Baita Tonda«, dann ein Pfahl mit Nummer 136). In Kurven geht es bergab, an **Ruinen** vorbei und nach einem Haus ohne Dach verlassen wir den Schotterweg in einer Rechtskurve geradeaus auf eine Schotter- dann Wiesenfahrspur gemäß Wegweiser »Serrada« (136).

Der Weg führt deutlich Richtung Bergstation des Skiliftes. Kurz vor dieser steht wenige Meter vor der T-Kreuzung mit einer Schotterstraße ein Wegweiser. Hier biegen wir nach links ab (Wegweiser »Serrada«) auf den undeutlichen Wiesenpfad. Auch wenn der Pfad schwer zu sehen ist, ist die Richtung klar: wir wollen hinter der Bergstation vorbei. Dieser kleine Gipfel, 1620 m, ist leider durch die Skieinrichtungen verschandelt, aber wir sind schnell vorbei: hinter der Bergstation rechts in Richtung zur nächsten Liftbergstation und dort links vorbei, also zwischen Bergstation und der Hütte Baita Tonda durch.

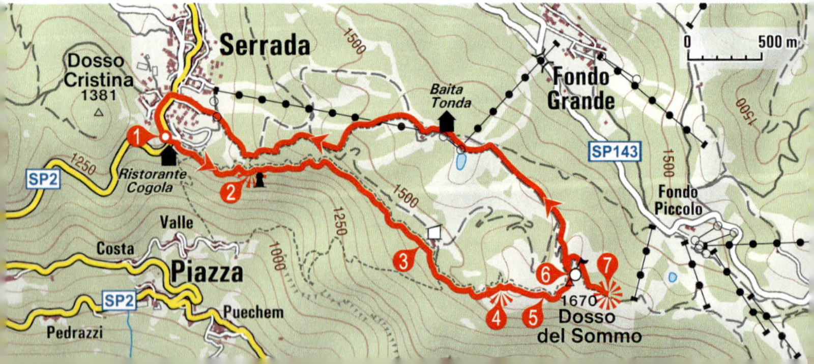

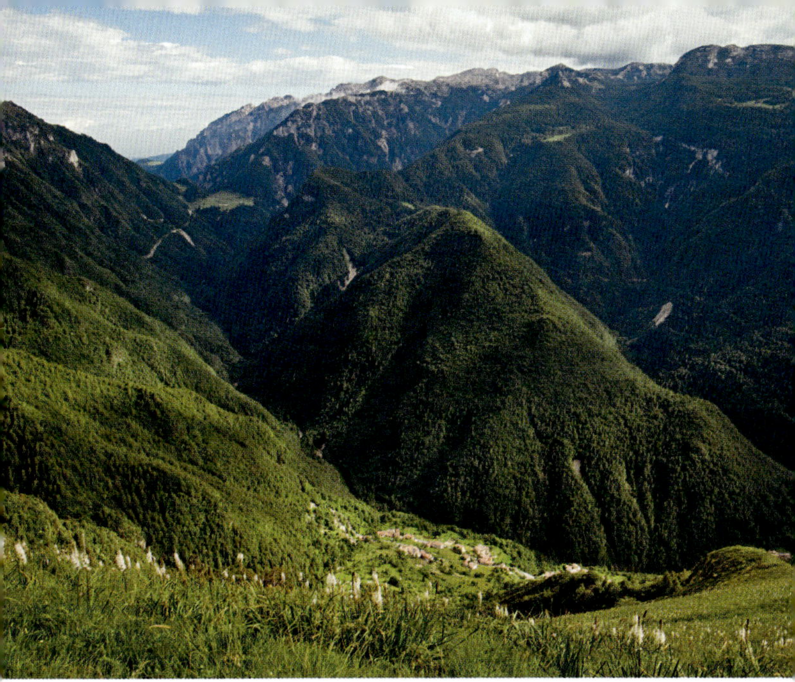

Aussicht auf den Monte Pasubio kurz vor dem Forte Dosso del Sommo.

Wir steigen ab und unterqueren den Lift. Wir achten direkt nach dem Lift auf einen Wiesenpfad links mit rot-weißer Pfahlmarkierung. Auf diesem gehen wir kurz parallel zum Lift, dann nach links darunter durch. Die Markierungen an Bäumen leiten uns schließlich in den Wald: ein wunderschöner Weg durch lichten Lärchenwald.

Wir folgen dem hübschen, steinigen Hohlweg immer hinab, kreuzen dabei zwei breitere Wege und richten uns immer nach den Wegweisern »Serrada«. Auch im Dorf immer weiter geradeaus bis zur Hauptstraße (Via Pasubio) und dort links. Sie führt uns schnell zum **Ristorante Cogola (1)**.

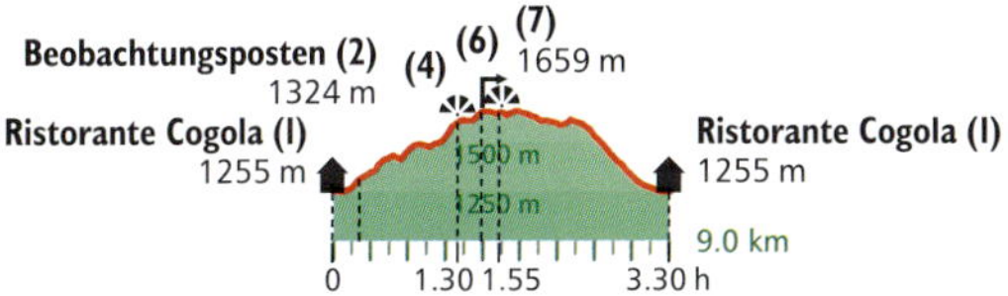

26 Monte Maggio, 1853 m

2.30 Std.

Rundblick über die Vizentiner Alpen

Eine kurze Wanderung führt zu einem wunderbaren Aussichtspunkt. Schon unterwegs gibt es Weit- und Tiefblicke, aber der Gipfel bietet naturgemäß die weiteste Sicht, obwohl er nur 1853 Meter hoch ist. Nach vorne die Vizentiner Voralpen mit dem breiten, grünen Monte Novegno und dahinter der Monte Summano, weiter links hinten der Monte Grappa und die Dolomiten, z.B. die Pale di San Martino; dann die Asiago-Hochebene mit den Randbergen sowie die Cima Vezzena. In der weiteren Folge Becco di Filadonna, Monte Cornetto und im Vordergrund Forte Dosso di Sommo. Zuletzt dann der Monte Pasubio, jedoch etwas verdeckt durch den Grat, der den Grat des Monte Maggio fortführt. Der Weg führt durch lauschige Wald- und Wiesenlandschaften. Kurz vor dem Ende der Wanderung liegt der hübsche botanische Garten mit heimischen Wild- und Nutzpflanzen.

Ausgangspunkt: Parkplatz vor Passo Coe. Von Folgaria kommend kurz nach der Skibrücke und kurz vor der Passhöhe großer Parkplatz rechts neben dem pyramidenförmigen Denkmal.
Höhenunterschied: 310 m.
Anforderungen: Einfache Wanderung. Markiert.
Karte: Tabacco 057, Kompass 631.

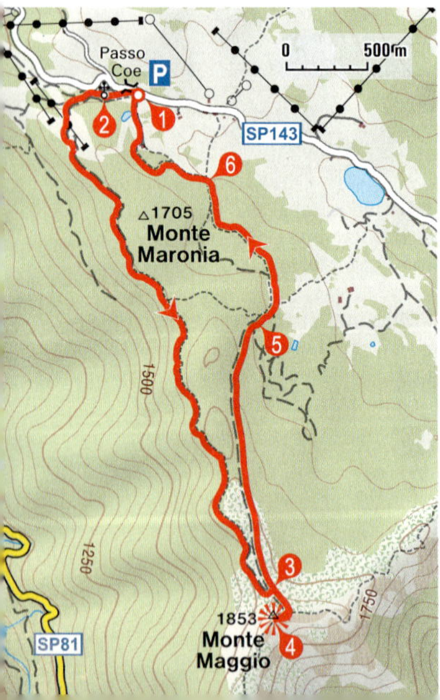

Vom **Parkplatz** am **Passo Coe (1)** gehen wir Richtung **Pyramide** und dort zwischen der Pyramide und den Bänken durch auf die Skibrücke zu. Wir biegen links auf den Schotterweg ein und laufen an der **Kapelle für die Gefallenen (2)** vorbei. Kurz hinter der Kapelle links empor (Wegweiser »Monte Maggio«).
Nach einem kurzen Waldstück schlängelt sich der Weg über die Skipiste hinauf und unter dem Lift durch. Wo wir die Piste verlassen, wird der Weg schmaler (Wegweiser wie zuvor) und wir sehen zum ersten Mal zum Pasubio-Massiv hinüber. Es folgt ein schöner Waldspaziergang; immer wieder lassen lich-

Der Wald gibt die Aussicht auf den Monte Pasubio anfangs nur zögerlich frei, später großzügig.

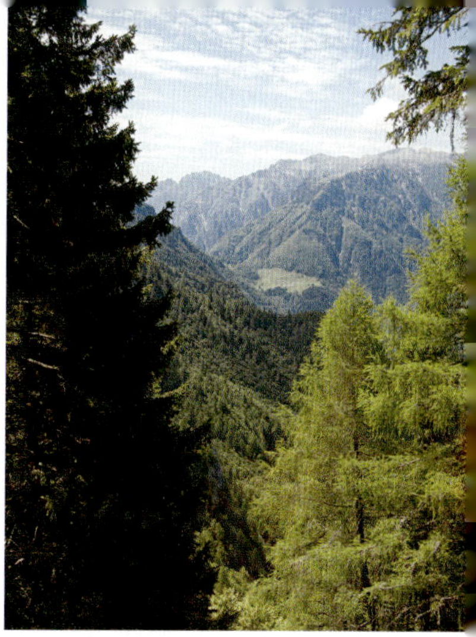

te Stellen den Blick ins Terrangolo-Tal und auf den Monte Pasubio schweifen. An den besonders freien Stellen ist sogar das Etschtal und die Brenta zu sehen und im weiteren Verlauf das Gipfelkreuz des Monte Maggio, unser Ziel.
Wenn links eine gemauerte Passage den Durchgang auf die andere Gratseite erlaubt (Wegweiser), bleiben wir auf der bisherigen Seite, gehen also geradeaus weiter (der Durchgang trifft auf unseren Rückweg). Der Pfad wird schmaler und bei nächster Gelegenheit wechseln wir die Gratseite **(3)**, also nach links und treffen dort auf einen Schotterweg. Diesen schlagen wir nach rechts ein (links wird unser Rückweg). Hier werden die Lagorai-Berge, Cima Portule und Cima Vezzena sichtbar. Das Gipfelkreuz ist direkt über uns, also nur noch zwei Mal rechts (Wegweiser in kurzer Folge) und hinauf zum Gipfel des Monte **Maggio (4)**, 1853 m.
Zurück zunächst auf demselben Weg, aber wir bleiben auf dem Schotterweg, wechseln also nicht die Gratseite. So geht es fast zwei Kilometer geradeaus bergab bis der Schotterweg eine **scharfe Rechtskurve (5)** macht. Hier (und nicht kurz vor der Kurve, wo die MTB-Wegweiser stehen) brechen wir nach links auf einen deutlichen Pfad aus (Wegweiser »Passo Coe«). Der Pfad läuft deutlich und gut markiert durch herrliche Wald- und Wiesenlandschaften, wobei auch hier der 2018er-Sturm einige Bäume umgelegt hat.
Wenige Bäume vor Ende des Waldes – die Passstraße und einige Häuser sind schon zu sehen – nehmen wir den schmalen Pfad links **(6)** (Wegweiser »Giardino Botanico«), der uns dank vieler Wegweiser sicher zum Botanischen Garten führt. An den Gebäuden am Eingang biegen wir auf den Schotterweg nach links ein und erreichen schnell den Ausgangspunkt am **Passo Coe (1)**.

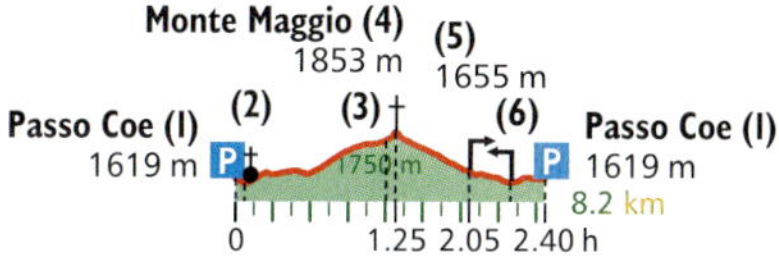

27 Cima Portule, 2309 m

5.30 Std.

Auf der hohen Kante der Asiago-Hochebene

Dieser westlichste Gipfel der Asiago-Hochebene lässt sich am besten von außerhalb der Hochebene angehen. Dabei geizt schon der Aufstieg nicht mit Panorama, insbesondere ins Valsugana und auf die Kante der Asiago-Hochebene mit Monte Trentin und Cima Dodici. Der entspannte Rückweg ist zunächst mehr zur Hochebene selbst orientiert, die ihren karstigen Charakter nicht verbirgt. Vier tiefe Dolinentrichter liegen direkt am Weg. Nach einer Kurve um den Berg herum erreichen wir im Pass Bocchetta Portule die bequeme Erzherzog-Eugen-Straße, die 1916 von den Soldaten Österreich-Ungarns angelegt wurde.

Ausgangspunkt: Rifugio Larici. Von Asiago über die SP349 Richtung Passo Vezzena fahren, ca. 1,3 km nach dem Albergo Ghertele rechts hinauf, Schild Rifugio Larici. Von Lavarone oder dem Valsugana aus über den Passo Vezzena drüber. Vom Valsugana aus ist der Pass über die SP349 oder über die Kaiserjägerstraße (SP133 dir) zwischen Lochere (Ortsteil von Caldonazzo) und Monterovere erreichbar; Achtung, die Kaiserjägerstraße ist sehr eng, steil und ausgesetzt! Nach der Osteria Al Termine noch ca. 3,9 km bis zur Abzweigung links hinauf, Schild Rifugio Larici. Ab der Abzweigung noch 6,8 km.
Höhenunterschied: 820 m.
Anforderungen: Mittelschwer, ein paar steile Stellen. Markiert.
Variante: In der Porta Renzola (4) nach rechts (Wegweiser »Bivio Malga Larici«, 826), gleich danach an Verzweigung links hinunter. Unten an der Schotterstraße rechts und auf dem Hauptweg zurück. Gesamt 6,4 km, 470 Hm, 2.45 h.
Einkehr: Keine am Weg, nur Hütte am Ausgangspunkt.
Karte: Tabacco 050, Kompass 623.

Unser Weg beginnt am Parkplatz neben dem **Rifugio Larici (1)** und zwar fast am gegenüberliegenden Ende. Der deutliche Pfad ist mit dem Wegweiser »Bocchetta Larici« (825) versehen, geht durch ein Gatter und steigt über Weiden und zwischen Lärchen und Tannen bequem an. So erreichen wir schnell den Sattel **Bocchetta Larici (2)**, der einen Vorgeschmack auf die spätere Aussicht gibt: Fravort und Granolait liegen direkt vor uns. Hier wen-

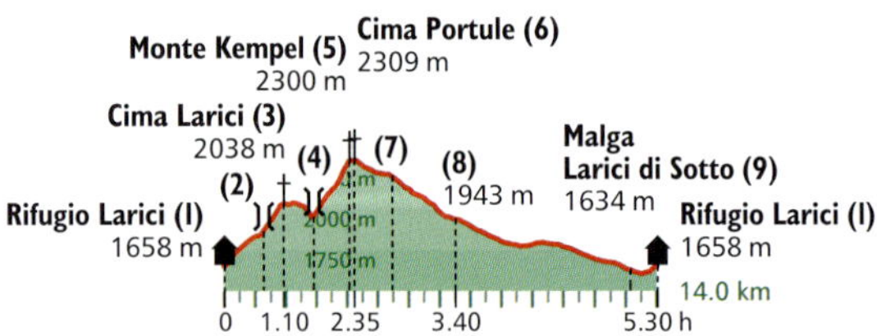

Die steilen Abstürze des Monte Trentin und der Cima Dodici zum Valsugana hin.

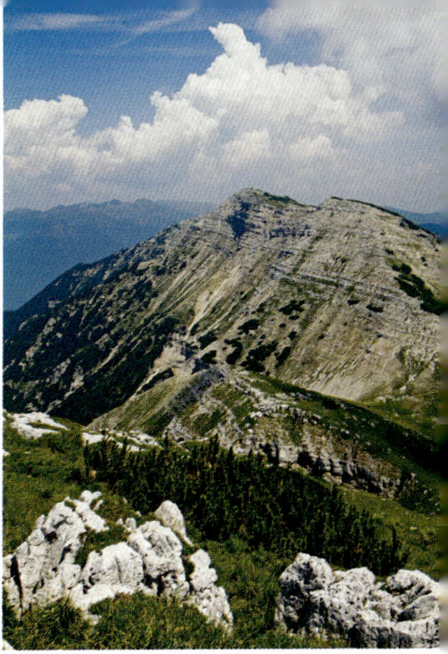

den wir uns nach rechts (Wegweiser u. a. »Cima Larici«, 209) und steigen weiter hinauf.
Am Querweg mit Aussicht auf den Startpunkt und den Zielgipfel, biegen wir nach links aufsteigend ab. Am besten ist die Aussicht natürlich auf der **Cima Larici (3)**, zu der nur ein paar Schritte fehlen. Sie liegt direkt am Abbruch zum Valsugana, in das wir tief blicken. Davor liegt noch das Val Sella. Am Horizont breitet sich die komplette Lagorai-Kette aus (markant ist die Pyramide des Kraispitz/Monte Ziolera), weiter außen und hinten die Dolomiten und die Brenta-Gruppe.
Weiter geht's nach rechts an der Kante entlang. Vor uns ist fast der gesamte weitere Wegverlauf sichtbar: auf dem Kamm entlang, in den tiefen Sattel hinein und dann der lange Anstieg am Rand der breiten Cima Portule. Unten rechts ist der breite Rückweg zu sehen. Nun beginnt der Panoramaabschnitt des Weges: In sanftem Auf- und Ab haben wir überwiegend freie Sicht (solange sich keine Latschenkiefern dazwischenschieben); vor der **Porta Renzola (4)**, dem tiefen Sattel vor dem Aufstieg, wird es kurz steil. Hier beginnt die Abkürzung (siehe Variante). Wir gehen weiter geradeaus auf dem Grat bergauf (Wegweiser u. a. »Cima Portule«, 826) an einem Betonfundament einer militärischen **Materialseilbahn** vorbei. Der Anstieg ist meist moderat, aber einige steile Passagen sind dabei. Wir werden weiterhin mit Panorama entschädigt: die breite zerklüftete Felswand vorne gehört zum Monte Trentin, 2325 m, dahinter die flache Kuppe der Cima Dodici, 2336 m, mit den zwei Gipfelkreuzen. Wir erreichen den **Gipfelgrat** der Cima Portule. Die vorderste Ecke des Grates, auf der wir stehen, trägt den Namen **Monte Kempel (5)** und bietet die beste Aussicht. Jetzt neu: der Blick über die Hochebene von Asiago mit Monte Ortigara und Cima Caldiera und viel karstiger Hügellandschaft dazwischen.
Wir gehen rechts weiter, also dem Wegweiser »Bivio Malga Larici« (826) gehorchend. Schnell sind wir am Gipfelkreuz der **Cima Portule (6)**, das tatsächlich 2 m höher liegt als der Steinhaufen im weiteren Gratverlauf. Diesem folgen wir auf deutlichem Pfad und kommen so an Ruinen vorbei. Wir verlieren unmerklich an Höhe. An einem tiefen Dolinen-Trichter zu unserer Linken

verlassen wir die Kante nach links, sodass wir der Hochebene mehr Aufmerksamkeit gönnen können. Auffällig sind die drei Gipfel Corno di Campo Verde, Monte Colombarone und Cima dell'Arsenale, die auf einem Kamm aneinandergereiht sind.

Wir passieren zwei weitere tiefe **Dolinen (7)** und wenig später eine noch größere. Zwischen dichten Latschen beschreiben wir eine weite Rechtskurve, die uns an einer **Steintafel (8)**, die über die militärischen Seilbahnen informiert, zum Pass **Bocchetta di Portule** bringt. Durch den breiten Sattel läuft ein breiter Schotterweg, in den wir rechts einbiegen, so wie vom Wegweiser »Bivio Malga Larici« (826) angegeben. Dieser Weg führt uns sanft zur Malga Larici di Sotto. Unterwegs biegt ein Pfad nach links ins Tal ab und ein anderer kommt von rechts (Einmündung der Variante ab der Porta Renzola), wir bleiben aber immer auf der Schotterstraße.

An der **Malga Larici di Sotto (9)** vorbei treffen wir auf einen Wegweiser, an dem wir geradeaus vorbeigehen, und dann auf die asphaltierte Straße mit einem MTB-Wegweiser. Hier also rechts hinauf, denn die Straße kennen wir von der Anfahrt. Allerdings brechen wir an der Linkskurve vor dem verlassenen Albergo Larici nach rechts aus und gehen weglos über Weiden zunächst zu dem Turm der Liftstation und sobald sichtbar auf das **Rifugio Larici (1)** zu.

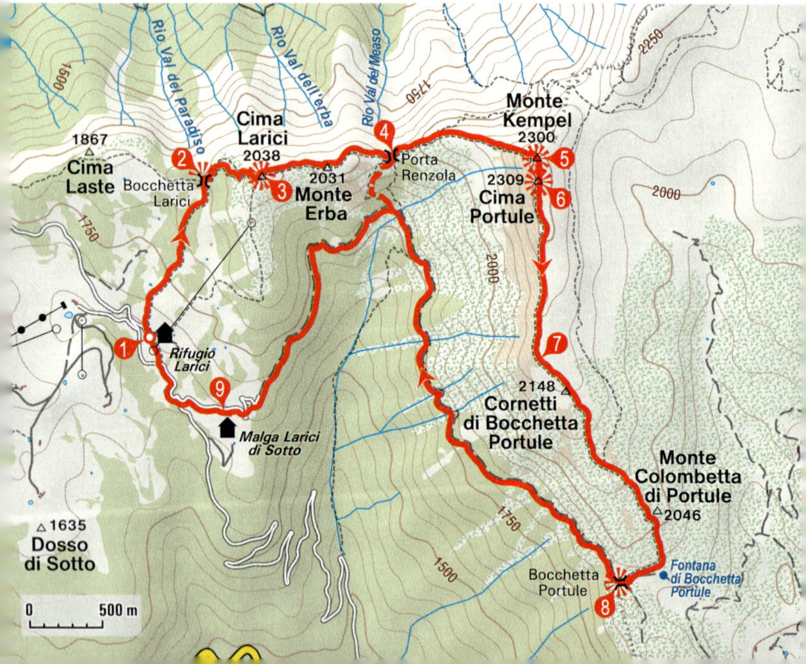

6.15 Std.

Cima Dodici, 2336 m, und Monte Chiesa, 2061 m

28

Höhepunkt der Asiago-Hochebene

Der höchste Gipfel der Asiago-Hochebene hat gleich drei Namen: Freyjoch (zimbrisch), Cima Dodici (italienisch, oft Cima XII geschrieben), Cima Ferozzo (italienische Version des zimbrischen Namens). So oder so ist es ein beeindruckender Bergblock, dessen Besteigung alleine wegen der Aussicht lohnt: an guten Tagen bis zur Adria, meistens zumindest über die ganze Hochebene und ins 1800 Meter tiefer liegende Valsugana. Die Anfahrt zum Ausgangspunkt ist mühsam, die Annäherung zum eigentlichen Gipfelanstieg weit und der Gipfel steil – aber es zahlt sich aus. V.a. auf dem Rückweg schlendern wir durch vielgestaltige Dolinenlandschaften und können am Monte Chiesa erstaunliche Kriegshinterlassenschaften besichtigen.

Ausgangspunkt: Piazza delle Saline, 1712 m. **Anfahrt ab Asiago:** Auf der SP76 nach Gallio; wo in Gallio die Hauptstraße den Namen von Via Roma zu Via Campo ändert, zweigt am Gefallenendenkmal die Via Francesco Tura ab. Dieser zu den Skianlagen Melette (Wegweiser) folgen, dort vorbei und nicht zur Malga Campomulo links, sondern weiter auf der Hauptstraße. Kurz danach links hinauf Richtung Ortigara (Wegweiser). Das Rifugio Campomuletto rechts liegen lassen, etwas danach wechselt der Belag zu Schotter, zwischendurch wieder Asphalt. Nächste Verzweigung rechts (Wegweiser »Monte Ortigara« rechts; links: »M.Forno e Chiesa«). Eine Abzweigung links ignorieren. An der T-Kreuzung links, Wegweiser »Monte Ortigara«. In einem kleinen felsigen Wiesental beginnt wieder Asphalt. Auf der Asphaltstraße bleiben, aber nach ca. 2 km links auf die Schotterpiste abbiegen (Wegweiser »M. Forno e Chiesa«). Dann noch ca. 1 km auf Schotter, dabei die Abzweigung links ignorieren und geradeaus weiter, also ab der Abzweigung noch ca. 150 m bis zur T-Kreuzung namens Piazza delle Saline (Schild). **Anfahrt ab der Marcesina-Hochebene** (erreichbar von Foza, Enego und Tezze): den Schildern Monte Ortigara folgen. Die Straße ist ab der Abzweigung in der Nähe des Albergo Marcesina geschottert. Nach einem steileren Aufstieg mit Serpentinen in der Nähe der Malga Mandrielle die Abzweigung links ignorieren, geradeaus weiter gemäß Wegweiser »Monte Ortigara«. In einem kleinen felsigen Wiesental beginnt wieder Asphalt. Weiter wie oben beschrieben.

Höhenunterschied: 820 m.

Anforderungen: Anspruchsvolle Wanderung (Länge, Höhendifferenz, steil), überwiegend markiert, ein Abschnitt weglos.

Einkehr: Keine.

Karte: Tabacco 050, Kompass 623.

Von unserem Anfahrtsweg zum Abzweig an der **Piazza delle Saline (1)** aus gesehen gehen wir links weiter (Wegweiser »Monte Forno e Chiesa«); es geht sogleich um eine Rechtskurve, nach der die Schotterstraße einen Hang über einer weiten Mulde leicht ansteigend schneidet. Dieser Straße müssen wir ca. 2,9 km folgen. Dabei passieren wir zwei Abzweigungen des Weges

839 (jeweils Wegweiser), die zweite an der **Selletta Caviglia (2)**. Hier kommen wir auf dem Rückweg heraus, jetzt gehen wir geradeaus weiter. Am Horizont thront die Cima Dodici, unser Ziel.

Unterhalb des Monte Forno befindet sich ein **Parkplatz** und eine Infotafel mit dem Frontverlauf gegen Ende des Ersten Weltkrieges. Im Tal links von uns sehen wir eine Kapelle, die einen ehemaligen Soldatenfriedhof markiert. An der kurz darauffolgenden Abzweigung verlassen wir den Weg 839 nach links gemäß dem dezenten Holzwegweiser »Bivio Italia«. Wir umrunden auf der Straße das Tal mit der Kapelle, dann biegt die Straße nach rechts ab. Nun aufgepasst: in der kommenden **Linkskurve (3)** verlassen wir die Straße geradeaus auf einem deutlichen Pfad. Dieser ist flach bis leicht ansteigend und bringt uns wieder zu einer Schotterstraße. Dort steht ein Holzwegweiser des **Sentiero della Pace**, dem wir Richtung Monte Ortigara nach rechts folgen. Wir sehen rot-weiße Markierungen und erfahren, dass diese Straße »Kaiser-Karl-Straße« heißt.

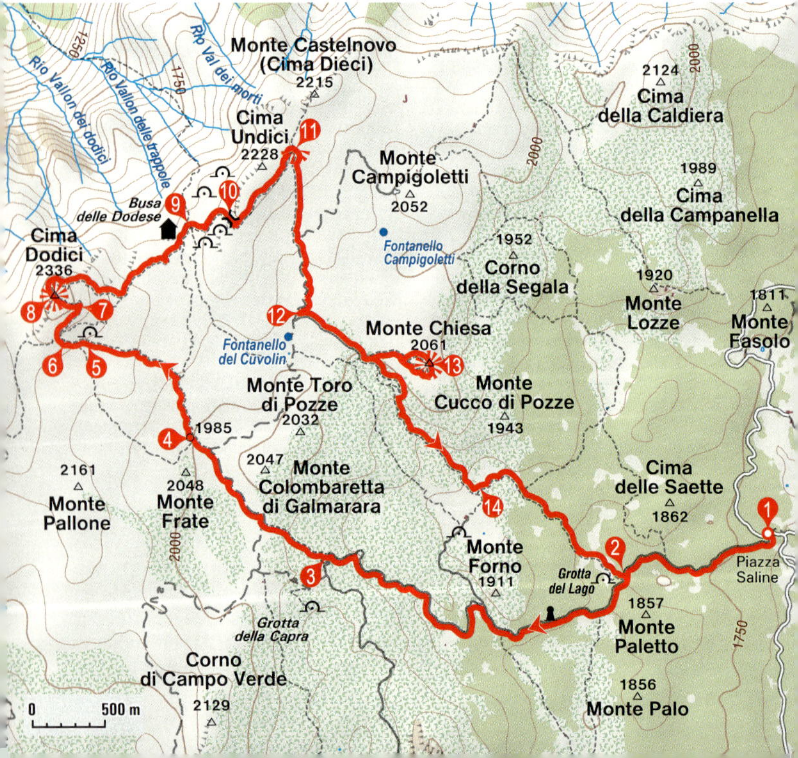

Wenige Kurven später verlassen wir sie am **Bivio di quota 1985 m (4)** wieder nach links (Wegweiser u.a. »Cima Dodici«, 835). Der Pfad führt gut markiert durch felsige Wiesen mit Latschen. Schon bald eine Verzweigung, wo wir rechts gehen, wie es uns die rot-weißen Markierungen nahelegen. Nach einem tiefen **Karstloch (5)** steigt der Pfad endlich an; nach dem kleinen Tal treffen wir auf einem Sattel einen **Querweg (6)**, den wir nach rechts einschlagen, auf den Berggipfel zu.

Sehr bald ein weiterer Querweg, diesmal mit Wegweiser. Logischerweise folgen wir dem Pfeil »Cima Dodici« (835), also rechts. So queren wir den Hang unterhalb der imposanten Wand in sanftem Anstieg, dann geht es los: in steilen Serpentinen schrauben wir uns gen Gipfel. Nach einer sehr steilen felsigen Stelle biegen wir jedoch an einer rot-weißen Markierung **links ab (7)**, um ein paar Meter flach zwischen Latschen zu laufen. Dann wieder steil bergauf bis zum Gipfel der **Cima Dodici (8)**.

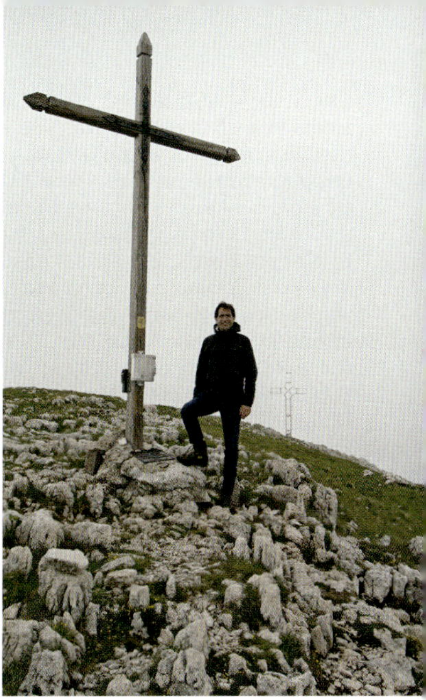

Die zwei Gipfelkreuze der Cima Dodici.

Irgendwo zwischen den beiden Kreuzen liegt der höchste Punkt. Die Aussicht ist umfassend, an besonders klaren Tagen kann man bis zur Adria und zur Bernina-Gruppe schauen. Wir gehen am Gipfelgrat entlang zum hinteren **(Metall-)Kreuz**, denn dort beginnt der gut markierte Abstieg: sehr steil und unbequem geröllig. Zwischen Latschen eine **Verzweigung**, an der wir den linken Weg wählen.

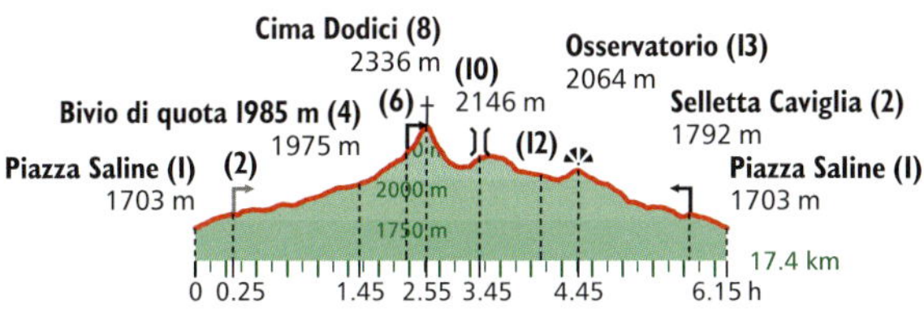

Eine weitere Abzweigung rechts ist praktisch nur an den Markierungen an einem Fels zu erkennen, was uns wenig stört, da wir geradeaus weiter gehen. Vor uns links wird das Biwak **»Buse delle Dodese«** sichtbar, das auf unserem Weg liegen wird. Unser Weg 211 kurvt nun gemütlich zwischen den Dolinen, die Abzweigung des Weges 231 nach links (Wegweiser) interessiert uns nicht. Unterhalb des Biwaks steht ein Wegweiser. Wir steigen jedenfalls hinter dem **Biwak (9)** kurz auf (Markierungen auf einem großen Stein: »Alta Via Alpini«, 11 und 208), dann nach links ein Stück quer zum Hang mit einem wunderbaren Rückblick auf die Cima Dodici. Nach weiterem kurzen Anstieg erreichen wir einen **Pass (10)**.

Auf der anderen Seite steigen wir kurz ab, aber nach wenigen steilen Schritten biegen wir links ab und schlagen uns in das Latschengebüsch. Unten im Tal sehen wir schon die Straße, die wir später als Rückweg nutzen. Zunächst gehen wir grob flach quer zum Hang zwischen Latschen. Der Blick geht hinüber zum Monte Ortigara und Cima Caldiera, auch die Madonnensäule am Monte Lozze ist erkennbar.

Wenn die Latschen weichen, liegt rechts vom Weg eine tiefe **Doline**, wenige Schritte weiter links ein weiteres Exemplar **(11)** derselben Dimension. Genau hier müssen wir rechts abbiegen, auf die gegenüberliegende Wiesenseite und dann das schmale Wiesental hinunter. Ein Pfad ist stellenweise erkennbar. Wichtig ist, mit Rechtstendenz zwischen den Dolinen hindurchzuschwingen, immer mit dem Hintergedanken, dass wir im flachen Winkel

Oberhalb des Biwaks blicken wir auf die Cima Dodici zurück.

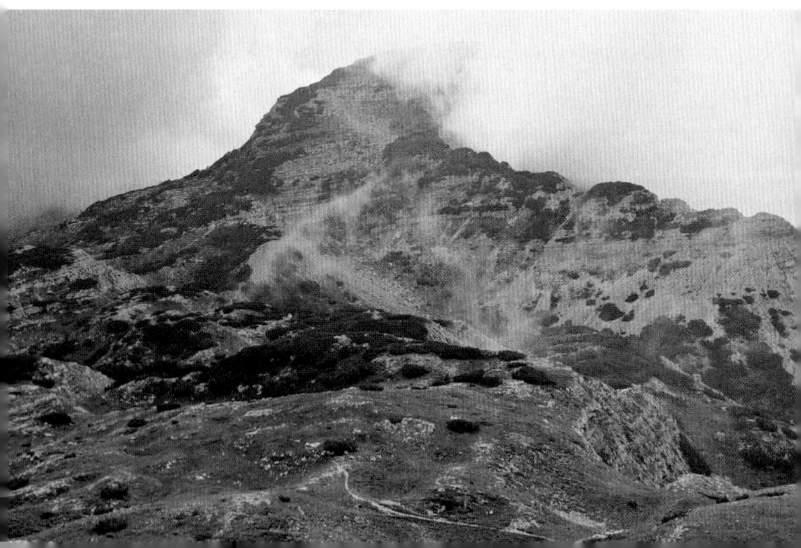

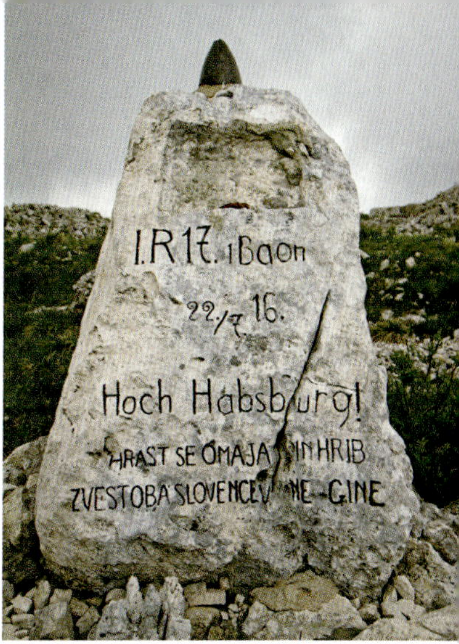

Huldigung an den Kaiser aus dem Jahre 1916.

auf die weiße Straße am linken Talhang treffen wollen.
Sobald wir die Straße glücklich betreten haben, gehen wir im Grunde die gleiche Richtung leicht bergab weiter. Von rechts trifft die Rampe einer ehemaligen Militärstraße auf unsere Straße und dann bricht sie durch einen felsigen Buckel. Direkt dahinter zweigen wir auf einen breiten Pfad nach links ab, der Wegweiser schreibt u. a. »Bivio Monte Forno« (839) und benennt den Pfad als **Kronprinzstraße (12)** – genauer wäre: Kronprinz-Otto-Straße.
Kaum abfallend erreichen wir eine Verzweigung, an der es nach links zum Monte Chiesa hinaufgeht. Eigentlich geht es für uns rechts hinab, aber der Abstecher zum **Monte Chiesa** lohnt sich (wenn wir ihn auslassen, sparen wir ca. 1,3 km und 60 Hm), denn unterwegs sehen wir beachtliche (restaurierte) Reste von Kriegsbebauung sowie eine begehbare (auf eigene Gefahr!), verzweigte Tunnelanlage, den Thurmau-Tunnel; vom Gipfel selbst und vom etwas weiter nördlich gelegenen **Osservatorio (13, Aussichtsstand)** haben wir eine wunderbare Aussicht fast auf die gesamte Wanderstrecke und mehr (Panoramainformation am Osservatorio).
Nach dem Abstecher den schmalen Pfad hinunter (Wegweiser u. a. »Piazza Saline«, 839), der dann flach oberhalb eines Tales läuft. Eine erste Abkürzung in das Tal hinunter ignorieren wir, dann geht es in zwei **Spitzkehren** hinab. Der Weg führt deutlich und klar rot-weiß markiert zwischen Dolinen und Latschen in Wellenbewegungen bergab.
Wir gelangen zu einem hügeligen Wiesenplateau, an dessen gegenüberliegenden Felshang deutliche Gebäudereste zu erkennen sind. Wir gehen an der verfallenen Mauer links von uns entlang und treffen auf einen **Wegweiser (14)** mit drei Pfeilen, die alle die Nummer 839 tragen. Wir gehen links den Hang hinunter (u. a. »Piazza delle Saline«). Der Pfad ist anfangs undeutlich, aber die Markierung klar. Wiederum geht es in Wellen bergab.
Kurz vor der Straße, auf die wir gelangen wollen, müssen wir eine tiefe Mulde durchqueren. Ein Holzkreuz zeigt einen ehemaligen Soldatenfriedhof an. Wir treffen an der **Selletta Caviglia (2)** die bekannte Schotterstraße, wenden uns nach links und folgen ihr leicht absteigend bis zur **Piazza delle Saline (1)**.

29 Cima Caldiera, 2124 m, und Cima Ortigara, 2106 m

4.00 Std.

Schlachtfeld mit Aussicht

Durch wunderbare Lärchen- und Tannenwälder steigen wir auf zu Alpenrosenfeldern. Die Aussicht weitet sich mit jedem Meter. Schon im Anstieg bewundern wir die ausgedehnten Wälder der Asiago-Hochebene und die Gipfel des Lagorai. Wenn wir die Abbruchkante der Hochebene zum Valsugana erreichen, stürzt unser Blick über 1500 Meter in die Tiefe! Hier beginnt eine alpine Landschaft mit kriechenden Kiefern und vielfältigen Blüten. Die höchsten Gipfel bieten einen Rundum-Überblick über die karstige Hochebene mit den Randbergen Cima Dodici, Portule usw. Am Horizont die Zacken des Lagorai. Die gesamte Gipfelregion war v.a. 1916 und 1917 Schauplatz heftiger Kriegsgefechte und ist durchsetzt mit Resten von Gebäuden, Kavernen, Geschützständen, Aussichtsposten, Schützengräben. Sogar der Wanderweg führt durch den kurzen Tunnel eines Geschützstandes.

Ausgangspunkt: Piazzale Lozze. **Anfahrt ab Asiago:** Auf der SP76 nach Gallio; wo in Gallio die Hauptstraße den Namen von Via Roma zu Via Campo ändert, zweigt am Gefallenendenkmal die Via Francesco Tura ab. Dieser zu den Skianlagen Melette (Wegweiser) folgen, dort vorbei und nicht zur Malga Campomulo links, sondern weiter auf der Hauptstraße. Kurz danach links hinauf Richtung Ortigara (Wegweiser). Das Rifugio Campomuletto rechts liegen lassen, etwas danach wechselt der Belag zu Schotter, zwischendurch wieder Asphalt. Nächste Verzweigung rechts (Wegweiser »Monte Ortigara« rechts; links: »M.Forno e Chiesa«). Eine Abzweigung links ignorieren. An der T-Kreuzung links, Wegweiser »Monte Ortigara«. In einem kleinen felsigen Wiesental beginnt wieder Asphalt. Auf der Asphaltstraße geradeaus bleiben bis zum riesigen Schotterparkplatz. **Anfahrt ab der Marcesina-Hochebene** (erreichbar von Foza, Enego und Tezze): den Schildern Monte Ortigara folgen. Die Straße ist ab der Abzweigung in der Nähe des Albergo Marcesina geschottert. Nach einem steileren Aufstieg mit Serpentinen in der Nähe der Malga Mandrielle die Abzweigung links ignorieren, geradeaus weiter gemäß Wegweiser »Monte Ortigara«. In einem kleinen felsigen Wiesental beginnt wieder Asphalt. Auf der Asphaltstraße geradeaus bleiben bis zum riesigen Schotterparkplatz.
Höhenunterschied: 620 m.
Anforderungen: Überwiegend leichte Wanderung auf deutlichen Wegen, einige steile Stellen, Anstieg auf Cima Ortigara durch kurzen Tunnel (Taschen- oder Stirnlampe!), dann kurz kraxelig und ausgesetzt.
Einkehr: Keine.
Tipp: Bäckerei Casagrande, Piazza Carli 13, Asiago (direkt neben Hauptkirche).
Karte: Tabacco 050, Kompass 623.

Wir gehen kurz zurück zur Einfahrt des Parkplatzes **»Piazzale Lozze« (1)**, denn dort oberhalb der Picknickbänke beginnt der Weg 841 mit einem Wegweiser, u.a. Cima Caldiera anzeigend. Zwischen Lärchen und Tannen schwingen sich Serpentinen sanft hinauf. Nur einmal verlassen wir an einer

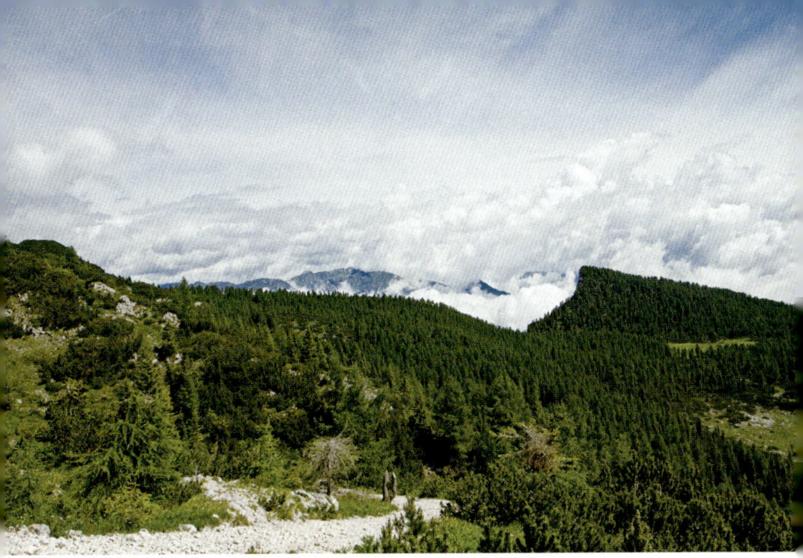

Der bewaldete Ostteil der Asiago-Hochebene mit den Castelloni di San Marco.

flachen Stelle kurz den breiten Weg nach links, um eine Kurve abzuschneiden. Sofort sind wir wieder auf dem breiten Weg, der nun nach links gerölliger und steiler ansteigt, dafür aber auch Ausblicke bietet. Die ersten Kriegsrelikte (Höhlen, Gräben) tauchen auf.

An einer Wiesenmulde fallen uns die **Höhleneingänge** in der Felswand gegenüber auf: ein Vorrats- und Waffenlager des Ersten Weltkrieges. Der Wegweiser kurz davor schickt uns nach rechts (841), sodass wir an den **Kavernen (2)** entlanggehen. Nach weiteren Ruinen geht es links bergauf und wir sehen schon das Kreuz auf dem Gipfel. Aber nicht gleich hinaufstürmen: Es gibt noch mehr zu sehen!

An einer Spitzkehre nach links steht ein Wegweiser, der geradeaus bergab auf einen Pfad u. a. nach Prato di Porta Molina (842) weist. In dieser Richtung machen wir einen Abstecher von wenigen Metern, um uns von der **Aussicht (3)** links den Atem rauben zu lassen. Wieder zurück auf dem breiten Weg biegen wir sofort scharf rechts auf einen Pfad ab (Wegweiser »Osservatorio in caverna«). An einer Ruine vorbei erreichen wir das **Osservatorio Torino (4)**, ein Aussichtsstand von 1917. Wir können in einen Tunnel eindringen, von dem drei Zimmer mit Aussicht zugänglich sind.

Wir gehen wieder zurück, aber noch vor der Ruine steigen wir den Pfad rechts hinauf (gelbe Markierungen). So erreichen wir einen gemauerten **Aussichtsstand (5)** zwischen Schützengräben mit Tafeln, die das Panora-

ma beschreiben. Das Valsugana liegt uns zu Füßen, darüber zeichnen die Gipfel von Lagorai und Cima d'Asta den Horizont.
Wir gehen kurz den selben Pfad zurück und sehen sogleich einen breiteren, ebenen Weg rechts, den wir gerne nutzen. Es geht gleich wieder rechts hoch (rot-weiß markiert) und hinter den Ruinen rechts oben in einen Graben hinein. Dahinter steht an der Kreuzung ein Wegweiser. Eigentlich geht es geradeaus weiter (u.a. »Pozzo della Scala«, 841), wir machen aber einen kurzen Abstecher nach links zum Gipfel der **Cima Caldiera (6)**. Von dort zurückkommend also links steil hinunter.
Wir passieren ein kleines Karrenfeld, das wie eine grob gepflasterte Straße wirkt. Im Abstieg sehen wir das Tal Pozzo della Scala mit seinen unzähligen Ruinen. Im Tal angekommen, gehen wir links im Tal weiter (gelbe Markierungen). Wo der Weg zwischen zwei Dolinen unterhalb eines Holzkreuzes verläuft, achten wir auf die folgende **Kreuzung (7)** mit Wegweiser: wir biegen rechts ab, wo kein Pfeil hinzeigt und gehen in den Graben hinter einer **Informationstafel**. Wenige Schritte weiter verlassen wir den Graben nach links (auch dort eine Tafel) und nehmen den Pfad, der nach rechts fast parallel zum Graben verläuft (Wegweiser: »Passo dell'Agnella, Monte Ortigara«), und nicht den rot-weiß markierten Weg! Unser Pfad verläuft flach, aber nicht eben zwischen niedrigen Kiefern. Gelbe Markierungen begleiten uns. Es geht steil ins nächste Tal hinunter.
An der Weggabelung kurz vor dem Talgrund halten wir uns rechts und nach der Doline ebenso rechts. Zu den gelben kommen rot-weiße Markierungen dazu. Es geht zuerst bergauf. Nach einem felsigen

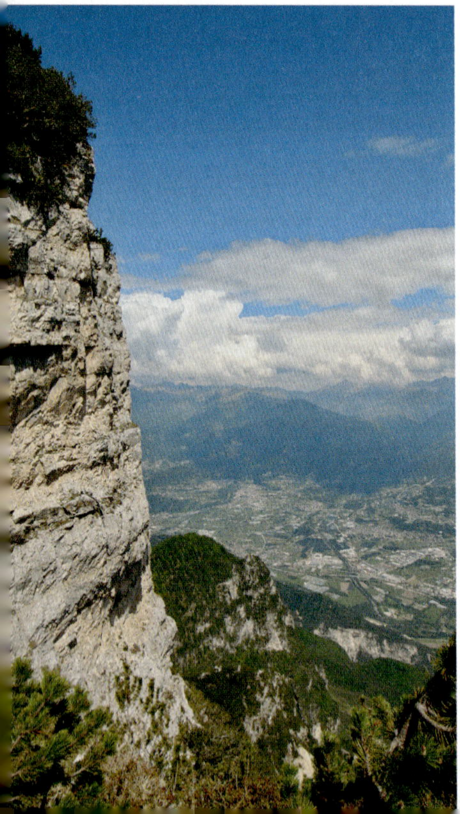

Der Blick stürzt vom Osservatorio Torino in das Valsugana.

Meter hinab knickt der Weg nach links flach ab und wir bemerken eine Gedenktafel für Giorgio Amatori ohne Zusammenhang zum Krieg. An der **Kreuzung (8)** nach dem Anstieg geht es eigentlich links hinauf, wir fügen aber einen kurzen Abstecher nach rechts ein. Was für eine Aussicht!

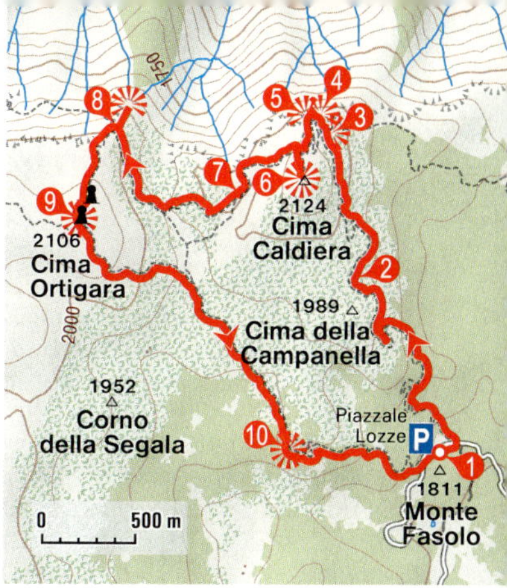

Vom Abstecher zurück geradeaus den Grat hinauf (Wegweiser u. a. »Monte Ortigara«, 840), wahlweise im **Schützengraben** oder daneben. Und nun eine Überraschung: der Weg führt in einen Tunnel! Im **Tunnel** rechts und die Treppe hinauf: so gelangen wir schnell wieder ans Tageslicht. Jetzt wird es etwas technisch (mit Stahlseil) und dann sehen wir schon links das quadratisch gemauerte **österreichische Denkmal**, auf das wir zugehen. Kurz davor ein Aussichtspunkt mit Infotafeln zum Panorama.

Am Denkmal vorbei geradeaus weiter zum Hauptgipfel der **Cima Ortigara (9)** mit einem **italienischen Denkmal** (Säule). Weiter geht's auf dem Weg 840 gemäß Wegweiser (u. a. »Piazzale Lozze«) über den Gipfel hinaus und dann links. Patriotische Markierungen in grün-weiß-rot leiten uns hinab bis zu einer Steinbaracke namens **Baito Ortigara** in einer Senke, wo uns ein Wegweiser halb rechts schickt (immer noch 840). Gemütlich spazieren wir weiter, bis wir rechts eine Mariensäule auf einem Hügel über uns sehen. Wir erreichen die **Mariensäule (10)** über einen Pfad rechts und gehen über den Hügel hinweg mit Linkstendenz, sodass wir wieder auf dem bisherigen Pfad landen, nur etwas weiter.

Direkt danach steht rechts das **Rifugio Cecchin** (bietet manchmal Getränke an). Dort knicken wir links ab und kommen zur **Kapelle**. Wir gehen davor entlang und dann den breiten Weg rechts hinunter, dessen Kurven wir bis zum Ausgangspunkt **Piazzale Lozze (1)** folgen.

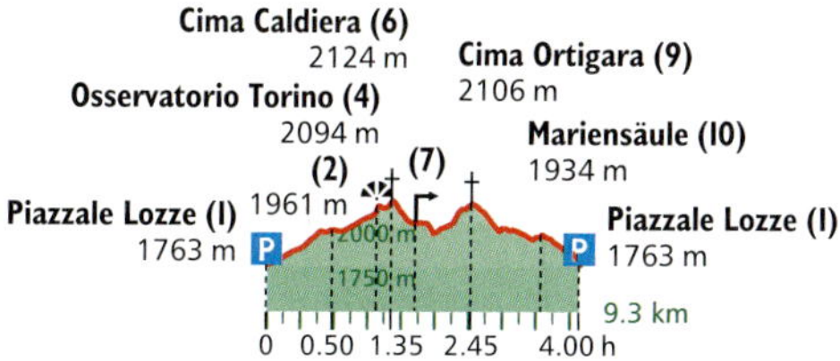

TOP 30 Castelloni di San Marco, 1830 m

5.00 Std.

Im Felsenlabyrinth

Über einen Kilometer lang geht es drunter und drüber: Höhlen, Gänge, Spalten, Scharten, Schluchten, Felsstürze, alles was ein Fels nur machen kann, wird im Castelloni di San Marco genannten Felsenlabyrinth geboten. Kaum denkt man: »Wow, das war die beste Stelle!« kommt etwas noch faszinierenderes. Und alles per Erosion entstanden. Hier kann man sich locker eine Stunde vergnügen. Hin- und Rückweg sind relativ gemütlich und bieten schöne Wald- und Landschaftsbilder, insbesondere der Rückweg. Da die Castelloni di San Marco auch ein Gipfel sind, dürfen wir uns auf Aussichten auf die Spitzen der Hochebene, ins Valsugana und die Bergketten dahinter freuen.

Ausgangspunkt: Località Tiffgruba. **Anfahrt ab Asiago:** Auf der SP76 nach Gallio; wo in Gallio die Hauptstraße den Namen von Via Roma zu Via Campo ändert, zweigt am Gefallenendenkmal die Via Francesco Tura ab. Dieser zu den Skianlagen Melette (Wegweiser) folgen, dort vorbei und nicht zur Malga Campomulo links, sondern weiter auf der Hauptstraße. Kurz danach links hinauf Richtung Ortigara (Wegweiser). Das Rifugio Campomuletto rechts liegen lassen, etwas danach wechselt der Belag zu Schotter, zwischendurch wieder Asphalt. Nächste Verzweigung rechts (Wegweiser »Monte Ortigara« rechts; links: »M.Forno e Chiesa«). Eine Abzweigung links ignorieren. An der T-Kreuzung links, Wegweiser »Monte Ortigara«. In einem kleinen felsigen Wiesental beginnt wieder Asphalt. Wenige Meter nach dem tiefsten Punkt der Straße Schild »Tiffgruba« und Wanderwegweiser. Hier parken. **Anfahrt ab der Marcesina-Hochebene** (erreichbar von Foza, Enego und Tezze): den Schildern Monte Ortigara folgen. Die Straße ist ab der Abzweigung in der Nähe des Albergo Marcesina geschottert. Nach einem steileren Aufstieg mit Serpentinen in der Nähe der Malga Mandrielle die Abzweigung links ignorieren, geradeaus weiter gemäß Wegweiser »Monte Ortigara«. In einem kleinen felsigen Wiesental beginnt wieder Asphalt. Wenige Meter nach dem tiefsten Punkt der Straße Schild »Tiffgruba« und Wanderwegweiser. Hier parken.
Höhenunterschied: 520 m.
Anforderungen: Leichte Wanderung, teilweise markiert, im Felsenlabyrinth Klettergeschick nützlich.
Einkehr: Keine.
Karte: Tabacco 050, Kompass 623.

An der **Tiffgruba (1)** beginnt ein breiter Wiesenpfad mit einem Wegweiser. Der Weg 845 wird uns wie angezeigt zu den Castelloni di San Marco bringen. Am Teich gehen wir nach links und nach einem kurzen Anstieg knickt der Weg nach links oben ab. Durch felsigen Wald steigen wir auf und queren die Straße schräg rechts (Wegweiser). Dahinter ist der Pfad breiter. Dieselbe Straße treffen wir wieder unterhalb der Malga Fossetta. Auch diesmal geht es geradeaus weiter. Der absteigende Pfad ist zunächst etwas undeutlich, aber der Wegweiser 845 und rot-weiße Markierungen helfen. In

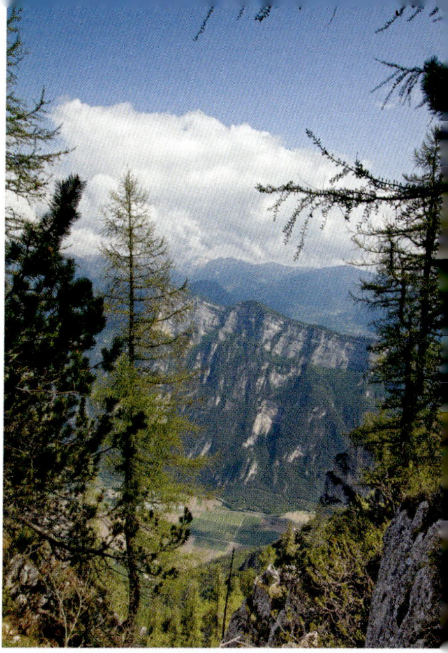

Tiefblick ins Valsugana.

munterem Auf und Ab passieren wir Wälder und Felswände. Wir treffen auf einen **Querweg (2)** und folgen der Empfehlung des Wegweisers »Direz. consigliata per labirinto Castelloni« nach rechts. Nun geht es bergab und zur Linken können wir in ein tiefes **Karstloch** blicken. Wenige Schritte später ein weiterer Querweg und nun geht es links hinauf (immer noch 845). Eine kleine Abzweigung rechts nach einem kurzen Anstieg ignorieren wir. An der nächsten Kreuzung folgen wir geradeaus wieder der 845.

Das nächste Schild steht am Beginn des **Felsenlabyrinths (3)** und erklärt (auf italienisch): Man soll den Pfeilen mit den Nummern 1 bis 48 in aufsteigender Reihenfolge folgen. Die faszinierende Reise durch Gänge, Höhlen und Scharten beginnt. Gleich am Anfang müssen wir durch einen schmalen Spalt. Wer die schlimmsten Kraxeleien umgehen will, kann bei Nummer 7 links durch das Felstor schreiten und dann links mit Nr. 19 weiter machen. Denn: ab Nr. 13 kommen einige technische Stellen. Direkt nach dem Übergang, der mit einem Stahlseil gesichert ist, können wir auf den **Felsen (4)** rechts kraxeln, um ein weites Panorama zu ge-

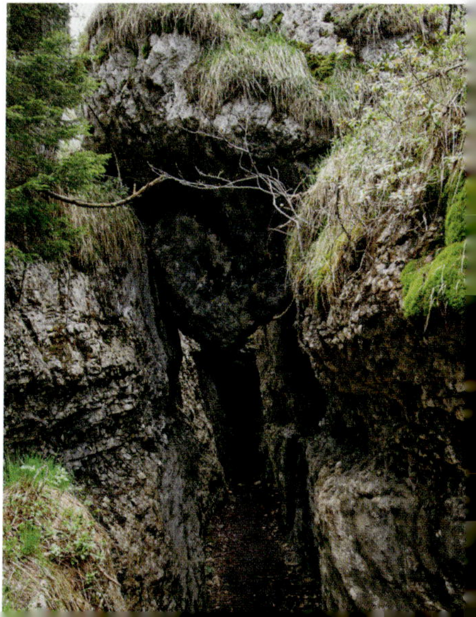

Durch diese hohle Gasse müssen wir gehen.

nießen. Nach Nr. 19 biegen wir rechts ab und bei Nr. 20 links hoch. Am Ende nach Nr. 48 geht es leicht rechts (Markierung), an der Abzweigung mit Wegweiser (u.a. Malga Fossetta, 845) an der Selletta dei Castelloni, 1818 m, dann nach links. Wenige Schritte weiter treten wir kurz nach rechts aus, um in das über 1500 m tiefer gelegene Valsugana zu schauen.
Nun geht es mit gelben und rot-weißen Markierungen steil über Wurzeln und Steine bergab. An der **Kreuzung (5)** rechts hinauf (Wegweiser u.a. Prà Molina, 842). Wo ein schwacher Pfad von links mündet, biegen wir rechts ab. Eine enorme **Doline** liegt links unseres Weges, der **Buso dei Quaranta (6)**. Am nächsten Querpfad halten wir uns links gemäß Wegweiser u.a. Porta Incudine (842). Am Ende des Waldes bietet sich ein schöner Blick auf die Cima Caldiera (mit Kreuz) und das Osservatorio Torino. Über die große Lichtung erreichen wir den Pass **Porta Incudine (7)** mit Wegweiser.
Wir gehen weiter geradeaus in Richtung Prà Molina (842). Kurz darauf passieren wir eine weite Doline zu unserer Linken. Kurz danach achten wir auf einen **Felsen** mit ca. 1,20 m hoher, flacher Seite **mit rot-weißer Markierung (8)**; und Beschriftung »POSTAZIONI SCOGLIO DEL CANE« mit Pfeil: hier biegen wir auf einen schwachen Pfad links vor dem Felsen ein. Bald wird ersichtlich, dass der Pfad auf den Resten einer Militärschotterstraße verläuft.

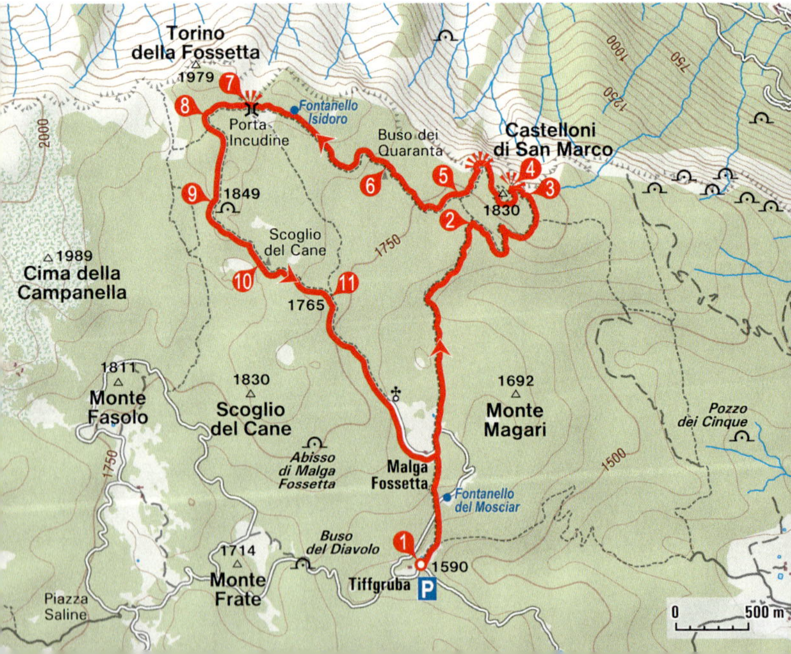

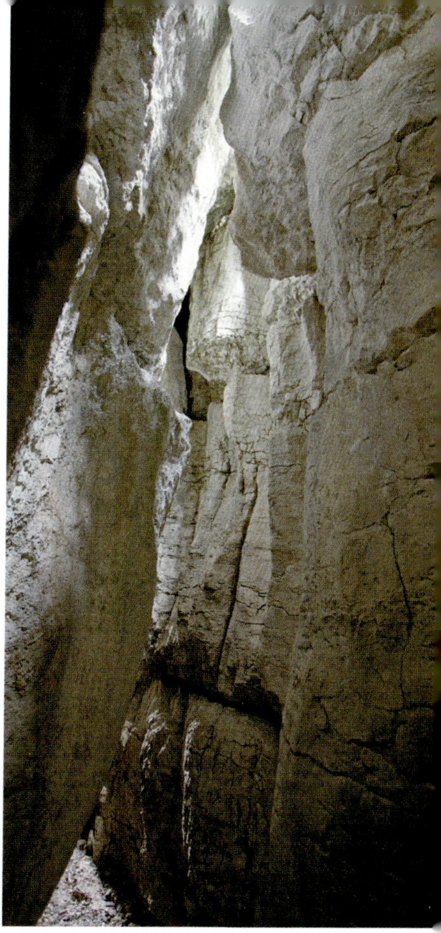

Der Wanderweg führt durch diese Felsspalte.

Nach einigen Kurven geht er schnurgerade weiter. Plötzlich knickt er rechtwinklig nach rechts ab, um auf der rechten Seite einer großen **Doline mit Höhle (9)** herumzuführen. Wir gehen also über den Felsen oberhalb des Höhleneingangs. Ab dort wird der Pfad wieder deutlicher. Nach einer Aussicht rechts auf ein Tal treffen wir einen **Querweg (10)**. Wir biegen kurz ansteigend links ab. Nur kurz ist der Weg breit, und kaum dass er zum schmalen Pfad wird, biegen wir rechts ab. Es geht an einer ausladenden **Doline** zu unserer Linken vorbei. Danach schwingt der anfangs verwachsene Pfad in steilen Serpentinen hinab bis zu einem **Querweg (11)** mit Holzschild. Hier gehen wir rechts.

Es wird wieder steil. Plötzlich stehen wir vor einer runden **Kapelle** und weiter unten sehen wir die Malga Fossetta. Der breite Fahrweg bringt uns dort hin. Hinter den Gebäuden dann rechts auf den Pfad, den wir vom Hinweg kennen und der uns zur **Tiffgruba (1)** leitet.

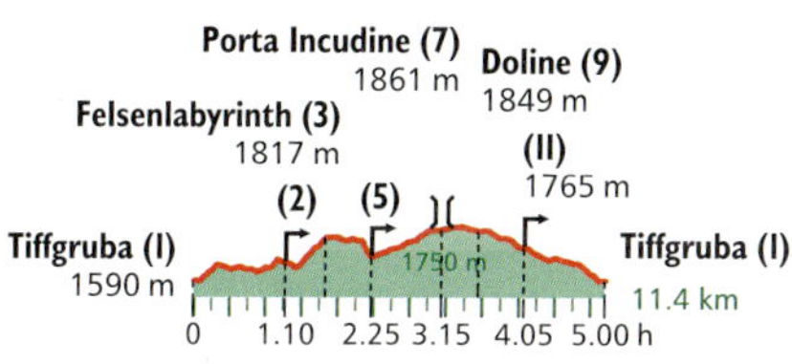

31

Forte Campolongo und Sciason-Höhle

1.15 Std.

Loch mit Tiefblick, Festung mit Weitblick

Der Waldspaziergang mit märchenhaften Felsen führt uns zunächst zur spektakulären Karsthöhle Caverna Sciason (Sieson), die sich wie ein Schlund öffnet und fast 100 Meter tief einbricht. Im Inneren halten sich Eiszapfen das ganze Jahr über. Zum Glück ist der Abgrund mit einem Geländer gesichert. Weiteres Ziel ist das Forte Campolongo, das von 1908 bis 1912 vom italienischen Militär erbaut wurde, allerdings schon nach drei Kriegswochen zerstört war und dann von den Truppen Österreich-Ungarns eingenommen wurde. Das Fernkampfwerk wurde kürzlich restauriert und ist heute frei zugänglich. Für die Besichtigung der weitläufigen Anlage sollte man sich Zeit lassen. Die damals strategische Lage bedeutet für uns heute: Panoramalage. Die Sicht geht weit über das Val d'Astico.

Ausgangspunkt: Rifugio Campolongo, 1546 m. An der SP78 zwischen Roana und Rotzo im Ortsteil Mezzaselva an der Kirche rechts in die Via Verenetta (Wegweiser »Forti Verena e Campolongo«). Auf dieser Straße 6,4 km bergauf, dann links abzweigen (Wegweiser »Campolongo«), noch 600 m bis zum Rifugio Campolongo.

Höhenunterschied: 210 m.
Anforderungen: Einfach, z.T steil.
Einkehr: Rifugio Campolongo am Ausgangs- und Endpunkt.
Karte: Tabacco 050, Kompass 623.
Tipp: Mit Taschen- oder Stirnlampe lässt sich das Forte Campolongo ausführlicher erkunden.

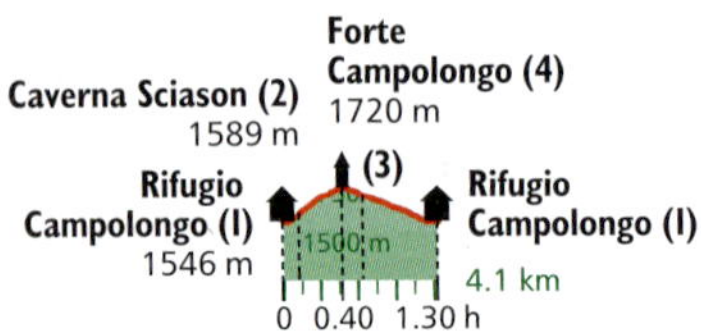

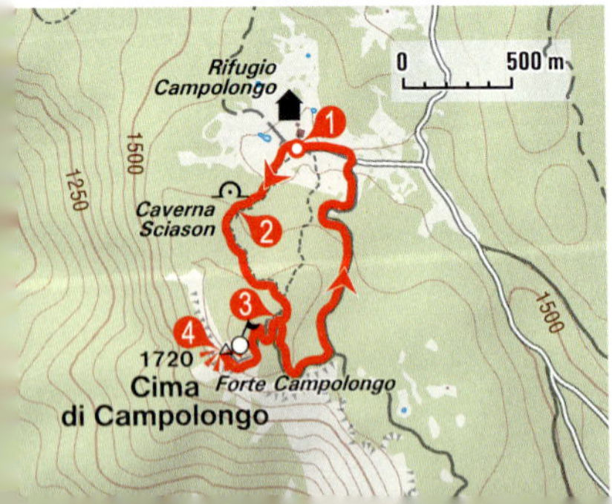

Wir wenden dem **Rifugio Campolongo (1)** den Rücken zu und gehen über den riesigen Parkplatz zur Schotterstraße. Hinter der Infotafel nutzen wir den Zaundurchlass zwischen hohen Pfählen (Wegweiser u. a. »Forte Campolongo«, 810). Der schmale Pfad läuft über die Weide auf den Wald zu, wo der Beginn des Weges durch helle Steine und einen Wegweiser gut auszumachen ist. Im Wald treffen wir nach einem Zaundurchlass einen Querweg, wo wir links weitergehen. Ein gut ausgebauter Waldweg führt um Felsen herum zur **Caverna Sciason (2)**, in die wir schaudernd hinabblicken.
Danach geht es durch einen kurzen natürlichen Tunnel auf klarem, z. T.

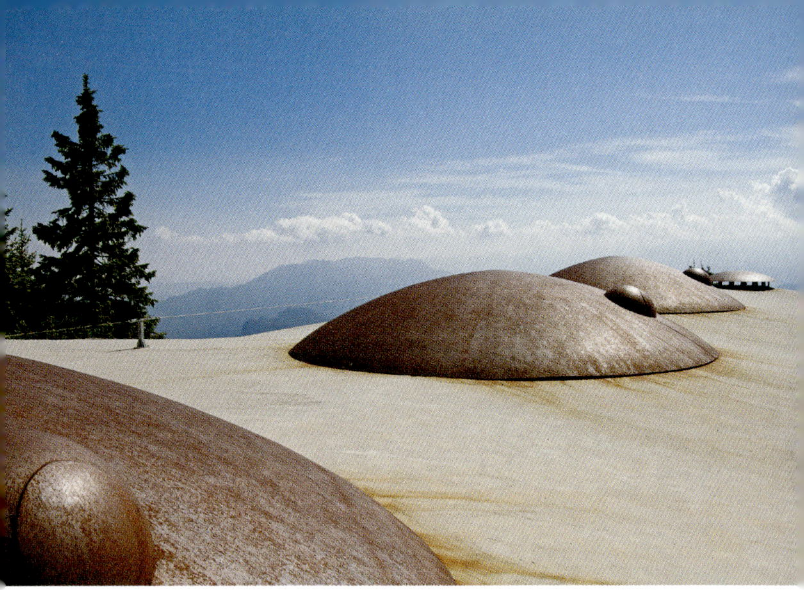

Die ehemaligen Geschützstände des Forte Campolongo.

steilen Pfad durch den Wald bis zur Spitzkehre einer **Schotterstraße (3)**. Hier halten wir uns rechts ansteigend und erreichen nach wenigen Kurven den Eingang zum Werk **Campolongo (4)**. Durch den Tunnel hindurch gelangen wir zu einer Art Hof mit toller Aussicht über das Val d'Astico. Nach rechts können wir ein restauriertes mehrstöckiges Gebäude betreten. Im obersten Stockwerk die Geschützstellungen und auf dem Dach wieder Aussicht. Zurück gehen wir zunächst auf demselben Weg bis dahin, wo der Waldpfad auf die Kurve der **Schotterstraße (3)** stößt. Der beschriebene Rückweg ist bequemer als der Hinweg, aber auch langweiliger. Wer möchte kann stattdessen den bekannten Weg zurück gehen. Ansonsten bleiben wir auf den abfallenden Serpentinen der Schotterstraße. An einem Querweg biegen wir links abfallend ab (Wegweiser u.a. »Rifugio Campolongo«, 810). An der Asphaltstraße links zum **Rifugio Campolongo (1)**.

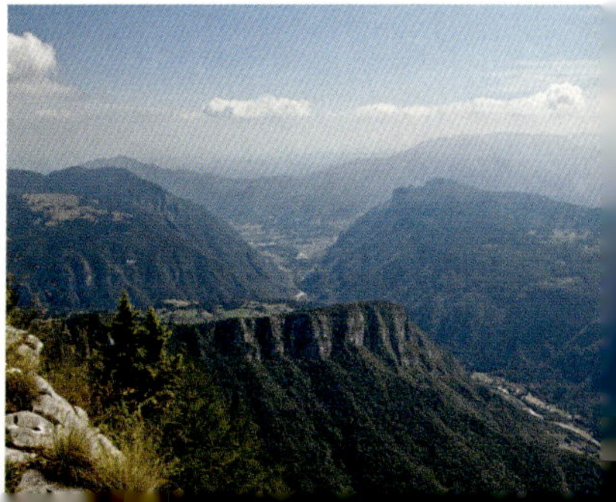

Blick vom Forte Campolongo in das Val d'Astico.

TOP **32**

Alta Burg, Altar Knotto und Alta Kugela

2.00 Std.

Seltsame Felsen mit Aussicht

So seltsam die Namen dieser Felsen, so seltsam ihre Form: Altar Knotto gleicht einem Hund, Alta Kugela einer erstarrten Riesenwelle. Alta Burg (Punta Altaburg) dagegen ist ein Aussichtspunkt ohne Fels. Dort steht ein Kreuz, möglicherweise um einen heidnischen Kultort zu christianisieren. Ein schöner Waldweg (nur kurz auf Asphalt) verbindet die drei Orte.

Ausgangspunkt: Curva Tellale, 1137 m. An der SP78 zwischen Rotzo und Albaredo biegt eine schmale Straße ab (brauner Wegweiser u.a. »Altar Knotto« und »Altaburg«). An der dritten Spitzkehre, genannt Curva del Tellale, wo ein Schotterweg mit Wanderwegweisern abzweigt, parken.

Höhenunterschied: 310 m.
Anforderungen: Überwiegend einfach zu gehen, einige Abschnitte steil. Leidlich markiert. Kurze Kletterei am Altar Knotto ist optional.
Einkehr: Keine.
Karte: Tabacco 050, Kompass 623.

An der **Curva del Tellale (1)** folgen wir den Wegweisern »Alta Burg« und »Altar Knotto« (802) in den Wald. Der breite Waldweg steigt sanft an. Einen Pfad rechts und einen links können wir ignorieren. Es wird steiler und bleibt rotweiß markiert. Eine Abzweigung links interessiert uns nicht.
Nach einer Linkskurve stehen wir zusammen mit einem Holzwegweiser (»Altar Knotto« und ein blauer Pfeil) auf einer Lichtung. Wir folgen dem Wegweiser nach rechts, wo es durch schütteren Wald sehr steil aufwärts geht. Die nächste **Abzweigung (2)** links am geschnitzten Eichhörnchen ist der Abstecher zur Alta Burg (Wegweiser). Gerade 100 m weiter stehen wir am **Alta Burg (3)**, auch Punta Altaburg genannt, ein wunderbarer Aussichtsfels mit Kreuz. Uns zu Füßen das Valle d'Astico, dahinter das Massiv von Monte Cornetto und Becco di Filadonna mit der Schutthalde in der Mitte. Weiter links der Monte Pasubio.
Zurück auf dem Hauptweg nach links Richtung Altar Knotto. Schon auf dem Weg gibt der Wald einen kurzen Blick über den Abgrund hinweg auf den Felsen des Altar Knotto frei. Wir kommen auf einem **Felsplateau (4)** oberhalb

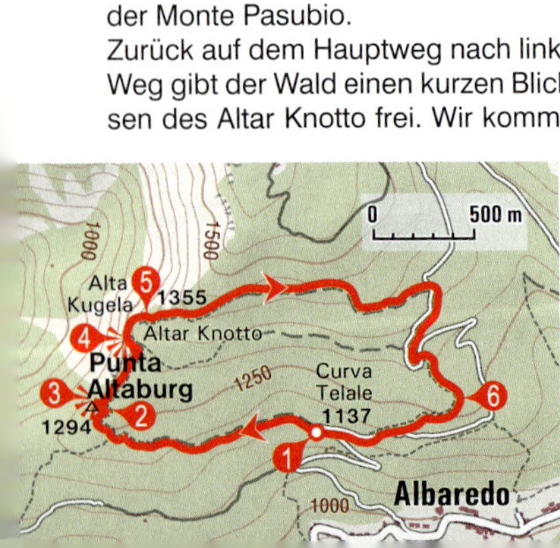

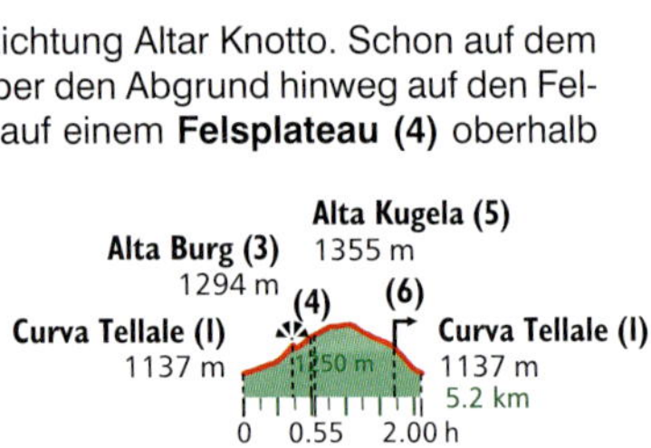

Die Felsformation Alta Kugela.

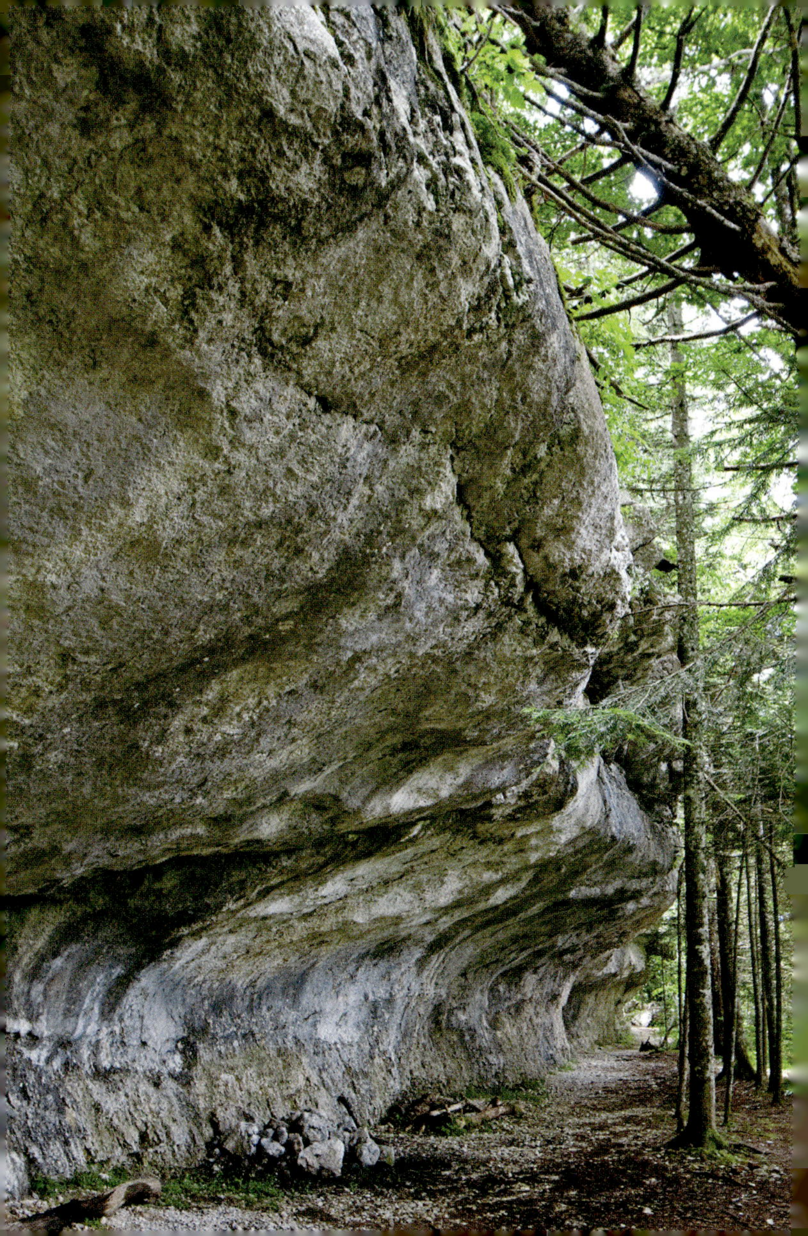

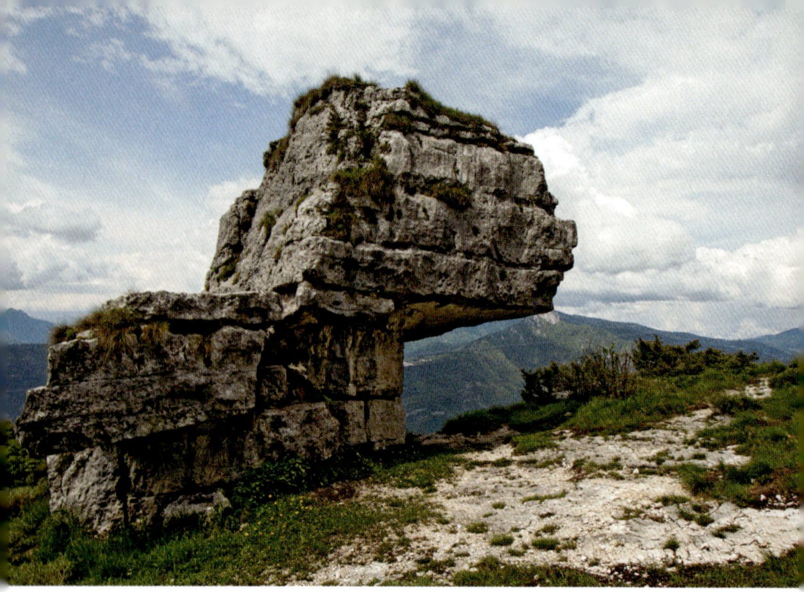

Die Altar Knotto genannte Felsfigur.

des **Altar Knotto** an. Um die seltsame Gestalt des Felsens zu erfassen, müssen wir daran vorbeigehen. Die Aussicht ist grandios. Wer sich den Mini-Kletterpfad zutraut, kann auch zum Felsen hinabsteigen: durch ein Loch und eine Felsspalte geht es hinab. Unser Weg geht oberhalb des Felsens direkt wieder in den Wald, wo sogleich ein Wegweiser steht.

Schnell sind wir an einem Felstisch und direkt dahinter liegt der **Alta Kugela (5)**. Ein Felsenriff wie von der Brandung geformt. Unser Weg geht zwar davor durch einen Felsdurchlass nach rechts weiter, aber wir sollten einmal an dem enormen Überhang auf und ab gehen. Wenn das Wolfgang Güllich gesehen hätte!

Nach dem Felsdurchlass zeigen rot-weiße Markierungen den Pfad durch den Wald an, der auf einen breiten Schotterweg trifft. Dieser führt uns geradeaus (nur noch kurz bergauf) bis zur Straße. Dort dann rechts (Wegweiser »Curva del Tellale«, 802) auf die Straße. Einen Waldweg mit Wegweiser lassen wir rechts liegen. Am Ende einer weiten 180°-Linkskurve geht ein Pfad nach rechts in den Wald ab (Wegweiser »Curva del Tellale«, 802). An einem Querweg folgen wir dem Holzwegweiser nach rechts, auch an der folgenden **Verzweigung (6)** ohne Wegweiser halten wir uns rechts. Der Pfad ist etwas verwachsen, aber immer wieder rot-weiß markiert. An der Straße nach rechts und schon sind wir wieder an der **Curva del Tellale (1)**.

2.15 Std.

Monte Fior, 1824 m

33

Weite Blicke, tiefe Gräben

Der Monte Fior hat vieles zu bieten: dem Genusswanderer weite Aussichten in die Berge nach Norden (Lagorai, Marmolada) und die Ebenen Veneziens nach Süden (bei besonders guter Sicht bis zum Meer); dem Hobbybotaniker viele Orchideen auf Kalkmagerrasen und Trollblumen; dem Geologen geschichtete Kalksteine in hübschen Formen; dem Historiker militärische Anlagen, die die Landschaft prägen (Schützengräben, Tunnel). 1916 und 1917 kämpften italienische und österreichische Truppen hier um jeden Meter. Viele Hänge sind übersät von den Einschlagstrichtern der Granaten, was auf Satellitenbildern gut zu sehen ist. Über die Kriegsereignisse und -relikte informieren zahlreiche Informationstafeln (italienisch, deutsch, englisch); die kleineren Tafeln in italienischer Sprache zitieren Passagen aus Büchern von Soldaten, die damals dabei waren.

Ausgangspunkt: Gefallenendenkmal unterhalb Malga Slapeur. Wo in Gallio die Hauptstraße den Namen von Via Roma zu Via Campo ändert, zweigt am Gefallenendenkmal die Via Francesco Tura ab. Dieser zu den Skianlagen Melette (Wegweiser) folgen, dort vorbei und nicht zur Malga Campomulo links, sondern weiter auf der Hauptstraße. Kurz danach rechts hinauf (Wegweiser u. a. »Monte Meletta«). Ab jetzt Schotterstraße. Am nächsten Abzweig geradeaus hinauf. An der kommenden Weggabelung flach links, dann geht's unter dem Lift durch. Genauso die nächste: kein Wegweiser, links weiter. Die letzte Weggabelung ist mit einem Wegweiser ausgestattet: wir folgen »Malga Slapeur« (861) nach links und parken nach ca. 220 m vor dem dreisprachigen Gefallenendenkmal.

Höhenunterschied: 290 m.

Anforderungen: Leichte Wanderung, kaum markiert, einfache Orientierung.

Einkehr: Keine. Käseverkauf in der Malga Slapeur.

Karte: Tabacco 050, Kompass 623.

Vom Parkplatz am **Gefallenendenkmal (1)** steigen wir die Schotterpiste in engen Kurven weiter an bis zur **Malga Slapeur**, die schon vom Parkplatz aus zu sehen ist. Kurz nach der Infotafel über den Frontverlauf direkt vor dem Almgebäude drehen wir scharf links ab, um den Wiesenhang schräg auf einem Pfad zu queren; rot-weiße Markierungen helfen dabei. Oberhalb der Wiese durchschreiten wir einen schmalen **Baumstreifen (2)** mit felsigem Boden. Dahinter biegen wir rechts ab (Wegweiser u. a. »Monte Fior«, 861), zunächst ist der Pfad am Wald entlang undeutlich, wird aber schnell klarer. Wir umrunden so anfangs flach, später leicht an-

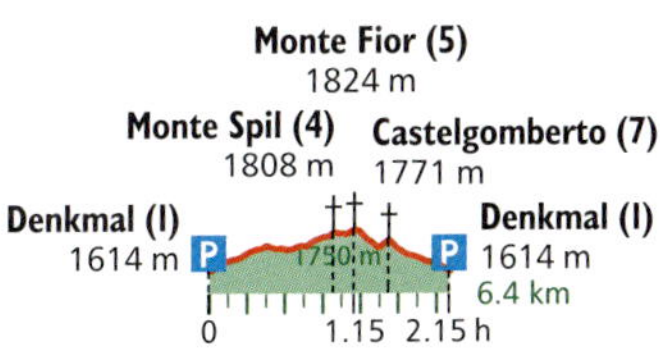

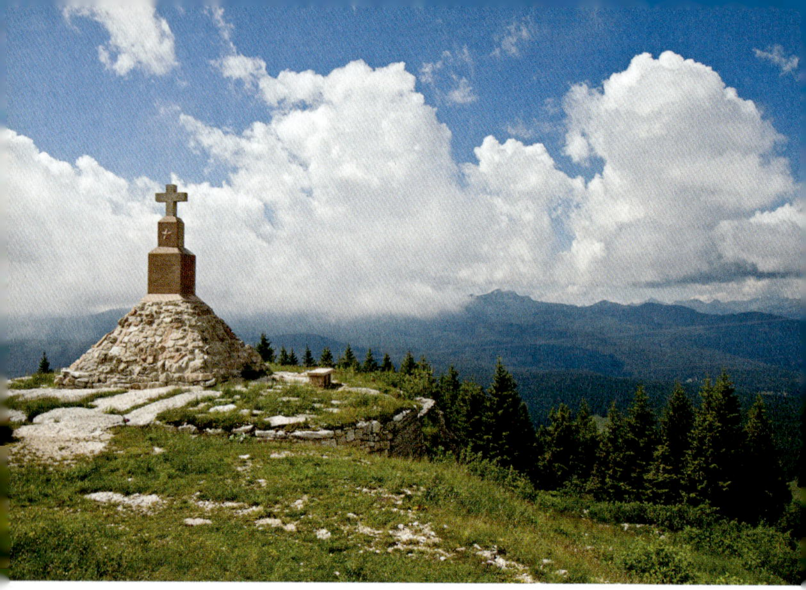

Denkmal und Aussicht auf dem Gipfel Castelgomberto.

steigend den Monte Fior auf Wiesenpfaden. Links von uns tauchen immer mehr geschichtete **Felsformationen** auf, die ihren ganz eigenen Reiz haben. Wo die waagerechte Schichtung schief liegt, kann man von einem Felssturz ausgehen. An einem Teich gehen wir vorbei und ignorieren dann einen Abzweig rechts zur Slapeur-Alm. So bleiben wir auf flachem Weg unterhalb des Felsbandes, das mit jedem Schritt noch spektakulärer wird.

Nach einem kurzen Anstieg lohnt ein Rückblick auf die Spitzen oberhalb der Asiago-Hochebene: Monte Caldiera, Monte Ortigara, Cima Dodici mit den Schichtfelsen im Vordergrund und Blick ins Tal.

Wir halten rechts vom Teich auf die Alm »Malga Montagna Nuova« zu (das größere, obere Gebäude) und gehen rechts des Hauses auf die Schotterstraße zu. Wir biegen auf diese nach links ansteigend ein (Wegweiser u. a. »Monte Fior«, 861). Nach Serpentinen und einem **Gatter (3)** biegen wir links ab (Wegweiser u. a. »Castelgomberto«, 861) und erreichen am Stacheldraht entlang sehr schnell den **Monte Spil (4)**, 1808 m, als Gipfel kaum akzentuiert, aber am Gedenkstein erkennbar. Es geht auf dem **Gipfelkamm** in gleicher Richtung weiter durch einen flachen Sattel und hinauf zum schwach gewölbten Gipfel des **Monte Fior (5)**, 1824 m, mit Aussichtstafeln und Bänken. Nur noch ein kurzes Stück weiter auf dem Kammrücken, dann führt uns der markierte Pfad nach rechts vom Kamm weg, sodass wir den Hang absteigend queren. Links liegen Eingänge zu **Stollen** aus Kriegszeiten, die bis zur anderen Bergseite führen (Achtung, rutschig, niedrige Decke! Betreten auf eigene Gefahr!).

Angekommen im Sattel namens **Selletta Stringa (6)**, 1731 m, könnten wir sofort nach links Richtung Malga Slapeur absteigen, aber ein Abstecher zum Nebengipfel Castelgomberto ist Pflicht. Der kurze Anstieg ist geradeaus hinauf über diverse Trampelpfade möglich, viel spannender ist es, zwischen dem Wegweiser und einem Gedenkstein über ein paar Treppenstufen in den Schützengraben zu steigen; der Schützengraben führt hinauf bis zum Gipfel **Castelgomberto (7)**, 1771 m, wo ein **Denkmal** mit Kreuz und eine wunderbare Aussicht warten, u.a. auf die geometrischen Schützengräben auf dem gegenüberliegenden Hang.

Zurück in der **Selletta Stringa (6)** biegen wir nach rechts unten ab (Wegweiser u.a. »Val Miele q. 999«, 861) und nutzen den Zaundurchlass. Das Tal, durch das sich der schöne Pfad zwischen Tannen und Felsen schlängelt, war nicht immer so friedlich: die Löcher in den Felswänden links oberhalb waren Geschützstände. Rechts vom Weg liegt ein tiefes Karstloch. Der deutliche und rot-weiß markierte Pfad führt uns sicher zum **Abzweig (2)** oberhalb der Malga Slapeur, wo wir gemäß Ski-Wegweiser »Melette esterno« rechts abbiegen und auf bekanntem Pfad zur Malga Slapeur und zum Ausgangspunkt **am Gefallenendenkmal (1)** absteigen.

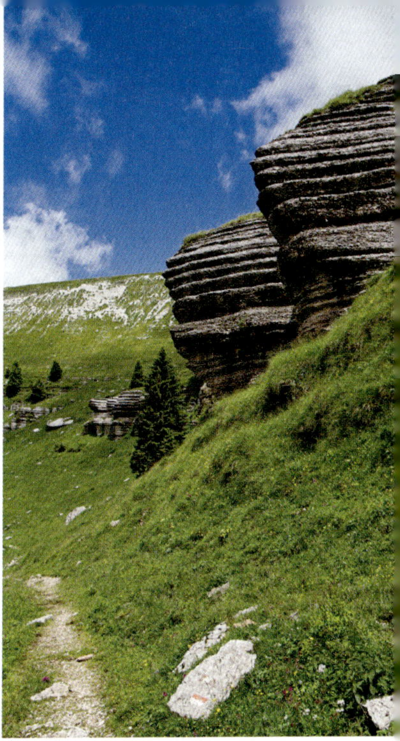

Geschichtete Felsen am Monte Fior.

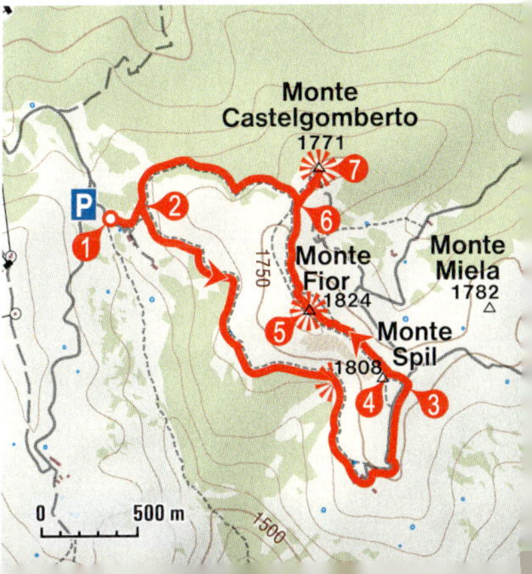

34 Val Gadena

3.15 Std.

Spaziergang in der Schlucht

Die Schlucht Val Gadena ist von einem anfangs sehr bequemen, später immer schwierigeren Pfad erschlossen. Hunderte Meter hohe Felswände bekommen wir gleich am Anfang zu Gesicht. Es folgt eine rosa Grotte und ein hübscher bemooster Wasserfall. Immer wieder staunen wir über die riesigen, z. T. überhängenden Felswände. Am vorgeschlagenen Umkehrpunkt zweigen zwei Wanderwege ab, die theoretisch einen Rundweg ermöglichen. Aber außer einem Blick von oben in die Schlucht sind die Wege nicht so schön, dass sie den schrecklich steilen Abstieg am Ende rechtfertigen könnten.

Ausgangspunkt: Giara Modon (Ortsteil von Valstagna, nördlich von Valstagna auf derselben Flussseite). Valstagna Richtung Norden verlassen und im Tal bleiben. Durch den Ortskern von Giara Modon hindurch, direkt hinter der Brücke links (Wanderwegweiser u. a. Val Gadena). Nach ca. 150 m an der Abzweigung mit Gedenktafel für Vigilio Federico Dalla Zuanna parken.

Höhenunterschied: 450 m.
Anforderungen: Bis zur großen Grotte Spaziergang. Dann etwas uneben, später immer schwieriger (steiler, kraxeln, ausgesetzt). Das Tal führt nur zu besonderen Gelegenheiten Wasser; in diesem Falle ist nur ein kurzes Stück des Weges möglich. Leidlich markiert.
Einkehr: Keine.
Karte: Tabacco 050, Kompass 623.

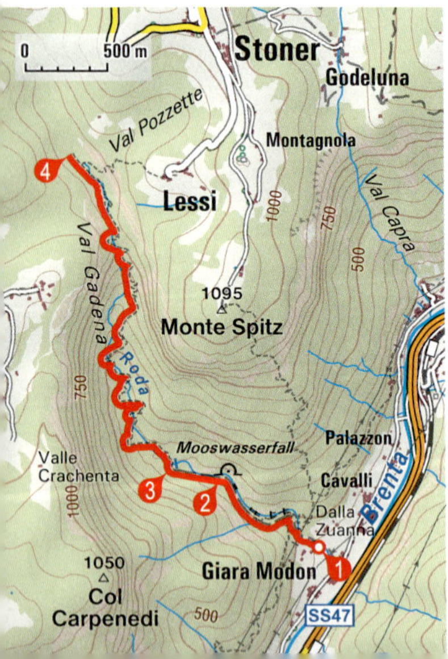

Wir steigen die Asphaltstraße an der **Gedenktafel für Vigilio Federico Dalla Zuanna (1)** am trockenen Tal entlang an. Der Asphalt endet sogleich, es geht geradeaus auf Schotter weiter. Rot-weiße Markierungen begleiten uns (Weg 784). Zwei Wanderwege zweigen ab (Wegweiser), wir bleiben auf dem breiten Schotterweg. Nach dem Wechsel der Talseite bewundern wir mit einem kleinen Abstecher scharf rechts die große **Grotte (2)**: das Gestein schimmert leicht rosa. Der Hauptweg führt geradeaus weiter.

Ab jetzt wird es etwas schwieriger. Kurz nach der Grotte eine spannende Engstelle und ca. 500 m nach der Grotte ein **Moos-Wasserfall (3)** links. Nun wird es immer steiler und

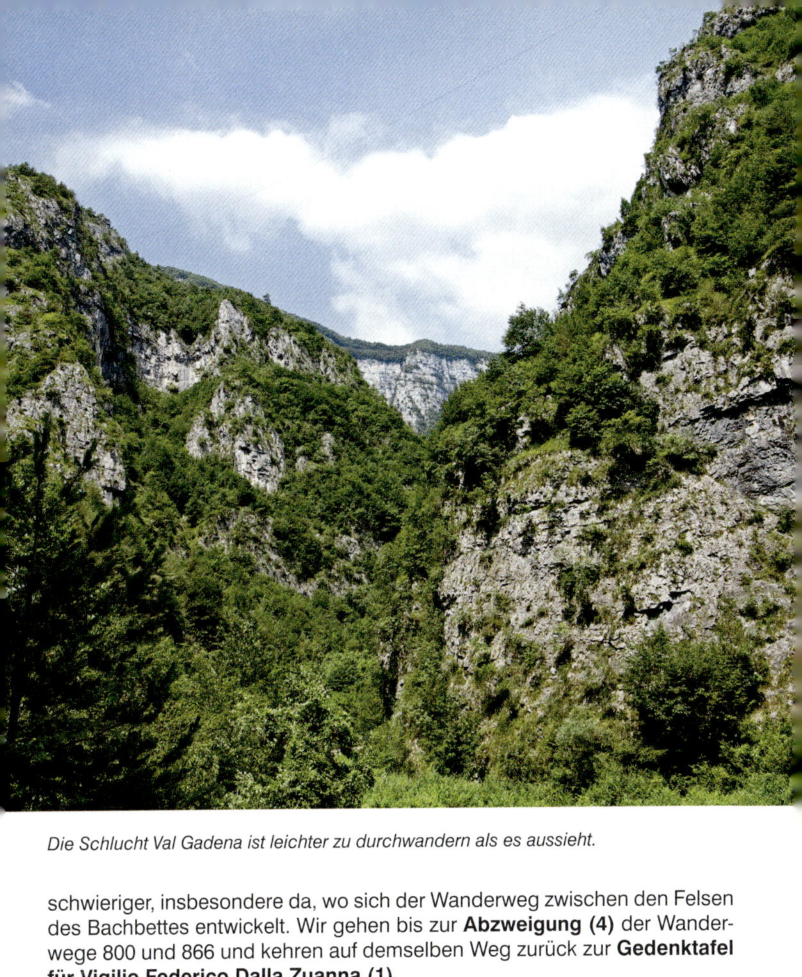

Die Schlucht Val Gadena ist leichter zu durchwandern als es aussieht.

schwieriger, insbesondere da, wo sich der Wanderweg zwischen den Felsen des Bachbettes entwickelt. Wir gehen bis zur **Abzweigung (4)** der Wanderwege 800 und 866 und kehren auf demselben Weg zurück zur **Gedenktafel für Vigilio Federico Dalla Zuanna (1)**.

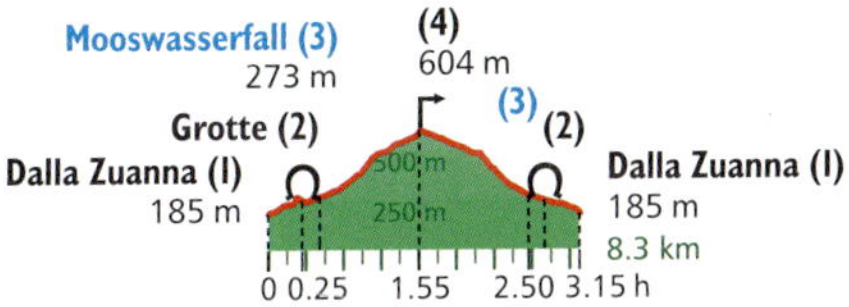

35 Calà del Sasso

4.00 Std.

Eine der längsten Treppen der Welt

Der Calà del Sasso genannte Verbindungsweg zwischen den Dörfern Valstagna und Chiesa del Sasso wurde Ende des 15. Jahrhunderts zum Holztransport angelegt. Neben dem Treppenweg läuft eine Rutschbahn, über die Holzstämme nach unten polterten. So wurde das Holz der Hochebene von Asiago nach Valstagna gebracht und von dort über den Brenta nach Venedig geflöst, um die dortige Handels- und Kriegsflotte zu bauen. Die angeblich 4444 Stufen (vom Autor nicht nachgezählt) bringen Wanderer ganz schön aus der Puste: Die durchschnittliche Steigung beträgt 20%! Der Treppenweg verläuft komplett in einer waldigen Schlucht.

Ausgangspunkt: Zweite Kurve der SP73. Braunes Schild. Dafür von Valstagna auf der SP73 Richtung Foza fahren; kurz vor der Spitzkehre mit dem Schild »2° tornante« rechts großer Parkplatz.
Höhenunterschied: 730 m.
Anforderungen: Einfach, wenn es nicht so sehr steil wäre.

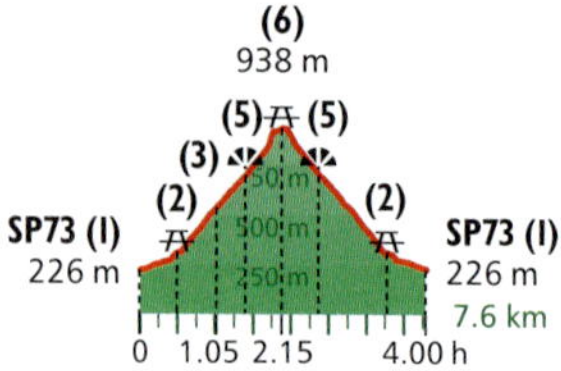

Einkehr: Am Ende der Treppe den Feldweg hinter der Wiese nach rechts einschlagen, am Sportplatz vorbei und bis zur Straße folgen. Dort rechts hinauf in den Ort hinein. Nach insgesamt ca. 800 m und 40 m Höhendifferenz zwei Bars und ein Restaurant (»Alla Calà«).
Karte: Tabacco 050, Kompass 623.
Variante: Wie unter Einkehr beschrieben in den Ort Chiesa del Sasso hinein, dann weiter die Hauptstraße hinauf und Richtung Stoccareddo abbiegen. Im direkt folgenden Ortsteil Mori dem Wegweiser 778B nach rechts folgen. Achtung, dieser Weg ist noch steiler als der Hinweg über die Treppe! Er trifft 650 m vor dem unteren Ende der Treppe wieder auf dieselbe.

An der **zweiten Kurve auf der SP73 (1)** beginnt hinter dem braunen Schild »Calà del Sasso« ein heller Schotterweg. Tafeln hier und entlang des Weges informieren über die Treppe auf italienisch und teilweise englisch. Wir folgen dem Weg 778 in das Tal hinein und passieren einen Klettergarten. Nach Überquerung des (trockenen) Bachbettes sehen wir bald links einen kleinen bemoosten Wasserfall namens »Fontanèa«. Links von einer **Grillhütte (2)** aus Holz beginnt die Treppe: die ersten Meter sind schlecht als Treppe zu erkennen, später wird es deutlicher. Wir folgen der Treppe schnaufend bis zum Ende. Die beiden Abzweigungen links und rechts (Weg 778B) im unteren Teil interessieren uns nicht. Unterwegs stehen uns die **Madonna (3)** und **Sant'Antonio (4)** bei.

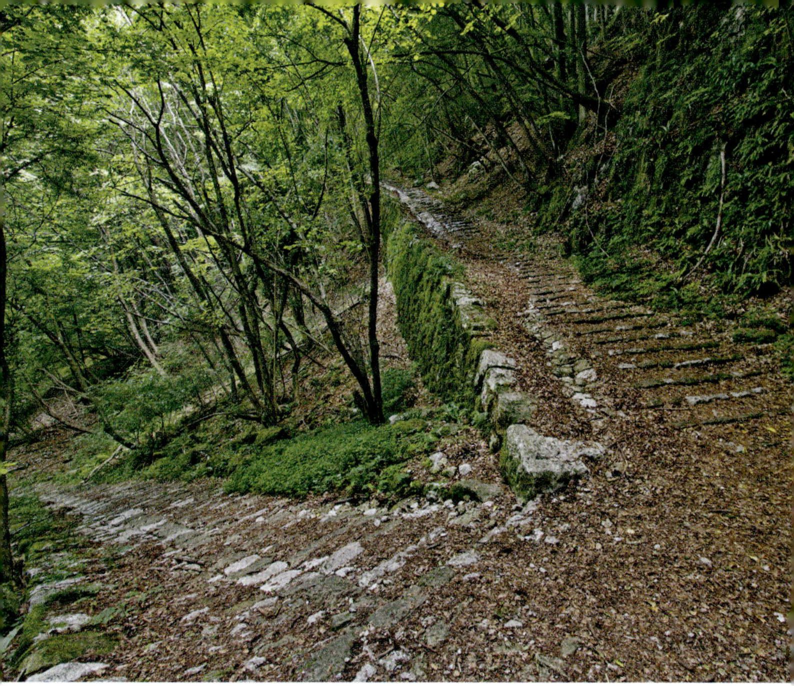

4444 Stufen geht es hinauf (und wieder hinunter).

An einer **Lichtung (5)** haben wir einen schönen Blick ins Tal. Im Rückblick ist dort der Castelier genannte Felsturm zu sehen. Die Treppe mündet auf eine Wiese mit **Grillhütten (6)**. Auf demselben Weg geht es zurück zum Ausgangspunkt an der **SP73 (1)**.

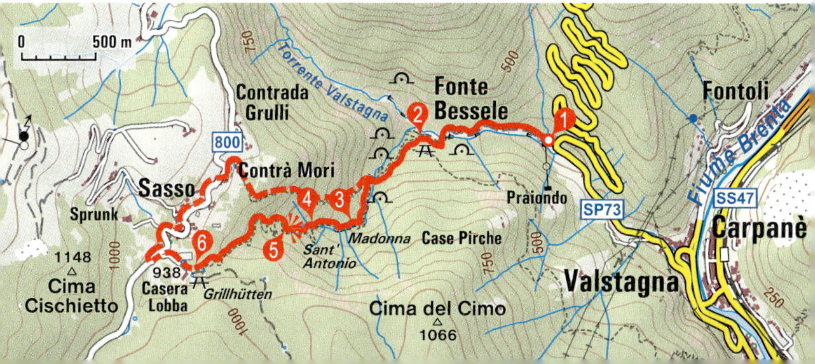

36 Colli Alti mit Col del Fenilon, 1325 m

4.00 Std.

Am Rand des Monte Grappa

Die Colli Alti sind eine Hügelkette am Rand des Grappa-Massivs. Dadurch bieten sie Blicke auf die benachbarte Asiago-Hochebene, in das tiefe Tal Canale di Brenta und den Felssturz dazwischen. Die Wanderung führt durch bukolische Wiesen- und Weidelandschaften voller Bergblumen. Besonders schön ist die Narzissenblüte Anfang Mai.

Ausgangspunkt: Campo Solagna, Abzweig Via Colli Alti, 1018 m. In Romano d'Ezzelino beginnt die SP148. Immer hinauf gemäß Wegweiser Monte Grappa. Nach der neunten Spitzkehre (Schild »9° tornante«) noch 1,8 km.
Höhenunterschied: 420 m.
Anforderungen: Leichte Wanderung. Meist markiert, aber einfache Orientierung. Das steilere Stück kann umgangen werden (Variante).
Einkehr: Rifugio Alpe Madre.
Variante: Um die steileren Stellen zu umgehen: an der Schotterpiste (3) links auf die Straße »Via Col Fenilon«, an der Einfahrt zum Rifugio Alpe Madre vorbei (bzw. ggf. einkehren) und an der nächsten Verzweigung nach links. Auf der kurvigen, aussichtsreichen Straße bergab. An der zweiten spitzen Linkskurve treffen wir wieder auf den Hauptweg und gehen dort nach links. Schwierigkeitsgrad: leicht.
Karte: Tabacco 051, Kompass 632.

Am **Campo Solagna (1)** haben wir einen schönen Blick hinunter ins Brentatal. Am Stromturm beginnt die Via Colli Alti und wenige Meter weiter eine Treppe, die zu einer modernen **Kirche** hinaufführt (Schild »Sentiero Antonio Bizzotto«). An der Kirche gehen wir links vorbei und dahinter den breiten Weg hinauf. Rechts sehen wir den Gipfel des Monte Grappa.
Wir treffen die Straße (Wegweiser »Col del Fenilon«, 940) und folgen ihr kurz hinauf und verlassen sie sogleich nach rechts auf den Schotterweg. Dieser führt auf ein Tor zu, daher biegen wir davor nach links auf einen schmäleren Weg ein, der weiter ansteigt. Wieder treffen wir die Straße und folgen ihr kurz nach oben rechts, um dann scharf links steil hinauf ins **Villaggio del Sole** abzubiegen (»Via Col del Gallo«). Die erste Abzweigung ist eine Grundstückseinfahrt und auch an der zweiten gehen wir geradeaus weiter, also immer hinauf. An der folgenden Kreuzung mit Bildstock knicken wir scharf rechts in die **Via Col del Gallo** ab.
Nach einem weiteren Bildstock verlassen wir die Asphaltstraße in einer Rechtskurve nach geradeaus in den Wald. Schnell sind wir wieder in offener Landschaft und ein Aussichtsreigen beginnt. Zwei Abzweigungen rechts ignorieren wir. Nach einem großen Stall erreichen wir eine **Schotterstraße (2)**, die wir queren, um den Wiesenhang gegenüber schräg zu erklimmen, rechts vom Strommast mit rot-weißer Markierung. An einem anscheinend verlassenen Haus mit Lärchen und Aussicht vorbei folgt eine Gabelung, an der wir

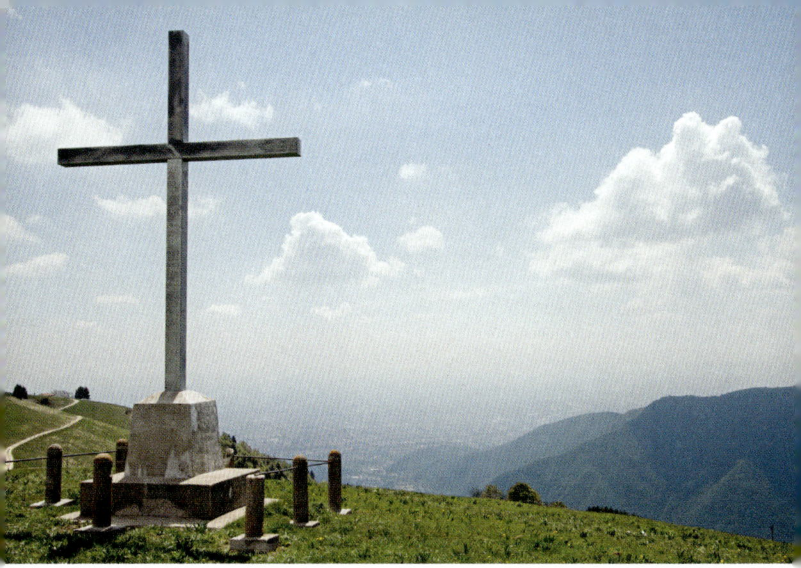

Der Col del Fenilon ist der höchste Punkt der Wanderung mit Blick nach Bassano del Grappa.

uns für den deutlicheren Zweig links (praktisch geradeaus) entscheiden. Nach rechts sehen wir ein Stück der Feltriner Dolomiten.

Wieder treffen wir auf Asphalt und nutzen ihn nach geradeaus (Wegweiser »Col del Fenilon«, 940) und verlassen ihn an der kommenden Rechtskurve wieder nach geradeaus. Die Aussicht wird immer weiter. Nach einer Kurve öffnet sich der Blick nach Norden, wo wir rechts das Gipfelkreuz des Col del Fenilon und als weiteres Etappenziel die Säule auf dem Col Moschin hinter den beiden hellen Gebäuden sehen.

An der **Schotterpiste (3)** gehen wir geradeaus (hier beginnt die Variante: Schotterweg nach links) über den schwachen Pfad im Wiesenhang auf das Kreuz zu (Wegweiser »Col Fenilon«). Eine Markierung am Strommast und ein Zaundurchlass bestätigen unser Ansinnen. Kurz unterhalb des Kreuzes ist ein Karstloch eingezäunt, das sich erst 1995 geöffnet hat. Das Kreuz steht etwas unterhalb des flachen Gipfels des **Col del Fenilon (4)**, 1325 m. Wir sehen die Säule des Col Moschin und im Hintergrund den Monte Fior, hinter diesem die Zacken der Rava, dann weiter rechts die Cima d'Asta und den Lagorai.

Von oben peilen wir das zweitnächste Haus links mit einigen Tannen an, zu dem auch die Stromleitung führt. Weglos den Hang hinunter (wir verlassen hiermit den 940er) gelangen wir so zum urgemütlichen **Rifugio Alpe Madre** mit Terrasse und Wintergarten. An dessen Vorderseite bringt uns der Schotterweg nach links zur Straße, in die wir nach rechts in die **Via Col Moschin** einbiegen. Schon bald ein weiterer **Abzweig (5)**, an dem wir rechts (Variante: links) gehen.

Die folgende Abzweigung führt nach links zu den Häusern, was laut Schild an einem der beiden Pfähle zwar auf »Proprietà privata« (Privatgrundstück) führt, aber auch den »Passaggio Pedonale Col Moschin« (Fußgängerzugang zum Col Moschin) darstellt, daher die rot-weiße Markierung. An den Häusern links vorbei, durch ein Tor und einen Zaundurchlass geradeaus auf die Säule zu. Auf dem **Col Moschin (6)**, 1279 m, stehen wir direkt gegenüber des Monte Fior, davor der Kirchturm von Foza und darunter die imposanten Felswände, die die Asiago-Hochebene vom Brentatal trennen. Etwas weiter rechts die Brücke über das Val Gadena.

Es geht geradeaus auf dem Wiesenpfad weiter, also den von Schützengräben durchzogenen Wiesenhang hinunter. Am Ende eines recht tiefen Grabens ermuntern uns zwei rot-weiße Markierungen an Pfählen. Wir peilen die Stromleitung unten an, wo ein Pfad zu sehen ist: also weiter steil hinab über die Wiese. Am Baum und am Strommast unten leuchten wieder Markierungen und dahinter beginnt ein deutlicherer Pfad, der der Stromleitung folgt. Der Weg führt weiter steil nach unten auf eine sich verzweigende **Piste (7)**.

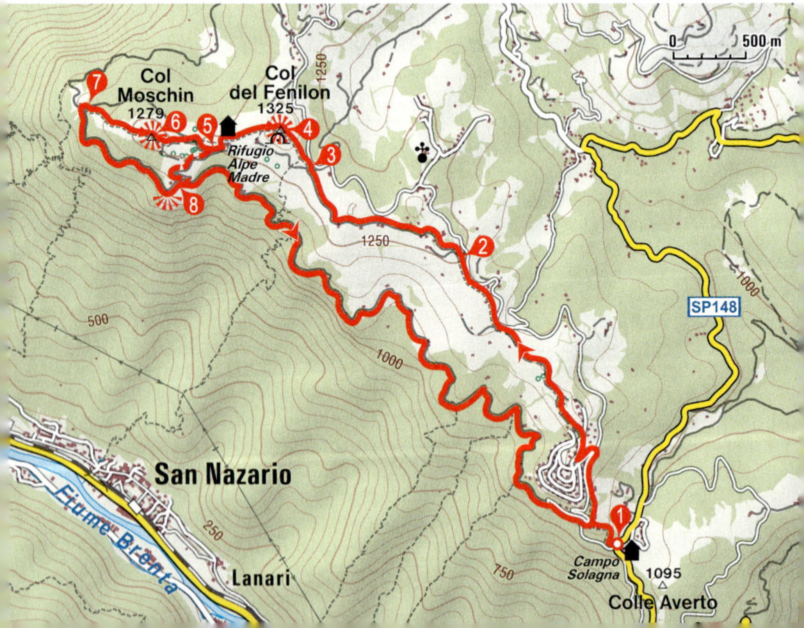

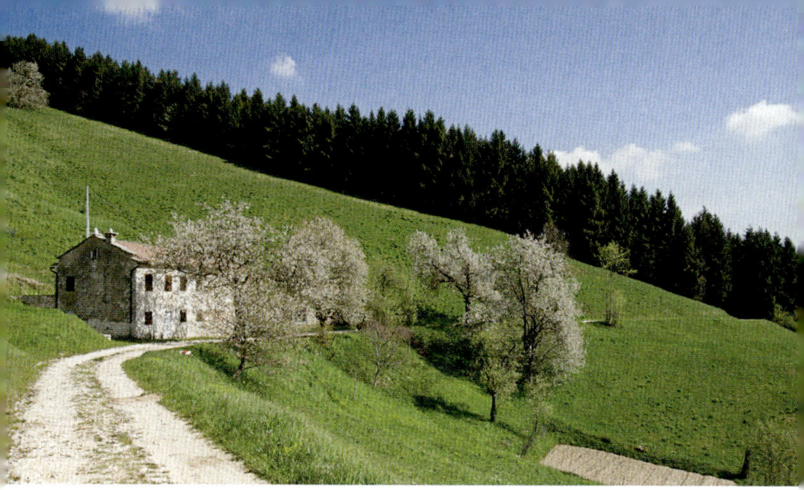

Die Strada delle Penise führt uns durch hübsche Almlandschaft.

Hier biegen wir scharf links ab. Achtung, nicht links absteigend, wo die Markierung lockt, sondern in der Linkskurve an der Rückseite des Hauses unter der Stromleitung durch! Es folgt ein kurzer langweiliger Abschnitt des breiten Schotterweges im Wald, wo nur selten und ansatzweise ein Tiefblick ins Brentatal möglich ist. Und dann am Ende des Waldes wieder ganz großes Kino. Wir treffen auf eine Kurve einer **Straße (8)** und gehen rechts bergab (hier kommen die Variantengänger von links und gehen folglich links bergab). Diese Schotterstraße, **Strada delle Penise** genannt, begleitet uns nun fast bis zum Ausgangspunkt: mal im Wald, mal offen, mal an Felswänden entlang, mal durch bukolische Weidelandschaft. Unterwegs kreuzen wir die Wege 938, 942 und kurz vor Ende 943. Dort ist »Campo Solagna« auf dem Wegweiser genannt.
Wir treffen eine Spitzkehre der Asphaltstraße **Via Colli Alti**. Hier gehen wir links leicht ansteigend weiter. So treffen wir den bekannten Weg am Wegweiser. Jetzt rechts hinab, an der Kirche vorbei nach **Campo Solagna (1)**.

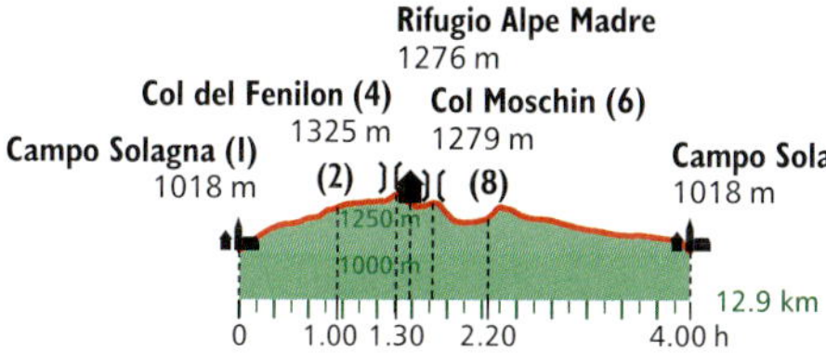

37 Monte Grappa, 1775 m

4.15 Std.

Panoramaberg mit monumentaler Gedenkstätte

Der Monte Grappa ist in ganz Italien berühmt. Der Gipfel wird seit 1935 von einem monumentalen Soldatenfriedhof für Gefallene des italienischen und österreichisch-ungarischen Heeres eingenommen. Darin eingeschlossen eine Kapelle, die schon vorher bestand, und eine Aussichtsplattform. Die Aussicht ist wirklich vom Feinsten, denn hier enden die Alpen abrupt und die rund 1600 m tiefer liegende Po-Ebene beginnt. Unser Wanderweg startet 500 Höhenmeter unter dem Gipfel und bietet weite Ausblicke in die Ebene. Der Rückweg durchmisst idyllische Weidelandschaft und Wald.

Ausgangspunkt: Baita Camol, 1190 m. In Semonzo beginnt die SP140. Diese hinauf, durch die idyllische Wiesenebene Campocroce mit Kapelle. An der Spitzkehre im Wald der Hauptstraße (also der Rechtskurve) folgen, Wegweiser »Cima Grappa«. Dann noch 800 m bis zur Baita Camol.

Höhenunterschied: 680 m.

Anforderungen: Mittelschwere Wanderung. Leidlich markiert, aber einfache Orientierung.

Einkehr: Rifugio Bassano am Gipfel (ganzjährig geöffnet), Baita Camol am Ausgangspunkt (samstags, sonntags und an Feiertagen, sowie im Sommer täglich geöffnet).

Karte: Tabacco 051, Kompass 632.

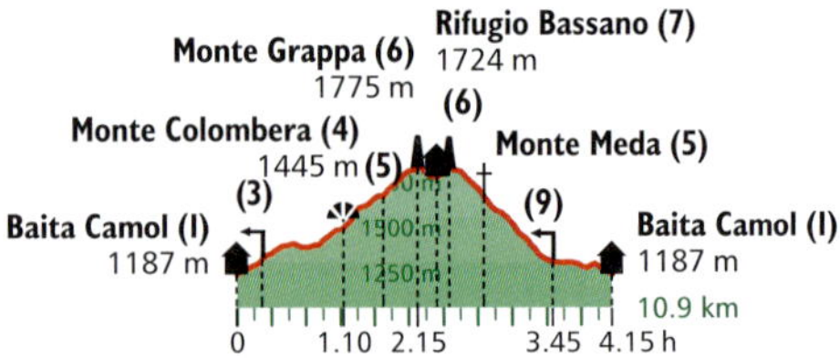

Wenn die Längsseite der Hütte **Baita Camol (1)** zu unserer Linken liegt, sehen wir vor uns einen Wiesenhang. Dort läuft ein Pfad schräg nach rechts hinauf (Wegweiser »Per Cima Grappa«). Diesem Pfad folgen wir und treffen oberhalb der Wiese auf die Forcella Camol mit Tisch und Wegweiser, der uns nach links zum Monte Grappa (100) schickt. Dem Weg 100 folgen wir bis zum Gipfel.

Und schon geht es los mit der Aussicht. Links achten wir auf einen **Stollen**, dem zwei weitere nahe beieinanderliegende folgen. Denn danach geht es **links hinauf (2)** – auf die rot-weißen Markierungen achten! Nach einer **Mauer (3)** wieder links hinauf und nochmal links (blasse Markierung) auf den deutlichen Pfad, der empor zur Wiese führt.

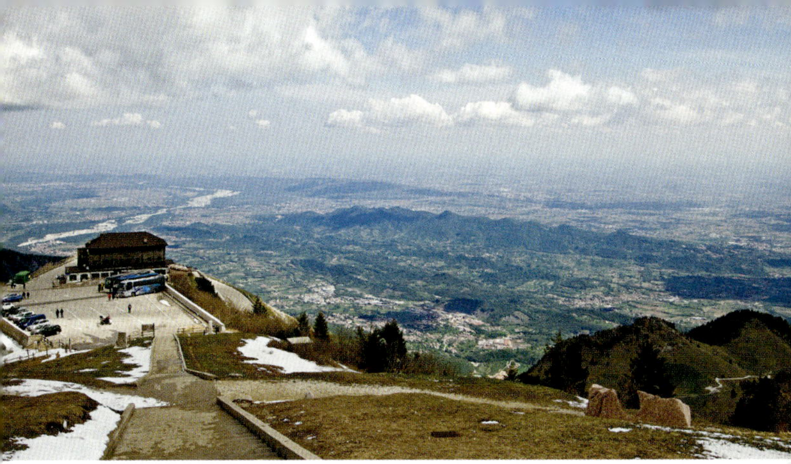

Ausblick vom Monte Grappa auf das knapp darunterliegende Rifugio Bassano und in die Po-Ebene.

Auf der Wiese läuft der Pfad klar, die Aussicht betört uns. An der **Forcella M. Legnarola** bleiben wir auf Kurs (Wegweiser wie zuvor). Geradeaus geht es hinauf in den Wald und kurz darauf wieder hinaus. Nun lohnt ein kurzer Abstecher zur Geländekante, um noch mehr Aussicht zu genießen.
An zwei Gebäuden treffen wir die Straße, gehen aber auf dem Wiesenpfad parallel zur Straße kurz bergab (Pfahl mit rot-weiß). Nach etwas Auf und Ab berühren wir wieder die Straße, bleiben aber auf dem Wiesenpfad (Wegweiser wie zuvor). Das Spiel wiederholt sich noch einmal, wobei der Weg parallel zur Straße etwas holprig wird. Hier können wir auch auf der Straße bleiben, denn wenig später (wo die Leitplanke beginnt) müssen wir so oder so ein kurzes Stück auf Asphalt laufen, aber nur bis zur Linkskurve. Dort brechen wir aus und gehen zu dem Wegweiser. Hier ist ein kurzer Abstecher nach rechts zum **Monte Colombera (4)** mit einem Kreuz in Panoramalage obligatorisch.
Zurück am Wegweiser steigen wir weiter parallel zur Straße auf dem Wiesenpfad an (Wegweiser wie immer). Nun kreuzen wir eine Straße und es wird steiler. Bald kommt der Gipfel in Sicht. Nach der nächsten Straßenüberquerung gehen wir durch ein Gatter und dann den Pfad rechts immer weiter aufwärts. Nach einem kurzen Abstieg zweigt am **Monte Meda (5)** der Weg 180 in einem Sattel mit Einschlagtrichter ab: das wird unser Rückweg. Zunächst aber geradeaus weiter hinauf (der übliche Wegweiser). Ein letztes Mal kreuzen wir die Straße und sehen den üblichen Wegweiser, dann noch ein kurzer Anstieg und wir stehen vor dem klotzigen Denkmalkomplex.
Wir steigen die Treppen zwischen den Grabnischen hinauf und erreichen die Kapelle mit der Madonnenstatue. Dahinter gehen wir über die Paradestraße

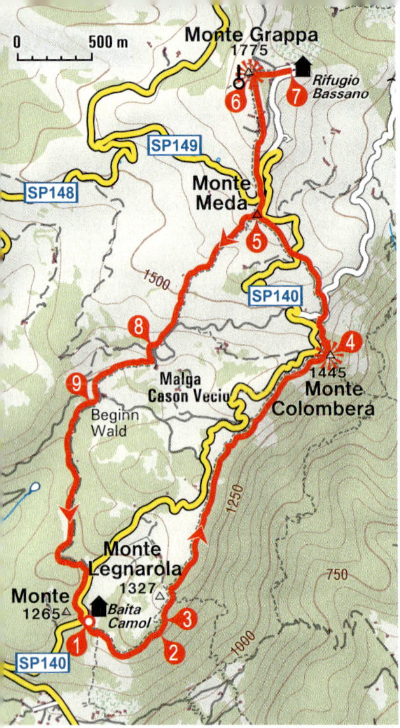

hinauf zum **Aussichtsturm (6)** – mit 1775 m der höchste Punkt des **Monte Grappa** –, dessen Eingang auf der anderen Seite liegt. Die Aussicht ist fantastisch! Oben weisen Pfeile auf die umliegenden Berge hin. Hinter dem Turm liegt der Friedhof der österreichisch-ungarischen Gefallenen. Die Fortsetzung des Gipfelgrates nach Norden ist nicht begehbar. Hier lag eine Raketenabschussbasis des Kalten Krieges. Die lange Treppe führt zum Parkplatz und dem **Rifugio Bassano (7)**, hinter dem ein schöner Aussichtspunkt mit Fahne liegt.
Zurück auf bekanntem Weg bis zum Abzweig des Weges 180 am **Monte Meda (5)**. Man ärgert sich fast, dass man auf dem Hinweg nicht rückwärts gelaufen ist, um die Aussicht zu sehen. Ein Meter vor dem Wegweiser (»M.ga Osteria Vecia«) müssen wir rechts abbiegen. Wir achten auf Markierungen auf den Steinen

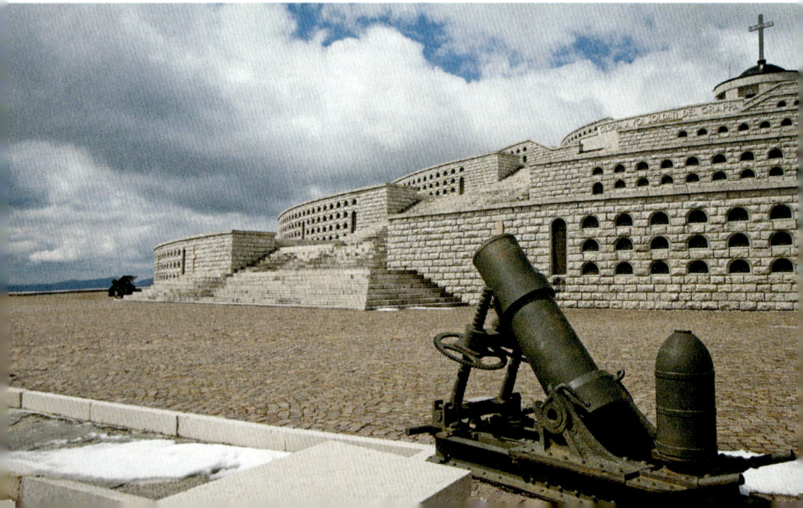

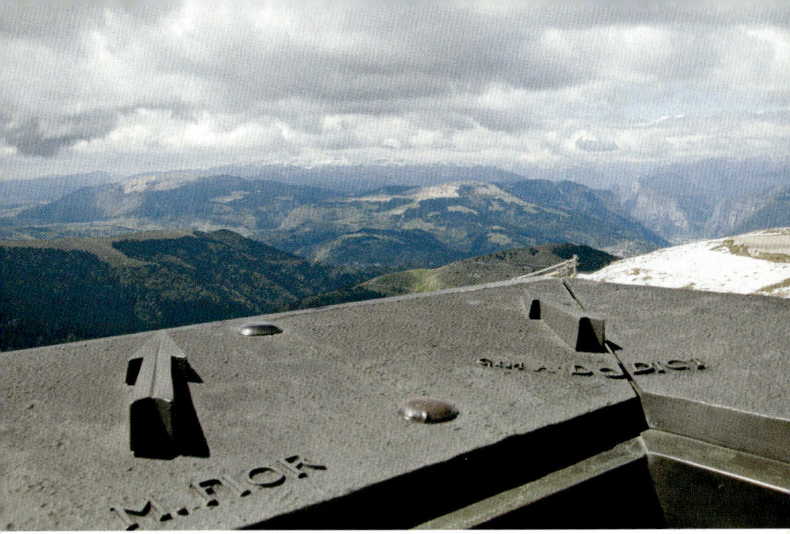

Der Aussichtsturm am höchsten Punkt des Monte Grappa zeigt die Berge der Umgebung an.

rechts vom Trichter. Ohne Schwierigkeiten steigen wir schnell über idyllische Wiesen hinab. Nach zwei Stollen folgt ein Gatter, hinter dem wir uns links halten. Wenn wir auf die Straße zugehen, nutzen wir nicht den Zaundurchgang, sondern drehen wenige Meter vorher rechts ab (Markierung auf Stein), um parallel zur Straße weiterzuwandern. Nach weiterem Abstieg erreichen wir die Straße an einer **Abzweigung (8)**. In diese Abzweigung, die zu Almgebäuden führt, biegen wir ein (Markierung an der Betonmauer links), verlassen sie aber sofort wieder und steigen zwischen den beiden markierten Bäumen zum Teich hin ab. Den Teich lassen wir rechts liegen und streben hinunter in den Wiesengrund, wo der Weg etwas undeutlicher ist.
Wir treffen eine Piste, in die wir gemäß Wegweiser »Fontanel« (180) nach links abbiegen. Am Gebäude der **Malga Vecia** knicken wir nach rechts ab und dann Obacht, am Beginn des **Waldes (9)**, wo das **Mäuerchen** links endet, verlassen wir den Weg 180, indem wir geradeaus auf dem breiten Weg weitergehen (der 180er biegt rechts ab)! Mal auf, mal ab, mal flach, teilweise von der Stromleitung begleitet, durchmessen wir den Wald. Kleinere Abzweigungen ignorieren wir. An einem Anstieg trägt eine dicke Buche einen Jesus am Kreuz. Der Wald endet und wir erreichen die Straße, der wir nach rechts folgen. Schnell sind wir wieder an der **Baita Camol (1).**

Das monumentale Gefallenendenkmal am Gipfel.

TOP **38**

Val delle Mure und Meatte-Weg

4.00 Std.

Liebliches Tal und kriegerische Wege, Panorama satt

Die vielfältige Wanderung startet oben schon mit großartigem Panorama. Der folgende Gratweg gibt zusätzliche Weitblicke auf die Cima d'Asta, Lagorai und bis in die Dolomiten. Durch das idyllische, blütenreiche Val delle Mure gelangen wir zum spektakulärsten Stück der Wanderung: der Meatte-Weg (Sentiero delle Meatte) ist ein Militärweg, der waghalsig in die Felswand des Monte Boccaor geschlagen wurde. Die Tief- und Weitblicke sind gigantisch! Man möchte noch einmal hin und her gehen.

Ausgangspunkt: Rifugio Bassano am Gipfel des Monte Grappa. In Semonzo beginnt die SP140. Diese hinauf bis zum Gipfel. Den Wegweisern »Cima Grappa« und »Rifugio Bassano« folgen. Kurz vor dem Gipfel, wo die SP140 auf die SP148 trifft, scharf rechts hinauf. Die Straße ist je nach Schneelage unterschiedlich weit befahrbar, von Mitte Mai bis November i.d.R. bis zum Ausgangspunkt (Rifugio Bassano).
Höhenunterschied: 550 m.
Anforderungen: Wer sehr leicht schwindlig wird, sollte den Meatte-Weg nicht gehen; er lässt sich entlang der Straße umgehen (siehe Karte). Ansonsten mittelschwere Wanderung. Kaum markiert, aber einfache Orientierung.
Einkehr: Rifugio Bassano am Start (ganzjährig geöffnet); kurz vor Ende Malga Val Vecchia (unregelmäßig geöffnet).
Variante: Wer der klassischen Wanderdramaturgie folgen möchte (unten anfangen, zuerst bergauf, oben einkehren, dann bergab), kann am Teich im Mure-Tal beginnen oder in der Pian de la Bala, wo das Kreuz steht, denn an diesen Punkten kreuzt der Wanderweg die Straße SP141. Letzteres bedeutet, dass der spektakuläre Meatte-Weg am Schluss liegt. So oder so ist die Anfahrt umständlicher.
Karte: Tabacco 051, Kompass 632.

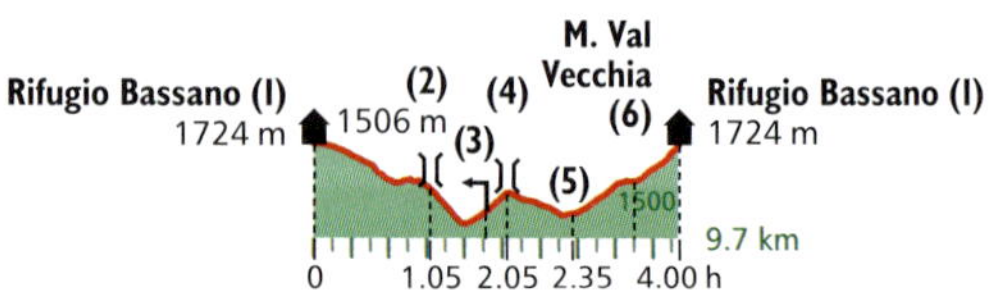

Hinter dem **Rifugio Bassano (1)** liegt der große Parkplatz, an dessen oberem Ende der Wanderweg beginnt, d.h. nicht der Asphaltweg, sondern der leicht abfallende **Schotterweg** (Wegweiser: »Croce dei Lebi«). Von hier ist fast der ganze Wegverlauf sichtbar. Es geht gemütlich bergab, an ein paar Stollen vorbei. Wo der Hauptweg nach links knickt, gehen wir über den Felsenpfad geradeaus, Wegweiser »Croce dei Lebi«. Es wird kurz steil, dann laufen wir auf einem Panoramarücken und erreichen einen **Sattel** mit querendem Weg und einem improvisierten Kreuz. Wir gehen weiter geradeaus

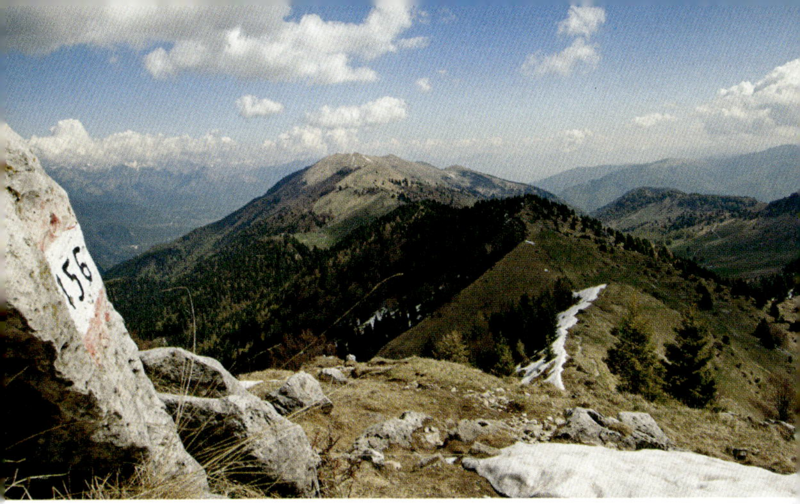

Der Panoramagrat zu Beginn der Wanderung.

(Wegweiser »Col dell'Orso«, 156), queren den Hang fast flach. Im Weiteren kommt rechts unten ein kleiner See ins Blickfeld: zu diesem See werden wir noch gelangen.

Am nächsten **Wiesensattel (2)** mit Felsen genießen wir zuerst die Aussicht Richtung Norden und Osten. Die Asiago-Hochebene mit Monte Fior im Vordergrund und den rauen Spitzen um Cima XII und Ortigara weiter hinten. Dann Lagorai und Cima d'Asta, dahinter ein Stück Dolomiten, im Vordergrund der Monte Coppolo. Direkt unter uns die Ställe der Malga Valpore di Cima und weiter unten mit Solardach die Aula Verde Valpore, ein *Centro didattico ambientale*.

Unser Weg führt nun rechts hinab (Wegweiser »Val delle Mure«) zum See, der jetzt nicht mehr zu sehen ist. In gemütlichen Kehren mit roten Pflöcken schwingen wir den Hang hinab und an einer **Quelle** – im Karst des Monte Grappa eine seltene Erscheinung – vorbei in den Wald. Am Ende des Waldes verlassen wir den Weg »Anello Natura del Grappa«, indem wir am Wegweiser geradeaus hinunter zur Straße gehen (also nicht links zum See). An der Straße dann rechts empor. Wir folgen ihr 480 m bis zum Ende der Steigung. Dort links hinauf zu den Ruinen **Casone Boccaor (3)**.

Der breite Wiesenweg führt uns zwischen den Ruinen durch und in einen Taleinschnitt im Hang hinein. Nach den Ruinen zeigt ein Wegweiser an, dass wir wieder den **»Anello Natura del Grappa«** betreten. Der alte Militärweg führt in moderater Steigung und am Ende in Serpentinen hinauf. Wir treten durch den Sattel und dann: Wow, was für eine Aussicht! Hinter dem

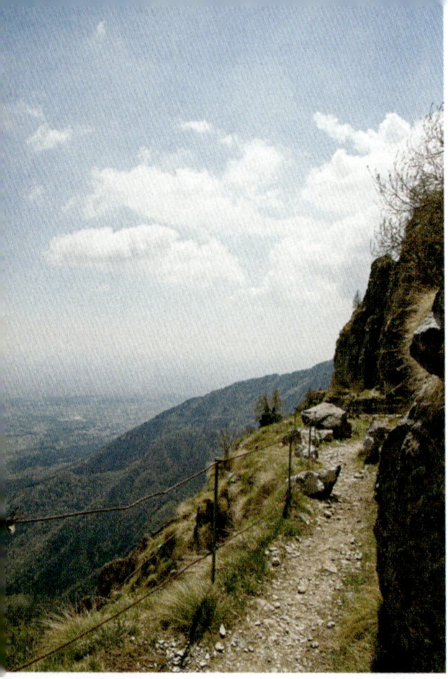

Phänomenale Aussicht am Meatte-Weg.

Sattel (4) treffen wir den **Sentiero delle Meatte** und viele Wegweiser. Wir folgen dem Wegweiser nach »Pian de la Bala« nach rechts. Und nun: genießen.
Wir unterqueren eine **Hängebrücke** des Klettersteigs »Sass Brusai«, später geht's durch einige kurze Tunnel (keine Taschenlampe nötig). Der Felsweg läuft in einer gepflasterten Kurve aus. Der abzweigende Weg rechts in der Linkskurve interessiert uns nicht. Wir passieren einen Picknicktisch und treffen die **Straße (5)**. In diese schlagen wir rechts ein (Wegweiser »Cima Grappa«), um sie gleich wieder nach links auf einer kleineren **Asphaltstraße** zu verlassen. Wir sehen etwas weiter unten im Tal ein Kreuz. Dieser Talabschnitt heißt **Pian de la Bala**. Oben sehen wir schon unser Ziel: den Cappuccino im Rifugio Bassano.
Die Asphalt- bzw. Betonstraße lässt uns bequem an Höhe gewinnen. Wir passieren die Ruinen **Casone Val di Melin** und folgen dann weiter der Straße immer bergauf bis zur **Malga Val Vecchia (6)** (mit Hubschrauberlandeplatz). Hier können wir zwischen zwei Wegen wählen: der Weg 151 (rot-weiß) bietet jedoch weniger Aussicht als der **»Anello Natura del Grappa«**. Daher folgen wir dem Holzwegweiser »Cima Grappa«, also an der langen

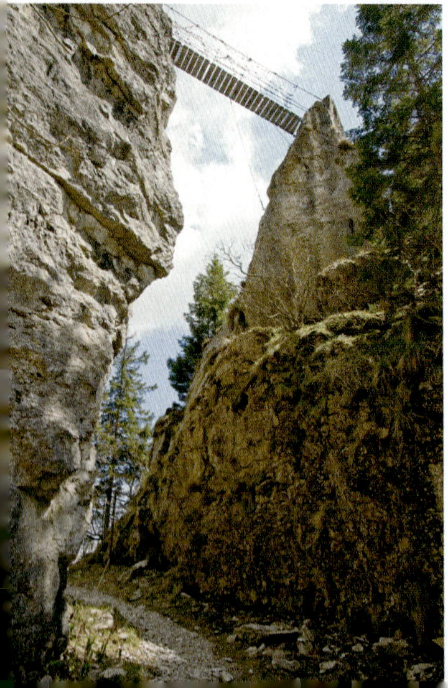

Die Hängebrücke gehört zum Klettersteig »Sass Brusai«, der hier unseren Wanderweg kreuzt.

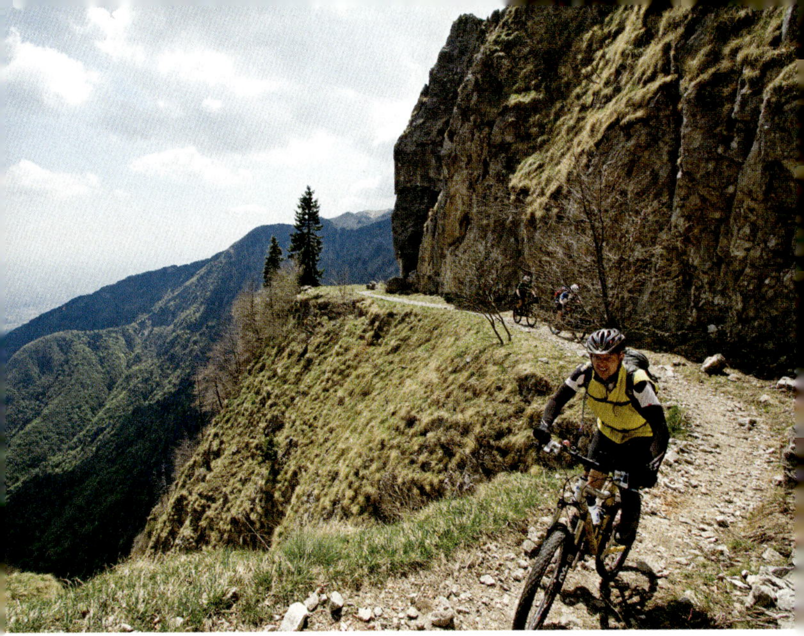

Nicht ungefährlich: Biken auf dem Meatte-Weg.

Seite des Hauses entlang zu dem flachen Weg, über dem die Stromleitung läuft. Nun moderat ansteigend durch den Wald. Am Ende des Waldes wieder: Aussicht! Hier rechts hinauf (Wegweiser wie zuvor). Kurz danach locken Spuren auf die Direttissima den Grat hinauf. Gemütlicher und aussichtsreicher ist der deutliche Weg, der nach links den Hang schräg hinaufführt: zum Abschluss schauen wir in die weite Ebene. Schließlich erreichen wir das **Rifugio Bassano (1)**.

S. 190/191: Gigantische Aussichten vom Meatte-Weg am Monte Grappa in die Po-Ebene.

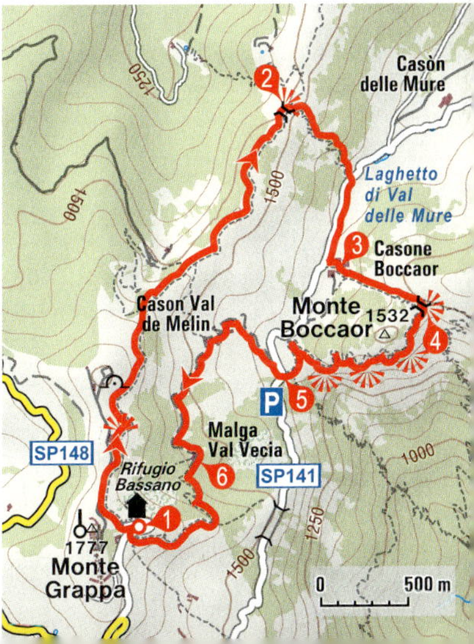

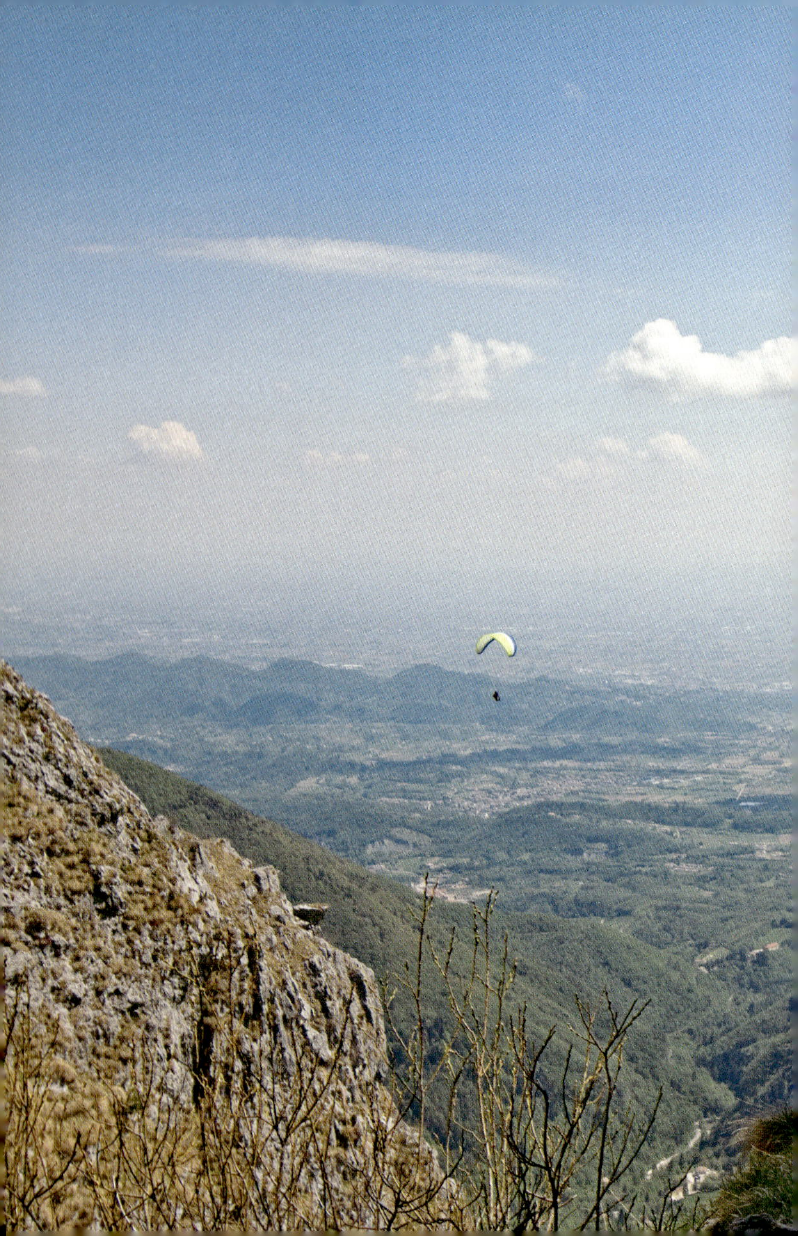

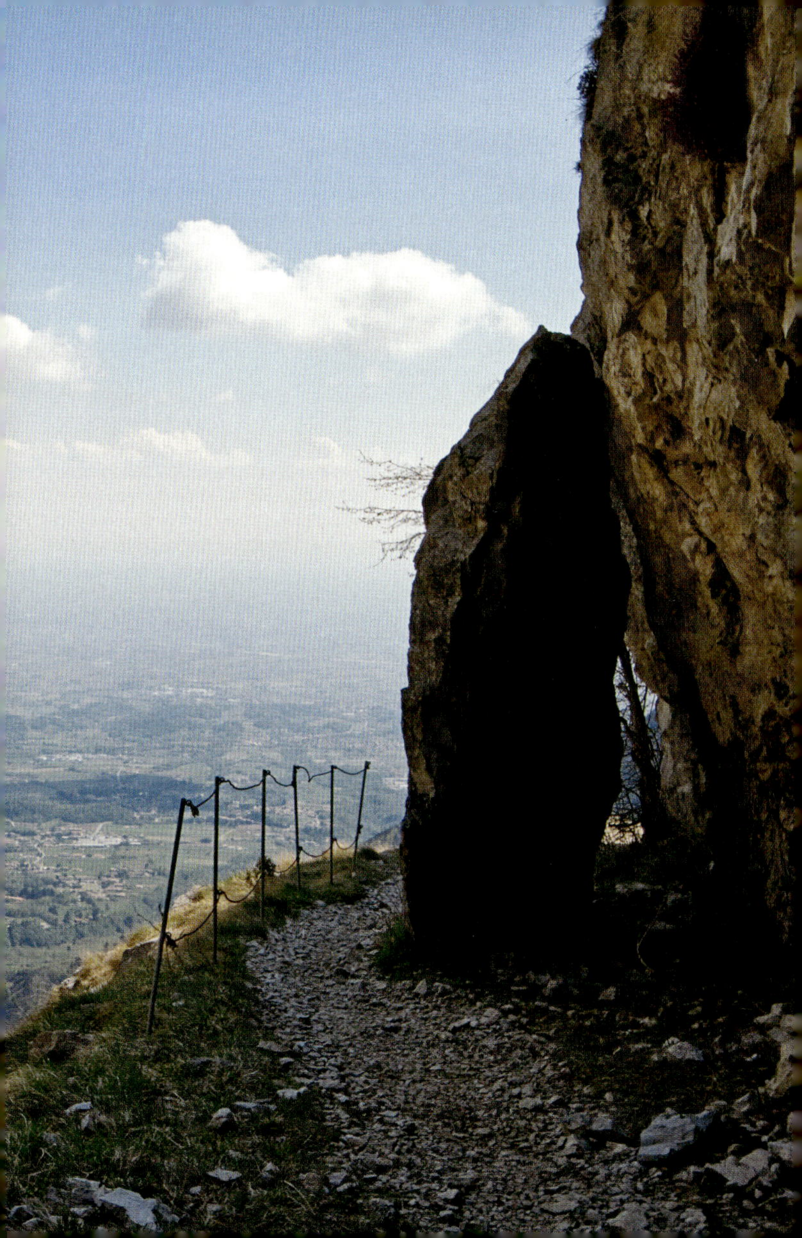

TOP **39**

Die Straße der 52 Tunnel am Monte Pasubio

5.15 Std.

Durch Tunnel in die Höhe

Ohne Zweifel eine einzigartige Wanderung: ein Militärweg des Ersten Weltkrieges steigt über 700 Höhenmeter in der schroffen Flanke des Monte Pasubio an und durchquert dabei 52 Tunnel. Einige Tunnel winden sich im Fels wie ein Regenwurm. Besonders spektakulär sind Nr. 19 und 20. Beide drehen sich spiralförmig im Berg; ersterer ist mit 318 Meter auch der längste. Alle Tunnel tragen am Eingang und Ausgang ein Schild mit Nummer und Name. Die ganze Mühe dieser außerordentlichen Wegführung diente dazu, die italienischen Soldaten am Gipfel des Monte Pasubio zu versorgen. Der einfachere Zuweg dorthin, die Strada degli Scarubbi (unser Rückweg), war von österreichisch-ungarischen Truppen einsehbar, also auch beschießbar. Als wäre das nicht schon genug, bietet diese Wanderung auch wunderbare Weit- und Tiefblicke, z. B. auf die Carega-Gruppe, und ein herrliches Hochtal im Abstieg. Der Anstieg zum Gipfel des Monte Pasubio (Variante) erweitert das Panorama auf 360 Grad. Viele Infotafeln (italienisch, deutsch, englisch) erklären die Geschichte der Straße. Im Gipfelbereich, wo sich die verfeindeten Truppen gegenüberlagen, häufen sich Infotafeln, Gedenktafeln, Denkmäler und bauliche Überreste.

Ausgangspunkt: Bocca Campiglia oberhalb des Passo Xomo; gebührenpflichtiger Parkplatz (6 €). Vom Passo Xomo zwischen Posina und Recoaro Terme auf die aufsteigende Straße unterhalb des Gebäudes auf der Passhöhe abbiegen (Wegweiser M. Pasubio) und in den Wald hinein bergauf. Der Straße 1,5 km bis zum riesigen Parkplatz folgen.
Höhenunterschied: 810 m.
Anforderungen: Unabdingbar: Taschen- oder Stirnlampe! In den Tunneln oft steil, uneben und rutschig. Im Abstieg wären die Tunnel deutlich schwieriger zu gehen, daher Tour nicht in umgekehrter Richtung gehen oder Hinweg als Rückweg nutzen! Ausgesetzte Stellen sind wegen der Breite des Weges harmlos (außer für sehr schwindelempfindliche Menschen). Abstieg teilweise recht steil. Markiert.
Einkehr: Rifugio Achille Papa.
Hinweis: An Wochenenden sehr viele Menschen unterwegs.
Gipfelvariante: Hinauf zum »Cima Palon« genannten Gipfel des Monte Pasubio, 2232 m: ab dem Sattel Porte del Pasubio halb links auf dem breiten Weg 120 bis zum Arco Romano genannten, faschistischen Denkmal. Dort vorbei, kurz darauf in der Selletta Comando links hinauf Richtung Kapelle. Ab hier Weg 142, der schmaler und steiler wird (Abzweigung 142A zur Selletta dei Denti ignorieren). In der Selletta Damaggio ginge es rechts zum Nebengipfel Dente Italiano, links aber über Weg 105 zum Gipfel Cima Palon. Über den Gipfel hinweg, weiter auf 105, kurzer Abstieg, dann links weiter auf 105 (von rechts kommt 135). Eine kurze unbequeme Passage, dann steil, aber deutlich hinab bis Porte del Pasubio. Zusätzlich 4,6 km, 350 Hm, 1.30 Std.
Tipp: Parallel zum Wanderweg führt der schwierige Klettersteig »Gaetano Falcipieri« zum Rifugio Achille Papa.
Karte: Tabacco 056, Kompass 101.

Bisweilen ist der Weg zwischen zwei Tunneln nur kurz.

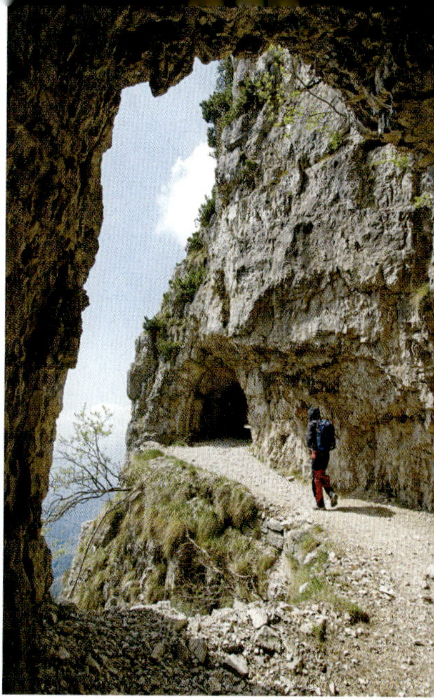

An der Einfahrt des **Parkplatzes (1)** liegt der monumental gestaltete, rostrote Eingang zur »Strada delle 52 gallerie«. Der Weg bleibt überwiegend so breit und führt eindeutig fast bis zum Rifugio Achille Papa, unserem Endpunkt. Gleich zu Anfang und immer wieder am Wegrand stehen Infotafeln (italienisch, deutsch, englisch).

Der Weg ist eindeutig bis zu einer **Wegspaltung (2)** nach **Tunnel 40**. Wir halten uns links (Markierung 322), obwohl die übliche Markierung 366 nach rechts oben weist. Nach wenigen Metern stößt der 366er Weg wieder von rechts auf unseren Weg, wir gehen weiter geradeaus.

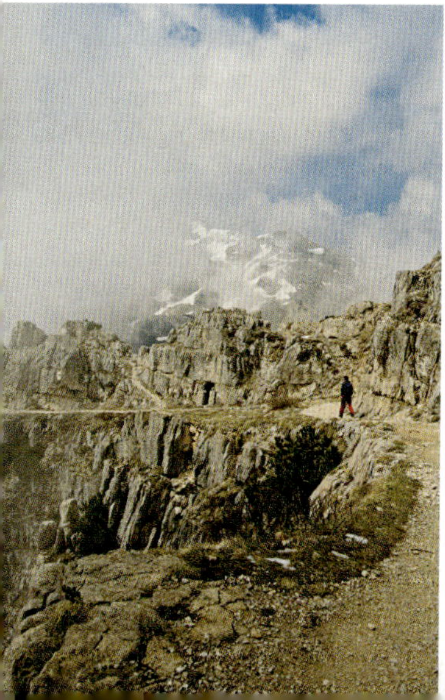

Am Ausgang von **Tunnel 43** biegen wir rechts ab. Nach **Tunnel 47** erreichen wir den höchsten Punkt mit 1990 m. Nach Tunnel 49 beginnt ein exponiertes Stück, das aber wegen der Breite des Weges den wenigsten Probleme bereitet. In den letzten beiden Tunneln geht es bergab: das zeigt uns, wie unbequem der Abstieg in den Tunneln ist, weshalb wir einen anderen Rückweg wählen.

Unser Ziel, das Kaltgetränk in der Hütte **Achille Papa**, liegt ein Katzensprung hinter dem letzten Tunnel. Dazwischen liegt der Sattel **Porte del Pasubio (3)**. Hier müs-

Fast geschafft: hinten ist der Gipfel schon zu sehen, bis zum Rifugio Achille Papa fehlen nur wenige Minuten.

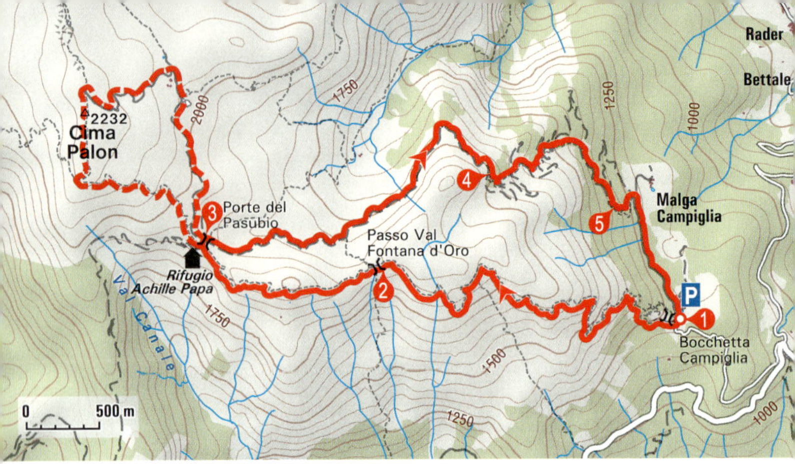

sen wir durch, um den Rückweg, die Strada degli Scarubbi (370), zu erreichen. Von der Hütte aus kommend, also nach links durch den **Sattel** und sofort rechts auf die breite Schotterpiste. Der Verlauf ist schon zu sehen: leicht absteigend die ganze Bergflanke entlang. Links unterhalb das schöne Hochtal Alpe Pasubio, das zwischen schroffen Felsen endet.

Der Ausgang des Tunnels liegt in der Felsnadel.

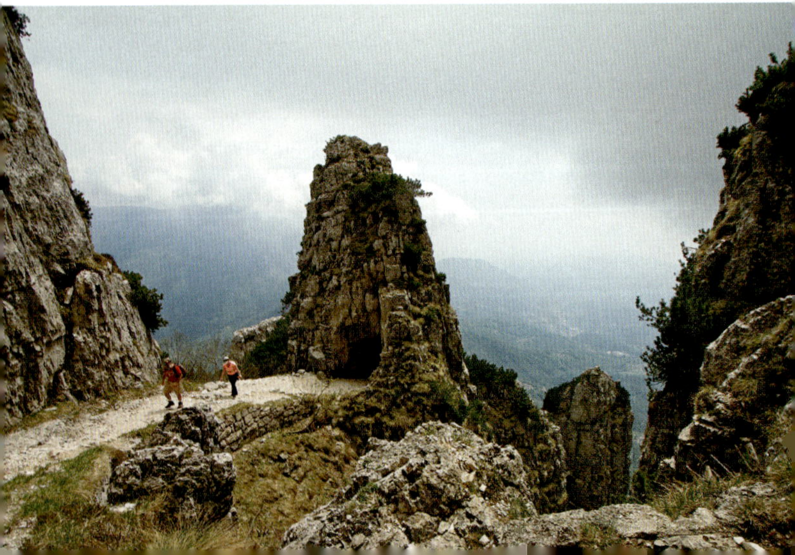

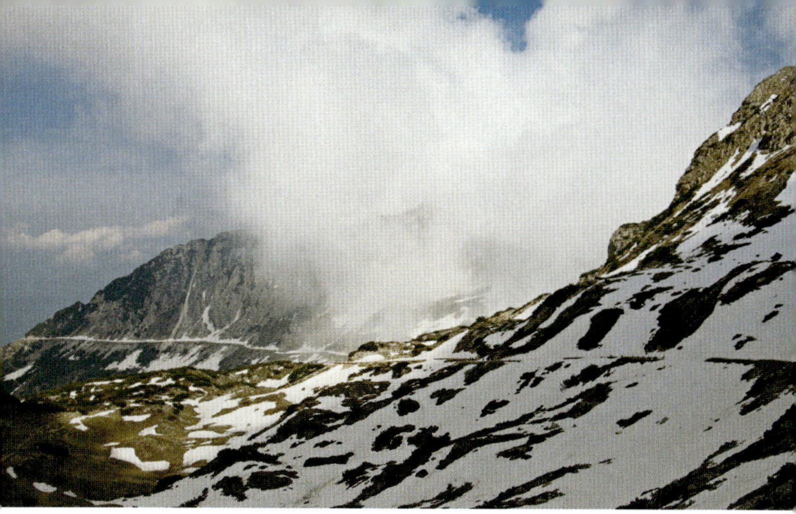

Die Strada degli Scarubbi ist der bequeme Teil des Rückweges.

Wo von links der Weg 375 ankommt, legt sich unser Weg nach rechts in eine Kurve um den Berg herum. Es folgt ein kurzer Tunnel – eher ein Bogen – und es wird steiler. Wir sehen links unter uns die Serpentinen, die wir nun abschneiden: zwischen Lärchen zweigt ein **Pfad (4)** in flachem Winkel ab (Wegweiser »Bocc. Campiglia«, 370). Hier wird's steil. Immer wieder kreuzen wir die Schotterstraße, manchmal gehen wir ein kurzes Stück die Straße hinab bis zum nächsten Pfad.

Nach einem längeren Stück Straße beginnt der Pfad in einer asphaltierten **Linkskehre (5)** geradeaus; hier ist die Markierung auf dem Betonpoller etwas schwach. Am Rand des Waldes treffen wir schließlich eine Schotterpiste oberhalb der Wiese mit der grün bedachten **Malga Campiglia**. Hier biegen wir rechts ein (der Wegweiser »Bocchetta di Campiglia« steht etwas schief). Hinter der Schranke einfach geradeaus weiter. Die letzten 500 m steigt der Weg leicht an, dann erreichen wir den Ausgangspunkt am **Parkplatz (1)**.

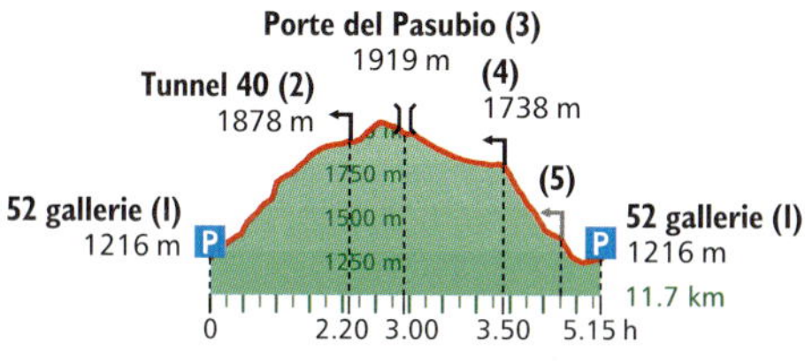

40 *Alpe Campogrosso*

2.00 Std.

Kompakte Begegnung mit den Piccole Dolomiti

Eine kurze Wanderung, die es in sich hat: ein schneller Aufstieg für einen großartigen Ausblick, dann hinunter in ein romantisches, weites Hochtal, das von schroffen Bergzacken umrundet ist. Wunderbar sind die Blicke auf die filigrane Bergkette zwischen Monte Baffelan und Monte Cornetto auf der einen Seite (Sengio Alto genannt) und die massive Carega-Gruppe auf der anderen Seite, dem Mittelpunkt der Piccole Dolomiti.

Ausgangspunkt: Rifugio Campogrosso. **Anfahrt von Recoaro Terme aus:** Recoaro Terme komplett durchqueren und immer auf der SP99 bleiben, also durch Giorgetti, Frizzi und Merendaore (Wegweiser: Rifugio Campogrosso) hinauf bis zum Rifugio Campogrosso. **Anfahrt von Rovereto oder Valli Pasubio aus:** Die Straße zwischen dem Passo Pian delle Fugazze und Campogrosso ist seit Jahren gesperrt, aber eine Wiedereröffnung wird diskutiert. Für den Fall einer Öffnung der Straße hier die Beschreibung: Von Valli di Pasubio kommend die SP46 bzw. von Rovereto aus die SS46 bis zum Passo Pian delle Fugazze, dort auf die SP99 Richtung Ossario del Pasubio; kurz vor diesem (also nach ca. 1,5 km) halb rechts auf die Strada delle Sette Fontane Richtung Campogrosso.
Höhenunterschied: 350 m.
Anforderungen: Das erste Stück ist steil, rutschig und teilweise ausgesetzt. Ab dem höchsten Punkt (Passo delle Gane) unschwerer Abstieg, im Tal einfacher Spaziergang. Meist markiert.
Achtung: Wir biegen am Passo delle Gane nicht auf den Weg 149 ein, der entlang der Bergkette bis zum Monte Cornetto läuft. Dieser Weg ist an zwei Stellen weggebrochen und nur für furchtlose Kletterer passierbar. Der Aufstieg zum Monte Baffelan ab dem Passo delle Gane erfordert Kletterei. Von beidem wird abgeraten.
Einkehr: Am Ausgangspunkt.
Karte: Tabacco 056, Kompass 101.

Gegenüber des **Rifugio Campogrosso** beginnen unterhalb des **Denkmals (1)** mehrere Wanderwege als breiter Schotterweg. Wir richten uns nach »P.so delle Gane« (149). Dieser Pfad zweigt wenige Schritte hinter dem Denkmal nach rechts ab. Vor uns liegt der imposante Sisilla-Fels mit Madonnenfigürchen obenauf.
Sogleich treffen wir einen Querpfad, dem wir nach rechts folgen und so bequem und flach weiter spazieren: das ist die Ruhe vor dem Sturm. Denn es folgt ein kräftiger Anstieg, sobald wir nach links abbiegen (Wegweiser wie zuvor). Es sind nur 240 Hm bis zu einem kleinen **Sattel**, von dem aus wir schon den breiteren Wiesensattel des Passo delle Gane mit Wegweiser sehen. Wir gehen also nach links zum Wiesensattel. Mit dem **Passo delle Gane (2)** zwischen

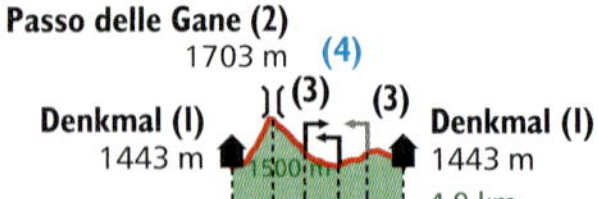

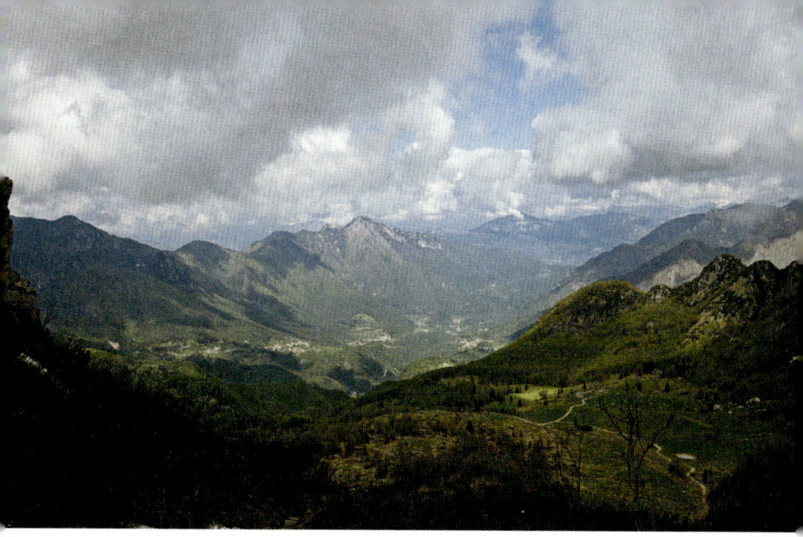

Panorama vom Passo dele Gane.

Cima delle Ofre und Monte Baffelan haben wir unseren altimetrischen Höhepunkt erreicht. Die Aussicht Richtung Monte Pasubio und ins Tal ist wunderbar. Die genannten Gipfel sind nur mit Kletterei erreichbar. Daher steigen wir auf der anderen Seite des Sattels wieder ab (Wegweiser »Raccordo al Sentiero 149«).

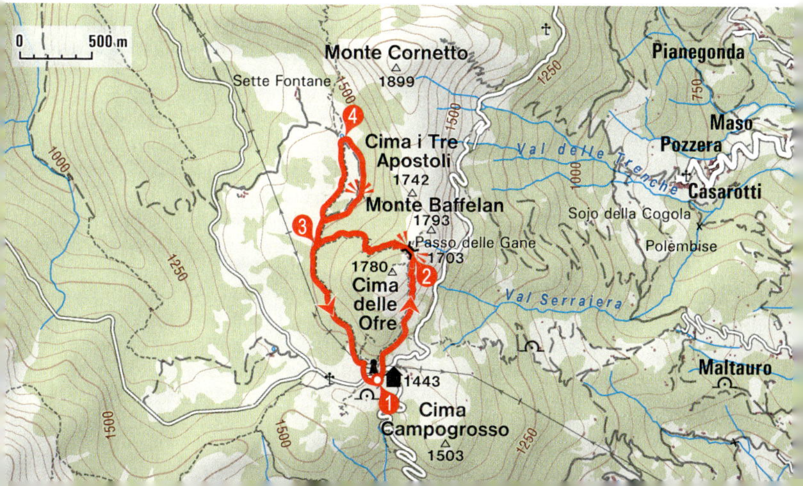

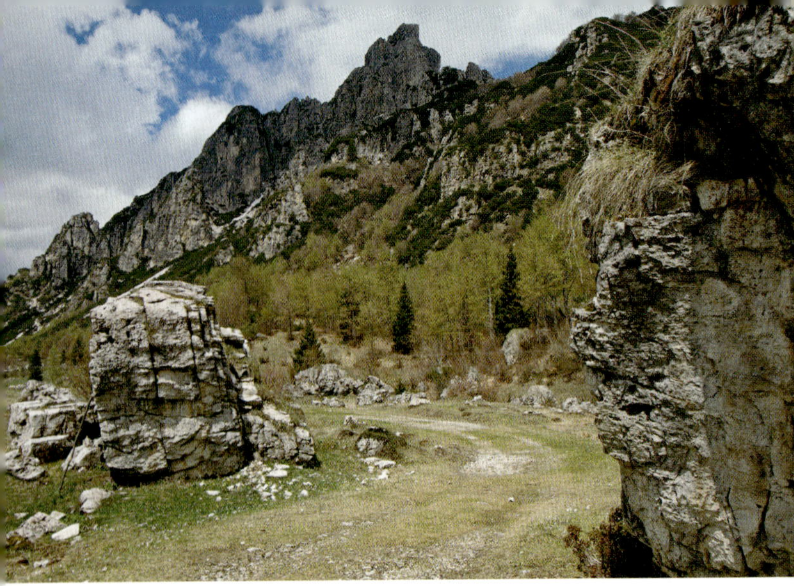

Die wild-romantische Alpe Campogrosso.

Kaum in Fahrt gekommen, treffen wir einen Querweg, dem wir nach links unten folgen (Wegweiser »Alpe di Campogrosso«, 177). Relativ bequem, zunächst zwischen Latschenkiefern, dann im Wald, erreichen wir den querenden **Weg 170 (3)**, den wir nach rechts (Wegweiser »Malga Boffetal«, auch E5) einschlagen. Der Wald wird schütterer und wir verlassen den 170er nach rechts auf einen breiteren, unmarkierten Weg. Von geradeaus kommen wir auf dem Rückweg.

Wir gehen auf die Felsspitzen zu, die sich in voller Pracht zeigen, wenn der Wald aufhört. Heruntergepurzelte Felsen schaffen eine wildromantische Atmosphäre auf der Wiese. Kurz vor einem **Teich (4)** auf der rechten Seite erreicht uns von scharf links ein Pfad: das ist wieder der 170er-Weg, den wir jetzt als Rückweg zum Rifugio Campogrosso nutzen.

Durch wellige Wiesen und Weiden mit Blick auf die massige Carega erreichen wir wieder den bekannten Weg. Wir gehen auf ihm zurück bis zum Abzweig des Weges 177 (das war unser Abstieg vom Passo delle Gane) und gehen dort geradeaus Richtung Passo di Campogrosso (Wegweiser) weiter auf dem 170/E5. Nach wenigen Schritten bergauf, steigen wir sicher und bequem überwiegend waldig bergab bis zum Ausgangspunkt am **Denkmal (1)**. Zwischendurch zweigt ein Steig nach links zur Spitze der Sisilla ab: auch dies im oberen Teil nur für Kraxler und Schwindelfreie möglich.

6.00 Std.

Cima Carega, 2259 m 41

Der höchste Gipfel der Piccole Dolomiti

Eine Bilderbuch-Wanderung in den Piccole Dolomiti: Die Costa Media ist ein aussichtsreicher Grat mit Blick vom Gardasee bis in die Zentralalpen. Hier steht das Edelweiß dicht gedrängt. Der entspannte Grat führt direkt zur Gipfelhütte. Die steinige Landschaft lässt an die »Großen« Dolomiten denken. Die vielen Gipfel sind alle mehr oder weniger pyramidenförmig, so auch die Cima Carega selbst. Aber mit dem Gipfel ist das Vergnügen noch nicht zu Ende: Der Abstieg lässt uns auf die wunderbaren Zacken der Tre-Croci-Kette blicken. Darunter der halbrunde Talschluss des Valdagno und auf unserer Seite die idyllische Alm Campobrun mit der hübschen Scalorbi-Hütte. Zum Schluss erwartet uns eine Schlucht mit senkrechten Felswänden.

Ausgangspunkt: Rifugio Revolto. Das Val d'Illasi auf der SP10 hinauffahren, durch Giazza durch, am Rifugio Boschetto vorbei. Kurz vor Ende der Straße liegt in einer scharfen Linkskurve die Einfahrt zum Rifugio Revolto (Schranke, Schild).
Höhenunterschied: 1040 m.
Anforderungen: Überwiegend mittelschwere Tour, aber einige geröllige und sehr steile Stellen. Leidlich markiert.
Einkehr: Rifugio Revolto (Ausgangs-/Endpunkt), Rifugio Pertica (nach 20 Min.), Rifugio Fraccaroli (am Gipfel), Rifugio Scalorbi (in der Hälfte des Rückweges).
Hinweis: An schönen Wochenenden viel los.
Variante: Aufstieg: Weniger steil und viel begangen, aber ohne weite Aussicht ist der Weg 108B durch das Vallone della Teleferica. Zunächst wie für den Hauptweg beschrieben, dann aber nicht links auf den schmalen Pfad 108 (3), sondern weiter auf der Schotterstraße. Nach ca. 1,0 km halb links auf die 108B abbiegen (Wegweiser »Vallone d. Teleferica«, 108B). Nach einem steileren Stück sich rechts halten. Immer geradeaus bis zum Rifugio Fraccaroli.
Abstieg: Kürzer und viel begangen ist der Weg 192: An der Bocchetta Mosca den unteren Weg (Wegweiser »Rifugio Scalorbi 0.30«, 192) wählen und immer bergab zum Rifugio Scalorbi.
Tipp: Exzellente Küche im Rifugio Revolto am Ausgangs-/Endpunkt.
Karte: Tabacco 056, Kompass 100.

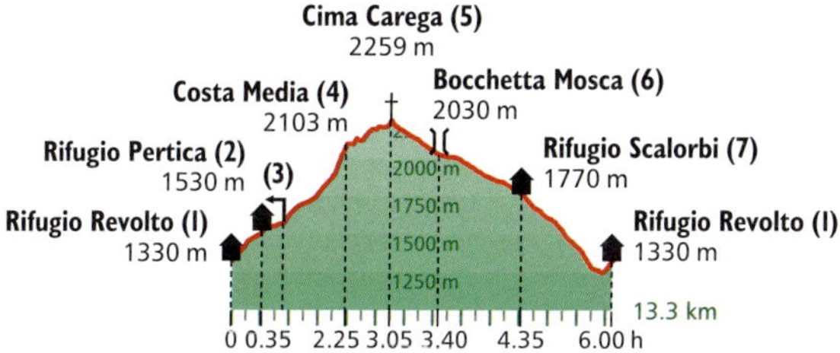

Wir gehen am **Rifugio Revolto (1)** vorbei und schlagen den ansteigenden Treppenweg unterhalb der Kapelle ein (Wegweiser »Rif. Pertica«). Der breite Weg steigt an bis zur Kurve einer Straße mit Kreuz und Sicht auf das nahe Rifugio Pertica und nach rechts in die Schlucht, oberhalb der unser Rückweg läuft. Weiter geht es auf dem Treppenweg geradeaus, der kurz darauf wieder die Straße trifft. In diese biegen wir nach rechts ein. Wenig später zweigt nach links ein ansteigender Treppenpfad ab, der uns direkt zum **Rifugio Pertica (2)** bringt.
Nun folgen wir ein Stück der Straße aufsteigend gemäß Wegweiser »Rif. Carega« (109). In der nächsten Linkskehre folgen wir der Straße (Markierung an der Mauer) und lassen uns nicht vom Treppenpfad nach geradeaus locken. Etwas nach der folgenden Rechtskurve achten wir auf einen unscheinbaren, schmalen, **steilen Pfad (3)** links, auf den der Wegweiser »Costa Media« (108) zeigt. Nun wird es ernst. Der Pfad führt deutlich zwischen Latschen hinauf, bisweilen steil und kraxelig. Wo die Latschen eine Lichtung frei lassen, blicken wir schön auf die Kante der Lessinia mit der Cima Trappola und dahinter der Cima Tomba (mit Haus und Antenne), darunter das tiefe Val Ronchi; weiter links schauen wir in das Val d'Illasi hinab und ein Teil von Giazza ist sichtbar.
Nach einem beträchtlichen ebenen Stück Pfad sehen wir das idyllische Campobrun-Hochtal mit der Scalorbi-Hütte, der wir auf dem Rückweg einen Besuch abstatten werden. Nach einer Linkskurve mit Stollen wird es immer steiler und steiler und die letzten 200 Hm vor dem Grat sind wirklich steil. Urplötzlich stehen wir auf dem Grat **Costa Media (4)** und die gigantische Aus-

Das Hochtal Campobrun, an dessen oberem Ende das Rifugio Scalorbi liegt.

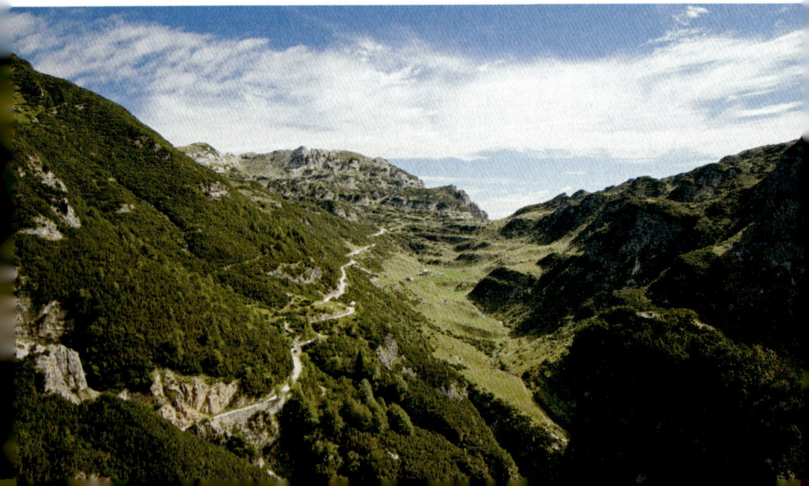

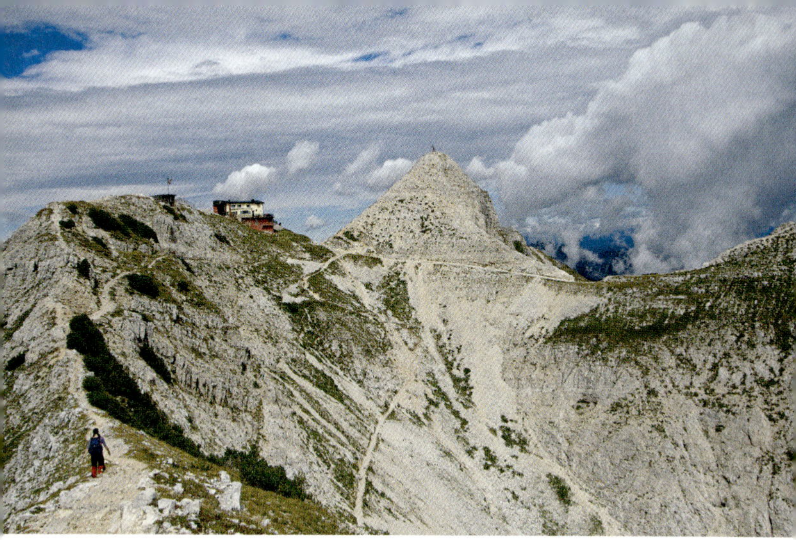

Noch ein kurzes Stück Panoramagrat bis zum Rifugio Fraccaroli; dahinter die Gipfelpyramide der Cima Carega.

sicht lässt die Pein des Aufstiegs vergessen. Die Monti Lessini von Cima Trappola bis Castelberto liegen uns zu Füßen, dahinter ein Teil des Gardasees. Nach vorne die Brenta und die Schneegipfel der Zentralalpen, rechts die vielen Gipfel der Costa Media, an denen wir entlanggehen werden und ganz hinten die weiße Pyramide der Cima Carega. Wenig weiter links die mit Fähnchen geschmückte Cima Tibet. Wir gehen also rechts, wie auch der Wegweiser »Rif. Carega – Fraccaroli« (108) empfiehlt.

Meist auf dem Grat, immer mit Aussicht, mal auf, mal ab halten wir uns immer geradeaus. Eine Madonna steht auf einem der Gipfel. Wenn plötzlich die Hütte auftaucht, sind wir fast enttäuscht, dass der wunderbare Weg schon zu Ende ist. Aber es kommt ja noch mehr!

Die Terrasse des **Rifugio Fraccaroli** bietet feinstes Panorama, nur nach Südost steht der Gipfel der **Cima Carega (5)** im Weg. Also hinauf! Die wenigen Höhenmeter sind trotz des überbeanspruchten Hanges schnell überwunden und dann: 360°! Jetzt ist auch die Cornetto-Baffelan-Kette links vom Rifugio Campogrosso sichtbar. Dahinter die Asiago-Hochebene, weiter links der Monte Pasubio mit seinen drei Gipfeln. Auch der Anfang des Rückweges ist zu sehen: die Serpentinen hinab bis zum Sattel Bocchetta Mosca, wo fünf Wege zusammentreffen.

Also wieder auf demselben Weg zurück Richtung Hütte und im **Sattel** zwischen Hütte und Gipfel links dem Wegweiser »Bocchetta Mosca« (157) folgen, also nicht nach wenigen Metern halb rechts. Sich immer links halten und nach dem Einschnitt der Linkskurve folgen und so unterhalb des Gipfels auf bequemen Weg leicht bergab. Der Serpentinenweg verläuft klar zur Bocchetta Mosca, wir dürfen uns nur nicht von Abschneiderpfaden aus dem Konzept bringen lassen. Die Aussicht auf die schroffe Nordwand der Cima Mosca, das Rifugio Scalorbi und die Zacken der Tre-Croci-Kette dahinter ist herrlich.

Im Sattel **Bocchetta Mosca (6)** schauen wir direkt auf den gegenüberliegenden Monte Pasubio. Unser Weg führt geradeaus weiter, also von den drei Wegen der mittlere, der flach geradeaus weiterführt (Wegweiser »Rif. Scalorbi«, E5). Der absteigende Weg 109 führt zwar schneller zur selben Hütte, aber weniger aussichtsreich (Variante). Denn wir blicken auf unserem ebenen, dann leicht abfallenden Weg auf das wunderbare Berghalbrund der Tre-Croci-Kette, die das Valdagno abschließen, und zurück in die Carega-Gruppe.

Kurz vor dem Beginn von Serpentinen blicken wir kurz links ins Valdagno mit Recoaro Terme. Nach den Serpentinen ignorieren wir den Pfad links und gehen weiter geradeaus auf dem breiteren Weg. Wenige Meter weiter kommt

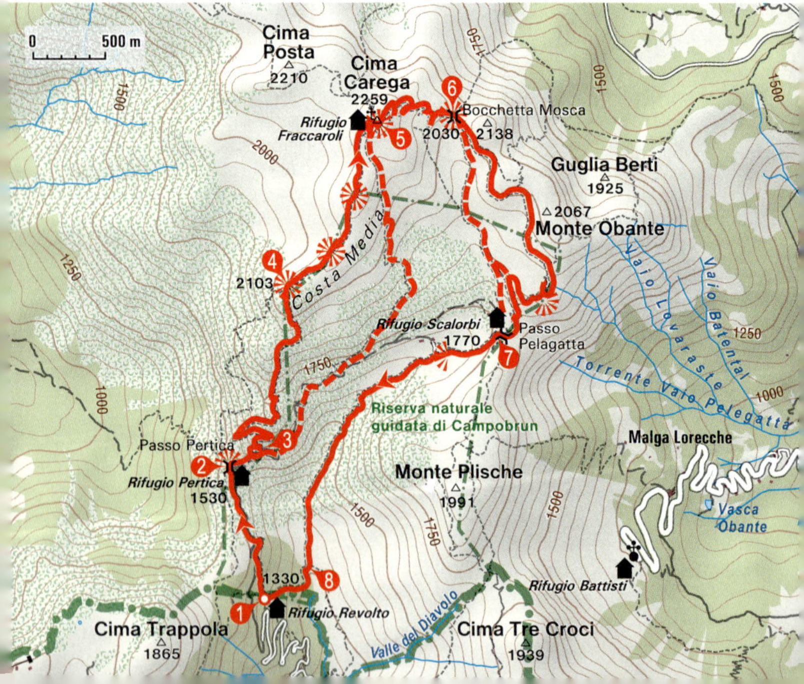

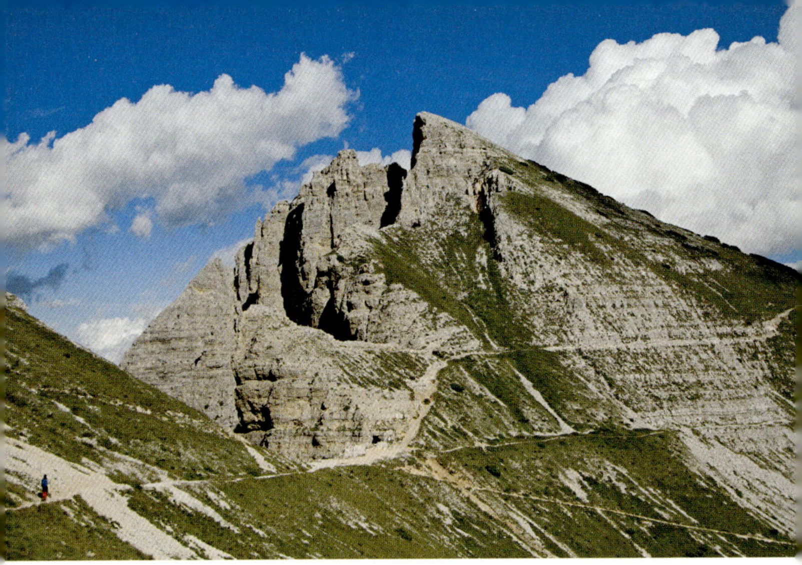

Die Cima Mosca und der Sattel Bocchetta Mosca.

das Rifugio Battisti unterhalb der Tre Croci in unser Gesichtsfeld und sogleich nach einer scharfen Rechtskurve das Rifugio Scalorbi oberhalb der Campobrun-Almen mit der gleichnamigen Alm. Nun gehen wir wieder eben in die entgegengesetzte Richtung, auf den Carega-Gipfel zu, aber schnell folgt die Spitzkehre nach links, die uns wieder auf die Scalorbi-Hütte einlenkt (hier nicht den schmalen Pfad geradeaus nehmen). Noch wenige absteigende Kurven und dann auf einem schmaleren Pfad direkt zum **Rifugio Scalorbi (7)** – was für ein idyllischer Ort!

An der Vorderseite der Hütte beginnt hinter der Fahnenstange ein schmaler abfallender Weg, der etwas geröllig zur Alm mit großem Teich hinführt. Wir gehen links am **Teich** vorbei, also nicht zu den Almgebäuden. Der Pfad wird bequemer, aber nur kurz: dann wird es steiler und wir blicken in die Schlucht. Immer oberhalb der Schlucht, mal steil, mal gemütlich führt uns der Weg sicher nach unten. Die Blicke auf die senkrechten Felswände und dann auf eine Felsnadel rechts oben faszinieren uns. Auch unsere Hütte am Ausgangspunkt ist immer wieder zu sehen.

Nach vielen engen Serpentinen im Wald folgt ein kurzes ebenes Stück und kurz dahinter treffen wir eine **Verzweigung (8)** mit Bänken, einer Infotafel und Wegweisern. Wir biegen rechts ab (Wegweiser »Rif. Revolto«, 190). Nur kurz geht es bergab, dann der finale Aufstieg. Etwas ungemütlich, aber wirklich nicht weit und schon stehen wir wieder am **Rifugio Revolto (1)**.

TOP **42**

Um den Monte Zevola

5.00 Std.

In den Höhen der Tre-Croci-Kette

Eine wunderbare Höhenwanderung: der kurze, knackige Aufstieg wird belohnt mit einem Panoramaspaziergang auf einem alten Militärweg. Die fantastische Aussicht erstreckt sich in drei Richtungen auf drei verschiedene Landschaften: die sanfte Lessinia, die zackige Carega-Gruppe und das weite Agno-Tal mit Recoaro Terme. Der Abstieg hat es wieder in sich und durchquert zerwürfelte Felsgärten mit den schon vom Ausgangspunkt sichtbaren Felssäulen »L'omo e la donna« (der Mann und die Frau).

Ausgangspunkt: Rifugio Cesare Battisti. Von Recoaro Terme weiter taleinwärts auf der SP99, dann Schildern nach Parlati, Giazza und Rifugio C. Battisti folgen. Die Straße endet an der Hütte.
Höhenunterschied: 850 m.
Anforderungen: Überwiegend mittelschwere Wanderung, aber Anstieg teilweise sehr steil, Abstieg mit sehr steilen, rutschigen, ausgesetzten Passagen. Schneefelder bis in den Juni hinein möglich. Leidlich markiert.
Einkehr: Am Ausgangspunkt.
Karte: Tabacco 056, Kompass 100.

Vom **Parkplatz** direkt unterhalb des **Rifugio Battisti (1)** gehen wir über den breiten Pflasterweg und links die Treppe hinauf und an der Vorderseite der Hütte vorbei. Der Weg beginnt halb rechts mit einem kleinen Geländer über einer Quelle. Dort folgen wir dem Wegweiser »Passo Ristele«, also am Geländer entlang, den aufsteigenden Pfad hinauf, der wenige Meter weiter oberhalb eines kleinen Teiches verläuft.
Am breiten Schotterweg biegen wir links ab. Wie der bequeme Weg den Berghang quert, ist weit sichtbar. Im Wald knicken wir nach rechts auf den deutlichen **Pfad 121 (2)** ein(Wegweiser »Passo Ristele«). Zunächst steigt er bequem im Wald an, dann wird er steiler und immer wieder öffnen sich Blicke zurück zum Rifugio am Startpunkt und das schöne Bergrund darüber (siehe Titelbild). Links hinter den Spitzen des Fumante und dem Gipfel des Obante lugt die Pyramide der Cima Mosca im Carega-Massiv hervor. Ein

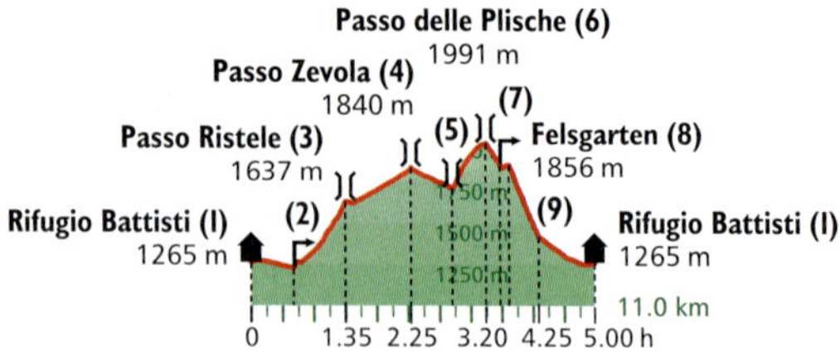

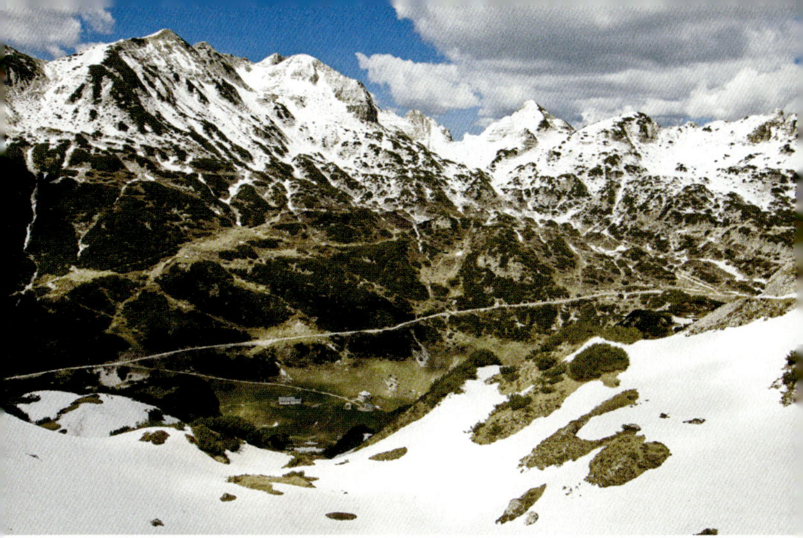

Blick über das Campobrun-Hochtal auf das Carega-Massiv.

letztes schwierigeres Stück (wer hier Probleme bekommt, wird beim Abstieg scheitern!) und wir erreichen den **Passo Ristele (3)** mit wunderbarer Aussicht zur Lessinia und dem Monte Lobbia im Vordergrund.
Wir folgen dem Wegweiser »sent. 202, strada di arroccamento« (121) nach halb rechts auf den deutlichen Pfad und erreichen schnell den breiten, alten Militärweg, in den wir nach rechts aufsteigend einbiegen (Wegweiser »P.so Tre Croci«, 202). Wir spazieren an der **Malga Fraselle di sopra** vorbei. Der Blick in das Illasi-Tal und zur Lessinia wird immer besser: auch Monte Trappola, Castello Gabiano und Monte Tomba (mit Antennen) werden sichtbar. Nach einer Spitzkehre nach rechts zweigt links der Weg 279 nach Giazza ab. Wir gehen geradeaus weiter auf dem Weg 202 (der Wegweiser »P.so Zevola« ist beschädigt). Vor uns können Adleraugen das Gipfelkreuz des Monte Zevola, 1976 m, erkennen. Nach links erspähen wir bald den Südteil des Gardasees. Schnell folgt der **Passo Zevola (4)**, 1840 m. Der Gipfelabstecher nach rechts zum Monte Zevola wäre mühsam und schwierig. Daher gehen wir geradeaus weiter (Wegweiser »Passo Tre Croci«, 202) auf der anderen Passseite hinunter. Es geht sofort nach rechts auf einen bequemem, leicht abfallenden Weg, dessen Verlauf bis zum tiefen Einschnitt des Passo Tre Croci und dann weiter hinauf in den bewaldeten Hang gut zu sehen ist. Dahinter sehen wir den breiten Südhang der Carega mit den deutlichen Militärwegen und den Hütten Revolto, Pertica und Fraccaroli (von links nach rechts bzw. von unten nach oben).

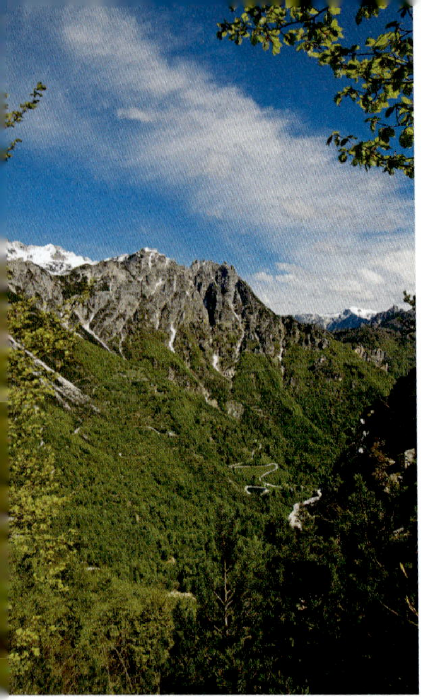

Kurz vor dem Passo Ristele öffnet sich der Blick zurück auf den Monte Zevola und das Carega-Massiv dahinter.

So erreichen wir den **Passo Tre Croci (5)**, der auch **Passo della Lora** genannt wird, direkt oberhalb des Rifugio Battisti mit wunderbarem Blick über Recoaro, Monte Rione Rivon und Monte Summano bis zum Monte Grappa.
Der hier zur Hütte abzweigende Weg 110 würde die Wanderung zu schnell beenden, daher gehen wir geradeaus weiter (Wegweiser »P.so Plische«, 182). Zuerst sehr steil zwischen Latschen, dann moderater gewinnen wir an Höhe. Kurz vor dem Pass passieren wir Stolleneingänge und ein verbogenes Metallkreuz. Schließlich geht es flach zum **Passo delle Plische (6)**, 1991 m.

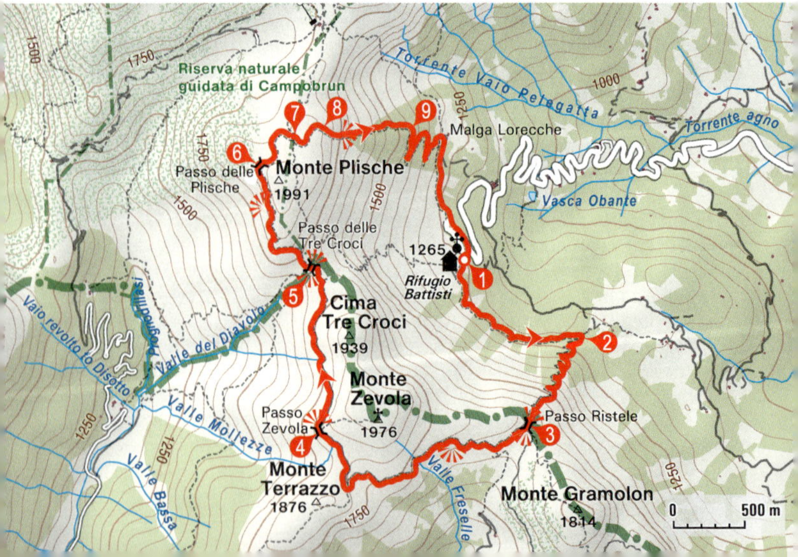

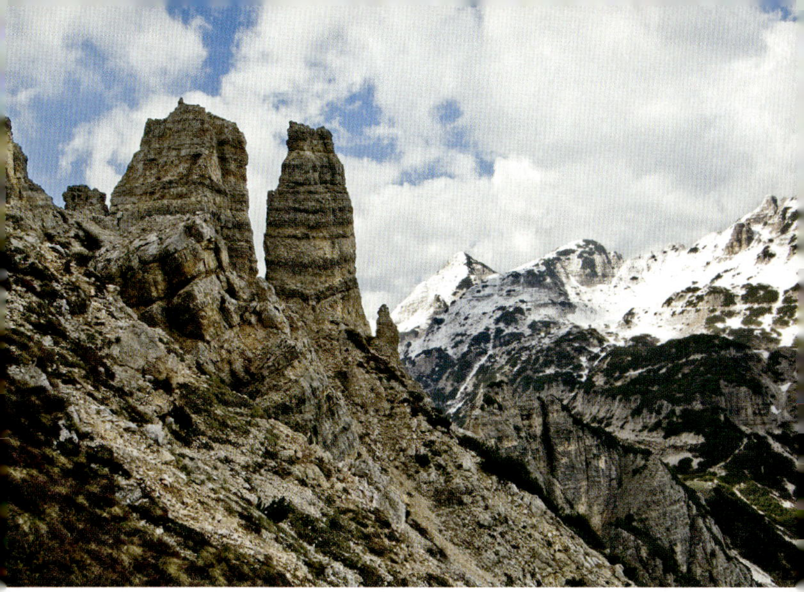

Die Felsfiguren »L'omo e la donna« von Nahem, dahinter das verschneite Carega-Massiv.

Wir gehen durch den Sattel hindurch und halten uns rechts auf dem breiten Pfad, der den Hang leicht abfallend quert und so eine tiefe Senke umrundet. Es folgt eine zweite Senke, doch aufgepasst: am **Scheitelpunkt der Kurve (7)** biegen wir nach rechts ab; dieser Weg ist kaum zu sehen und der verblichene Wegweiser 113 schafft keine Klarheit. Die Felsen lassen einen Durchgang, hinter dem es steil den Hang hinuntergeht (also nicht den deutlicheren Pfad rechts hinauf!). Weiter unten und am Hang gegenüber links ist der Weg deutlich zu sehen: dort müssen wir hin. Am Ende des folgenden Anstiegs steht ein Pflock mit rotem Kopf. Hinter der Rechtskurve wartet ein **Felsgarten (8)** auf uns, durch den sich der Pfad windet. Nach links geraten die beiden Felssäulen **»L'omo e la donna«** in unser Blickfeld.
Nun wird es richtig steil, rutschig und manchmal ausgesetzt. Ab und an sollten wir innehalten und statt unserer Füße das weite Panorama anschauen. Auch zwischen den Latschen bleibt der Pfad schwierig. Plötzlich treffen wir einen **Querweg (9)**, den wir nach rechts einschlagen: Auf ihm geht es einfach geradeaus nach Süden und das Gefälle ist so gering, dass es uns wie flach vorkommt. Nach weiten Serpentinen quert ein breiterer Weg mit Wegweisern, die uns nichts nutzen, denn wir gehen rechts weiter (Weg 105).
Wir kommen an die Straße, die wir von der Anfahrt kennen, und folgen ihr geradeaus hinauf bis zum **Rifugio Battisti (1)**.

43 Montagnole

3.30 Std.

Almidyll unter der Bergarena

Am Fuß des großen Berghalbrundes, das das Agno-Tal abschließt, schmiegt sich die Montagnole genannte Almlandschaft unterhalb der steilen Hänge an die Berge. So lässt sich in einem schönen Spaziergang die imposante Bergwelt der Tre-Croci-Gruppe und der Carega aus sicherer Entfernung betrachten. Unser Weg entspricht teilweise dem »Sentiero Grandi Alberi« (Große-Bäume-Weg), an dem Infotafeln auf besondere Bäume und andere Landschaftselemente hinweisen.

Ausgangspunkt: Das obere Asnicar. Von Recoaro Terme Richtung Recoaro Mille. Im Ortsteil Asnicar links abbiegen (Wegweiser Recoaro Mille). Über Kurven und schlechten Belag bis zum Weiler, der ebenfalls Asnicar heißt. Kurz hinter dem Weiler an der Abzweigung vor der Hausnummer 3580 parken.

Höhenunterschied: 350 m.
Anforderungen: Leichte Wanderung, meist auf breiten Wegen, teilweise markiert, relativ lang.
Einkehr: Rifugio Cesare Battisti.
Hinweis: An schönen Wochenenden stark frequentiert.
Karte: Tabacco 056, Kompass 100.

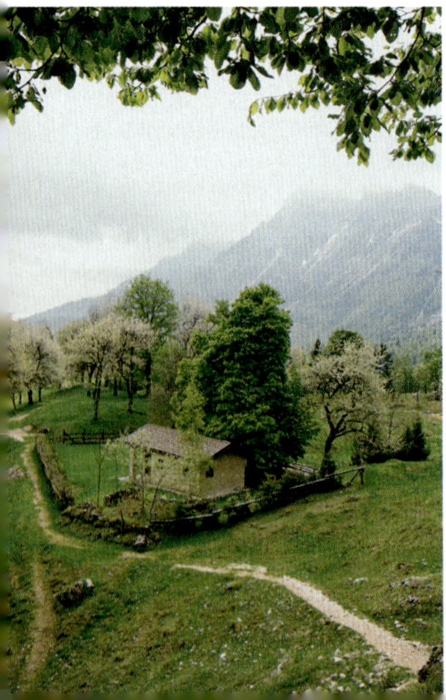

Gegenüber der Hausnummer 3580 im Weiler **Asnicar (1)** stehen eine **Infotafel** und einige Wegweiser. Für uns zählt bis zum Umkehrpunkt der Wanderung »Rif. Battisti«. Wir nehmen den asphaltierten Weg, der nach wenigen Metern zur Schotterpiste wird.

Nach einem Haus steigt die Piste in zwei Kurven an, die folgende Abzweigung nach links oben können wir ignorieren. Wenig später treffen wir die erste Infotafel (Nr. 9) des Grandi-Alberi-Weges. Die dort erwähnte mehrstämmige Buche hat durch Bruch einen guten Teil ihres Stammes verloren. Nach der **Malga Morando (2)**, auch **Malga Ofra** genannt, geht es bergab, die Abzwei-

Die Malga Masolin zwischen Kirschbäumen.

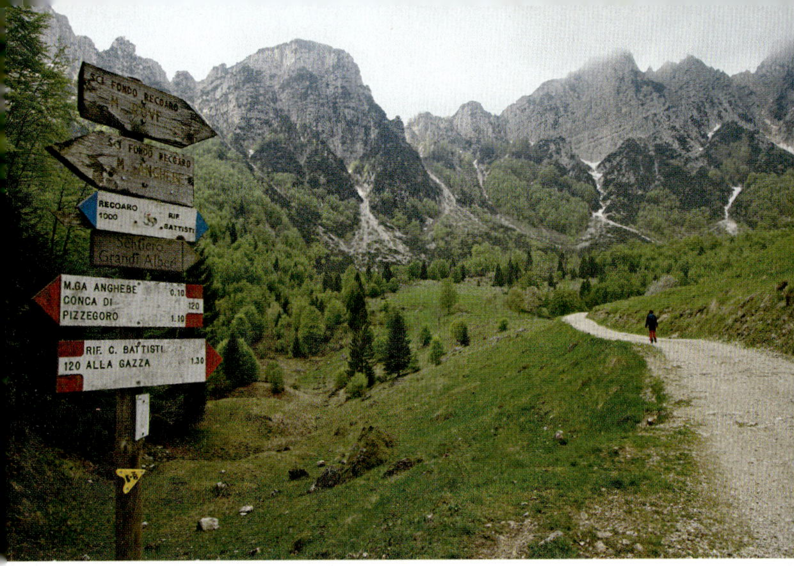

Abwechslungsreiche Wald- und Almlandschaft zu Füßen der Felsgipfel.

gung nach links in den Wald interessiert uns insofern, dass wir auf dem Rückweg von dort kommen werden. In sanftem Auf und Ab geht es weiter. Nach einem Anstieg im Wald kommt von scharf links der **Weg 120 (3)**, was wir uns für den Rückweg merken. Jetzt gehen wir geradeaus weiter. Es folgt ein grandioses Szenario: liebliche Almwiesen unterhalb des Halbrund der schroffen Tre-Croci-Kette.

Nach einem Anstieg sehen wir links in den Wiesen eine Infotafel zu der ein Wiesenweg führt. Wir machen einen Abstecher dorthin und bewundern die beiden **alten Buchen (4)**, denen die Infotafel Nr. 12 gewidmet ist.

Zurück auf dem Hauptweg geht es bergab bis zur **Malga Podeme**, wo der Wald beginnt. Die Infotafel Nr. 14 weist auf zwei Bäume hin, die wir erreichen, wenn wir den Weg links hinaufgehen bis zu dem Haus der **Malga Raute (5)**. Dort steht unterhalb des Hauses eine alte Echte Mehlbeere (*Sorbus aria*) und dahinter eine große Buche.

Der Hauptweg steigt an bis zur **Malga Pace**. Kurz davor steht die Infotafel Nr. 15, die auf den hochstämmigen Buchenhain hinweist. Die Abzweigung dorthinein ignorieren wir und gehen geradeaus auf die Gebäude zu und daran vorbei. Gleich danach spaltet sich der Weg: wir gehen links, kommen auf dem Rückweg aber von rechts.

Zwischen einigen verstreuten Häusern steigen wir an, um vor dem letzten Haus rechts auf eine Fahrspur abzubiegen. Es folgt sogleich Infotafel Nr. 16, die das sumpfige Areal beschreibt. Hier verzweigt sich der Weg, wir gehen rechts. Zwischen vielen, hohen Kirschbäumen liegt die kleine **Malga Masolin** mit einer großen Rosskastanie (ohne Infotafel). Dahinter wird der Weg zum Pfad und steigt deutlich an in den Wald.

Am **Ende des Waldes (6)** gehen wir links (auf dem Rückweg nehmen wir den rechten Pfad) und gehen so am Waldrand entlang. Neben einem Häuschen biegen wir links ab (Wegweiser) und treffen sogleich einen Schotterweg, den wir nach links einschlagen. Wenig später im Wald geht nach links der Weg 121 zum Passo Ristele ab, wir aber gehen rechts flach auf dem 120er weiter. Am Ende des Waldes ein großartiger Blick in das Bergrund mit unserem Ziel, dem Rifugio Battisti, zu Füßen. Fast eben erreichen wir das **Rifugio Battisti (7)**, 1265 m. In deren Umgebung weisen Infotafeln und Wegweiser auf Überreste und Ereignisse des Ersten Weltkrieges hin.

Zurück gehen wir zunächst auf demselben Weg bis zu der Verzweigung am **Waldrand (6)**. Dort nun links, also nicht in den Wald. Wir queren den Hang und treffen an einem Teich einen Schotterweg. Hier biegen wir rechts ab und gelangen zu **Malga Rove (8)**. Rechts hinter dem Gebäude beginnt ein breiter Weg, den wir hinabsteigen. Eine Abzweigung lassen wir links liegen. Nach einem kurzen Anstieg treffen wir den bekannten Weg, gehen dort geradeaus weiter. Wir gehen also zurück, wie wir gekommen sind, aber nur bis zum **Abzweig des Weges 120 (3)**. An dem Wegweiser folgen wir der Richtung »M.ga Anghebe« kurz steil in den Wald hinauf. In der Wiese ist der Weg etwas undeutlicher, aber es geht schlicht geradeaus. Unterwegs steht ein unleserlicher Holzwegweiser.

So treffen wir einen Schotterweg, in den wir nach links abbiegen. Kurz vor einem Häuschen am Ende des Anstiegs steht eine kleine Madonnenfigur in

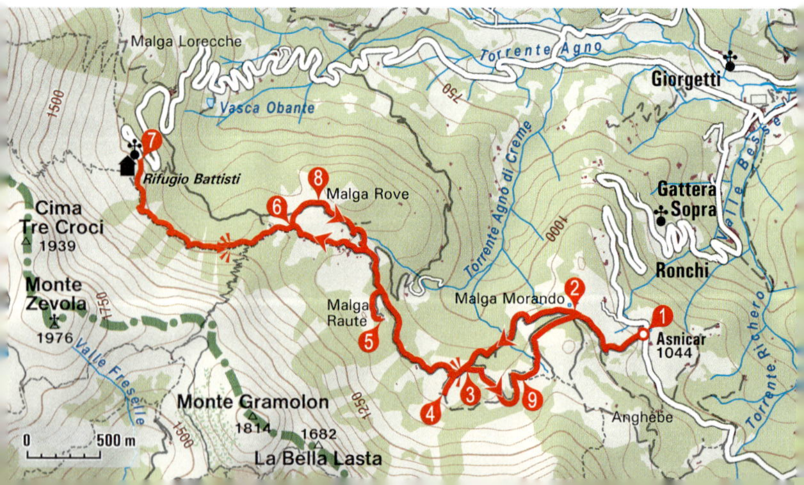

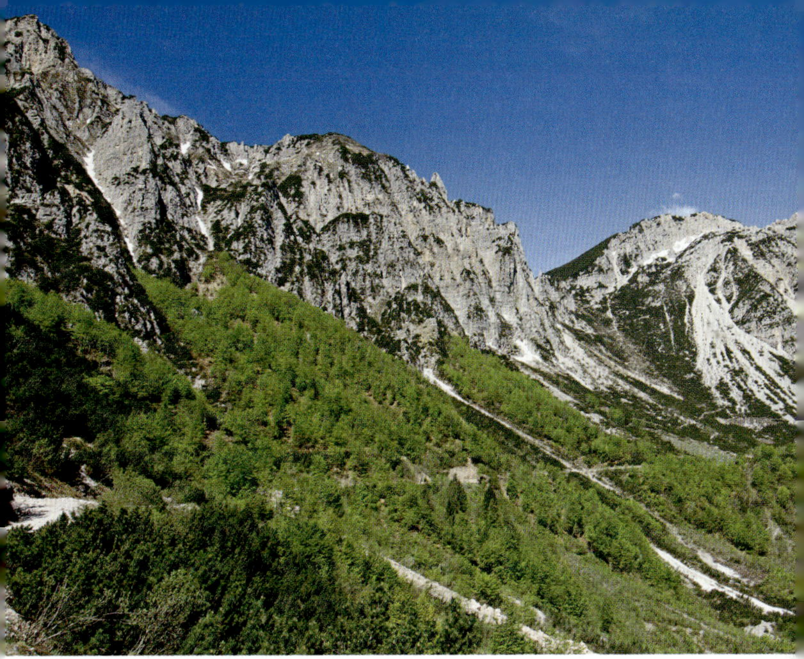

Der bequeme letzte Abschnitt bis zum Rifugio Battisti unterhalb der Tre-Croci-Kette.

einer Steinnische. An dem Häuschen (9) biegen wir links absteigend ab (die vielen unleserlichen Schilder helfen dabei nicht). So finden wir weiter unten zwischen hohen Linden und Eschen eine Giasara mit Infotafel Nr. 11, wo früher der Schnee gesammelt wurde, um im Sommer damit kühlen zu können. Kurz darauf beschreibt Tafel 10 auf einer Wiese das Panorama. Wir gehen den nun breiten Weg entlang, ohne die Abzweigung links zu beachten und treffen an der **Malga Moranda (2)** wieder den bekannten Weg. Geradeaus geht es weiter bis zum Ausgangspunkt in **Asnicar (1)**.

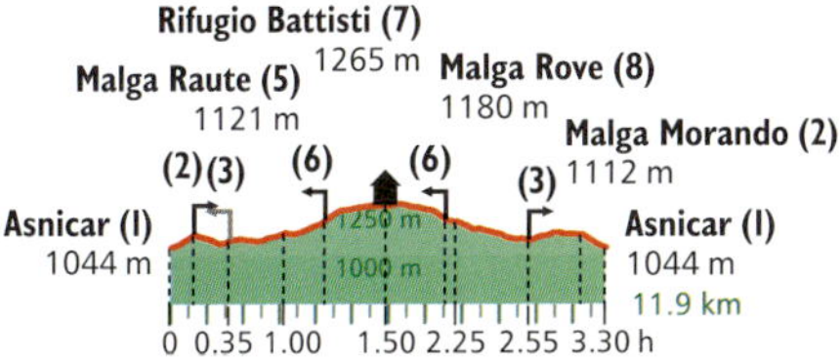

44 Monte Spitz di Recoaro, 1181 m

4.15 Std.

Der Hausberg von Recoaro Terme

Der Hausberg von Recoaro Terme ließe sich am schnellsten per Seilbahn und kurzem Spaziergang erreichen, aber die Seilbahn ist nur im Juli / August und bei Skibetrieb aktiv. Wer aus eigener Kraft aufsteigt, erlebt schöne Wälder und Dörfchen, insbesondere die idyllische Località Pré. Oben bietet schon die Terrasse der gemütlichen Hütte an der Bergstation Recoaro Mille eine tolle Aussicht in den halbrunden Talschluss. Der Aussichtspunkt knapp unterhalb des Gipfels des Monte Spitz erweitert den Blick auf das komplette Tal und die Berge der Vizentiner Voralpen. Die Thermenanlagen, die wir kurz vor Ende passieren, sollen renoviert und 2026 wiedereröffnet werden (Stand: 2024).

Ausgangspunkt: Recoaro Terme, Talstation der Seilbahn. **Anfahrt mit Auto:** Von Valdagno kommend auf der SP246 nach Recoaro Terme, in den Ort hinein und am Kreisel am Ende der Via Roma links über die Brücke zur Seilbahnstation. **Anfahrt mit Bus:** Die Linie 1 der Gesellschaft FTV verbindet Vicenza mit Recoaro Terme. Ebenso die Linie 14, die über Schio fährt. Die Haltestelle liegt kurz vor dem Ortszentrum, daher in Fahrtrichtung ca. 350 m weiter bis zum Kreisel am Ende der Via Roma und dort links über die Brücke zur Seilbahnstation.
Höhenunterschied: 740 m.
Anforderungen: Leichte bis mittelschwere Wanderung, ein paar steile Stellen, v. a. im Abstieg.
Einkehr: Ristorante Chalet Recoaro Mille.
Karte: Tabacco 056, Kompass 100.

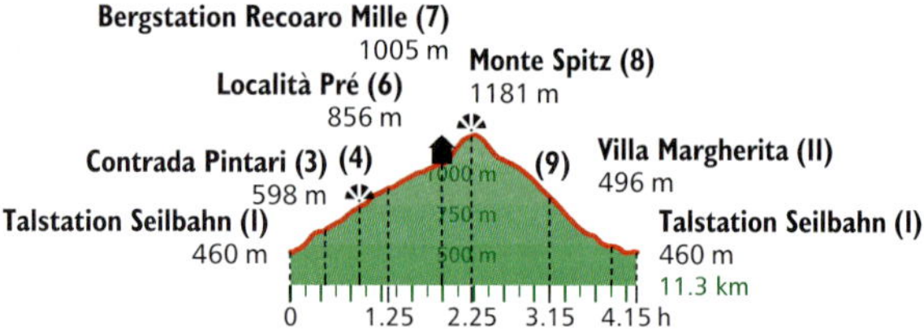

Links von der **Talstation (1) der Seilbahn** (Seggiovia) sehen wir einen grünen Hang über einer Grotte mit Brunnen und Gedenktafel für die während des Zweiten Weltkrieges in Russland Gefallenen des Ortes. Wir steigen die Treppe links von der Grotte hinauf und nach der Spitzkehre vor einem Haus geht es wieder links Stufen empor bis zur Straße **Via Peserico**. Dieser folgen wir nach links nur wenige Meter bis zu der großflächigen Verzweigung. Wir nehmen die obere der beiden Straßen, die praktisch geradeaus parallel verlaufen.

An der **Hausnummer 80** biegen wir rechts ab (Schild »Panineria«) und sogleich am **Schild »contrada Siche« (2)** links aufwärts an Leitplanke und

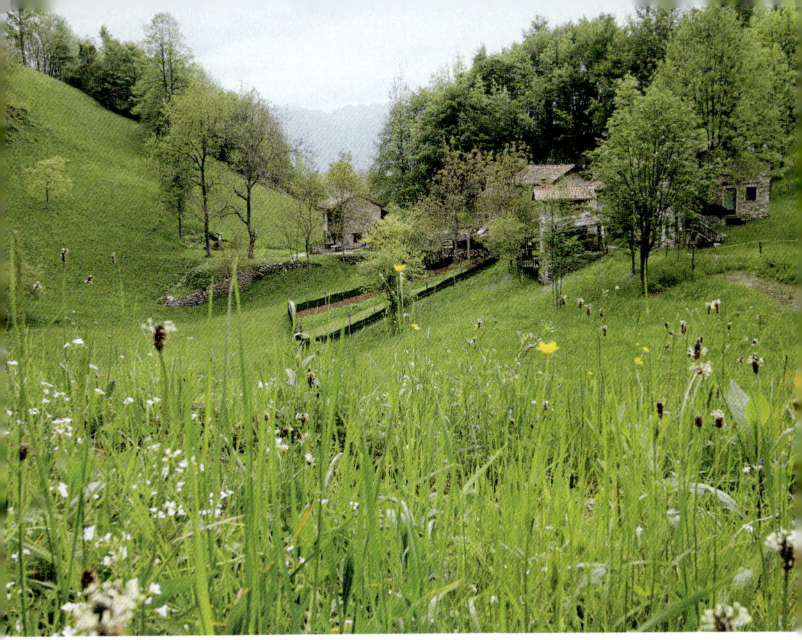

Die idyllische Località Pré auf halbem Weg zum Gipfel.

Betongeländer entlang. Zwei Abzweigungen rechts sind Hauszufahrten, dann folgt nach einem Waschplatz am Haus mit der Nummer 4 eine scharfe Rechtskurve, der wir nachgehen. Sofort folgen zwei steinige Wege, die links steil ansteigend abzweigen; wir nehmen den zweiten, etwas breiteren Weg. Nun folgt das unbequemste Stück des Aufstiegs – immerhin versüßt durch einen schönen Blick über Recoaro und die dahinterliegenden Berge.
Dann betreten wir den Wald. Wir treffen einen querenden Schotterweg, der uns nach rechts zur Straße führt. Diese schlagen wir nach links ein und erreichen so die **Contrada Pintari (3)**. Dort bleiben wir auf der Hauptstraße. Sie endet in einer ungleichen Kreuzung. Wir entscheiden uns für links, also ein kurzes Stück Betonweg, dann Schotterfahrspur. Nun geht es in den Wald.
Nach einem Schuppen gewinnen wir auf betonierten Kurven schnell an Höhe. Wir bleiben immer auf dem Hauptweg. An einem Haus mit großem Außenkamin beginnt eine **Lichtung (4)** mit tollem Blick auf die Piccole Dolomiti. Wieder im Wald ignorieren wir an einer Spitzkehre nach links die Abzweigung nach geradeaus, folgen also der Kurve. Es folgt eine weitere **Lichtung (5)** mit einem Häuschen, Aussicht und Wiesen. Kaum wieder im Wald stoßen wir auf die Kurve eines breiten Waldweges. Die verschiedenen Weg-

weiser zeigen alle nicht dahin, wo wir hin wollen, nämlich ansteigend nach rechts. Hier folgen wir dem »Sentiero del Partigiano e della Resistenza«, der grün-weiß-rot mit den Buchstaben S P R markiert ist.

Die nächste große Lichtung mit mehreren Häusern ist die idyllische **Località Pré (6)**. Der breite Weg führt eindeutig weiter und wieder in den Wald. Abzweigungen vom Hauptweg interessieren uns nicht. Kurz nach Unterquerung von Stromkabeln spaltet sich der Weg: wir nehmen den linken Zweig. Die dreifarbigen Markierungen leiten uns weiterhin. Immer wieder gibt es Waldlücken mit Aussicht. Wir passieren eine Infotafel für Wanderwege und zwei Kletterfelsen. Wenn wir die Seilbahn unterqueren und auf den Kurpark mit den Thermalquellen schauen, fehlt nicht mehr viel bis zur Bergstation der Seilbahn.

Wo wir die Asphaltstraße treffen, geht es eigentlich geradeaus weiter (Wegweiser auf der anderen Straßenseite), aber es lohnt ein Abstecher zum gemütlichen Lokal an der Bergstation **Recoaro Mille (7)** alleine wegen der Aussicht auf die Tre-Croci-Kette von der Terrasse aus.

Der eigentliche Gipfelaufstieg beginnt mit dem gerade genannten Wegweiser, der »Spitz« (133) anzeigt. Der breite Weg ist steinig und steil. An einer Kreuzung biegen wir links ab (Wegweiser wie zuvor) und passieren die Ruinen einer Berghütte. Hinter den Antennen liegt der Aussichtspunkt des **Monte Spitz (8)**: wie die Ränge eines griechischen Theaters umgeben die Berge Recoaro. Silhouetten aus Metall benennen die Gipfel.

Zurück geht es bis zur Asphaltstraße auf bekanntem Weg bis zum Parkplatz der Bergstation, dort dann links die Straße hinunter. Wo sie sich verzweigt, halten wir uns rechts und verlassen den Asphalt sofort nach rechts auf den Weg 133 nach Fonti Centrali, der gut markiert ist. Auf breitem Weg steigen wir durch den Wald ab. Nach einem **Haus (9)** mit Aussicht stehen einige Tannen. Dort verlassen wir den Hauptweg in einer betonierten Kurve zugunsten eines schmaleren steinigen Weges in den Wald. Weiterhin gut markiert, aber geröllig und steil, später weich führt der Pfad Richtung Tal. Ein Warnschild mahnt zur Vorsicht wegen durch Erdrutsch beschädigter Wege, tatsächlich sind die Wege gut zu gehen. Es folgen Hausruinen, bei denen vor Einsturz gewarnt wird.

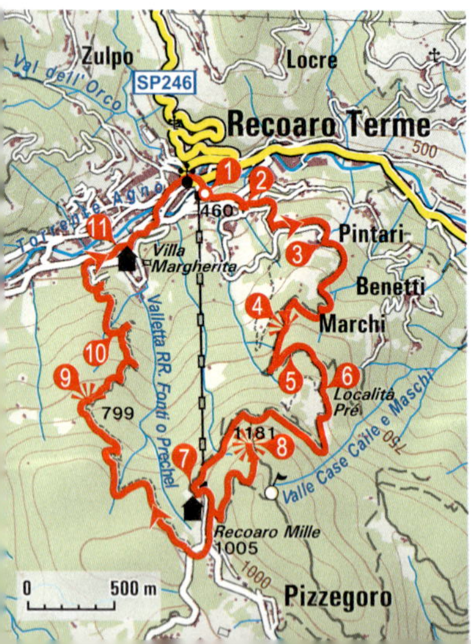

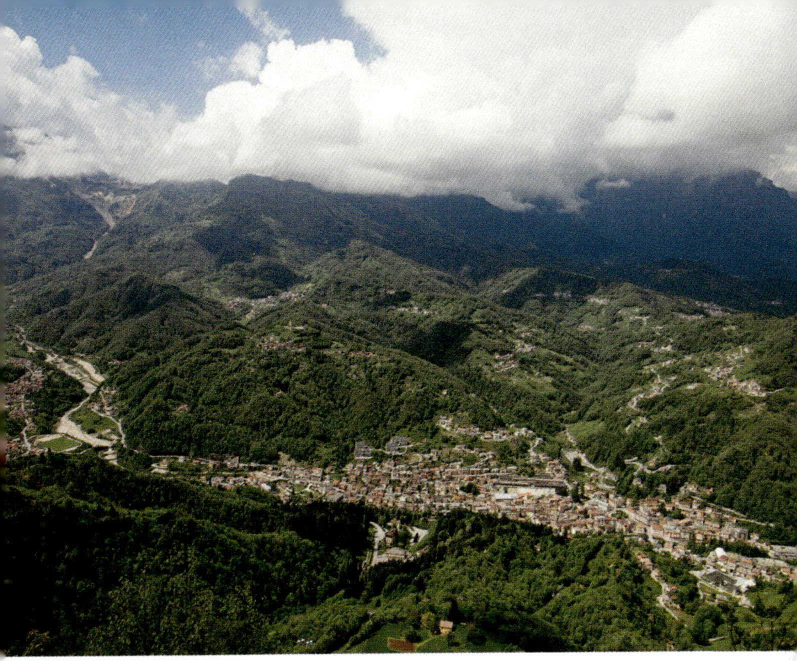

Recoaro Terme von oben.

Nach der **Holzbrücke (10)** gehen wir an der Abzweigung geradeaus weiter und über eine weitere Brücke. Der Weg wird breit. Am Ende des Waldes folgen wir dem Asphalt und treffen auf die Spitzkehre eine größere Straße. Wir gehen geradeaus hinunter und durch das Tor auf das Thermen-Gelände. Die einst wunderschöne, nun verfallende **Villa Margherita (11)** lassen wir rechts liegen. Wir gehen geradeaus auf die Platanenreihe zu. Wer möchte, kann rechts hinauf die Thermenanlage besichtigen, die ab Oktober 2024 renoviert und 2026 wiedereröffnet werden soll.
Nach den Platanen biegen wir nach links auf die Straße ab, die wir nach der Rechtskurve wieder verlassen, um die Treppen auf der linken Straßenseite hinabzusteigen. Wir kreuzen die Straße einmal, dann kommen wir an der **Via Peserico** an. Diese überqueren wir und durchmessen die dahinterliegende **Piazza Battaglione Monte Berico** absteigend. Hinter der Brücke folgen wir der **Via Lelia**, die schon bessere Zeiten erlebt hat, und erreichen die **Via Vittorio Emanuele**. In derselben Richtung geht es weiter, sodass wir an der modernen Kirche vorbeikommen. Am Kreisverkehr biegen wir rechts ab und gelangen so zum Ausgangspunkt an der **Talstation (1)**.

45 Monte Rione und Monte Caliano

5.15 Std.

Die Gipfel am Forte Rione

Der Bergrücken mit den etwa gleichhohen Gipfeln Monte Rione (auch: Monte Rivòn), Cogolo und Caliano bietet Felslandschaft und weite Aussicht. Zudem sind beeindruckende Bauten und Stollen aus dem Ersten Weltkrieg zu bestaunen, allen voran das Forte Rione (auch Forte Rivòn). Im An- und Abstieg durchmessen wir unterschiedliche Wälder, passieren eine hübsche, steile Alm mit Aussicht und gelangen als Kontrastprogramm zur Busa Novegno, eine weite Alm.

Ausgangspunkt: Parkplatz am Gefallenendenkmal Valle Ortigara. Vom Passo (oder Colle) Xomo Richtung Santa Caterina, dann liegt der Parkplatz rechts; von Santa Caterina Richtung Passo Xomo auf der linken Seite.
Höhenunterschied: 900 m.
Anforderungen: Mittelschwere Wanderung mit steilem, langem An- und Abstieg. Die zwei Tunnel sind kurz und gerade, erfordern daher keine Taschenlampe.
Einkehr: Die Hütte am Forte Rione hat unregelmäßig geöffnet; meist an schönen Wochenenden.
Variante: Ausgangspunkt: Parkplatz unterhalb des Monte Novegno. Anfahrt: Zwischen Bosco di Tretto und Santa Caterina zweigt im Dorf Contrà Rossi die Straße zum Monte Novegno ab. In Serpentinen hinauf, die letzten 4,5 km auf Schotter. Parkplatzeinfahrt in einer Linkskurve. Auf der Schotterpiste weiter hinauflaufen zum Teich Pozza Lunga (7), dann links hinauf (Wegweiser »M. Rione«, 400) und dann weiter, wie für diese Tour beschrieben. Am Punkt (6) jedoch links und somit zurück zum Teich Pozza Lunga. Insgesamt 6,9 km, 260 Hm, 2.00 Std., leicht.
Kombi-Tipp: Konditionsstarke Wanderer können die Tour 47 einfügen (zusätzlich 5,9 km, 250 Hm Aufstieg, 170 Hm Abstieg, 2 Std.).
Karte: Tabacco 056, Kompass 101.

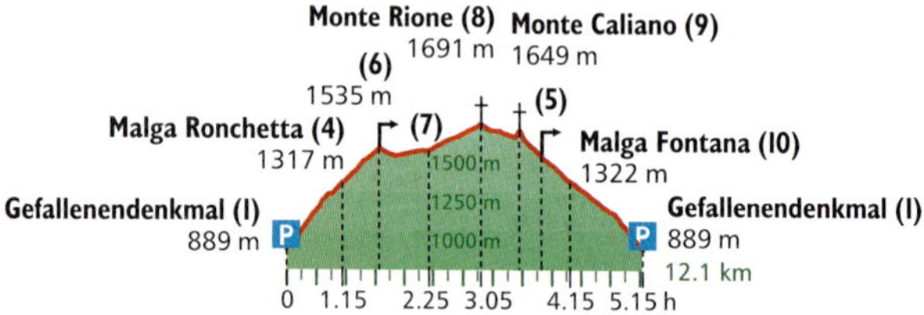

Auf der anderen Straßenseite des **Parkplatzes** am **Gefallenendenkmal (1)** fängt der Wanderweg neben dem Schrein mit dem heiligen Benedikt an, was der Wegweiser »M.ga Ronchetta« (411) anzeigt. Der deutliche Pfad steigt steil an, kreuzt einen breiten Waldweg und trifft einen Schotterweg an einer Betonsäule. Hier biegen wir rechts auf den Schotterweg ab, um ihn sogleich wieder nach rechts zu verlassen (Pfahl mit rot-weißem Kopf). Wenn wir noch einmal den Beton- bzw. Schotterweg treffen, schauen wir uns den Pfad ge-

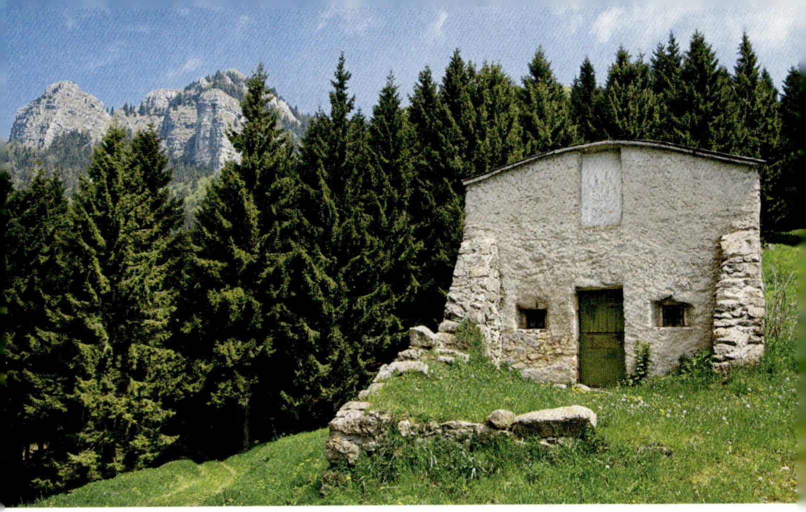

An der Malga Ronchetta ist der Monte Caliano sichtbar.

genüber an, denn von dort kommen wir auf dem Rückweg, gehen jetzt aber nach rechts auf dem Schotterweg weiter. Kurz nach der scharfen Linkskurve achten wir auf den deutlichen **Pfad (2)** scharf rechts, an dem ein Holzwegweiser mit einem Wanderer steht. Der Pfad ist am Anfang deutlich, aber weiter oben etwas verwachsen. Es geht steil bis sehr steil hinauf.
An einer Lichtung treffen wir einen Waldweg, dessen Trasse bis auf einen Pfad mit Gras überwachsen ist. Diesem folgen wir nach rechts und schon gleich bleibt nur noch ein Pfad übrig. Der Bewuchs wird lichter, dann aber betreten wir einen **hochstämmigen Wald (3)**, wo wir uns zwischen den Tannen durch links halten. Rechts ein Teich und Felsen. Nach einem fast flachen Abschnitt treten wir aus dem Wald heraus und stehen auf einer Wiese. Der Weg ist als schwacher Pfad zu erahnen. Wichtig ist: geradeaus weiter, parallel zu der verfallenen Mauer links von uns. So gehen wir aufsteigend auf den Wald gegenüber zu und sehen oben rechts schon die Malga Ronchetta. Am Waldrand treffen wir einen deutlicheren Pfad, der rot-weiß markiert rechts hinauf zur **Malga Ronchetta (4)** führt.
Vor dem Almgebäude verschnaufen wir bei schöner Aussicht. Wir gehen an der Vorderseite des Hauses vorbei über die Terrasse an einem Kreuz vorbei auf das kleinere Gebäude zu und direkt davor rechts hinauf auf den Wegweiser zu, der hinter dem ersten Gebäude steht. Am Wegweiser gehen wir Richtung Busa M. Novegno (411), den Pfad links in den Wald empor, sodass wir das Kreuz im Rücken haben. Rot-weiße Markierungen am Stein und Pfahl machen es klar.

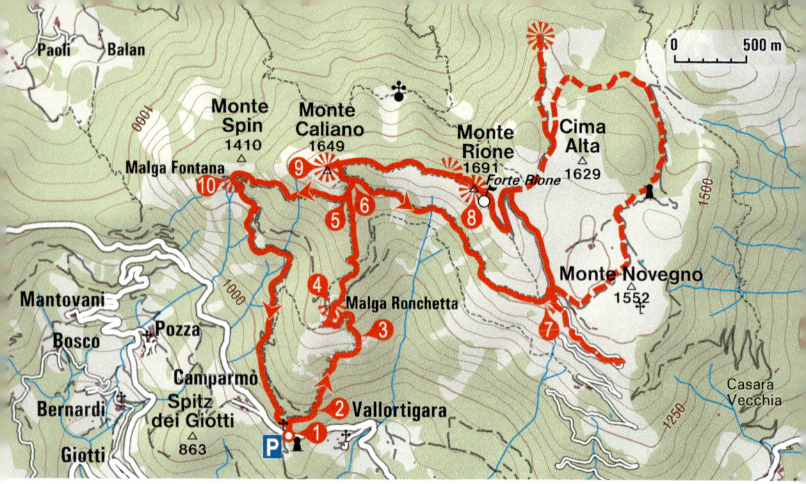

Nach Tannen und Buchen treffen wir einen querenden Pfad. Wir folgen dem Wegweiser »Busa M. Novegno« (411) nach links oben. Wir treffen immer wieder auf Mauerreste, Ruinen und Felsen. Nach einem längeren, fast flachen Abschnitt treffen wir die Kurve eines breiteren **Weges (5)**. Auf dem Rückweg kommen wir hier von oben und folgen dieser Kurve; jetzt gehen wir geradeaus hinauf (Wegweiser wie zuvor), d.h. diesen Abschnitt gehen wir auch auf dem Rückweg.

In Serpentinen gewinnen wir Höhe, teilweise sind Reste von Pflaster auszumachen. Am nächsten **Querweg (6)** biegen wir rechts ab (auf dem Rückweg kommen wir von links) gemäß Wegweiser »Busa Novegno« (411). Es geht bergab! Wir werden aber nur etwa 50 Hm verlieren. Gemütlich geht es fast flach im Wald weiter, in einigen Felswänden sind Stollen eingegraben. Der Wald endet mit einem Gatter, die Landschaft wird offen und bald blicken wir in die weite Wiesensenke der Busa Novegno.

Wir treffen eine Schotterpiste oberhalb des Teichs **Pozza Lunga (7)** und biegen nach links auf die Piste ein (Wegweiser »M. Rione«, 400). Eine Abzweigung nach rechts oberhalb von Ruinen interessiert uns nicht, aber der anschließenden Abzweigung einer Schotterpiste folgen wir scharf links hinauf (der Wegweiser »M. Rione«, 401, steht etwas schief). In Serpentinen geht es an einem Reflektor und Ruinen (mit Infotafel) vorbei zum **Forte Rione** mit Hütte (unregelmäßige Öffnungszeiten). Dahinter biegt der Weg leicht links in einen Einschnitt ein, aber den 50 m langen Abstecher zum Gipfel des **Monte Rione (8)** gönnen wir uns. Bildtafeln erläutern die wunderbare Aussicht.

Nun also durch den hohlwegartigen Einschnitt. Rechts öffnen sich immer wieder Stollen, die z.T. verzweigte Systeme bilden und/oder auf der anderen Seite des Berges wieder ans Licht treten. Betreten auf eigene Gefahr! Empfohlen sei der Abstecher am Wegweiser »Postazione Mitragliatrice, Osserva-

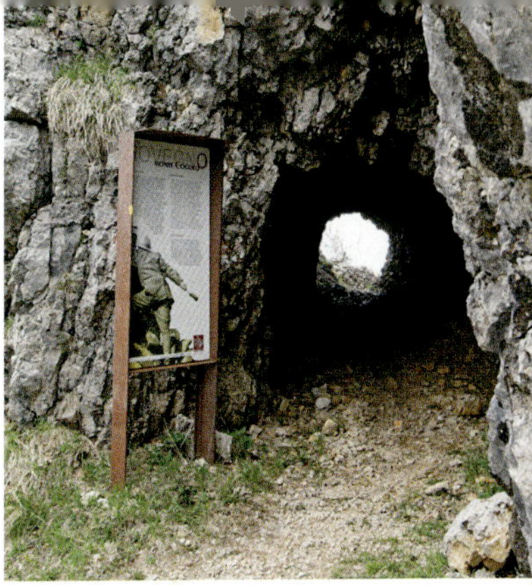

Die zwei Tunnel aus dem Ersten Weltkrieg sind so kurz, dass keine Taschenlampe notwendig ist.

torio«: Dort erreichen wir die andere Bergseite durch einen Tunnel, der nur wenige Meter lang ist. Die Sicht auf den Monte Priaforà hat genau den Winkel, um das dortige Felsfenster sehen zu können.

Der Hauptweg führt flach und aussichtsreich weiter. An einer Infotafel müssen wir rechts durch den **Tunnel** (geht auch ohne Taschenlampe; rot-weiß markiert) und direkt danach durch einen weiteren, ebenso harmlosen Tunnel; damit bohrt sich der Wanderweg durch den Monte Cogolo. Nun wird der Pfad schmaler und abfallend und führt in den Wald. Wenn wir den Gipfel des Monte Caliano vor uns sehen, biegt rechts ein anfangs deutlicher Pfad zum Gipfel ab. Dieser kurze Abstecher zur **Spitze (9)**, 1649 m, lohnt sich wegen der Aussicht. Der Hauptweg führt geradeaus weiter und in Serpentinen im Wald hinab. An der Infotafel in einer Spitzkehre folgen wir der Kehre. Wir erreichen den **Abzweig (6)**, den wir vom Hinweg kennen. Jetzt nach rechts hinab (Wegweiser »Colletto di Posina«, 401). Das bekannte Stück Weg begehen wir bis zum nächsten Abzweig (5). Das ist die Kurve, in der wir von geradeaus gekommen waren. Jetzt folgen wir der Rechtskurve des breiteren Weges (Wegweiser »M.ga Fontana«, 401).

In Serpentinen, teils auf Pflaster wandern wir bequem bergab, dann wird es steiniger. Wir gehen auf die **Malga Fontana (10)** zu; bevor wir aber vor dem Gebäude scharf links abbiegen, genießen wir die Aussicht von der Terrasse aus. Hinter dem Haus geht der markierte Weg 401 weiter, aber wir verlassen diesen Weg jetzt. Der breite Weg steigt schnell ab. Wo die Schotterpiste quert, biegen wir nach rechts ab und gehen weiter bergab. Dort wo links ein breiter Waldweg aufsteigend abzweigt und auf dem breiten Weg Betonbelag beginnt, biegen wir rechts auf einen steilen Waldpfad ab (rot-weiße Markierung). Der Pfad ist nur kurz holprig und steil.

Wir treffen die Betonpiste, gehen wenige Meter auf ihr hinab und dann wieder links auf einen Pfad in den Wald. Wenn wir die Piste ein zweites Mal treffen, biegen wir links auf sie ein und folgen ihr ca. 190 m. Dort wo der Betonbelag endet, zweigt wieder ein Pfad rechts ab. Er verläuft recht gerade und trifft wieder die Piste und zwar an einer Stelle, die wir vom Hinweg kennen. Hier auf bekanntem Weg zurück, also rechts auf die Piste, dann am Betonpfeiler wieder auf den Pfad und praktisch geradeaus bis zum Ausgangspunkt am **Gefallenendenkmal (1)** absteigen.

46 Busa Novegno und Monte Vaccaresse

2.30 Std.

Hochebene mit Aussicht

Die Busa Novegno ist eine weite Mulde mit sanfter Almlandschaft. Am Rand locken Aussichtspunkte, wie der sanfte Monte Novegno oder der anspruchsvolle Monte Priaforà (Gipfelvariante). Der Bergrücken am Monte Vaccaresse trägt Ruinen des Ersten Weltkrieges, von denen sich eine wunderbare Aussicht bietet. Wer möchte, kann hier schaurige Tunnelgänge erkunden (Tunnelvariante, Taschenlampe erforderlich).

Ausgangspunkt: Parkplatz unterhalb des Monte Novegno. Zwischen Bosco di Tretto und Santa Caterina liegt die Contrà Rossi, erkennbar am Schild »Capella del Miracolo S. Caterinella«. Mitten im Dorf zweigt die Straße zum Monte Novegno ab (Schild zugewachsen). Im Wald, dann aussichtsreich in Serpentinen hinauf, die ersten 1,8 km ab Rossi sind asphaltiert, dann noch 4,5 km auf Schotter. Parkplatzeinfahrt in einer Linkskurve.
Höhenunterschied: 310 m.
Anforderungen: Leichte Wanderung mit überwiegend breiten Wegen; leidlich markiert. Varianten schwierig (siehe dort).
Einkehr: Keine.
Gipfelvariante: Hinauf zum Monte Priaforà, 1659 m: Anstieg sehr steil und rutschig, am Ende kurz ausgesetzt (schwierig). An der Kreuzung oberhalb des Passo Campedello rechts hinunter zum Sattel mit Teich. Auf der anderen Seite an der verfallenen Mauer entlang steil hinauf (Wegweiser »M. Priaforà«), am Waldrand den breiten Weg nach links in den Wald (Wegweiser wie zuvor, 435). Bequem leicht hinauf, dann steiler. Rechts auf einen Pfad mit Stufen und rot-weißer Markierung 435 achten! Dort steil hinauf bis zum Felsenfenster: tiefer Blick auf Arsiero. Links weiter zum Gipfel. Kurz vorm Gipfel wird's nochmal schwieriger, Wegweiser »M. Priaforà« links und schon sind wir da. Wir überblicken die ganze Hochebene von Asiago bis zur Cima Portule. Auf demselben Weg zurück zum Hauptweg. Zusätzlich 3,0 km, 230 Hm, 1.20 Std.
Tunnelvariante: Achtung, Taschenlampe unbedingt erforderlich! Sehr steile, rutschige Treppe im Dunkeln (schwarz). Auf dem Rückweg vom Osservatorio, nachdem wir den alten Weg wieder getroffen haben, die nächste Abzweigung nach rechts und nach kurzem Weg in den Tunnel hinein. Im Tunnel sich rechts halten, nicht in die abzweigenden Stollen links eindringen! Kurz wieder ans Tageslicht (Abstecher nach unten zu Geschützstellung möglich) und gegenüber in einen weiteren Tunnel hinein. Dort eine steile, lange Treppe (Vorsicht!) hinab. Dann noch ein kurzes Stück flach und hinaus. Im Wald steil bergauf bis zum Hauptweg, dort dann rechts. Zusätzlich etwa 0,4 km, 40 Hm, 0.15 Std.
Karte: Tabacco 056, Kompass 101.

Vom **Parkplatz (1)** aus steigen wir die breite Schotterpiste weiter hinauf und genießen die Aussicht auf die Carega-Gruppe und die Tre-Croci-Kette. An dem breiten Sattel mit dem Teich **Pozza Lunga (2)** und Infotafel biegen wir nach rechts ab auf den Schotterweg Richtung Gipfelkreuz (Wegweiser »Passo Campedello«, 400). Wir umrunden auf diesem Weg die Senke Busa No-

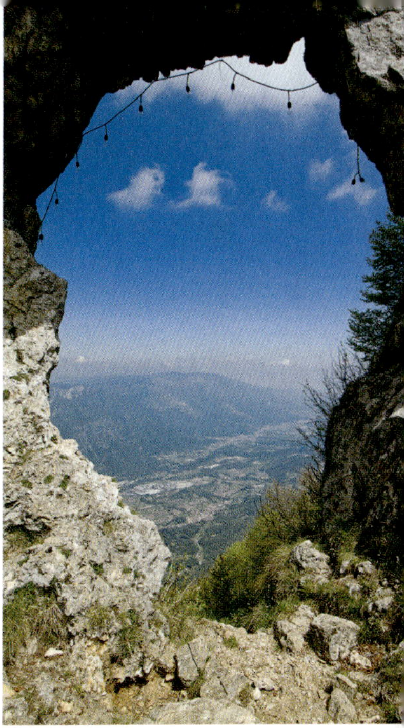

Das Felsloch am Monte Priaforà (Gipfelvariante).

vegno mit gleichnamiger Alm knapp zur Hälfte. Unterwegs lassen wir das astronomische Observatorium links liegen.

Das Gipfelkreuz des **Monte Novegno**, 1542 m, ist zu unserer Rechten zu sehen. Wir unternehmen einen Abstecher dorthin: Am astronomischen Observatorium gerade vorbei, treten wir rechts durch das **Gatter (3)** im Stacheldraht auf den deutlichem Wiesenweg. Schon gleich biegen wir links auf den Pfad ab, leicht ansteigend links oberhalb der Mulde entlang und an einem Loch (ein Geschützstand?) vorbei, dann weglos zum **Gipfelkreuz (4)**. Die weite Aussicht zeigt die Po-Ebene, den Monte Summano und in der anderen Richtung das Fort Rivon. Auf demselben Weg zurück bis zum **Gatter (3)**, dann biegen wir in den breiten Weg nach rechts ein.

Von rechts stößt der Weg 433 dazu und rechts liegt unter hohen Tannen der ehemalige **Soldatenfriedhof**. Kurz darauf biegen wir an einem Areal mit Holzzaun rechts ab (Wegweiser »P.so Campedello«, 455). Es geht kurz bergan und sogleich biegen wir auf den Pflasterweg nach links ab und am Waldrand rechts, sodass wir mit einer Linkskurve in den Wald eindringen. Rechts oberhalb sehen wir ein **Gefallenendenkmal** unter einem Dach.

Im Wald geht es bergab bis zu einem breiten Schotterweg, den wir nach links einschlagen und so schnell zur **Malga Campedello** gelangen. Weiter bergab mit Blick auf das Gipfelkreuz des Monte Priaforà erreichen wir die **Verzweigung (5)** oberhalb des breiten Wiesensattels des **Passo Campe-**

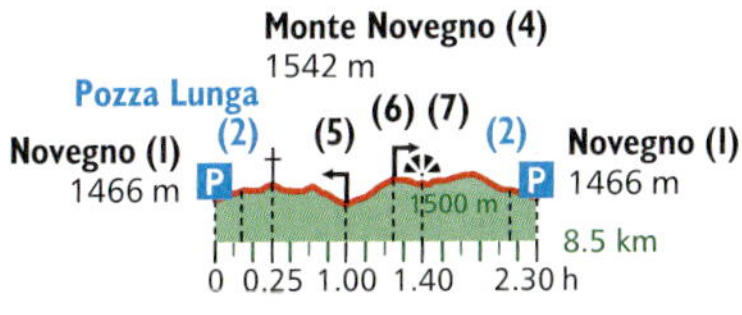

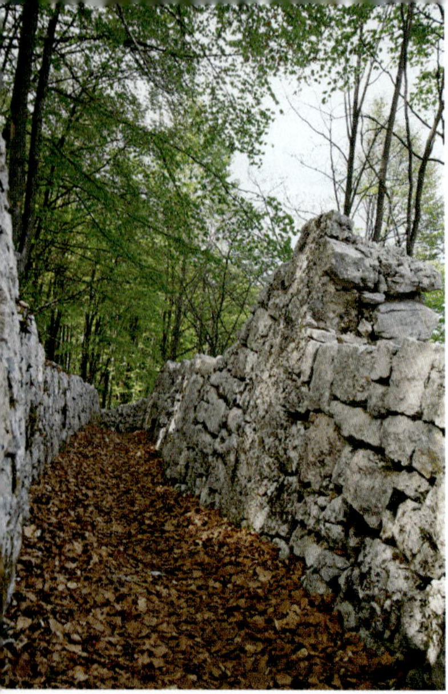

Durch diesen Graben erreichen wir den Aussichtsposten.

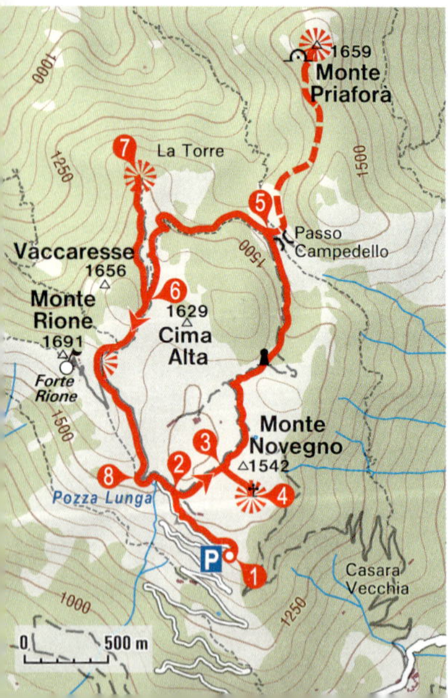

dello (mit Teich). Hier geht die Variante hinunter zum Sattel, der Hauptweg geht breit weiter nach links in den Wald.

Im Wald folgt der längste Anstieg dieses Rundweges. Immer wieder sehen wir den Monte Priaforà hinten rechts und aus manchen Perspektiven können wir sogar das Felsloch rechts vom Gipfel erkennen. Im Wald knicken wir links ab, wenn es geradeaus bergab ginge. Es wird kurz etwas steiler. Wir treffen einen **breiten Weg (6)** in spitzem Winkel. Dort biegen wir scharf rechts ein, also entgegen dem Wegweiser »Passo Vaccaresse« (440). Wir machen einen Abstecher zum Aussichtspunkt unterhalb des Monte Vaccaresse. Nach zwei Stollen links halten wir uns rechts. Kurz darauf geht links ein Pfad durch einen Einschnitt: hier kommen diejenigen heraus, die die Tunnelvariante wählen. Wir gehen auf dem breiteren Weg geradeaus gemäß Wegweiser »Osservatorio in caverna«.

Auf der linken Seite taucht ein **Tunneleingang** auf. Diesen kurzen Stollen können wir gerade so ohne Taschenlampe erforschen. Der Stollen verzweigt sich, am Ende gibt es Geschützstände mit Aussicht. Wir verlassen den Stollen am Eingang, durch den wir eingetreten sind, und setzen den Weg im Hellen geradeaus fort. Wir gehen die Treppen in einem grabenartigen Gang hinab und zwischen den niedrigen Mauern im Wald weiter. Wir gehen im-

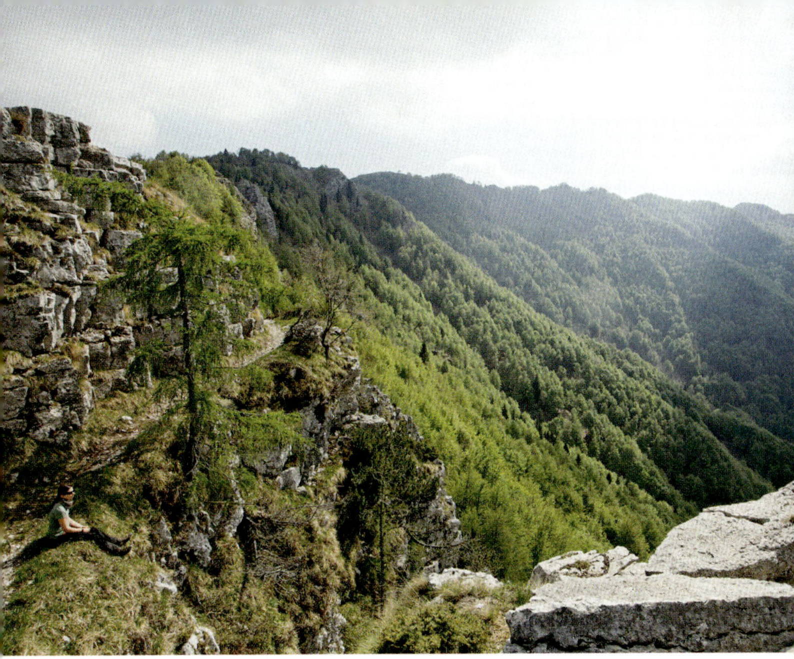

Am Aussichtsposten unterhalb des Monte Vaccarese.

mer geradeaus (Wegweiser »Osservatorio«) und am Ende Stufen hinauf. Die letzten Meter zum Aussichtspunkt sind etwas schmaler und mit einem **Stahlseil** gesichert. Der **Aussichtsposten (7)** ist ein überdachter Raum mit Fenster auf das Posina-Tal. Unterhalb ragen zwei Felstürme aus dem Wald.

Zurück gehen wir auf demselben Weg, biegen aber an der dritten Möglichkeit rechts ab (die erste ist nur ein kurzer Abstecher zu einem Balkon, die zweite ein Tunnel). Dadurch gehen wir kurz parallel zum Hinweg und können die Aussicht genießen, bevor wir wieder den bekannten Weg treffen und zurück gehen bis zur **Verzweigung (6)** im Wald mit dem spitzen Winkel. Dort nun geradeaus zum **Passo Vaccarese** (440), den wir nach wenigen Schritten erreichen. Wir wählen den breiten Weg (Wegweiser »bivio sent.488 – 492«) rechts. Abzweigungen rechts interessieren uns nicht. Nach Ruinen rechts und links des Weges treffen wir eine Spitzkehre und steigen nach links ab, der Wegweiser ist nicht hilfreich.

Die Abzweigung scharf links ignorieren wir und folgen einer nach rechts ausladenden Kurve bis zum Teich **Pozza Lunga (2)**. Von dort auf dem bekannten breiten Schotterweg zurück zum **Parkplatz (1)**.

47 Um Santa Caterina

2.00 Std.

Kulturlandschaft im Tretto

Wir durchstreifen die lieblichen Garten-, Wald- und Wiesenlandschaften um Santa Caterina. Während wir die frische Luft im Urlaub genießen, arbeiten die Menschen in ihren Gärten oder machen Holz im Wald. Zwei ehemalige Mühlen liegen auf dem Weg.

Ausgangspunkt: Kirche in Santa Caterina (sehenswerter Innenraum). **Anfahrt mit Auto:** Santa Caterina liegt zwischen Schio und dem Passo Xomo. **Anfahrt mit Bus:** Die Linie 2 der Busgesellschaft Bristol verbindet Santa Caterina mit Schio (zwei Fahrten pro Richtung und Tag, nur an Schultagen).
Höhenunterschied: 300 m.
Anforderungen: Leichte Wanderung, jedoch ein paar holprige oder steile Passagen. Kaum markiert.
Einkehr: Am Ausgangspunkt.
Karte: Tabacco 056, Kompass 100.

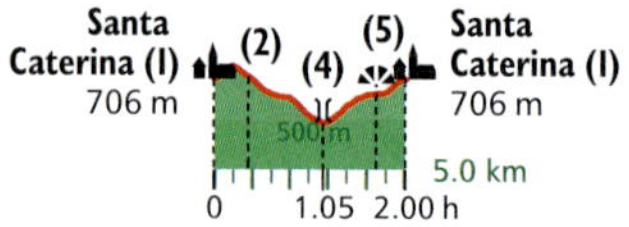

Wir gehen an der **Kirche (1)** in **Santa Caterina** vorbei und dahinter links zwischen den Häusern auf dem **Wiesenpfad** hinauf (Wegweiser »Sent.ro Costeneri-Rossi« und Plakette »SC2«) auf den Stromleitungsturm zu. Dann vor dem Turm nach links hinauf zur Straße. Die schlagen wir nach rechts ein und steigen Richtung Wald an. Die kommende Linkskurve nehmen wir fast komplett mit, verlassen aber kurz vor Ende der Kurve die Straße auf den Pfad in den Wald (Wegweiser wie zuvor).
An der bemoosten Mauer kreuzt ein Pfad, dem wir nach links folgen (SC2). Sogleich verlassen wir den Wald und biegen vor den Häusern der Contrà Facci scharf rechts ab. Hinter dem Tor gelangen wir auf die Straße, die wir nach links absteigend einschlagen. Knapp hinter den ersten Bäumen am Straßenrand rechts zweigt ein schmaler Weg in flachem Winkel nach rechts absteigend von der Straße ab. Diesem folgen wir mit Blick auf die Kirchturmspitze in die **Contrà Piazza**.
Direkt oberhalb der Straße halten wir uns rechts und überqueren die

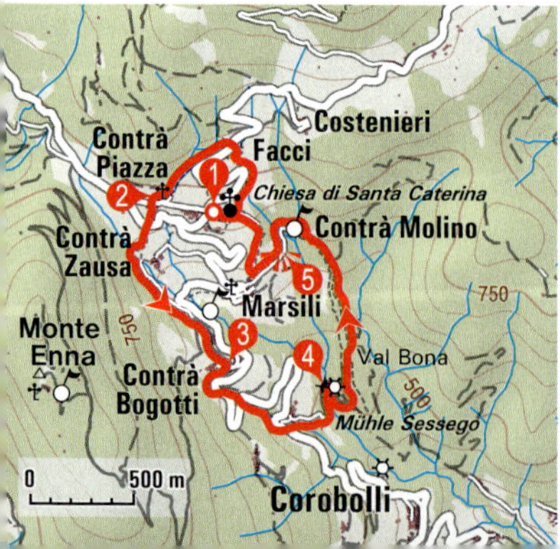

Wir starten in Santa Caterina an der gleichnamigen Kirche.

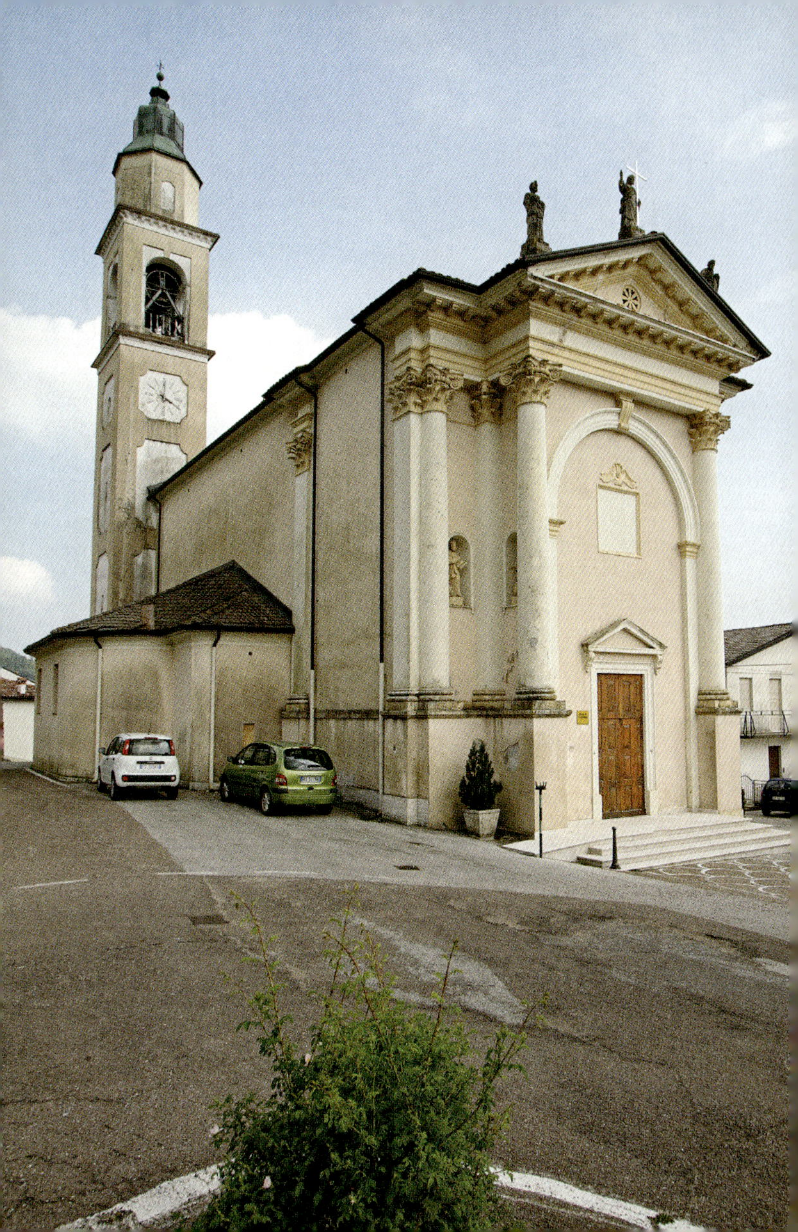

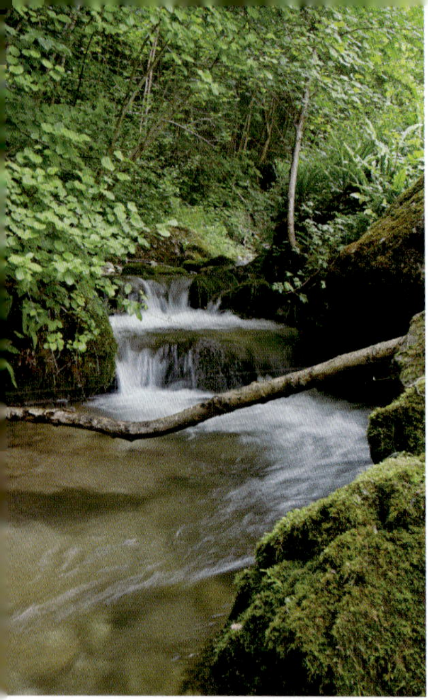

Der Bach, der die Mühle Sessego antrieb.

Straße (2). Wir gehen zwischen dem Ahornbaum und dem Haus die gepflasterte Gasse mit Holzgeländer hinunter und halten uns dann links. Etwas versteckt beginnt links ein Wiesenpfad, der nach den ersten Metern den Blick auf die tiefer liegende Straße bietet. Der undeutliche Pfad steigt hinab zur Straße, die wir wieder überqueren, denn direkt gegenüber beginnt ein Wiesenpfad, der an einem Zaun entlang zum Wald führt (Wegweiser »C.da Zausa«).

Im Wald quert ein steiniger Weg, dem wir nach links unten folgen. Links unterhalb liegen die Häuser der **Contrà Zausa**. Am Waldrand gehen wir nach einer Linkskurve an einem Bach entlang, der an einem Picknickplatz zu einem Teich gestaut ist. Wir durchstreifen Wiesen und Waldabschnitte. Einen Schotterweg überqueren wir (Pfahl SC2, Wegweiser »Angelini«) geradeaus und gehen auf der Fahrspur oberhalb der Straße weiter.

Die **Contrà Bogotti** beginnt mit einer **Madonna del Carmine**. Wir gehen geradeaus bis zur Straße, überqueren diese, um **zwischen Hausnummer 9 und 10 (3)** hinabzusteigen (Wegweiser »Sent.ro Zanei-Corobolli«). Der Wiesenpfad führt zu einer Spitzkehre der Straße, die wir überqueren (SC2). Im folgenden klammartigen Tal steht ein großer Esskastanienbaum. Wieder queren wir die Straße an einer Spitzkehre (SC2). Die Klamm wird tiefer und breiter. Am Ende der Klamm kreuzen wir ein letztes Mal die Straße, wobei es auf der anderen Seite leicht rechts versetzt auf dem Pfad weiter nach unten geht. Wir schlagen das Asphaltsträßlein nach links ein, um die **Contrà Zanei** zu betreten.

Am **Waschbrunnen** biegen wir nach rechts unten ab (der Wegweiser »localita' Val Bona« soll das anzeigen), wo der Asphalt in eine Fahrspur übergeht, die zu Gärten und in den Wald führt. Links oben sehen wir Santa Caterina und den Monte Giove. Während der Weg Kurven schlägt, hören wir schon den Bach rauschen, zu dem wir absteigen. Die **Brücke (4)** über den Bach stellt den Tiefpunkt dieser Wanderung dar. Auf der anderen Seite geht es an

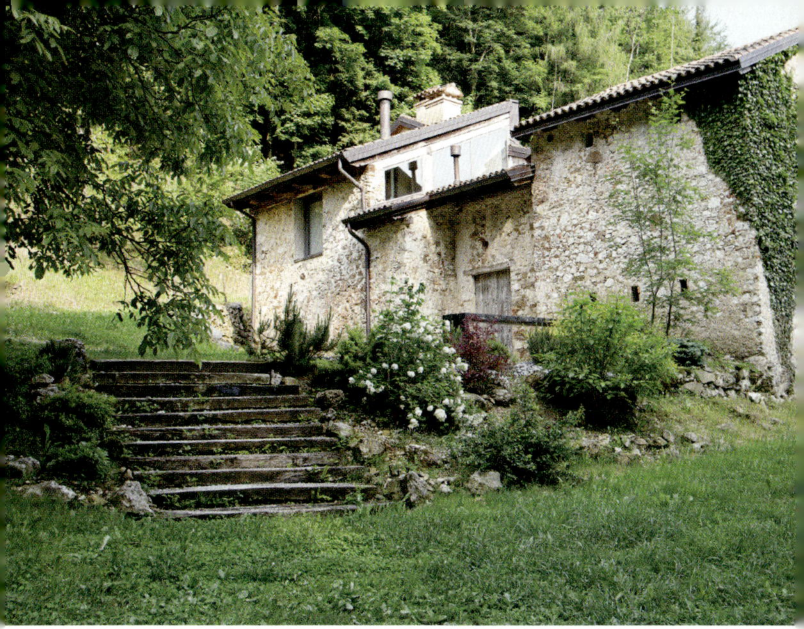

Der renovierte Teil der Mühle Sessego.

der teilweise renovierten ehemaligen **Mühle Sessego** vorbei wieder hinauf. Wir treffen einen breiten Forstweg, den wir nach links einschlagen; über uns eine Stromleitung. Kurz ist es steil, dann moderat ansteigend. An einer Verzweigung biegen wir halb rechts ab (SC2 und rot-weiße Markierung). Der Pfad ist etwas ruppig, aber quer gelegte Holzstämme bilden Stufen. Wir treffen einen Pfad in spitzem Winkel und gehen nach links weiter hinauf (auch hier rot-weiße Markierung). Der Wald wirkt durch viel Unterholz düster.
Den querenden breiten Weg schlagen wir nach links ein und werden danach durch die üblichen Markierungen belohnt. Der Weg führt an den Gebäuden der ehemaligen **Mulino del Secco** vorbei und dann bergauf. Oben angekommen, lädt eine **Bank (5)** ein, die Aussicht zu genießen. Wir erreichen die **Contrà Marsili** und biegen wenige Meter vor der Straße nach rechts oben ab. Der kurze Schotterweg (rot-weiße Markierung) führt links am Haus vorbei, dann geht es auf dem Grasweg links neben dem Zaun entlang hinauf. Wir sehen schon den Kirchturm von Santa Caterina. Der Pfad ist etwas schwach, aber die Richtung ist klar: nach oben. Wir gehen auf die Mauer des Friedhofs zu und dann rechts am Gefallenendenkmal und Friedhof vorbei. Noch kurz über Asphalt und wir sind wieder an der **Kirche (1)**.

48 Um Sant'Ulderico

2.00 Std.

Schlanke Türme im Hügelland

Die bukolische Landschaft des Tretto lockt zu einem längeren Spaziergang. Wiesen, Wälder und hübsche mitunter halb verlassene Weiler (hier contrà genannt) säumen den Weg. Immer wieder bieten sich Blicke auf die umliegenden Berge, die Ebene und die schlanken Kirchen von Sant'Ulderico und San Rocco.

Ausgangspunkt: Bushaltestelle zwischen der ehemaligen Post und der Trattoria Bar da Diana in Sant'Ulderico. **Anfahrt mit Auto:** Sant'Ulderico liegt an der SP 65 zwischen Santorso und Bosco di Tretto. **Anfahrt mit Bus:** Die Linie 4 der Busgesellschaft Bristol verbindet Sant'Ulderico mit Schio und San Rocco.
Höhenunterschied: 240 m.

Anforderungen: Leichte Wanderung, jedoch ein paar holprige oder steile Passagen. Kaum markiert.
Einkehr: Trattoria Bar da Diana am Ausgangspunkt;
Abstecher nach Bosco di Tretto: Albergo Ristorante Bar dalla Costa und Trattoria Il Bosco.
Karte: Tabacco 056, Kompass 101.

Gegenüber der **Bushaltestelle** in **Sant'Ulderico (1)** gehen wir auf der Asphaltstraße bergauf, wie der Wegweiser »Soggio« anzeigt. Wir bleiben auf der ansteigenden Asphaltstraße, durchqueren die **Contrà Palle**, passieren den Waschbrunnen und bleiben bis zur **Contrà Soggio** auf der Asphaltstraße. Kurz vor Ende des Asphaltbelags (links Aussicht auf Sant'Ulderico und die Ebene) biegen wir rechts ab in eine Gasse zwischen einer **hohen Mauer (2)** und einem Haus (Wegweiser »Cerbaro«). An der Ecke des rechten Hauses wählen wir den oberen Weg entlang der Mauer; auch hier ein handgeschriebender Wegweiser »Cerbaro« und eine »SU2«-Plakette. Der Pfad bietet Aussicht zwischen Wiesen und Gärten.

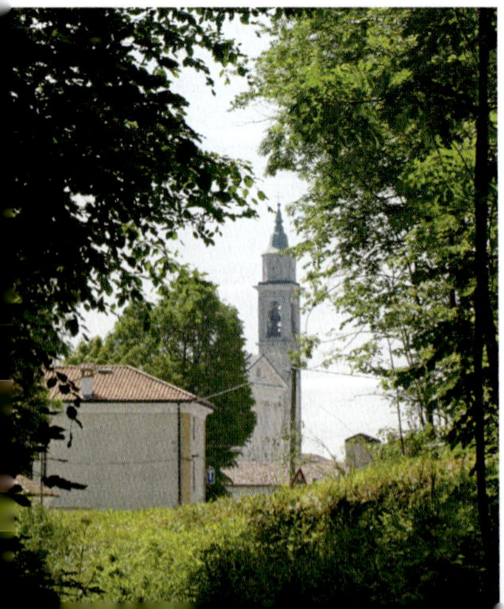

Nach einem Anstieg im Wald stehen wir auf einer Kreuzung an der unteren Ecke einer Wiesenlandschaft, biegen aber nach links auf einen schmalen Pfad wieder in den Wald ab (»SU2«). Der Pfad wird schnell breiter und sogleich treffen wir einen Querweg, den wir nach links einschlagen. Es geht flach weiter

Die Kirche in Sant'Ulderico.

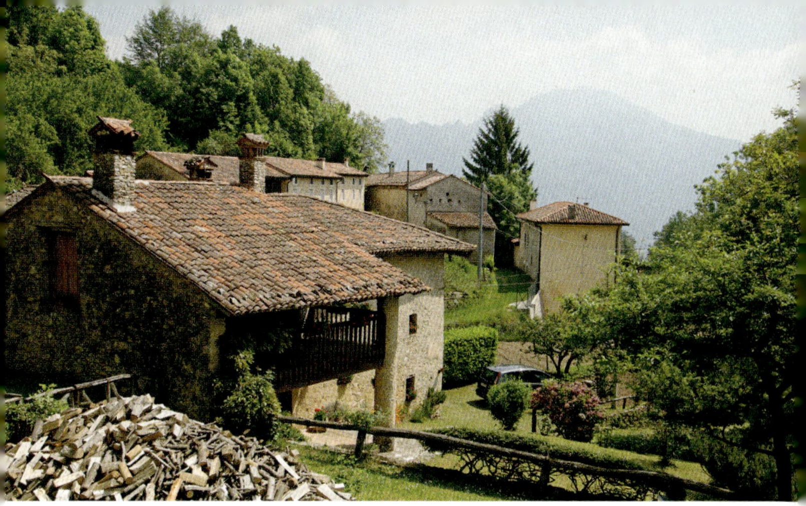

Die Contrà Palle gleich zu Beginn der Wanderung.

bis zum nächsten Querweg, den wir gemäß Schild »SU2« halb rechts hinauf gehen. Schon treffen wir einen Forstweg, den wir nach links einschlagen, um zur Straße zu gehen, links oberhalb liegt der Picknickplatz **»Località Saule« (3)**.

In die Straße biegen wir nach rechts ein und folgen ihr absteigend 290 m bis zur ersten Spitzkehre. Dort verlassen wir die große Straße geradeaus und durchqueren die **Contrà Greselini** (Wegweier »Alba«). Wo der Asphalt endet, blicken wir auf den Monte Summano und gehen auf der Schotterstraße weiter, abzweigende Wege interessieren uns nicht. Nach einem kurzen Waldstück folgt ein **Kruzifix**, hinter dem der Monte Giove zu sehen ist. Weiter oben im Wald verzweigt sich die Schotterstraße. Wir wählen den linken Zweig (Wegweiser »contrà Alba«). Es folgt das langweiligste Stück des Weges ansteigend durch Wald. Es ist zum Glück schnell vorbei: nach einem einfachen **Holzkreuz (4)** verzweigt sich der Weg abermals, wir gehen rechts hinauf aus dem Wald heraus und sofort an der Bank (»Benvenuti all'Alba«) rechts gemäß dem Wegweiser »sentiero natura«, also nicht links dem rotweißen Weg 444 folgen. Wir gehen an der Mauer entlang und gerade zwischen den Häusern durch, einige davon sind hübsch hergerichtet. Danach links am Waschbrunnen vorbei und am letzten Häuschen den unteren Weg bergab (senkrechter Wegweiser »Sentiero Natura«). An dem groben Holzkreuz führt der Weg in den Wald.

An der Bank bleiben wir geradeaus auf dem Hauptweg. Wenn der Sentiero Natura rechts abbiegt, gehen wir weiter geradeaus auf dem schönen flachen

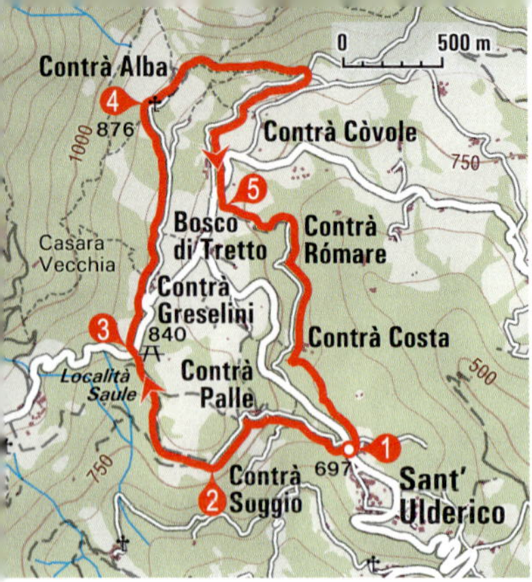

Waldweg. Der folgende Abstieg ist etwas steinig und führt auf eine Schotterstraße, in die wir scharf rechts einbiegen (Wegweiser »Bosco di Tretto«). Zwischen den Bäumen werden die Kirchen von Sant'Ulderico (weiß) und San Rocco (orange) sichtbar, hinter letzterer der Monte Summano.

Wir passieren die Ferienhäuser des **Villaggio San Gaetano** und gelangen zur Straße. Dieser folgen wir in derselben Richtung nur kurz, d.h. direkt hinter dem Ortsschild von **Bosco di Tretto** achten wir links auf eine alte **Schranke aus Eisen (5)**. (Geradeaus weiter würden wir nach 200 m zwei Gasthäuser erreichen.) Neben der Schranke steht der übliche Pfahl mit SU2-Plakette. Hier biegen wir im rechten Winkel links ab und gehen auf dem undeutlichen Wiesenpfad geradeaus hinab auf den Wald zu. Davor gehen wir an Gärten (rechts), einer Baumreihe (links) und einem Strommasten (links) vorbei. Am Waldrand steht wieder ein SU2-Pfahl und dort beginnt ein sehr deutlicher Pfad, auf dem wir in den Wald eindringen. In Kurven führt der Pfad durch den Wald und wieder hinaus.

Am Waldausgang gehen wir einfach geradeaus, genießen die Aussicht über liebliche Wiesenlandschaft, nach San Rocco, auf die Zacken der Creste del Summano und den Monte Summano selbst. Nach der Rechtskurve gehen wir zwischen den Häusern der **Contrà Rómare** durch. Wir treffen die Asphaltstraße und folgen ihr nach rechts, also den Leitplanken entlang in die enge Linkskurve. Bequem gelangen wir zur **Contrà Costa**.

Direkt vor dem ersten Haus biegen wir nach rechts auf den abfallenden Wiesenweg ein, der in den Wald führt. Am Anfang des Waldes überqueren wir einen kleinen Bach und biegen sofort danach links ab, sodass wir weiter am Bach entlanggehen. Wir treten wieder in den Wald ein, wo sich der Pfad langsam vom Bach nach rechts entfernt. Flach bis leicht abfallend bleibt der Pfad deutlich, kleinere Abzweigungen ignorieren wir. Im Anstieg unterqueren wir eine **Stromleitung**, dann wird der Weg breiter und fast flach. Er führt uns sicher bis zur **Bushaltestelle** in **Sant'Ulderico (1)**.

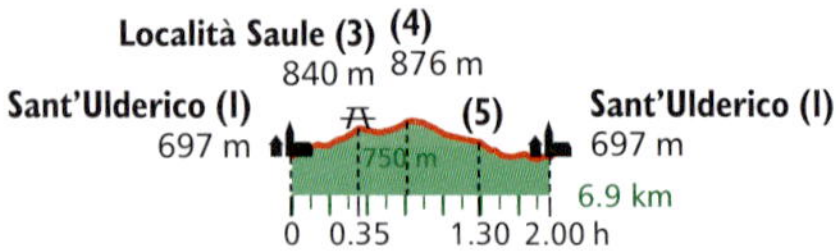

4.30 Std.

Monte Summano, 1296 m

49 TOP

Krönender Abschluss der Vizentiner Voralpen

Der äußerste Vorposten der Vizentiner Voralpen besticht weniger durch absolute Höhe, aber die Randlage zur tiefen Po-Ebene ermöglicht einen enormen Weitblick. Auf dem Hinweg erfreut uns der Kontrast zwischen der lieblichen Wald- und Wiesenlandschaft oberhalb von Bosco di Tretto und dem zerklüfteten Ostkamm des Monte Summano, zwischen dessen Felsspitzen wir balancieren. Der Abstieg bleibt spannend: Die Hochweiden des Südhanges sind blüten- und aussichtsreich. Und zum Abschluss wieder bukolische Kulturlandschaft. Eine rundum lohnenswerte Wanderung.

Ausgangspunkt: Agriturismo »Il Maggiocondolo«. Im Ortsteil San Rocco von Tretto zwischen der Bar Trattoria San Rocco und der Capella dei Caduti in die Straße nach Proveste einbiegen (Wegweiser »Il Maggiocondolo«). Nach ca. 1 km an der Abzweigung zum Agriturismo »Il Maggiocondolo« parken.
Höhenunterschied: 680 m.
Anforderungen: Holprig und steil zwischen Colletto Grande und dem Gipfel (lässt sich umgehen, siehe Variante), sonst mittelschwere Wanderung.
Einkehr: Keine.
Variante: Das schwierigste (aber auch schönste) Stück lässt sich auf der Schotter-/Asphaltstraße umgehen: Am Colletto Grande geradeaus auf der Straße bleiben und ihr immer folgen. Nach zwei Spitzkehren und einer Linkskurve links auf einen deutlichen Pfad (Wegpunkt 6) durch ein Gatter und in Serpentinen zum Gipfel hinauf. Ab Gipfel wie im Hauptweg beschrieben, also wieder zurück zum Wegpunkt 6 und dann links in die Straße.
Karte: Tabacco 056 (teilweise), Kompass 78 und 100.
Tipp: Der Bio-Agriturismo »Il Maggiocondolo« bietet wunderschöne Zimmer und hervorragendes Frühstück.

Von der Auffahrt zum **Agriturismo »Il Maggiocondolo« (1)** kommend gehen wir rechts zwischen dem Stall- und Scheunengebäude und dem **Waschbrunnen** am Hauptgebäude durch und auf dem Schotterweg nach oben. Wir folgen der Linkskurve zwischen Holzgeländern. Nach einem kurzen Waldstück wird der Weg auf Wiesen etwas undeutlicher. Es geht immer gerade weiter, im Wald wird der Weg zum

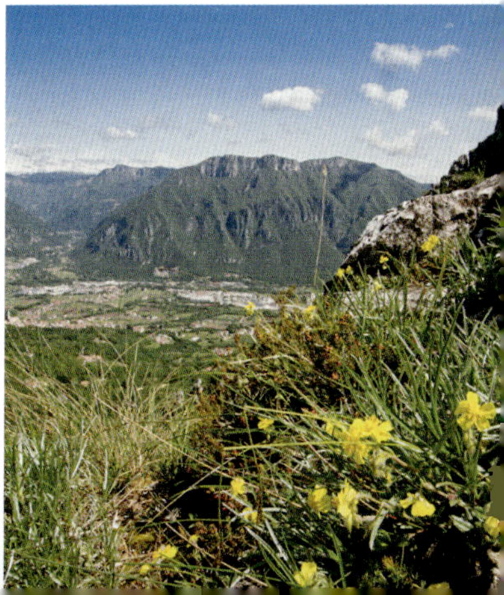

Blick auf Arsiero im Val d'Astico im schwierigsten Abschnitt der Wanderung.

deutlichen Pfad. Im Wald biegen wir auf den Pfad nach rechts oben ab (Wegweiser 45C und SR1 auf einem Pfahl). Den nächsten Pfad links ignorieren wir, um wenige Meter weiter doch scharf links abzubiegen. Der Mountainbike-Wegweiser zeigt in die andere Richtung.

In einer Lichtung wird der Weg breiter, eine weitere Lichtung streifen wir nur an der Ecke und gehen geradeaus wieder in den Wald, wo rechts eine Mauer am Weg läuft. Wir treffen einen **Querweg (2)**, den wir nach rechts oben einschlagen, was dem Mountainbike-Wegweiser entspricht (den SR1 verlassen wir hier übrigens). Einen deutlich breiteren Waldweg kreuzen wir, um auf dem leicht ansteigenden Pfad geradeaus weiterzuwandern. Dieser Pfad führt uns zu einer Schotterpiste, auf die wir nach rechts einbiegen (Wegweiser »Bivio sentiero 462A«, 463). Diese führt uns zu der **Colletto Grande (3)** genannten Stelle mit einem Haus (ehemals eine Gaststätte). An dem Haus gehen wir vorbei.

Kurz bevor die Asphaltstraße nach rechts unten abzweigt, knicken wir zwischen braunen Autowegweisern und rot-weißen Wanderwegweisern nach links auf den ansteigenden Wiesenpfad ab (Wegweiser »Sentiero delle creste«, 462a). Der Pfad ist deutlich und am Baum mit Nummer markiert. Schon nach wenigen Metern erreichen wir die Kante und blicken weit und tief. Und das ist nur der Anfang!

An der Kante biegen wir rechts auf den deutlichen, ansteigenden Pfad ab. Der Pfad bleibt sehr deutlich und ist leidlich markiert. Immer wieder nähern wir uns der Kante oder kurze Stichwege führen dorthin, sodass wir wiederholt fantastische Ausblicke genießen können: nach Norden in das Astico-Tal und auf die Wand der Asiago-Hochebene, nach Osten zum Gipfel des Monte Summano und den Felsabstürzen davor, nach Westen zum Monte Novegno und dahinter die Piccole Dolomiti, nach Süden in die Po-Ebene. Ab und

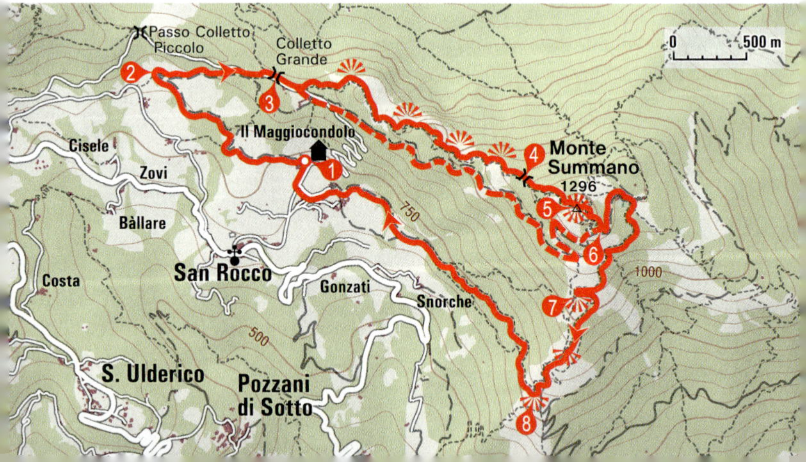

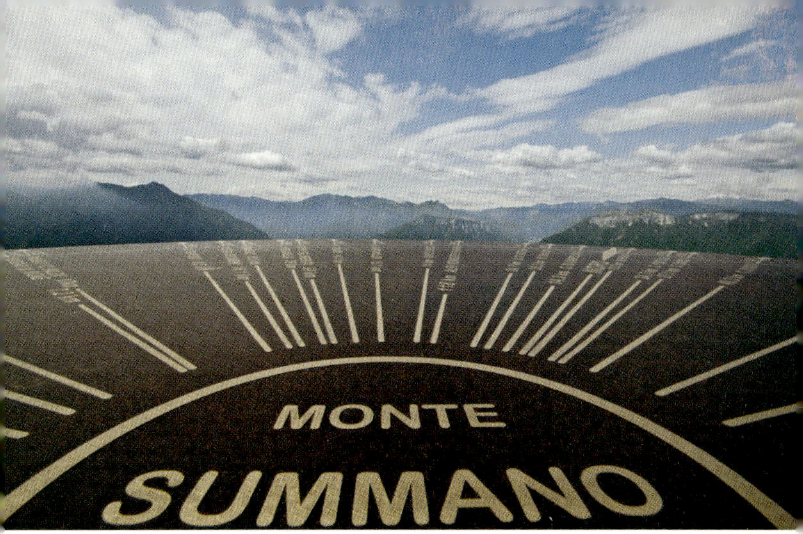

Die Erklärung des Panoramas am Monte Summano.

an wird's sehr steil. An einer Abzweigung nehmen wir den deutlicheren Pfad links hinauf (markiert), der in wenigen Serpentinen wieder zur Kante führt. Nach zwei **Stollen** auf der linken Seite sehen wir bald das Gipfelkreuz, was zum Greifen nah erscheint, aber zuvor geht es bergab! Nach einem breiteren und einem schmaleren **Sattel (4)** geht es in und neben alten **Schützengräben** hinauf, teilweise steil. Am Ende einer Lichtung zweigt ein Pfad links ab, wir gehen aber weiter geradeaus gemäß dem Wegweiser »Croce«. Ein letzter steiler Wiesenhang mit Serpentinen und endlich: das Gipfelkreuz. Auf dem Gipfel des **Monte Summano (5)**, 1296 m, zeigen Pfeile auf einer Platte die umliegenden Berge an.
Für den Abstieg gehen wir über den Gipfel hinweg: vom Kreuz aus gesehen, hinter den Betonkreisen (das waren Geschützstellungen) beginnt eine Treppe, die zu einem Gatter führt. Hinter dem Gatter biegen wir links ab, um in Serpentinen hinabzusteigen. Wenn wir die **Straße (6)** treffen, biegen wir

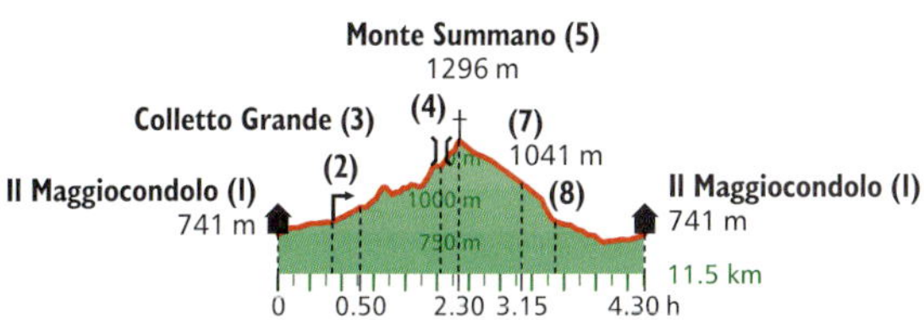

nach links auf sie ein in die Linkskurve hinein. Schon gleich erwartet uns die **Wallfahrtskirche**.
Wir umrunden die Kirche und gelangen zur Vorderseite. Dort halten wir auf das niedrige Gebäude zu, wo ein Wegweiser die »Strada Via Crucis« (457) nennt und den breiten Weg unterhalb des Hauses meint, der in den Wald führt. Sogleich biegen wir am folgenden Wegweiser (wie zuvor) nach rechts unten ab. Der Weg wird holpriger und offener. Wir passieren die **Kreuzwegstation XIII** und die Abzweigung des Weges 458.
An einem Gatter endet der Wald, und die Wiese bietet Sicht tief in die Ebene. Nach einem Abschnitt mit Gebüsch ist der steinige Weg an einer **Wiese (7)** zu Ende und führt geradeaus als Wiesenpfad weiter; nach scharf links geht ein breiterer Weg weiter. Beides bringt uns weiter: der Wiesenpfad steil bis sehr steil mit viel Aussicht, der breitere Weg in Serpentinen mit weniger Aussicht. Mehrfach haben wir diese Wahl, da sich beide Wege immer wieder treffen. So oder so geht es nach unten zu einem Wiesenplateau mit einer Bank aus einem Holzstamm am Rand (von oben gut zu sehen) und einem kleinen Teich, der von Gebüsch und einem Holzzaun umgeben ist.
Nun wird es etwas knifflig: Am oberen Rand dieser Szenerie macht der breite Weg einen Knick nach links. An dieser Stelle führt ein Wiesenweg geradeaus weiter. Diesem Wiesenweg folgen wir. Er macht eine Linkskurve, dann stehen rechts und links ein paar dünne, mehrstämmige Bäumchen. Direkt nach dem vierten **Baum (8)** auf der rechten Seite (also etwa 30 m vor der Bank, die wir allerdings von hier nicht mehr sehen können) knicken wir nach rechts ab auf einen kaum sichtbaren Wiesenpfad. Wir streben so dem Waldrand zu und dort ist der Pfad sehr deutlich zu sehen (ein Abstecher über die Wiese zur Bank ist empfehlenswert).
Im Wald spaltet sich der Pfad sogleich, wir nehmen den oberen (rechten) Zweig. Der traumhafte Waldpfad führt eben bis leicht abfallend an der Bergflanke entlang. Wo von rechts oben ein breiterer Weg hinzukommt (alle Wegweiser zeigen in falsche Richtungen), wird unser Weg auch breiter und etwas steiniger und steiler. Auch wenn von unten links ein Weg einmündet gehen wir weiter geradeaus.
Wenn wir den Wald verlassen, begleitet uns rechts eine Mauer, der wir auch an der Wegspaltung mit Sitzbank treu bleiben: wir nehmen also den rechten Wegzweig. Immer geradeaus durchqueren wir liebliche Wiesenlandschaft mit Waldabschnitten und eingestreuten Dörfchen. Einige einmündende Wege von rechts und links lenken uns nicht ab. Wir passieren ein Haus zu unserer Rechten und biegen an dem **Antoniusschrein** nach rechts oben ab und gehen auf das große Haus zu. Daran gehen wir rechts vorbei und treffen dahinter die Asphaltstraße. Wir biegen nach rechts auf sie ein und steigen kurz auf bis zum **Agriturismo »Il Maggiocondolo« (1)**.

Über die Creste genannte schroffe Felskante gelangen wir zum Gipfel.

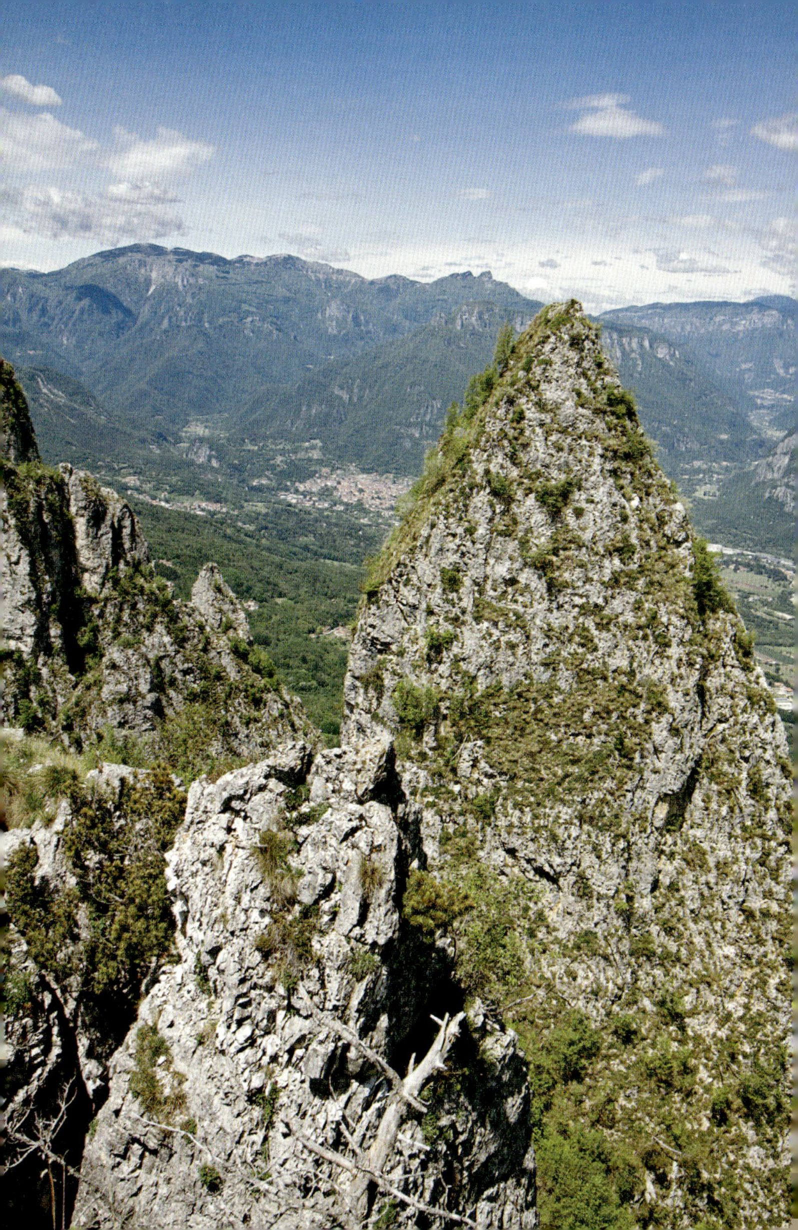

50 I Busoni di Monte Borghetto

2.00 Std.

Tunnel mit Aussicht

Eine kurze Wanderung mit einem besonderen Ziel: I Busoni wird eine Geschützposition aus dem Ersten Weltkrieg genannt. Es ist ein knapp 200 m langer Tunnel, an dessen Ende sich mehrere Balkone mit fantastischem Blick auf das Etschtal und alle umliegenden Berge öffnen. Eine Taschenlampe ist erforderlich! Eintritt auf eigene Gefahr!

Ausgangspunkt: Campingplatz Al Faggio bei Sega d'Ala.
Autoanfahrt: An der Passstraße SP211 zwischen dem Etschtal und dem Passo delle Fittanze in Sega d'Ala auf die SP12 abbiegen (Wegweiser »campeggio AL FAGGIO«), über die Brücke, dann rechts, an der Abzweigung direkt nach der Rechtskurve geradeaus. Der Asphaltstraße ca. 1,1 km (ab Brücke) bis zum Parkplatz des Campingplatzes folgen.
Höhenunterschied: 190 m.
Anforderungen: Leichte Wanderung, unmarkiert, ein kurzes wegloses Stück.
Einkehr: Keine.
Karte: Tabacco 059, Kompass 100.

Vom **Parkplatz** des **Campingplatzes (1)** gehen wir die Asphaltstraße ein Stück zurück. An der Linkskurve zweigt ein Schotterweg nach rechts ab. Auf diesem schlängeln wir uns durch die dolinendurchsetzte Weide. So erreichen wir die **Malga Fratte**. Nach dem Gebäude und einer Tränke geht es in eine **Senke (2)**. Gegenüber am Hang können wir den weiteren Weg erahnen: er verläuft nach rechts, parallel zum Waldrand. Den Weg erreichen wir, in dem wir in der Senke rechts abbiegen und den Hang schräg queren. Der Weg im Hang beginnt dort, wo einige kleine Felsen in der Wiese liegen.

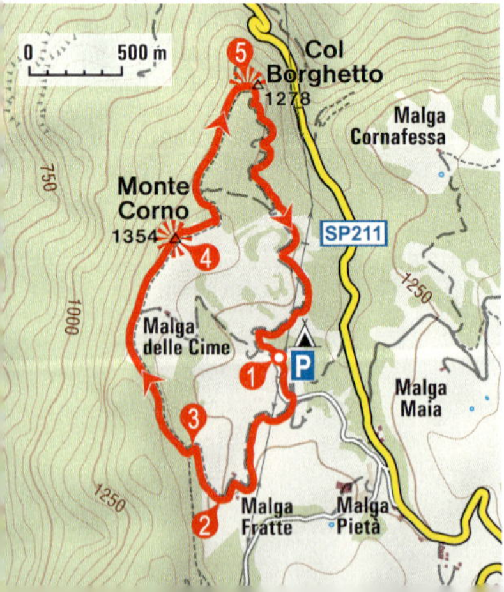

Wir schlagen den Weg nach rechts ein, sodass wir vor uns rechts unten im Tal den Campingplatz sehen. Schnell erreichen wir einen Geländerücken mit einzelnen niedrigen Pfählen. Hier biegen wir links ab, auch wenn der Weg kaum zu sehen ist. Wir sehen oben eine Gebüschreihe, die durch ein **Gatter (3)** unterbrochen ist. Durch dieses Gatter gehen wir durch und dahinter geradeaus weiter.

Nach wenigen Metern treffen wir einen breiten **Feldweg**, den wir nach rechts einschlagen. Nach einem Waldstück öffnet sich der Blick

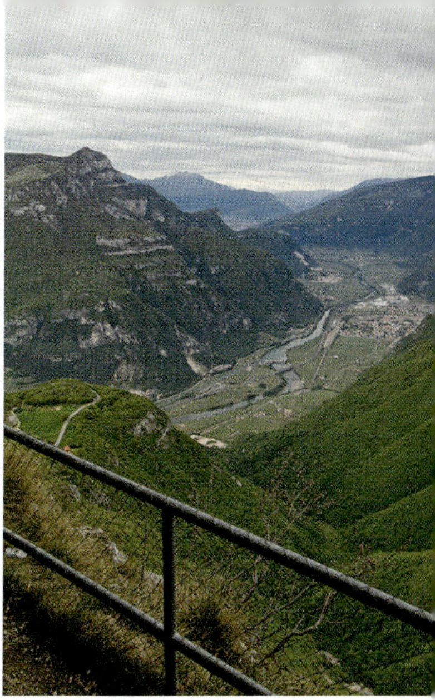

Das Etschtal von den Busoni aus gesehen.

rechts Richtung Rifugio Castelberto. Dann erreichen wir einen Aussichtsgrat mit tollem Blick auf den Monte Baldo, den südlichen Gardasee und natürlich das Etschtal. Auf diesem Grat gehen wir auf deutlichem Weg immer weiter (die Abzweigung rechts zur Malga Cima ignorieren wir) und gelangen so zum unscheinbaren Gipfel des **Monte Corno (4)**, 1354 m.
Dahinter geht es steil bergab auf eine Antenne zu. Kurz davor verlassen wir den breiten Weg nach rechts zugunsten eines schwachen Wiesenweges, der gerade hinunter auf den Wald zuführt. Kurz vor dem Waldrand biegt der Weg nach links ab und führt durch ein Gatter in den Wald. In einer Lichtung quert ein Weg, wir aber gehen geradeaus hinauf weiter. Der Weg wird schmaler und deutlicher. Zwei **Stolleneingänge** im Wald lassen wir links liegen. Danach warnt ein verblichenes Schild »Discesa pericolosa« (gefährlicher Abstieg): eine klare Übertreibung.
Nach einer Rechtskurve quert ein Waldweg. Nach rechts geht es zurück, wir gehen aber ein paar Meter nach links, wo an einem Platz mit Informationstafeln, Bank und Feuerstelle der Eingang zu den **Busoni (5)** liegt. Wer eine Taschenlampe hat, kann eintreten (auf eigene Gefahr! Große Menschen müssen den Kopf einziehen) und knapp 200 m im Tunnel bis zu den Geschützpositionen vorgehen. Die Aussicht auf das Etschtal und die umliegenden Berge ist großartig!
Für den Rückweg gehen wir kurz das bekannte Wegstück zurück und da, wo wir von rechts oben gekommen waren, nun geradeaus weiter. Über viele Kurven mit einem kleinen Anstieg (dort die Abzweigung rechts ignorieren) bringt uns der Weg sicher zum **Campingplatz (1)** zurück.

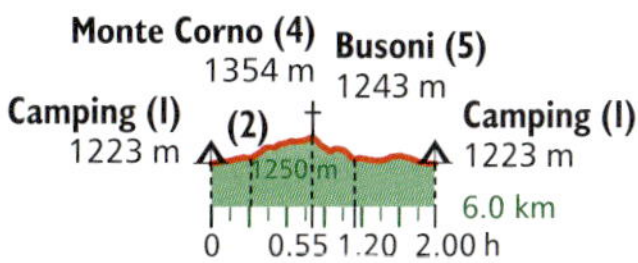

51 Monte Castelberto, 1765 m

5.15 Std.

Strategische Aussicht

Die abwechslungsreiche Wanderung führt uns durch offene Weiden- und Wiesenlandschaften und durch hochstämmige Wälder mit Buchen, Tannen, Lärchen, Ahorn und mehr. Immer wieder passieren wir die charakteristischen Schichtfelsen. Das Rifugio Castelberto steht auf dem Gipfel des gleichnamigen Berges. Von dort genießen wir eine formidable Aussicht auf die Piccole Dolomiti und das Etschtal sowie in weiterer Ferne auf Adamello und Brenta. Wegen dieser strategischen Übersicht war dieser Ort ein Stützpunkt im Ersten Weltkrieg. Davon zeugen die Schützengräben um die Hütte herum und auch in restaurierter Form bei der Malga Pidocchio kurz vor Ende unserer Wanderung.

Ausgangspunkt: Rifugio Malga Lessinia, 1625 m. Von Erbezzo kurz Richtung Sant'Anna d'Alfaedo fahren, aber direkt nach dem Ortsausgang rechts hinauf der Beschilderung Malga Lessinia folgen. Oder ab dem Passo delle Fittanze über die SP14 (ebenso ausgeschildert). Die letzten 500 m nicht asphaltiert.
Höhenunterschied: 680 m.
Anforderungen: Leichte Wanderung auf meist breiten Wegen, aber kontinuierlicher Gipfelanstieg (450 Hm in 4 km).
Einkehr: Rifugio Castelberto, im Sommer täglich geöffnet, im Winter geschlossen, dazwischen Fr., Sa., So. geöffnet, sowie Rifugio Malga Lessinia am Ausgangspunkt.
Karte: Tabacco 059, Kompass 100.
Tipp: Die Malga Lessinia verkauft selbstgemachten Käse. Blick in die Käserei auf Nachfrage möglich.

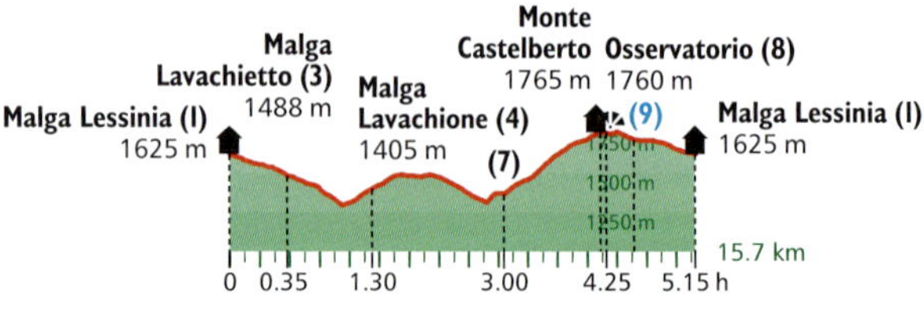

Von der **Malga Lessinia (1)** gehen wir zunächst ein Stück die Schotterstraße wieder zurück (bergab) bis zur nächsten Abzweigung rechts zur Malga Camporetratto/Giacopuzzi (Gatter). Die nächste Abzweigung links hinauf auf die Alm zu. An den Gebäuden der **Malga Camporetratto (2)** gehen wir rechts vorbei und nun stapfen wir auf einer Fahrspur durch die Weide. Wir treffen auf ein Gatter mit dem Wegweiser »Malga Lavachione«.
Wir überwinden das Gatter und biegen sofort nach links ab. Hier ist der Weg in der Weide kurz undeutlich, wird aber schnell wieder klar sichtbar (markiert durch stacheldrahtbewehrte Pfähle). Im Bogen nähern wir uns der Alm, die sich per Schild als **Malga Lavachietto (3)** ausweist.

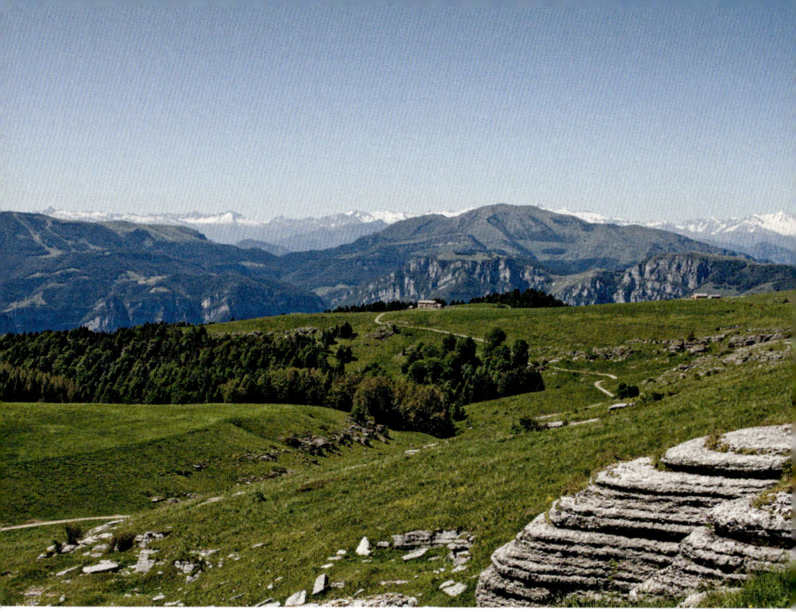

Über die Malga Lavachione und das Etschtal hinweg sehen wir Adamello und Brenta.

Vor den Gebäuden drehen wir nach links ab und steigen auf deutlichem Weg in ein Tal mit den typischen **Schichtsteinen** ab. Immer diesem Weg folgend erreichen wir den Wald und durchqueren eine Lichtung mit **Teich**. Nach einem Gatter und einem steiler abfallendem Stück im Wald gehen wir an einer Kreuzung rechts hinauf, wo der Wegweiser zur Malga Lavachione und Malga Revoltel zeigt.

Nach einem steilen Anstieg im Wald auf betoniertem Weg lassen wir die **Malga Lavachione (4)** links liegen und folgen dem breiten Weg auf einer Rechtskurve in den Wald (Gatter). An der folgenden Gabelung nehmen wir die scharfe Kurve links (anstatt geradeaus zur Malga Revoltel). So erreichen wir eine Wiese mit Aussicht, die im Frühsommer nicht mit Orchideen und Trollblumen geizt.

Nachdem wir eine hohe **Felswand** im Wald passiert haben, treffen wir eine Verzweigung, wo wir wieder links in die Kurve abbiegen. Nach einem längeren leichten Abstieg achten wir in einer scharfen Linkskurve auf einen schmalen **Pfad (5)** geradeaus. Diesen Pfad nehmen wir und freuen uns, dass er nach wenigen Metern deutlich breiter wird.

Wenn wir links unterhalb einen breiten Forstweg erkennen, zweigt nach rechts oben ein schmaler **Pfad (6)** ab, den ein Wegweiser als Weg 112 zur

Malga Foppiano benennt. Dieser schmale Pfad steigt durch hellen Buchenwald an (rot-weiß markiert). Nach einem dunklen Abschnitt mit Koniferen treffen wir am Rand einer Lichtung auf einen **Querweg (7)** mit Wegweiser (links ist die Malga Foppiano zu erahnen).

Wir folgen dem Pfeil nach rechts auf den Weg 111 zur Malga Castelberto und Cima Castelberto. Bislang sind wir überwiegend bergab gewandert, nun müssen wir dafür zahlen: ein kontinuierlicher, moderat steiler Anstieg bis zum Gipfel (ca. 450 Höhenmeter in 4 km). Am Ende des schönen Waldes sehen wir die **Malga Castelberto**, auf die wir zunächst im Bogen zugehen, sie dann aber rechts liegen lassen. Der Weg schraubt sich weiter hoch und wir gelangen in die weitläufige grüne Hochebene der Monti Lessini. Links

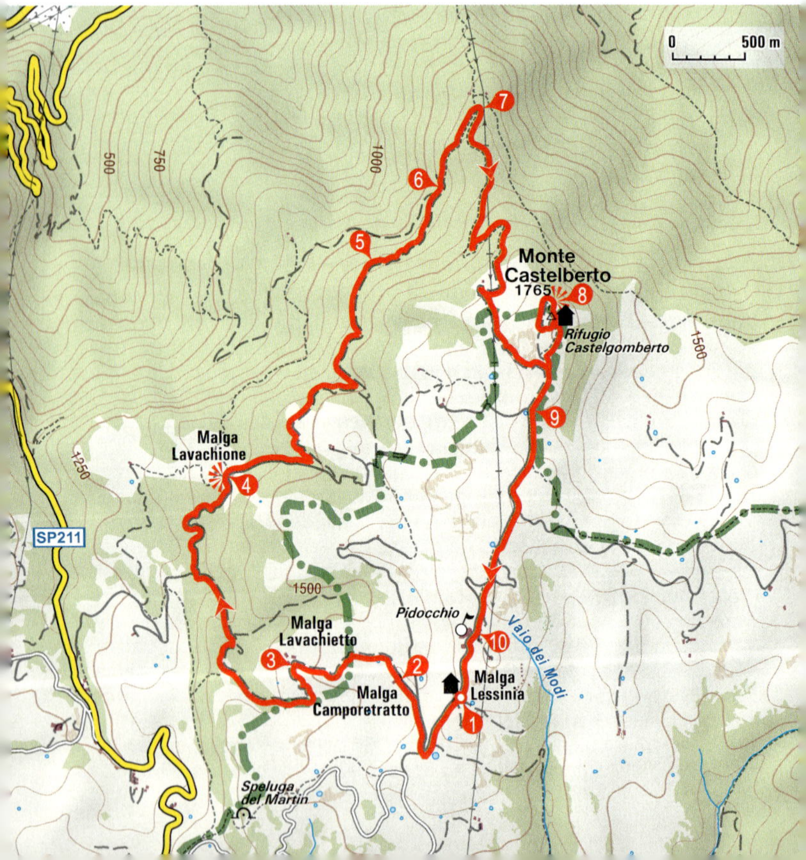

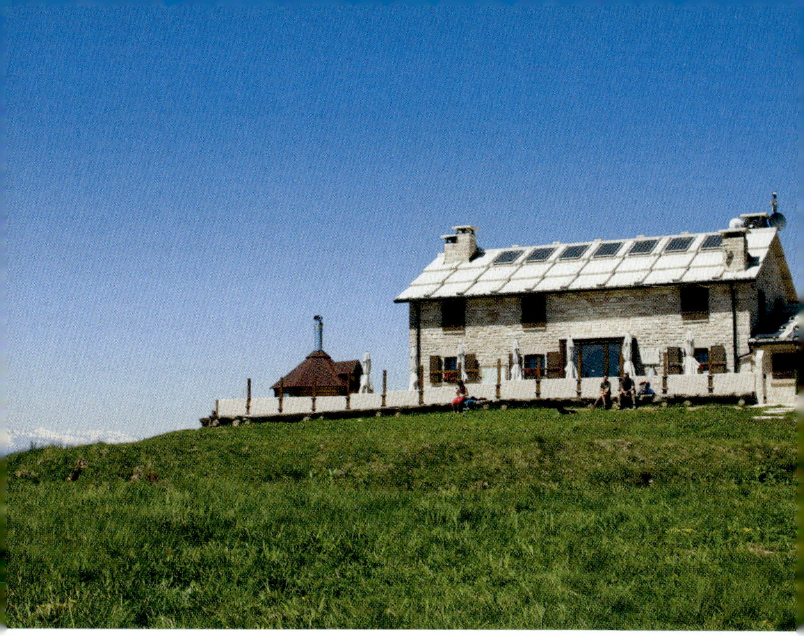

Das Rifugio Castelberto auf dem gleichnamigen Gipfel.

sehen wir schon das Rifugio Castelberto auf dem Gipfel. Die Versuchung in direttissima die Wiese hinaufzusteigen ist groß, aber wir gehen lieber den bequemen Weg weiter bis zur Schotterstraße, die wir nach links einschlagen und wenig später auf einem Wiesenpfad Richtung Hütte verlassen. Die Hütte steht genau auf dem Gipfel des **Monte Castelberto**, 1765 m. Die beste Aussicht bietet sich vom **Osservatorio (8)**, einem Mauerkreis mit Panoramaerklärung, halb links unterhalb der Hütte direkt am Geländeabbruch zum Valle dei Ronchi. Die Gräben in der Umgebung sind Schützengräben aus dem Ersten Weltkrieg.

Nun geht es auf der Schotterstraße bequem zurück, dabei wählen wir an der ersten Gabelung an einem **Teich (9)** den breiteren linken Zweig; die folgende Abzweigung scharf links (Bivio Castelberto) lassen wir links liegen. Direkt unter der Stromleitung verlassen wir die Schotterstraße zugunsten eines vagen Wiesenpfades nach rechts (links vom Teich) und schneiden so eine Kurve der Straße ab; ebenso die nächste Kurve. Wenig später lassen sich restaurierte Schützengräben des Stützpunktes **Pidocchio (10)** auf der rechten Seite hinter einem Holzgeländer besichtigen. Weiter auf der Straße bis zur **Malga Lessinia (1)**.

52 Durch das Vajo dell'Anguilla zum Monte Sparvieri, 1797 m

5.00 Std.

Das Beste der Lessinia

Diese Wanderung erschließt die typischen Landschaften der oberen Lessinia: walddurchsetzte Weiden, ein sehr tiefes Waldtal und weiträumige grüne Hügel mit Almen. Der krönenden Abschluss: der Monte Sparvieri direkt an der Abbruchkante zum 1000 Meter tiefer gelegenen Val Ronchi. Die gegenüberliegenden Piccole Dolomiti sind zum Greifen nah. Herrlich die Aussicht auf die benachbarten Gipfel der Monti Lessini (Monte Castelberto, Castel Gaibana), die weiter entfernten Bergketten und ein Ausschnitt des Etschtals.

Ausgangspunkt: Rifugio Bocca di Selva. Dafür Bosco Chiesanuova nach Norden Richtung San Giorgio verlassen. Nach ca. 6,6 km links ab: Holzschilder u. a. Rifugio Bocca di Selva.
Höhenunterschied: 660 m.
Anforderungen: Leichte Wanderung auf deutlichen Wegen. Nur der Gipfelanstieg erfordert Orientierung auf Sicht, daher bei Nebel den Gipfel auslassen (der ohne Aussicht ohnehin reizlos ist).
Einkehr: Rifugio Podesteria, im Sommer täglich geöffnet, im Winter geschlossen, dazwischen Fr.–So. geöffnet. Ebenso Rifugio Bocca di Selva am Ausgangspunkt.
Karte: Tabacco 059, Kompass 100.
Tipp: Terra Cimbra: lokale und andere Spezialitäten tagsüber im Laden zu kaufen, abends im gemütlichen Kellerrestaurant zu genießen; Piazza Marconi 18 (großer Parkplatz neben Zentrum), Bosco Chiesanuova.

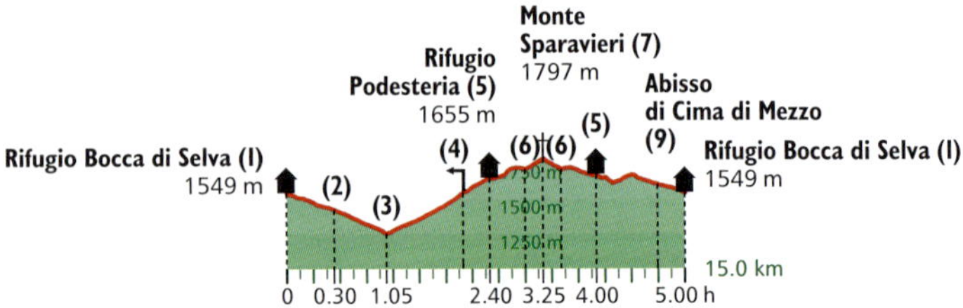

Vom **Rifugio Bocca di Selva (1)** gehen wir wieder die Straße zurück, also bergab. Unter der Skibrücke durch, dann die nächste Abzweigung rechts den Schotterweg hinauf. Diverse Wegweiser stehen zur Seite, wir folgen z. B. »Sentiero n. 6«. Es geht durch eine Heidi-Landschaft (»Dunkle Tannen …«) abwärts und wieder aufwärts zur **Malga Massetto (2)**.
Gemäß Wegweiser »Vajo dell'Anguilla« biegen wir nach rechts unten ab. Im Wald treffen wir auf einen Weg, den wir nach scharf rechts einschlagen gemäß dem dunkelgrünen Wegweiser. Hier treffen wir auch auf den rot-weiß markierten Weg 256. Es geht stetig bergab, bis wir unten im Tal auf einen breiteren **Schotterweg (3)** stoßen. Dort folgen wir dem grünen und gelben

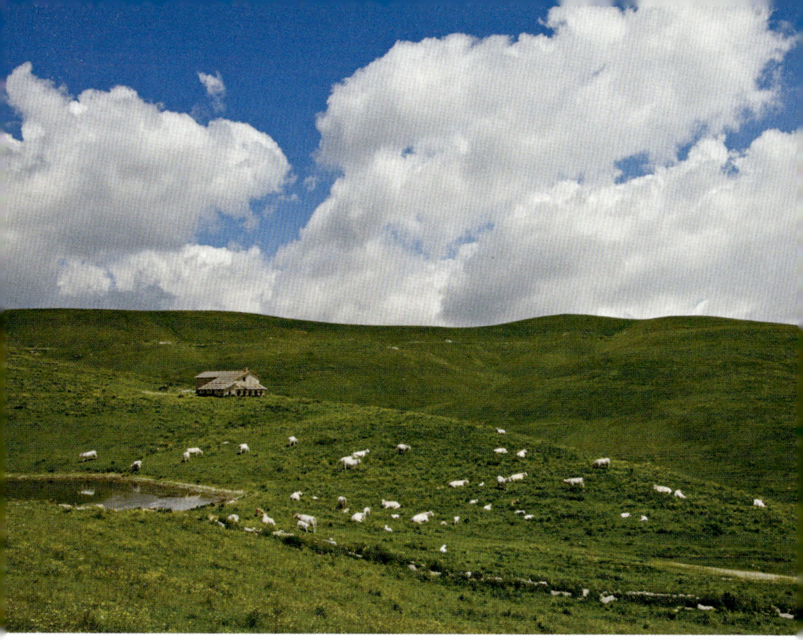

Das typische Bild der oberen Lessinia: welliges Grün mit Almgebäuden.

Wegweiser nach rechts aufsteigend. In diesem wunderbaren Tannental mit blütenreichen Lichtungen spazieren wir eine Zeit lang hinauf. Nach einer Lichtung mit mehreren Picknickbänken wandern wir geradeaus weiter (Wegweiser »Podesteria«), denn der Weg rechts (Wegweiser »Bocca di Selva«) würde uns schnell wieder zum Ausgangspunkt bringen. Hier irgendwo ändert das Tal seinen Namen zu Vajo delle Ortighe.
Nach einem kurzen Anstieg knickt der Weg scharf links ab **(4)** und verlässt so das Tal. Nun queren wir einen enormen Wiesenhang an seinem unteren Ende. Wir sehen links schon die Hütte, gehen zuerst noch am Teich vorbei, durch das Gatter dahinter und dann links hoch bis zur Terrasse des **Rifugio Podesteria (5)**.
An der Terrasse biegen wir rechts ab, kehren also der Hütte den Rücken zu. Direkt danach spaltet sich die Schotterstraße in drei Zweige. Wir wählen den linken. So gelangen wir zu einer Kreuzung mit einer weiteren Schotterstraße. Wir gehen nach rechts, aber nicht auf der Straße sondern auf der undeutlichen Fahrspur in der Wiese am Stacheldraht entlang. Ein Wegweiser geradeaus (»Ala«, 113) hilft dabei nicht. Nun immer am Zaun entlang mit schöner Aussicht nach links. Vorsicht, alte Schützengräben in der Wiese!

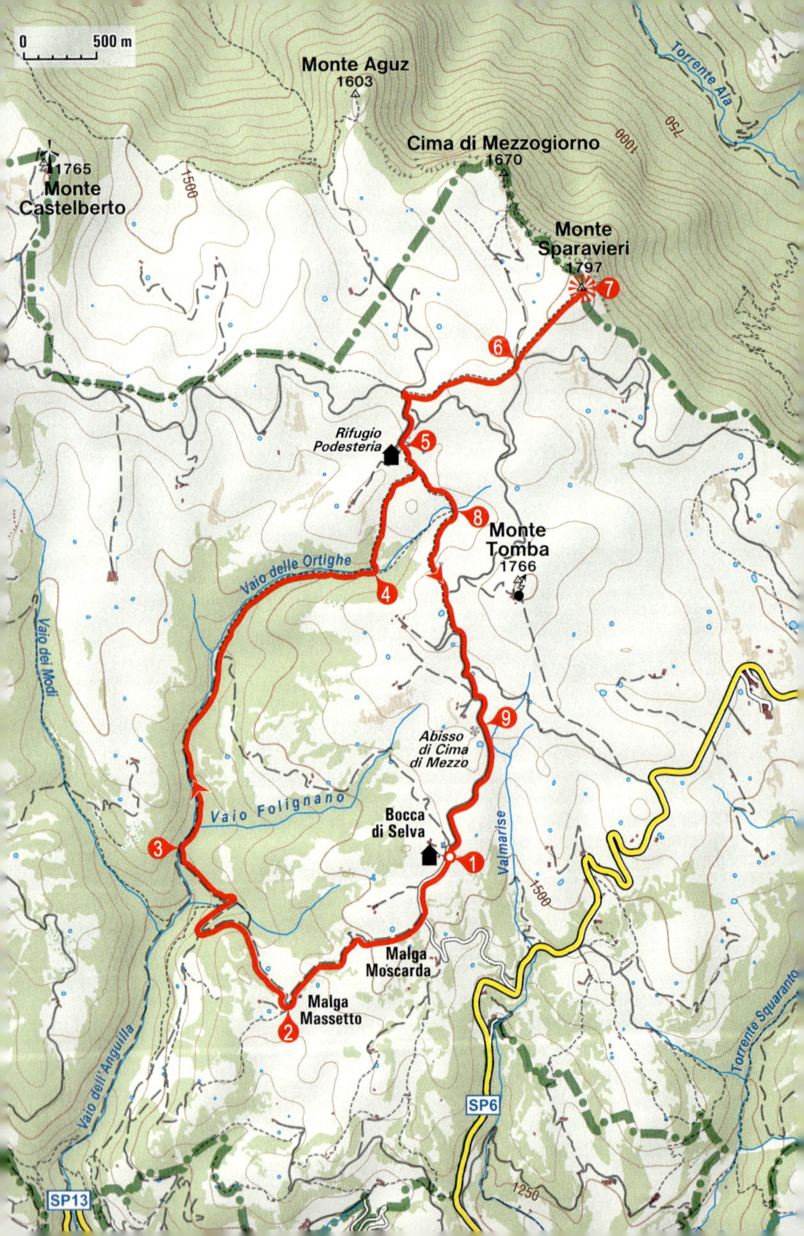

0 500 m
Monte Aguz
1603
Torrente Ala
Cima di Mezzogiorno
1670
1765
Monte
Castelberto
1500
Monte
Sparavieri
1797
7
6
Rifugio
Podesteria
5
8
Monte
Tomba
1766
Vaio delle Ortighe
4
Vaio dei Modi
9
Abisso
di Cima
di Mezzo
Vaio Folignano
Bocca
di Selva
3
1
Valmarise
1500
Malga
Moscarda
Malga
Massetto
2
Torrente Squaranto
Vaio dell'Anguilla
SP6
1250
SP13
1000
750

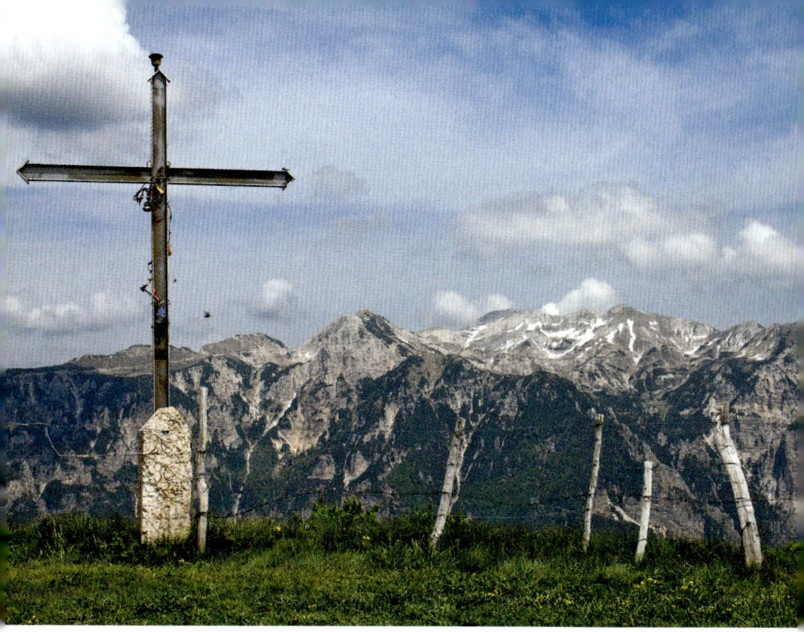

Gegenüber des Gipfels des Monte Sparavieri liegen die Piccole Dolomiti.

Bald schon sehen wir den Grasbuckel des Monte Sparavieri mit Kreuz. Davor treffen wir eine Schotterpiste, wo wir nach links durch das **Gatter (6)** gehen und dahinter halb rechts in direttissima zum Gipfel: anfangs weglos, aber bald ist ein Pfad erkennbar. Nach Genuss der Aussicht vom **Monte Sparavieri (7)**, 1797 m, zurück auf demselben Weg bis zum **Rifugio Podesteria (5)** und weiter bis zum Gatter am Teich, dort aber geradeaus weiter am Zaun entlang auf und ab mit rot-weißen Markierungen.

In einem Tal mit erratischem Betonpfeiler überwinden wir das **Gatter (8)** und nehmen den Pfad halb links hinauf (Wegweiser »Bocca di Selva«, 255). Wir treffen auf eine Stromleitung, die uns eine Zeit lang begleiten wird. Der Pfad ist so deutlich, dass wir uns nicht von wirren E7-Pfeilen ablenken lassen. Hinter einem Teich queren wir eine Schotterstraße und folgen weiter der Stromleitung. So schneiden wir eine Kurve der Straße ab. Wieder an der Straße biegen wir nach links in sie ein. Die links abzweigende Schotterstraße hinauf zum Monte Tomba ignorieren wir. Ebenso die kommenden zwei Almzufahrten an der Kurve, die mit Steinplatten gesäumt ist. Wenig später rechts des Weges das tiefe Karstloch **Abisso di Cima di Mezzo (9)**. Immer der Straße nach zum **Rifugio Bocca di Selva (1)**.

53 *Cima Trappola, 1865 m*

3.15 Std.

Rundum-Panorama am höchsten Gipfel der Lessinia

Die Cima Trappola liegt mit ihren 1865 Metern am nordöstlichen Rand der Lessinia. Hier haben sich die Täler Val Ronchi und Val d'Illasi tief eingefressen. Die spektakuläre Aussicht auf die Carega-Gruppe und die Tre-Croci-Kette in der Nähe und in der Ferne zu Adamello und Brenta ist der Lohn für den steilen Aufstieg. Nach Süden hin blicken wir weit in die Po-Ebene und an klaren Tagen bis zum Apennin. Das Skidorf San Giorgio, unser Startpunkt, bietet Betonarchitektur der 70er-Jahre.

Ausgangspunkt: Skisiedlung San Giorgio; Parkplatz am unteren Ende der Siedlung, 1505 m, gegenüber Bar Stella Alpina und unterhalb einer kleinen Schlepplifttalstation. San Giorgio liegt an der SP6, ist also von Bosco Chiesanuova und Velo Veronese (Campo Silvano) zu erreichen.

Höhenunterschied: 440 m.
Anforderungen: Anfangs einfach, dann einige knackige Auf- und Abstiege sowie schwierige Orientierung.
Einkehr: Rifugio Malga Malera, Rifugio San Giorgio; Öffnungszeiten beachten!
Karte: Tabacco 059, Kompass 100.

Castel Gaibana mit dem gemauerten Aussichtspunkt auf der Spitze.

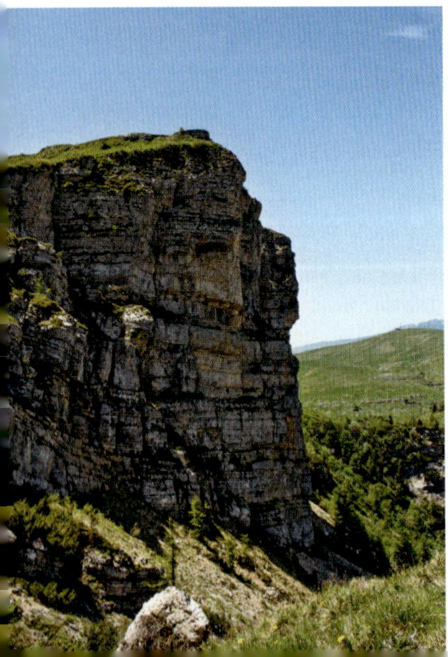

Am **Parkplatz** von **San Giorgio (1)** beginnt an den zwei Infotafeln ein breiter, flacher Schotterweg mit dem Wegweiser »Malga Malera di Sotto« (250)(also nicht der aufsteigende Weg zum Schlepplift hin). Hier gehen wir sanft hinauf mit dem Feriendorf im Rücken. Wir passieren das links oberhalb gelegene **Rifugio Malga Malera** und gehen an der T-Kreuzung halb links hinauf nochmals an der Hütte vorbei. Es zeigen sich die Spitzen der Tre-Croci-Kette. Am **Pfahl »E7« (2)**, bevor es zur Malga Malera di Sopra abgehen würde, verlassen wir die Schotterpiste nach links auf den Wiesenweg, der weiter gemütlich bergauf geht, z.T. in Serpentinen. Ab einer gewissen Höhe öffnet sich nach rechts der Blick in das tiefe, bewaldete Illasi-Tal. Wenige Meter bevor wir den Einschnitt des **Passo Male-**

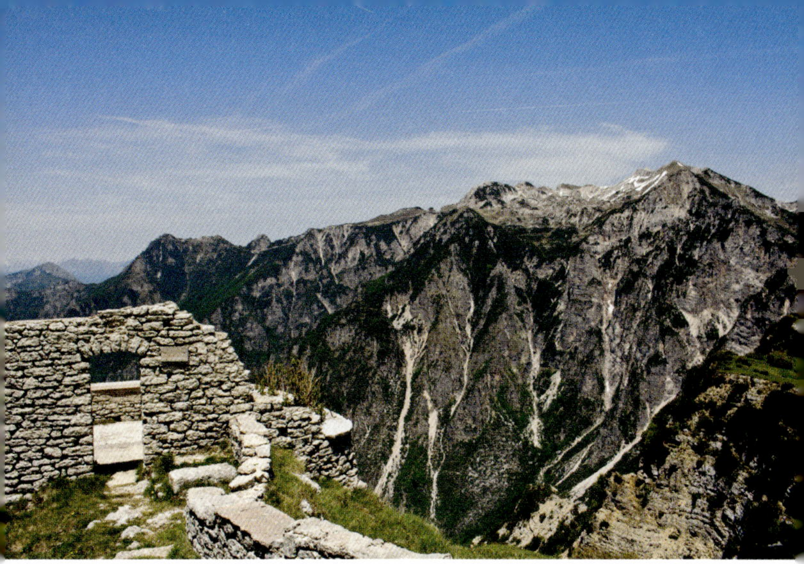

Vom Castel Gaibana blicken wir über das Val Ronchi auf die Carega-Gruppe in den Piccole Dolomiti.

ra (3) erreichen, biegen wir scharf links auf den deutlichen Wiesenpfad ab und gleich wieder rechts auf einen undeutlicheren, ansteigenden Pfad. Wir treffen sofort auf einen **Schützengraben** des Ersten Weltkrieges, an dem wir ansteigend entlanggehen, sodass er zu unserer Rechten liegt.

Der undeutliche Pfad verläuft quer zum Hang, parallel zu dem deutlicheren Pfad unter uns. Wir tendieren zur Kante hin (rechts) und treffen weitere Schützengräben, wovon einer in einen Stollen übergeht. Es geht im Grunde an oder parallel zur Kante steil hinauf auf einen Zwischengipfel zu. Rechts gibt uns die Catena Tre Croci die Breitseite, links bzw. vorne gelangen San Giorgio und der Antennenmast auf dem Castel Gaibana in den Blick.

Den **Zwischengipfel** umgehen wir rechts auf deutlichem Pfad zwischen niedrigen Kiefern. So erreichen wir den **Sattel (4)** mit Aussicht vor der Cima

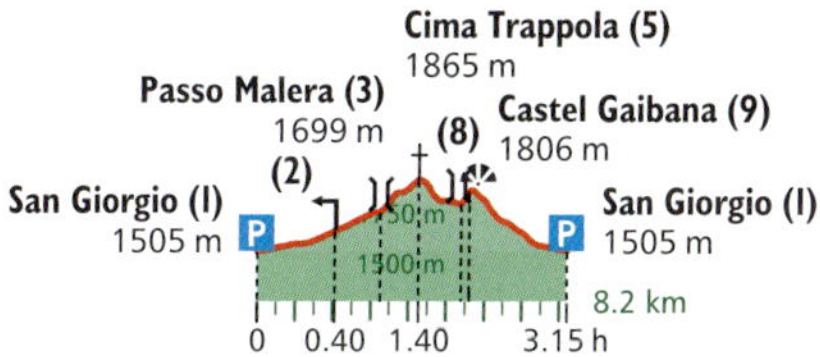

Trappola. Nun einfach geradeaus hinauf. Am vermeintlichen Gipfel angekommen, sehen wir rechts 40 m weiter das Gipfelkreuz der **Cima Trappola (5)**. Nun ergänzt sich mit dem Blick vorne auf die Carega-Gruppe das Panorama auf 360 Grad.

Für den Weiterweg gehen wir zurück zum vermeintlichen Gipfel und dort in Verlängerung des Aufstiegs geradeaus weiter am Rand der Krüppelkiefern entlang. Ein paar Meter hinter einem Steinmann versteckt sich rechts ein alter **Grenzstein (6)** zwischen den Kiefern. Am Steinmann müssen wir aber nach links und folgen dem deutlichen, steilen Pfad hinab. Am Hang gegenüber sehen wir schon den weiteren Weg zum Sattel. Wir treffen einen Durchlass im Stacheldraht, wo ein Pflock mit der Nummer 13/A steht.

Wir erreichen die **Senke (7)** an ihrem rechten Rand, wo wir noch einmal die Aussicht zur Carega genießen. Nun queren wir den Hang auf dem Pfad unterhalb der Kanone zuerst absteigend und nach dem Teich aufsteigend bis zum **Sattel (8)** mit toller Aussicht ins tiefe Val Ronchi. Jetzt wird es richtig steil. Der deutliche Pfad führt nahe am Abbruch zum gemauerten Aussichtspunkt des **Castel Gaibana (9)** hinauf.

Von dort gehen wir an der **Bergstation** des Sesselliftes vorbei zur Hütte **San Giorgio** und dann ein Stück die Skipiste rechts hinab. Wir passieren den Sendemast und kurz vor dem dritten Mast (von oben) des Sesselliftes drehen wir nach rechts in den Einschnitt ab und verlassen die Skipiste. Dort steigen wir meist weglos steil hinab, am besten wieder am Rand des Abbruchs. Weiter unten in einer Senke sehen wir etwas links schon einen Weg, der nach links wegführt. Diesen Weg nehmen wir und folgen ihm. Wo er die Skipiste kreuzt, wird er etwas undeutlich, geht auf der anderen Seite aber klar weiter und wird wenig später sogar breiter. Es ist hier nicht wichtig, genau diesen Weg zu finden, Hauptsache wir gehen bergab. Wir treffen eine Schotterpiste, in die wir nach links einbiegen. Unter den Liftanlagen hindurch erreichen wir San Giorgio. An den ersten Gebäuden halten wir uns links, und gehen am **Albergo Valon** vorbei zum Ausgangspunkt am Parkplatz von **San Giorgio (1)**.

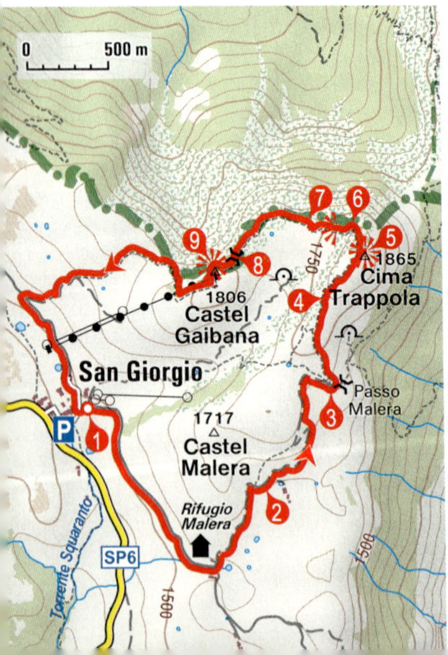

Die Pyramide der Cima Carega und das Campobrun-Hochtal in den Piccole Dolomiti.

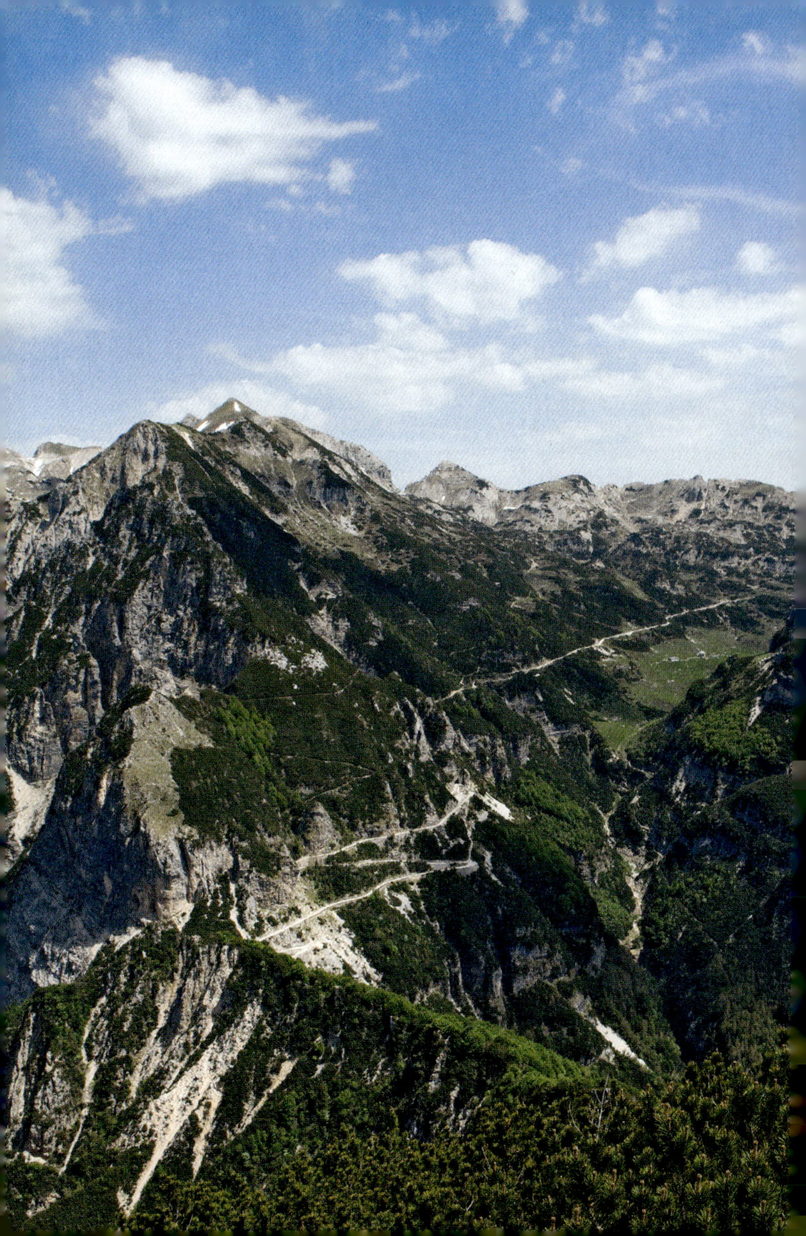

54 Corno d'Aquilio, 1545 m

3.45 Std.

Blick ins Etschtal und zwei Karsthöhlen

Die Lessinia bricht brüsk ins Tal der Etsch ab, das auf dieser Höhe Val Lagarina heißt. Die abwechslungsreiche Wanderung führt aussichtsreich direkt an dieser Kante entlang und schließlich auf den Panoramagipfel Corno d'Aquilio, 1545 m. Von dort aus blicken wir 1400 Meter tief hinunter ins Etschtal. In der Ferne sind der Gardasee, Monte Baldo und die Piccole Dolomiti zu sehen, an klaren Tagen auch der Apennin. Direkt zu Füßen liegt uns die Lessinia mit ihren hübschen Dörfern. Der Corno d'Aquilio gehört zu der markanten Geländestufe, die die unbesiedelte obere Lessinia von der bewohnten tieferen Lessinia trennt. Vom Gipfel aus ist diese Stufe eindrücklich erfahrbar. Am Wegrand treffen wir die Grotta del Ciabattino, eine geräumige Karsthöhle, in die wir bequem eintreten können. Die Spluga della Preta ist dagegen ambitionierten Höhlenkletterern vorbehalten: ein senkrechtes Loch von 130 Meter Tiefe setzt sich als Höhlensystem fort, das bislang bis zu einer Tiefe von 877 Metern erkundet wurde.

Ausgangspunkt: Tommasi, 1116 m (Ortsteil von Fosse). Am Kreisel mit Gefallenendenkmal und Kirche Sant'Antonio di Padova mit drei Bögen am Nordrand von Fosse, wo die SP13 auf die SP12 trifft, auf der SP12 nach Norden fahren, Wegweiser u.a. Corno d'Aquilo, also an der Kirche vorbei. Der Berg liegt direkt vor uns (Gipfelkreuz). Durch Martellengo durch und direkt nach dem Lokal »Saloon« am zweiten Parkplatz links parken (bei Km 25 der SP12).
Höhenunterschied: 610 m.
Anforderungen: Mittelschwere Wanderung, ein paar holprige und steile Abschnitte; ziemlich gut rot-weiß markiert.
Einkehr: Keine.
Karte: Tabacco 059, Kompass 100.

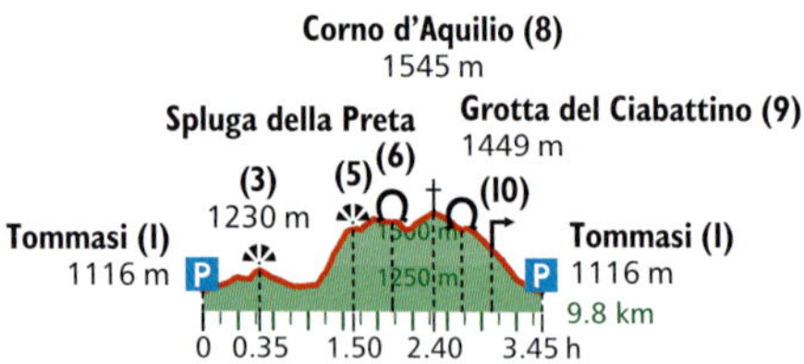

Am hinteren Ende des **Parkplatzes** in **Tommasi (1)** wartet ein Aussichtspunkt mit Bänken und einer **Kapelle**. Der dominierende Gipfel am Rand der Lessinia ist der Monte Pastello. Unsere Wanderung startet aber am anderen Ende des Parkplatzes. Wir gehen nur wenige Meter auf der Straße in Anfahrtsrichtung weiter und biegen links ab gemäß dem Wegweiser »P.so di

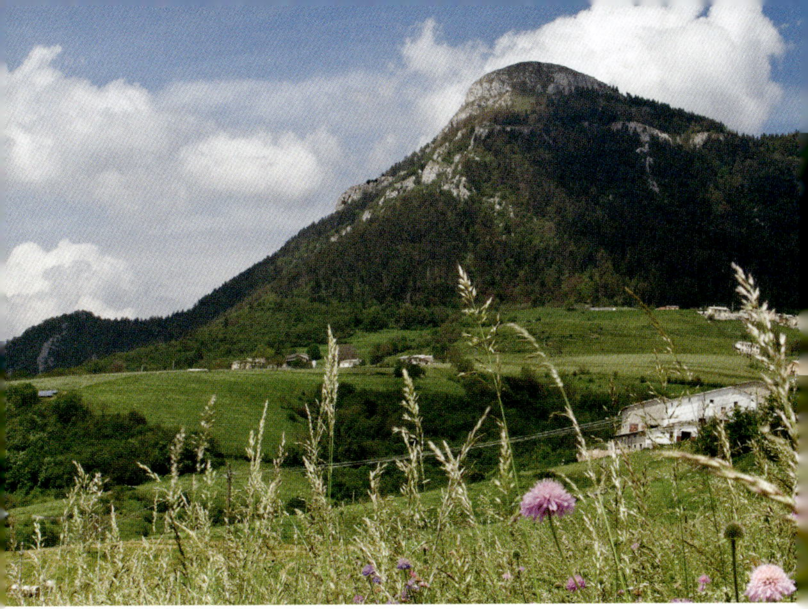

Der Corno d'Aquilio aus sicherer Entfernung.

Rocca Pia, 234« (u. a.). Der Asphaltweg führt oberhalb des Parkplatzes entlang und durch den Weiler **Coste**. An einer steilen Rechtskurve zweigen wir links ab zum **Agriturismo** Le Coste (Wegweiser »Passo Rocca Pia«) und spazieren an Gebäuden und Misthaufen vorbei.

Am Waldrand folgen wir dem üblichen Wegweiser nach links in den Wald. Kaum ansteigend erreichen wir eine Gabelung an einer **Infotafel**. Hier bleiben wir geradeaus (der rechte Wegzweig), obwohl links eine schöne Markierung prangt. Kurz darauf steigt der Weg stärker an und es begleiten uns wieder rot-weiße Markierungen. An einer weiteren **Tafel (2)** nehmen wir nicht die Treppen geradeaus sondern knicken rechts ab, um dem Weg mit Holzgeländern zu folgen (Wegweiser »Passo Rocca Pia«, diesmal mit Nummer 250). Direkt nach einem kurzen hohlwegartigen Abschnitt zweigt unser Weg rechts in einen Walleinschnitt ab, aber wir machen einen kurzen Abstecher geradeaus, wo wir nach 75 m einen **Aussichtspunkt (3)**, 1230 m, mit formidablem Blick ins Etschtal, auf den südlichen Gardasee und auf den Monte Baldo erreichen.

Zurück auf dem Hauptweg geht es nach dem Walleinschnitt halb rechts hinab, aber hier können wir kurz rechts hinauf, um nach wenigen Schritten einen alten Grenzstein zu treffen: Hier lag die Grenze zwischen dem Veneto

und Tirol, späterhin zwischen Österreich-Ungarn und dem italienischen Königreich. Unser Weg fällt im Wald leicht ab und passiert eine lange, hohe Felswand an deren Fuß. Wenig später ist Schluss mit dem Waldspaziergang: in steilen Serpentinen geht es hinauf.
Das Ende der Schnauferei kündigt sich mit lichter werdendem Wald an. Wir durchqueren einige markierte **Felsen (4)**, 1432 m. Danach versteckt sich rechts noch vor Beginn des Stacheldrahtes ein weiterer Grenzstein im Gebüsch. Nun führt der Weg flach über verbuschende Wiesen und dann über einen lang gezogenen **Aussichtsbalkon (5)** unterhalb einer Felswand: Zwischen den Bäumen sehen wir tief ins Etschtal hinab, das 1300 m unter uns liegt. Der deutliche Pfad knickt nach rechts ab. Nach einem kurzen, rutschigen Anstieg am Stacheldrahtzaun entlang, sehen wir vor uns eine Mauer aus Steinplatten mit einem Durchlass. Wir überwinden die Holzbalken am Durchlass und biegen sofort links ab. Wir gehen so an der Steinplattenmauer entlang. Es präsentiert sich eine völlig andere Landschaft: weite wellige Wiesen. In der Wiese ist der Pfad kaum zu erkennen, aber die Steinplatten leiten uns sicher hinauf bis zu einer Schotterpiste. Vor uns breiten sich Almwiesen mit einigen Stallungen aus. Der Berg mit dem dreieckigen Antennenturm ist der Cornetto.
Wir biegen auf die Schotterpiste nach rechts ein, wie der Wegweiser »Corno d'Aquilio« (234) empfiehlt. Geradeaus vor uns sehen wir schon das Gipfelkreuz des Corno d'Aquilio. Im Grunde gehen wir also nur noch geradeaus bis zum Gipfel. Wenn die Schotterpiste nach links abbiegt, verlassen wir kurz den geraden Weg und folgen der Piste wenige Meter bis zum Stall. Dort biegen wir rechts ab auf die Wiese und gehen weglos auf eine Umzäunung aus Steinplatten mit einem Schild und einem gelben Mast zu. Hinter den Steinplatten klafft das Loch der **Spluga della Preta (6)**, also bleiben wir schön außerhalb der Umzäunung.

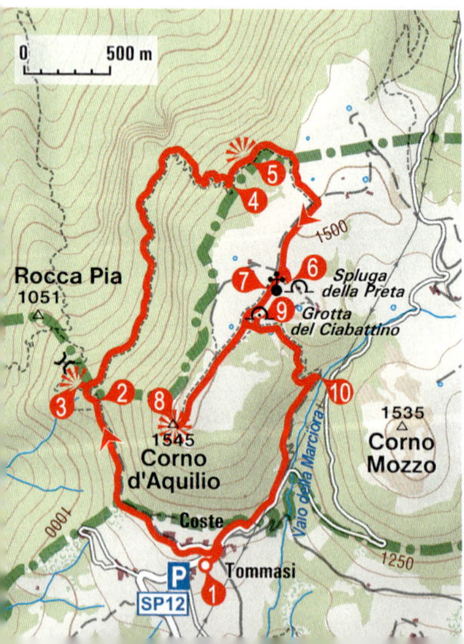

Zurück an der Kurve der Schotterpiste setzen wir also die ursprüngliche Geradeausrichtung fort. Wir gehen an dem **Kirchlein (7)** vorbei, das zum Gedenken an verunglückte Höhlenforscher errichtet wurde. Der Weg fällt ab und in der Senke vor dem Anstieg sehen wir schon den Abzweig für den Rückweg. Zunächst geht es geradeaus hinauf zum Gipfel. Vom Gipfelkreuz des

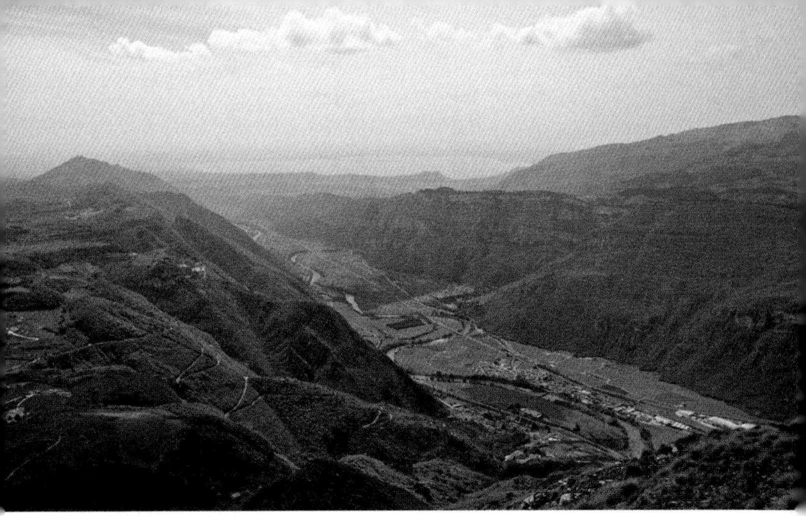

Gipfelpanorama: in der Mitte das Tal der Etsch, links der Monte Pastello, hinten rechts der Südteil des Gardasees.

Corno d'Aquilio (8), 1545 m, sehen wir einen Großteil der Lessinia, insbesondere die steile, bewaldete Stufe zur oberen Lessinia, zu der auch der Corno d'Aquilio gehört. Die Po-Ebene breitet sich aus, ebenso der südliche Teil des Gardasees. Davor zieht sich das Etschtal, oberhalb dessen sich der Monte Baldo auftürmt. Wenn wir vorsichtig zur Kante gehen, sehen wir unseren Ausgangspunkt direkt unter uns. In entgegengesetzter Richtung erkennen wir die Piccoli Dolomiti.

Wir gehen also auf demselben Weg zurück bis zur Senke und dort rechts durch den Zaundurchgang. Ein Wegweiser zeigt »Tommasi« an. Hier muss ein kurzer Abstecher nach links hinunter zur **Grotta del Ciabattino (9)**, 1449 m, sein, in die wir gefahrlos eintreten können. Unser Weg geht flach über die Wiese weiter, wie von Holzpflöcken mit rot-weißem Kopf angezeigt. Einen Teich lassen wir rechts liegen und steigen in einen kleinen Sattel hinein. Dahinter biegen wir nach rechts ein (links sehen wir die Umzäunung der Spluga della Preta) in ein kleines abfallendes Tal. Hier tauchen wieder Markierungen auf und der Pfad ist wieder deutlich zu sehen.

Der Weg wird im Wald bisweilen steil und steinig. Nach einer Bank und einem Geländer treffen wir an einer Infotafel einen **Forstweg (10)**, in den wir nach rechts einbiegen. Hier wird's etwas gemütlicher, teilweise jedoch steil trotz Serpentinen. Wenn wir die unvollständig asphaltierte Straße treffen, folgen wir ihr in derselben Richtung weiter (sozusagen halb rechts) bis zum Ausgangspunkt in **Tommasi (1)**.

55 Monte Lobbia, 1672 m

3.30 Std.

Die Madonna am Rand der Lessinia

Am äußersten Rand der Lessinia gelegen, bietet der Monte Lobbia gute Sicht auf die Catena Tre Croci (mit dem Monte Zevola) und die Carega-Gruppe und zwar nicht nur am Gipfel, sondern auch im Verlauf des Rückweges entlang eines steilen Geländeabbruchs. In der Annäherung passieren wir den hübschen Weiler Pagani und treffen die Skulptur der Madonna della Lobbia: einfache Volkskunst, aber voller Anmut. Die wellige Weidelandschaft macht den Anstieg relativ bequem, der sehr steile Abstieg fordert vom Wanderer Geschick.

Ausgangspunkt: Kirche in Campofontana. Anfahrt vom Val d'Illasi aus: an der SP10 zwischen Selva di Progno und Giazza zweigt kurz nach Selva di Progno rechts die Straße nach Campofontana ab (ausgeschildert). An einer Spitzkehre nach rechts entweder rechts über Tebaldi oder links über Furlani nach Campofontana. So oder so am Ende über die SP17a.
Höhenunterschied: 570 m.
Anforderungen: Zuerst leichte, dann mittlere und im Abstieg schwierige Wanderung (sehr steil). Kurz weglos und schwierige Orientierung. Abstieg gut markiert.
Einkehr: Am Ausgangspunkt.
Karte: Tabacco 059, Kompass 100.

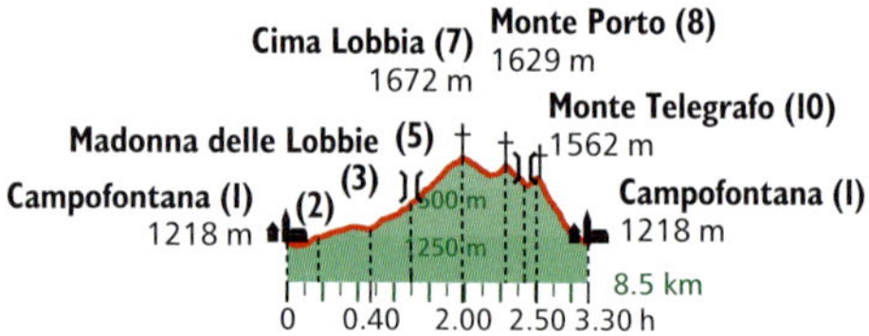

Gegenüber der Rückseite der **Kirche (1)** von **Campofontana** beginnt die Asphaltstraße nach Pagani und eine absteigende Betonpiste links daneben. Dieser folgen wir nur wenige Meter und gehen in der Linkskurve geradeaus weiter auf den Wiesenpfad, der zu dem **Kapellchen** in der Wiese führt. Dahinter geht der Pfad weiter und bringt uns hinauf nach **Pagani (2)**. Wir biegen in die Schotterpiste nach rechts ein. In der folgenden Rechtskurve nehmen wir den Pfad nach links (Holzschild »Cda. Pagani«), der zu den Häusern führt.

Wir halten uns links und dann zwischen Haus mit Nummer 51 und dem Haus mit der Pietà in einem kleinen Schrein in der Hauswand durch, also rechts. Dann links am Haus mit Nummer 42 vorbei und so wieder auf eine Schotterpiste. Wir gehen geradeaus (nicht links) leicht ansteigend. Nach einem

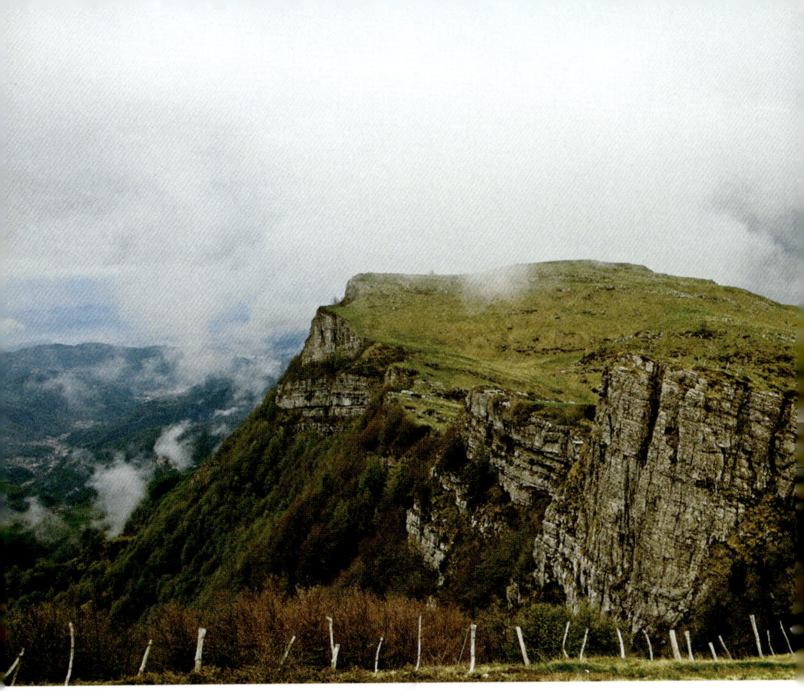

Nach dem Gipfel führt der Weg an dieser Kante entlang.

Waldstück blicken wir in ein liebliches Talrund mit mehreren Almgebäuden. Wenn wir das erste Gebäude (eine Ruine) passieren, das links unterhalb des Weges liegt, können wir vorne links auf einem Felsen in der Wiese die helle Madonnenskulptur erkennen. Wir gehen daran vorbei und in der nächsten Kurve bietet sich links ein Zuweg zur **Madonna delle Lobbie (3)** an, den wir für einen kurzen Abstecher nutzen.

Zurück auf dem Hauptweg gehen wir in der üblichen Richtung weiter, also über Kurven hinauf zu den Almgebäuden. Auch diese sind zerfallen. Dahinter spaltet sich ein Weg ab, wir halten uns links auf dem Hauptweg. So gehen wir auf die **Malga Lobbia** zu, aber direkt vor dem **Teich (4)** verlassen wir den Schotterweg nach rechts und streben die gut sichtbaren Fahrwege im Hang an, wobei wir den oberen, breiteren Weg nehmen.

Wenn der Weg kurz flach verläuft, achten wir auf einen steinigen Abzweig rechts. Der Pfad führt uns zu einem Teich hinauf. Links sehen wir eine Senke mit einem Steinkreuz. Nun wird es weglos: Wir streben den Sattel rechts hinter dem Teich an. Im **Sattel (5)** angekommen, biegen wir links ab, um den

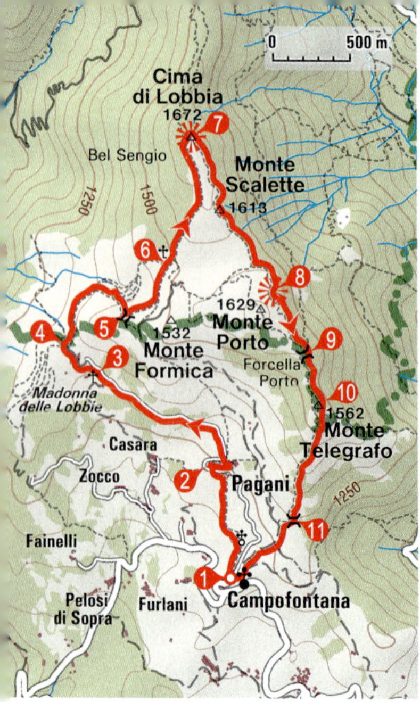

felsigen Gipfel über uns zu umrunden. Dafür queren wir den Hang leicht ansteigend. Vor uns sehen wir eine Steinmauer und einen Stacheldrahtzaun. Diese markieren den Weg, den wir erreichen wollen.

Wenn wir da sind, überwinden wir den Stacheldraht und folgen dem deutlichen und spärlich markierten Weg (205) nach oben. Rechts oberhalb liegt die Malga Porto di sopra. Der Pfad läuft immer neben einer Steinmauer: nach einer **Senke (6)** folgt der Gipfelanstieg. Die Markierungen werden häufiger. Das dezente Gipfelkreuz ist links schon zu sehen. Ohne Probleme erreichen wir das Gipfelkreuz der **Cima Lobbia (7)** und genießen die Aussicht.

Zurück geht es spektakulär an der Geländekante entlang (Wegweiser 206). Der gut markierte, meist deutliche Pfad läuft mal näher an der Kante, mal weiter weg. Ein kurzer Anstieg bringt uns zu Felsformationen am **Monte Porto (8)** (auf den Steinmann achten!). Dort folgen wir dem Wegweiser »Laghetto Scagina«. Die rotweißen Markierungen sind etwas schwer zu erkennen. Nun beginnt der Abstieg. Wir gehen auf einen Stacheldrahtzaun mit Durchlass zu. Dahinter geht es kurz steil hinab und wir queren den Hang nach links und erreichen so einen Grat am Waldrand. Der Weg ist nun immer deutlich, aber sehr steil.

Im Sattel **Forcella Porto (9)**, 1527 m, biegt der 206er Weg ab, wir gehen weiter geradeaus hinunter auf der 213 Richtung Campofontana. Dazwischen liegt noch der Monte Telegrafo. Bald beginnt der kurze, aber steile und steinige Anstieg. Der **Monte Telegrafo (10)** ist durch ein Schild mit Höhenangabe gekennzeichnet.

Dahinter geht es wieder deutlich, aber sehr steil hinab. Rechts unten gelangt ein Schotterweg in unser Blickfeld. Diesen erreichen wir, indem wir in einem **Sattel (11)** einen Wiesenhang nach rechts absteigen. Pfähle mit rotem Kopf zeigen den Weg an. Wir biegen in die Schotterstraße links ein. Sofort folgt eine Verzweigung, wo wir den rechten Zweig durch das Gatter wählen. So gelangen wir zum Friedhof, dahinter liegt die **Kirche (1)**.

Blick zurück nach Pagani.

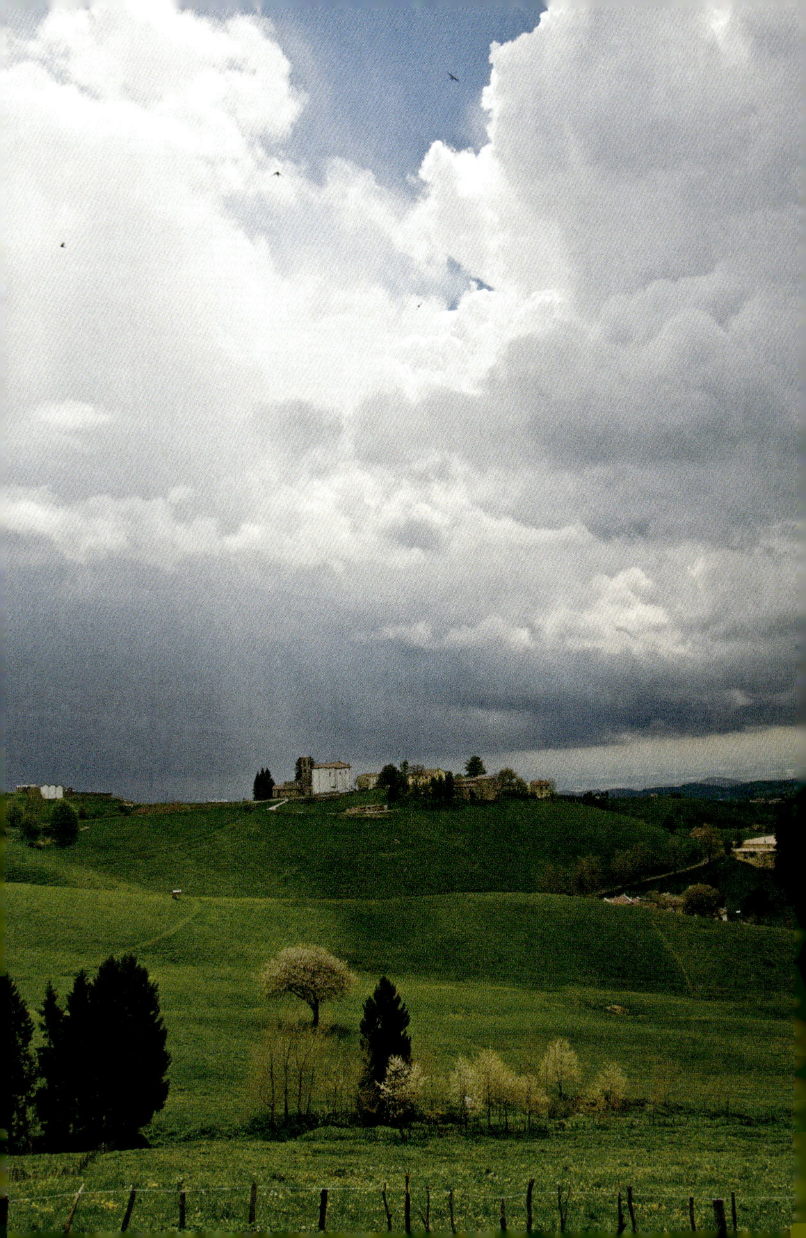

56 Von Erbezzo zum Ponte di Veja

5.45 Std.

Imposante Naturbrücke

Das Ziel dieser Wanderung ist die beeindruckende Naturbrücke Ponte di Veja. Der Weg dorthin lohnt auch: sehr abwechslungsreich führt er durch anmutige Kulturlandschaft, winzige Weiler und Mischwälder aus Buchen, Eschen und Eichen. Tiefe, schluchtartige Täler mit senkrechten Felswänden sind zu durchqueren. Und plötzlich stehen wir auf der Brücke. Mit 30 m lichter Höhe, 50 m Spannweite, 9 m Dicke und 15 m Breite wirkt sie stabil, gehört aus geologischer Sicht jedoch zu den kurzlebigen Erscheinungen. In den Höhlen neben der Brücke hat man diverse Werkzeuge und Malereien der Steinzeit gefunden. In jedem Dörfchen stehen Häuser mit den traditionellen Dächern aus Steinplatten und v. a. auf dem Rückweg säumen die gleichen Platten die Wege. Carlo Pedersoli, besser bekannt als Bud Spencer, hat 1944/45 für ein Schuljahr lang in Erbezzo gewohnt.

Ausgangspunkt: Piazza dei Combattenti in Erbezzo, 1118 m. **Anfahrt mit Auto:** Erbezzo ist über die SP 14a von Verona aus erreichbar. **Anfahrt mit Bus:** Mo.–Sa. fahren täglich drei Busse der Veroneser Busgesellschaft ATV von Verona nach Erbezzo und zurück.
Höhenunterschied: 830 m.

Anforderungen: Überwiegend einfach zu gehen, einige Abschnitte steil, geröllig und rutschig. Leidlich markiert.
Einkehr: Restaurants und Pizzeria in Ceredo und am Ponte di Veja.
Karte: Tabacco 059, Kompass 100.
Tipp: Restaurant/Pizzeria des Albergo Berna in Erbezzo.

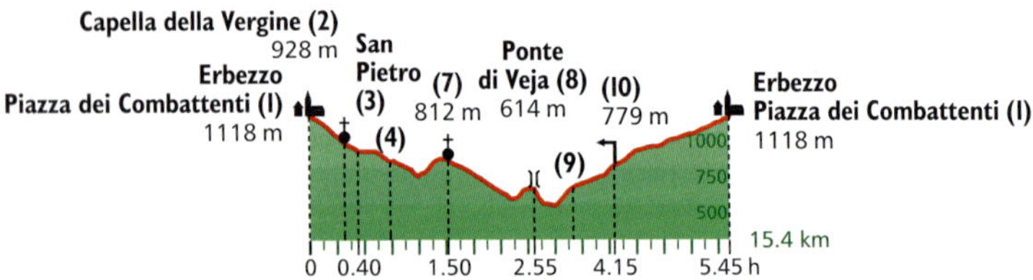

Die **Piazza dei Combattenti (1)** in **Erbezzo** ist am Kirchturm und dem Gefallenendenkmal zu erkennen. Wir gehen zum Hauptportal der Kirche. Dort gegenüber steigen wir die Gasse halb rechts hinab. Nach einer Treppe treffen wir die Hauptstraße (Via Monti Lessini). Hier links hinab und sofort rechts Richtung Friedhof abbiegen. Der Weg ist mit der Nummer 257 markiert; anfangs begleiten uns neben der rot-weißen auch gelb-weiße und orange-weiße Markierungen. Am Stromturm biegen wir links auf den Wiesenpfad ein.

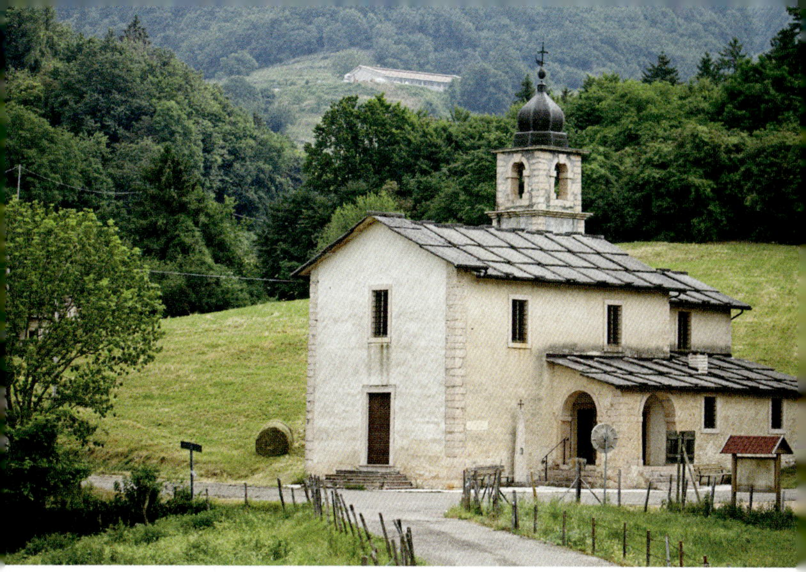

Rückblick auf San Pietro auf dem Weg zur Contrada Dosso.

So treffen wir wieder auf die Straße und den **Friedhof**. Wir steigen geradeaus weiter ab auf dem Schotterweg, der am Friedhof entlangführt (Wegweiser San Pietro).

Wo der Wald beginnt folgen wir nicht der Linkskurve, sondern gehen auf dem schmaleren Weg geradeaus weiter. Die Abzweigung wenig später lassen wir links liegen. Nach dem Wald führt uns der Weg zwischen Hecken und Mauern zur achteckigen **Capella della Vergine (2)** und zum Weiler **Mannarini**, wo wir auf die Straße treffen. Wir folgen ihr den Leitplanken entlang nach links (bergab). Nach der Rechtskurve am Beginn des Waldes verlassen wir die Straße auf einem schmalen Pfad nach links (Wegweiser San Pietro).

Wir gehen auf die Kirche **San Pietro (3)** zu und kreuzen hinter ihr die Straße, um geradeaus weiter auf dem Sträßlein zur **Contrada Dosso** zu gehen. Dort endet die Straße zwischen den Häusern. Wenige Meter vor Ende des Asphalts knicken wir links auf einen Pfad mit Steinplatten ein. Der Pfad ist stark begrünt, aber die Steinplatten führen uns. Wo der Weg sich in der Wiese zu verlieren scheint, halten wir uns links, wo weiterhin einige Steinplatten stehen und vereinzelte Markierungen zu entdecken sind. Bald geht es mit deutlicherem Weg am Waldrand entlang und weiter hinab. Nach einem Gatter erreichen wir die Häuseransammlung **Fasani di Sotto (4)** in einem Tal. Hier gehen wir auf einen großen **Stall** zu und die steile **Asphaltstraße** hinauf.

An der Querstraße gehen wir rechts ein kurzes Stück weiter auf der Straße und verlassen sie auf Höhe des großen Stalls nach halb rechts (rot-weiß markiert). Der breite Weg mit Gatter führt uns sicher weiter hinab; an der ersten Spitzkehre folgen wir der Kurve nach rechts und gehen nicht geradeaus. Nun heißt es aufgepasst: In einem lichteren Waldabschnitt mit Blick auf die gegenüberliegenden Felswände zweigt nach scharf links ein schmaler, steiler **Pfad (5)** ab. Auf die rot-weiße Markierung achten! So gelangen wir zum Talgrund des **Vajo dei Falconi** mit breitem Wiesenweg.
Diesem folgen wir kurz links, dann müssen wir rechts den **unscheinbaren Pfad (6)** finden, dessen Fortsetzung im gerodeten Hang gegenüber klarer zu erkennen ist. Die ersten Meter sind ungemütlich, dann geht es in bequemer Steigung im Wald weiter. Nach einer Spitzkehre nach rechts steigen wir links zwischen Felsen wieder steiler hinauf. An einer Pfadkreuzung halten wir uns geradeaus, d. h. leicht rechts. Der Weg führt uns zum Neubaugebiet von

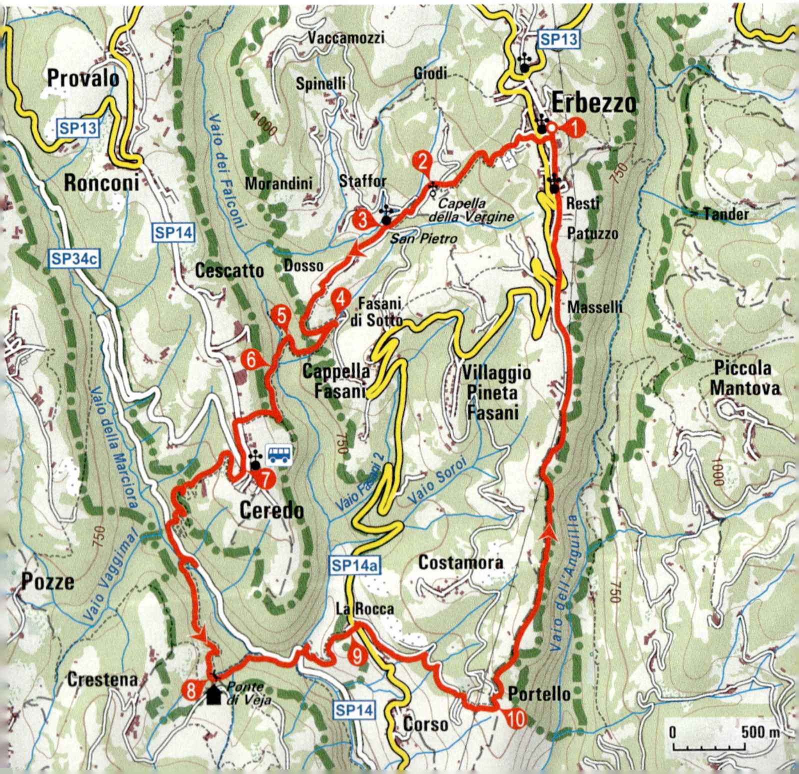

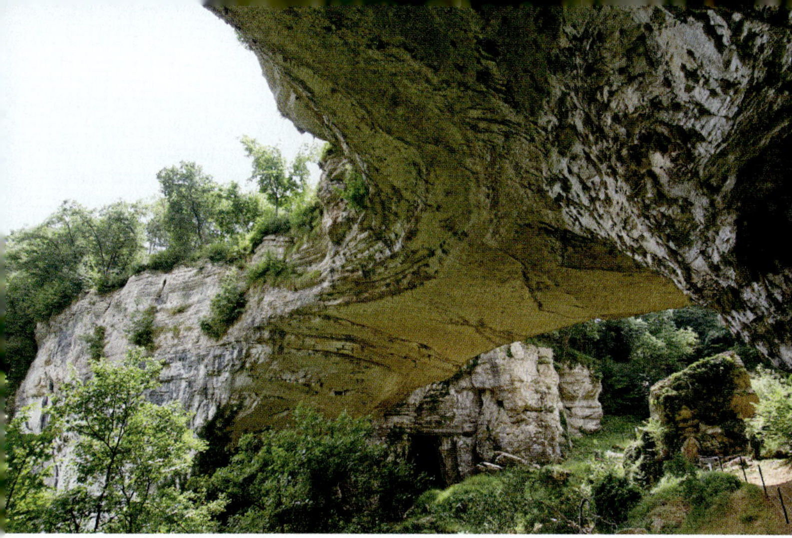

Riesig: die Naturbrücke Ponte di Veja.

Ceredo und schließlich auf die Straße, der wir nach links folgen. Wir passieren die **Trattoria-Pizzeria Al Gavinel** mit schöner Aussichtsterrasse. Ceredo liegt auf einem Rücken zwischen den Tälern Vajo dei Falconi und Vajo della Marciora, in das wir nun absteigen.

An der unscheinbaren **Kirche (7)** mit Bushaltestelle biegt die Hauptstraße nach rechts ab, wir gehen geradeaus in die abfallende Gasse hinein, die zum Pfad wird. Kurz hinter den Häusern biegen wir in den Feldweg nach rechts ein. In moderatem Gefälle geht es in Kurven hinab und in den Wald. Dort wird der Weg immer schmaler und kurviger, etwaige Abzweigungen ignorieren wir. Wir treffen auf die Straße, der wir nach links bergab folgen bis zu einer Ausweichbucht links. Kurz davor weist ein großes Schild »Ponte di Veja Sentiero 257« auf einen schmalen steilen Pfad hin, der nach scharf rechts hinabführt.

Wir durchqueren ein märchenhaftes Tal mit Felswänden und steigen dahinter einen Waldweg hinauf. Am Ende des Waldes führt der Weg zwischen Zäunen über Felsplatten: das ist die Naturbrücke **Ponte di Veja (8)**! Wir laufen also gerade über die Brücke.

Dahinter geht unser Weg nach rechts die Treppen hinunter (Wegweiser E5 und 252). Geradeaus hinauf dagegen ginge es zu einem beliebten Ausflugslokal (mit öffentlichen Toiletten und Trinkwasserbrunnen). Die Treppen führen auf die Bogenöffnung zu. Wir peilen den linken Rand des Bogens an. Direkt unter dem Bogen am Anfang des schwarzen Gitters verlassen wir ge-

mäß der Markierung den bequemen Weg auf Stufen nach rechts und steigen steil hinab (rutschig!). Der E5 leitet uns bis zum Ausgangspunkt zurück.
Unterhalb des Bogens hält die Natur eine Überraschung für uns bereit. Wir folgen dem Bachlauf mit einigen Kaskaden steil weiter und bleiben dabei immer auf derselben (linken) Seite des Baches. Während sich das Bachbett schnell eintieft, fällt unser Weg am linken Talhang nur leicht ab und erreicht die Straße. Dieser folgen wir bergab bis zur nächsten Kurve, wo eine Wanderkarte steht – unser tiefster Punkt, 493 m, für heute.
Dort biegen wir nach links in einen markierten Weg ein. Sofort danach geht es steil nach rechts hinauf. Wir gewinnen schnell an Höhe. Am Ende des Waldes bieten sich schöne Blicke auf die Felswände. Im Weiler **Rocca (9)** folgen wir dem Asphaltweg zwischen den Häusern und kreuzen danach die Straße. Es geht links neben dem Häuschen den schmalen Wiesenpfad hinauf. Im Rückblick sehen wir den Ponte di Veja. Die Wiese queren wir, um die Rampe in der Mauer gegenüber zu nutzen, die uns zu einem Asphaltsträßlein bringt. Hier rechts bergauf. Jetzt sehen wir die terrassierte Kuppe oberhalb von Rocca und die steilen Talabbrüche gegenüber.
Weiter der Straße entlang lassen wir eine Abzweigung (kurz vor einer Spitzkehre nach rechts) links liegen (führt zu einem Steinbruch). In der übernächsten Rechtskurve achten wir auf einen unscheinbaren Pfad geradeaus mit rot-weißer Markierung auf einem Stein. Dieser schmale Pfad führt uns durch den Wald und wieder auf die Straße. Diese überqueren wir, um den gegenüberliegenden Feldweg aufzusteigen. Er endet auf einer Wiese. Hier

Am Bach entlang kurz vor dem tiefsten Punkt der Wanderung.

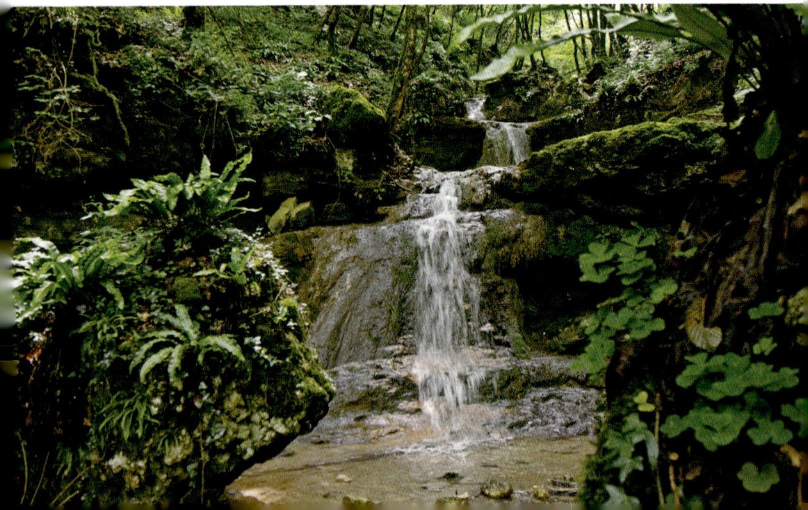

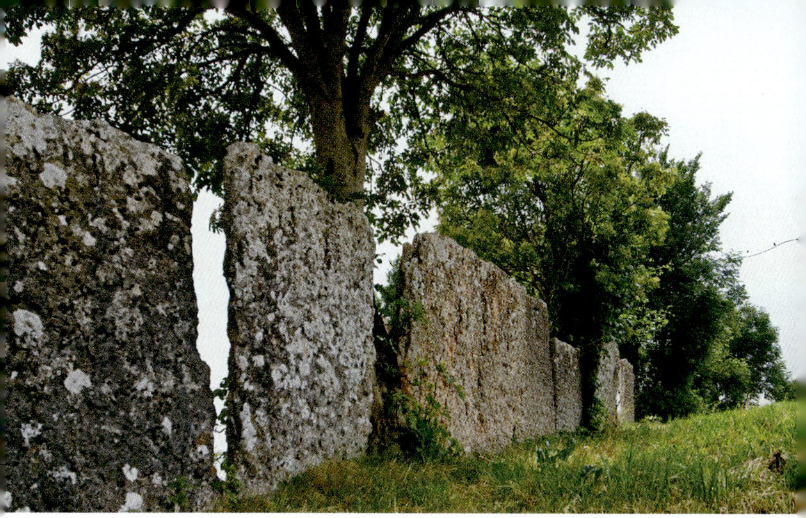

Die typischen Steinplatten der Lessinia dienen hier als Zaun einer Weide.

knicken wir nach links ab auf einen Strommast zu. Der markierte E5 ginge durch eine Hecke, ist aber zugewuchert. Daher gehen wir links davon parallel zur Hecke. Hinter dem Mast weiter weglos geradeaus auf der Wiese an einem Zaun entlang. Wir stoßen auf eine **Kreuzung (10)**, an der wir nach links auf den Weiler **Portello** zugehen.

Dort beginnt eine Asphaltstraße, der wir kurz folgen, um dann rechts eine betonierte Kurve einzuschlagen. Der steile Betonweg steigt zwischen den Häusern an. Die Aussicht auf den Monte Baldo und die Monti Lessini lenkt uns vom anstrengenden Aufstieg ab.

Der Weg wird gerade und immer flacher. Im Grunde geht es ab hier immer geradeaus bis nach Erbezzo, dessen Kirchturm immer wieder in der Ferne zu sehen ist. An einer großen Wiese links sehen wir zwei gepflegte Häuser. Hier lohnt ein Blick durch das Gebüsch rechts, wo das Gelände senkrecht in das Tal Vajo dell'Anguilla abbricht. Wo der Weg wieder betoniert ist und ansteigt (Loc. Genderli, 920 m; die Höhenangabe auf dem Holzschild ist nicht korrekt; ebenso auf den folgenden Schildern), lockt eine rote Markierung nach rechts in den Wald (Weg 252), wir bleiben aber auf dem E5 (also auf dem breiten Betonweg). Immer geradeaus passieren wir die Weiler **Manar**, 970 m, und **Maselli**, 1000 m. Nach Maselli überqueren wir die Straße und gehen konsequent geradeaus weiter. Unser Weg mündet auf die Straße und wir sehen das Ortsschild Erbezzo. Kurz danach verlassen wir die Straße nach halb rechts und durchmessen die Ortsteile **Patuzzo** und **Resti**. Immer geradeaus bis zur **Piazza dei Combattenti (1)**.

57 Im Val Sorda

3.45 Std.

Hängebrücke über der Schlucht

Zwei Höhepunkte: die Hängebrücke und die Schlucht. Nach einem zuerst lauschigen, dann felsigen Waldweg erreichen wir eine grazile Hängebrücke (it.: ponte tibetano) aus Stahl. Seit 2012 spannt sie sich 53 Meter lang in 45 Meter Höhe über der Schlucht Val Sorda. Nach der schwingenden Überquerung steigen wir in die Schlucht hinab. Ein gesicherter Steig führt uns zwischen senkrechten Wänden über gurgelndem Wasser. Unterwegs informieren Tafeln in italienisch, englisch und deutsch über Natur und Geografie.

Ausgangspunkt: Malga Biancari, 600 m. Von der SP 34 zwischen Marano di Valpollicella und Sant'Anna d'Alfaedo etwa auf halbem Weg zw. den genannten Orten nach Mondrago abbiegen. In Serpentinen bergab, durch den Ort durch und auf der schmalen Straße weiter nach Masetto. Dort an der Kreuzung (leicht links haltend) geradeaus. Das nächste Dorf Baiaghe di Sopra besteht praktisch nur aus einer Autowerkstatt. Nach einer weiten Linkskurve nicht rechts, sondern weiter geradeaus. Am nächsten Abzweig scharf rechts hinab (Wegweiser »Girotto« im Rückspiegel). Nach 100 m Parken an der Malga Biancari (Picknickplatz).
Höhenunterschied: 510 m.
Anforderungen: Bis zum Beginn der Schlucht teilweise sehr steil und felsig; Einsatz der Hände empfehlenswert. Danach Schluchtsteig mit Stahlseilen und Ketten gesichert (aus gutem Grund!). Bei Nässe nicht empfehlenswert.
Einkehr: Ausflugslokal Trattoria de la Valsorda (kurzer Abstecher), im Sommer Sa. (ab 15 Uhr) und So. geöffnet, im Winter geschlossen. Imbiss am Ausgangspunkt: von Mai bis September sonntags geöffnet.
Tipp: Konditorei »Le Delizie« am Hauptplatz von Sant'Anna d'Alfaedo (Piazza Vittorio Emanuele 9).
Variante: An der Stelle, wo wir nach dem steilen Abstieg auf den Schluchtsteig 238 treffen (Wegpunkt 5), können wir statt durch die Schlucht direkt zurück zum Ausgangspunkt. Dafür talabwärts an den Picknickbänken neben einem Gebäude vorbei zu einem Bach (Valle di Fumane). Dort dann links (rechts ginge es zum Ausflugslokal) über den Bach (Wegweiser »Ponte Tibetano accesso sud« und »Malga Biancari«). Hinter dem Bach geht es sofort nach links (Wegweiser »Covoli di Morano«) und gleich wieder rechts steil hinauf (orange Pfeile und blau-rote Markierung). Die blau-roten Markierungen leiten uns sicher den steilen, z. T. kraxeligen Steig hinauf. Ab und an bieten sich Blicke zurück in die tiefen, waldigen Täler. Wir erreichen wieder die Abzweigung »B« (2) und kehren auf bekanntem Weg zur Malga Biancari zurück.
Karte: Tabacco 059, Kompass 100.

Am Picknickplatz **Malga Biancari (1)** schlagen wir den Schotterweg ein, der von der Straße wegführt. So folgen wir dem »Sentiero Malga Biancari N. 2« (grün) und dem Wegweiser »Ponte Tibetano« mit blau-roten Markierungen in den Wald. Eine Abzweigung nach rechts interessiert uns nicht. An den drei

Die Hängebrücke über die Schlucht Val Sorda.

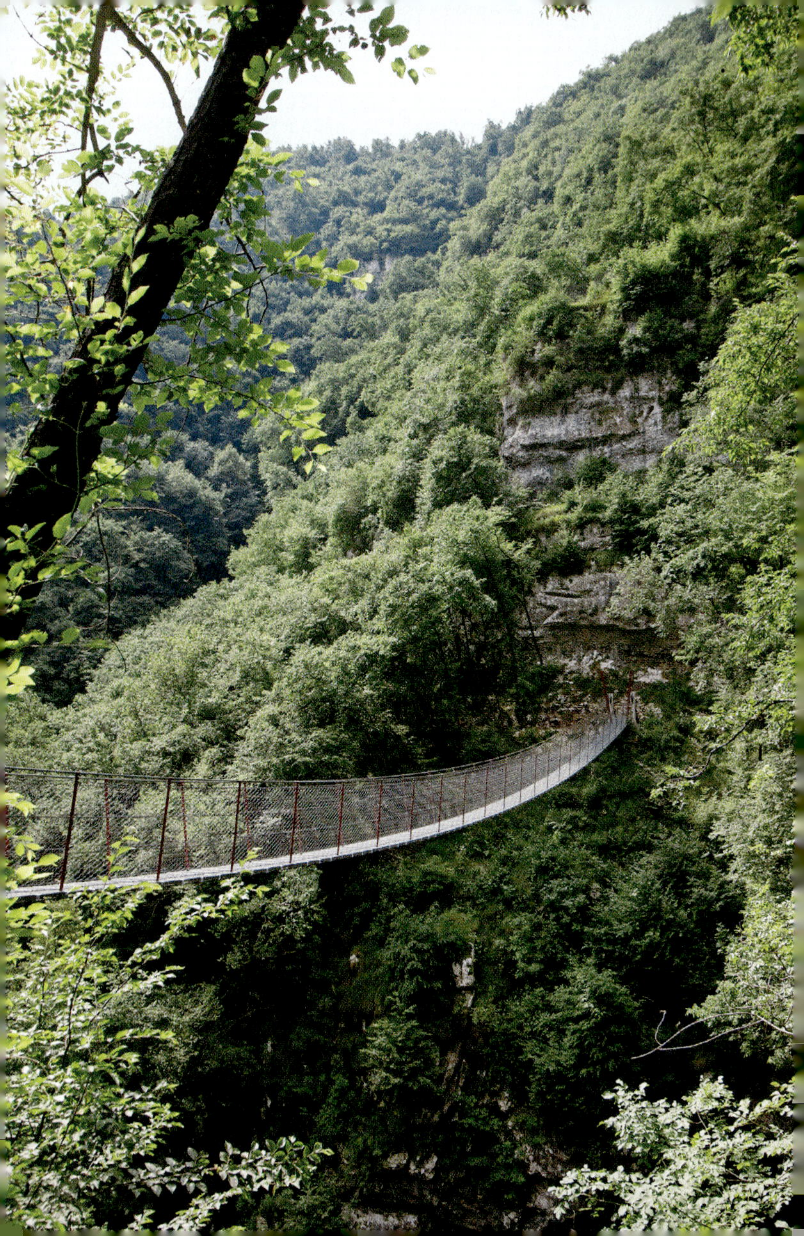

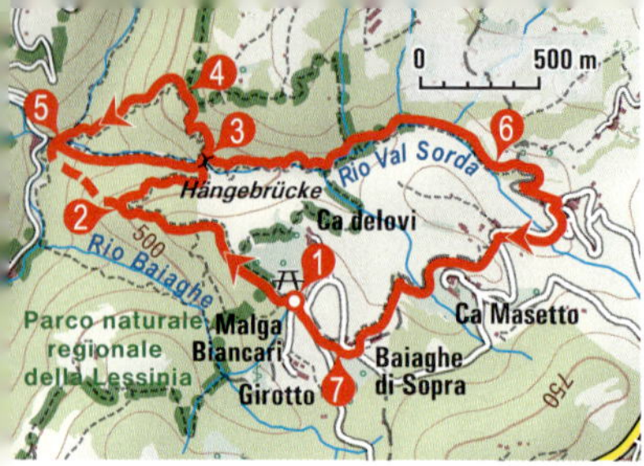

folgenden Abzweigungen halten wir uns immer rechts, den Ponte Tibetano-Wegweisern gehorchend. Es wird immer steiler. Die **letzte dieser Abzweigungen (2)** ist auf den Wandertafeln als »B« bezeichnet. Ein Aussichtspunkt lässt uns auf die Brücke schauen, wenig später sind wir da.

Wir schwingen über die **Brücke (3)**. Dahinter den linken Pfad hinauf, der gleich wieder rechts abknickt und ansteigt. An den mit Holzstämmen gesicherten Stufen geht rechts ein Pfad ab, der uns direkt unter die Brücke bringen würde. Wir gehen jedoch weiter steil, aber unschwierig bergauf (rotblaue Markierungen). Unterwegs passieren wir eine Bank mit Aussicht und eine Sabionara, d. h. eine Höhle, aus der Sand gewonnen wurde. An einer weiteren **Bank (4)** haben wir den Anstieg geschafft.

Hier zweigt ein Weg nach rechts ab, wir aber steigen geradeaus hinab, wo der Wegweiser »Molin de Cao« anzeigt. Der folgende Abstieg ist steiler als der Aufstieg. Kurz vor Ende sehen wir das Ausflugslokal von oben. Wir treffen auf den rot-weiß markierten **Weg 238 (5)**. Wer jetzt in der Trattoria de la Valsorda einkehren möchte, geht rechts, an den Picknickbänken neben einem Gebäude vorbei zu einem Bach. Halb rechts über den Bach, dann zur Straße und an der Straße links (insgesamt ca. 100 m). (Für die Variante ohne Schluchtsteig s. o.) Der Schluchtweg 238 biegt dagegen scharf links ein und wir gehen bachaufwärts. Der Weg ist immer eindeutig und gut markiert.

Sogleich folgt die erste mit Eisengriffen gesicherte Stelle. Das ist ein leichter Vorgeschmack. Ein tolles Schluchtambiente! An der ersten Furt prüfen wir den Wasserstand: wenn das Wasser hier so tief ist, dass die Überquerung nur über die Steinhaufen möglich ist, wird es später noch schwieriger! Wenig später wird der Steig wesentlich technischer und die Felswände und Wasserfälle werden spektakulär! Bald gehen wir unter der **Hängebrücke** durch. An einem beeindruckenden Felssturz fließt der Bach wie in einem Tunnel. Ein rot-weißer Pfeil weist uns dort hinein. Grundsätzlich ist dort eine Passage möglich, außenherum (rechts hinauf) jedoch trockener.

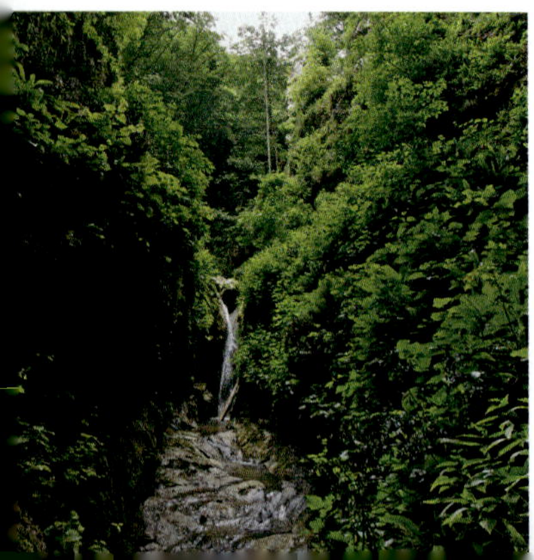

Einer der zahlreichen Wasserfälle in der Schlucht.

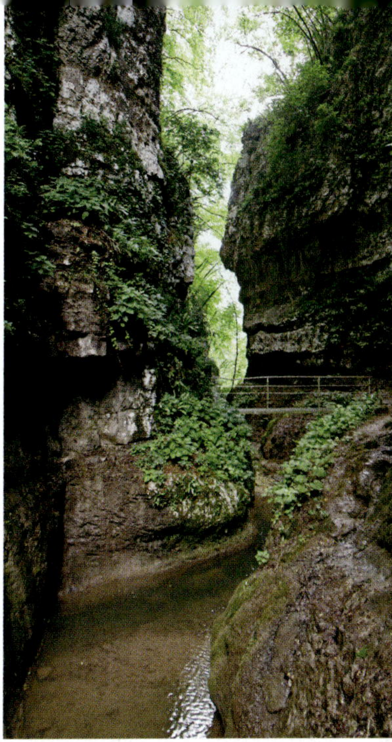

Es wird manchmal eng.

Ein Wegweiser zeigt auf die »Variante per Sentiero n. 2« nach rechts, wir bleiben aber geradeaus im Tal und folgen weiter dem Bach Richtung Mondrago (238). Nach einem hübschen **Wasserfall** kommt der **Talausstieg (6)** nach links.

Wir treffen einen Feldweg, den wir nach rechts einschlagen (Wegweiser u. a. »S. Cristina, 252«). Bald säumen Steinplatten den Weg und wir kommen in **Mondrago** an. Im Dorf rechts die Straße hinunter (das war auch der Anfahrtsweg, Wegweiser u. a. »S. Rocco«).

Am Ende eines Anstiegs biegt die Straße scharf links ab. Wir gehen auf dem abfallenden Feldweg geradeaus weiter (Weg 231, Wegweiser u. a. »Baiaghe«). Das Auf und Ab durch Wiesen und Obstgärten ist klar und rot-blau sowie rot-weiß markiert. Nach einer Kirsch-Plantage schreiten wir durch ein Gatter. Zäune begleiten den Weg. Der Schotterweg wird zum Wiesenpfad und führt uns zum Dorf **Baiaghe di Sopra**. Wir erreichen das Dorf auf der Rückseite einer unschönen Autowerkstatt und treffen dahinter die Straße. Wir folgen dem Wegweiser »Malga Biancari« nach rechts und somit umkurven wir mit der Straße das Werkstattgebäude. Direkt hinter der Kurve sobald möglich, also direkt nach dem Zaun, nach links auf die **Wiese (7)**. Der Pfad fällt ab und schneidet so eine Kurve der Straße ab. Wenn wir die Straße wieder treffen, geradeaus auf der Straße bergab (Straßenschild »Girotto«) und schon sind wir wieder am Ausgangspunkt **Malga Biancari (1)**.

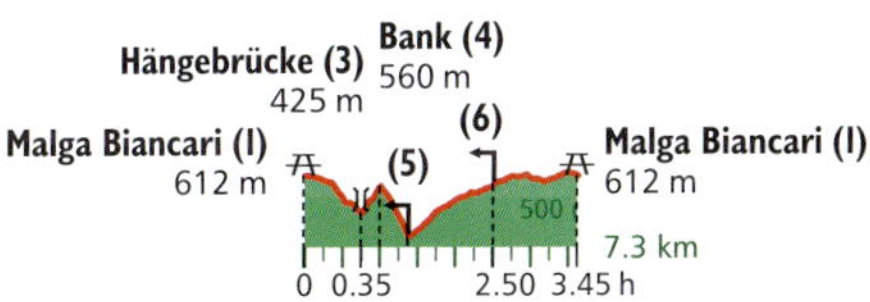

Stichwortverzeichnis

A
Alcide De Gasperi 120
Alpe Campogrosso 196
Alpe Cimbra 22
Alta Burg 168
Alta Kugela 168
Altar Knotto 168
Alta Via del Granito 25
Ammonitico Rosso 24
Asiago 20, 22, 26, 31, 32, 37, 150, 176
Asnicar 208
Ausertol 94
Ausertoljoch 83, 94
Auzerschrumm 102
B
baccalà alla vicentina 37
Baita Camol 182
Bassano 37
Bellamonte 40
Bersntol 21, 27, 28, 80, 87, 90, 94, 100, 105
Bocchetta Mosca 199
Bocchetta Portule 150
Bosco Chiesanuova 242, 246
Bosco di Tretto 220, 228, 231
Bozner Quarzporphyrplatte 20
Brenner 29
Busa Novegno 216, 220
C
Calà del Sasso 176
Caldonazzo 132
Campanile di Cece 45
Campobrun 199
Campofontana 254
Campo Solagna 178
Canale di Brenta 23, 178
canederli 36
Castelgomberto 173
Castelloni di San Marco 162
Castello Tesino 114
Caverna Sciason 166
Chalet Recoaro Mille 212
Chiesa del Sasso 176
Cima Caldiera 158
Cima Carega 23, 24, 199
Cima Cenon 74
Cima d'Asta 20, 21, 108
Cima del Frate 68
Cima di Cece 20, 45
Cima di Palù 94
Cima Dodici 22, 153
Cima Ferozzo 153
Cima Ortigara 158
Cima Portule 150
Cima Sette Selle 80, 101, 103
Cima Socede 60
Cima Tibet 201
Cima Trappola 246
Cima Vezzena 134
Cima XII 153
Cinque Croci 60
Cinte Tesino 120
Col del Boia 114
Col del Fenilon 178
Colli Alti 178
Corno d'Aquilio 250
Costa Media 199, 200
Croz di Primalunetta 74
D
Doline 150, 153, 164
Dolomiten 20
Dreizehn Gemeinden 27
E
Entente 29
Erbezzo 238, 258
Erster Weltkrieg 23, 25, 28, 29, 53, 93, 121, 154, 159, 190, 192, 208, 210, 218, 220, 236, 238, 245, 247
Erzherzog-Eugen-Straße 150
Europäischer Fernwanderweg E5 25
F
Felsenlabyrinth 162
Fernkampfwerke 31
Fersental 21, 27
fioreta 37
Fleimstal 20
Folgaria 20, 22, 138
Forcella d'Ezze 82
Forcella Magna 65, 109
Forcella Montalon 58
Forcella Segura 68, 71
Forra del Lupo 144
Forte Campolongo 166
Forte di Tenna 128
Forte Dosso del Sommo 144
Forte Rione 216
Forte Rivòn 216
Fort Verle 134
Fosse 250
Fracena 124
Fravort 87
Freyjoch 153
Frotten 94, 100
G
Giazza 28, 199
Giro del Zimon 108
Gnocchi 37
gnocchi di malga 36
Granit 21, 68, 108, 114
Groa Lait 90
Grotta del Ciabattino 250
H
Hängebrücke 262, 264
Hoabont 86
Hoabort 90
Hoajoch 90
Hoaspitz 86
Hochebene von Asiago 22, 176
Hotel SAT Lagorai 55
I
I Busoni 236
Il Maggiocondolo 231
Inderschrumm 82, 100
Indertol 82
K
Kaiserjägerstraße 134, 150
Kaiser-Karl-Straße 154
Kraispitz 94, 102
Kronprinz-Otto-Straße 157
L
Laghetto delle Prese 86
Laghi dei Lasteati 60
Lago Brutto 44

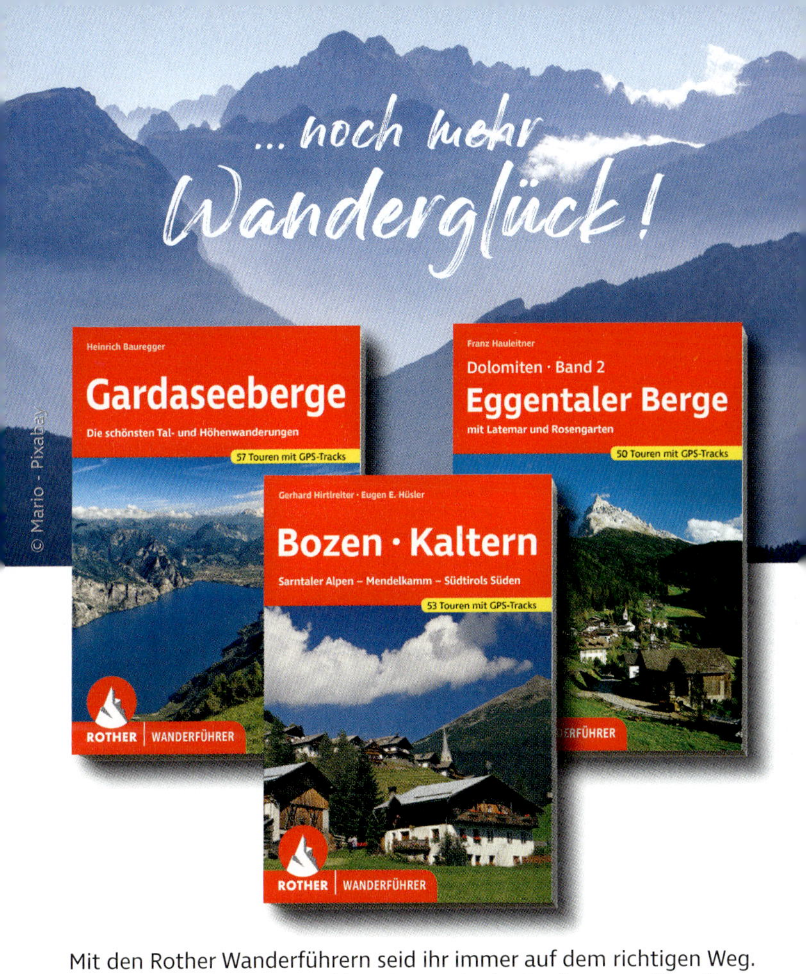
... noch mehr Wanderglück!
© Mario - Pixabay
Heinrich Bauregger
Gardaseeberge
Die schönsten Tal- und Höhenwanderungen
57 Touren mit GPS-Tracks
ROTHER | WANDERFÜHRER
Franz Hauleitner
Dolomiten · Band 2
Eggentaler Berge
mit Latemar und Rosengarten
50 Touren mit GPS-Tracks
Gerhard Hirtlreiter · Eugen E. Hüsler
Bozen · Kaltern
Sarntaler Alpen – Mendelkamm – Südtirols Süden
53 Touren mit GPS-Tracks
ROTHER | WANDERFÜHRER

Lago dele Carezze 89
Lago delle Buse 57
Lago delle Buse Basse 53
Lago delle Stellune 53
Lago delle Trote 44
Lago di Caldonazzo 15
Lago di Costa Brunella 71
Lago di Levico 15
Lago di Montalon 58
Lago di Moregna 47
Lago di Moregno 44
Lago di Rocco 53
Lago Erdemolo 100
Lagorai 20, 25, 37
Lavarone 22, 27
Lessinia 20, 26, 200, 242
Levico Terme 128
Località Pré 212
L'omo e la donna 204
lucanega 37
Luserna 22, 28
M
Madonna della Lobbia 254
Malga Arpaco 117
Malga Biancari 264
Malga Slapeur 171
Malga Sorgazza 108
Malga Valmaggiore 44
Malga Valtrighetta 80
Manghen-Hütte 59
Manghen-Pass 20, 56, 80
Marcesina 162
Meatte-Weg 23, 186
Melette 162, 171
mòcheni 27
Montagnole 208
Montalon 52
Monte Boccaor 186
Monte Borghetto 236
Monte Caliano 216
Monte Castelberto 238
Monte Cauriol 48
Monte Cengello 64
Monte Chiesa 153
Monte Coppolo 117
Monte Cornetto 138
Monte Croce 94, 102
Monte Fior 171
Monte Fravort 90
Monte Grappa 20, 23, 32, 37, 178, 182, 186
Monte Gronlait 90
Monte Lefre 124
Monte Lobbia 254
Monte Maggio 148
Monte Mezza 120
Monte Novegno 20, 220
Monte Ortigara 31
Monte Panarotta 20
Monte Pasubio 192
Monte Priaforà 220
Monte Rione 216
Monte Rive 132
Monte Rivòn 216
Monte Sparvieri 242
Monte Spil 172
Monte Spitz 212
Monte Summano 231
Monte Trentin 150
Monte Vaccaresse 220
Monte Verena 37
Monte Veronese 37
Monte Zevola 204
Monte Ziolera 56
Monti Lessini 20, 241
morlacco 37
N
Novegno 24
O
Oasi di Vatrigona 80
»Option« 28
Ospedaletto 124
P
Pagani 254
Palai en Bersntol 94, 100
Palù del Fèrsina 94, 100
pane di malga 36
Pass Cinque Croci 60
Passo Brocón 114, 117
Passo Cinque Croci 64
Passo Coe 148
Passo dei Garofani 83, 98
Passo del Lago 88, 101
Passo della Portela 87, 91
Passo delle Fittanze 236
Passo d'Ezze 98, 103
Passo di Palù 83, 94, 97
Passo Manghen 20, 56
Passo Sàdole 48
Passo Vezzena 134, 150
Passo Xomo 24, 192, 216, 224
Pasubio 23
Piazza delle Saline 153
Piazzale Lozze 158
Piccole Dolomiti 20, 36, 37, 196, 199
Pieve Tesino 108, 120
Piz di Lévico 134
Pizzo degli Uccelli 114
Polenta 37
Ponte Conseria 60
Ponte dell'Orco 122, 124
Ponte di Veja 24, 258
Porphyr 40, 52, 60, 64, 80
Porphyrgranit 20
Predazzo 40, 43, 44
puzzone di Moena 37
R
Radicchio 37
Rava 21
Ravioli 37
Recoaro Mille 212
Recoaro Terme 36, 37, 196, 208, 212
Re Leone 59
Ricotta 36
Rifugio Achille Papa 192
Rifugio Alpe Madre 178
Rifugio Bassano 182, 186
Rifugio Bocca di Selva 242
Rifugio Boschetto 199
Rifugio Caldenave 68
Rifugio Campogrosso 196
Rifugio Campolongo 166
Rifugio Castelberto 238
Rifugio Cesare Battisti 204, 208
Rifugio Cima d'Asta 108, 110
Rifugio Larici 150
Rifugio Malga Conseria 60
Rifugio Malga Lessinia 238
Rifugio Malga Malera 246
Rifugio Monte Cauriol 48
Rifugio Monte Lefre 124
Rifugio Ottone Brentari 21, 108, 110

Rifugio Paradiso 138
Rifugio Pertica 199
Rifugio Podesteria 242
Rifugio Revolto 199
Rifugio San Giorgio 246
Rifugio Scalorbi 199, 203
Rifugio Serot 86, 90
Rifugio Sette Selle 21, 80, 100, 103
Rifugio Tonini 21
Roana 28, 166
Rolle-Pass 20
Roncegno Terme 21, 86, 90
Rotzo 166, 168
S
San Giorgio 246
San Rocco 228, 231
Santa Caterina 220, 224
Sant'Anna d'Alfaedo 238, 264
Sant'Orsola 105
Sant'Ulderico 228
Sasso Rosso 102
Sasso Rotto 100
Scalzerhof 96
Schlacht am Monte Ortigara 31
Schützengraben 23, 30, 61, 93, 115, 144, 145, 158, 171, 180, 231, 233, 236, 238, 245, 247
Sciason-Höhle 166
Sega d'Ala 236
Selva di Progno 254
Sengio Alto 23
Sentiero della Pace 25
Sentiero delle Meatte 186
Sentiero Grandi Alberi 208
Serrada 144
Sette Laghi 86, 101
Sieben Gemeinden 22, 27
Sisilla 196
sopressa vicentina 37
Sottosassa 40
spätzli 36
Spluga della Preta 250
Strada degli Scarubbi 192
Strada delle 52 gallerie 193
»Strafexpedition« 30
strangolapreti 36
Straße der 52 Tunnel 192
strudel 36
Südtirol 29, 32
T
Tenna 128
Tesino 20, 21, 26
Thurmau-Tunnel 157
Tommasi 250
Torre dei Sicconi 132
tosella 37
Translagorai 25
Travignolo 43
Travignolo-Schlucht 40
Tre Croci 23, 204, 208
trentingrana 37
Tretto 23, 224, 228
Trodo dei Fiori 114
Tunnel, 52 192
V
Vajo dell'Anguilla 242
Val Calamento 21
Val Campelle 21, 60, 74
Val delle Mure 186
Val di Fiemme 20
Val d'Illasi 24, 246, 254
Val Gadena 174
Valle del Fèrsina 80, 90, 94, 100
Valle Ortigara 216
Vallone della Teleferica 199
Val Malene 108
Valpollicella 25
Val Sàdole 48
Val Sorda 264
Val Sorgazza 21, 66
Valstagna 174, 176
Valsugana 15, 20, 21
Velo Veronese 246
Verona 24
Via Austriaca 48
Via Claudia Augusta Altinate 26
Via Italiana 48
Vròttn 94, 100
W
Welschtirol 29
Wolfsschlucht 144
Z
Zaluna 40
Zimbern 26
Zimbrisch 16
Zweiter Weltkrieg 32

Umschlagbild:
Blick auf die Tre-Croci-Kette oberhalb des Rifugio Battisti;
im Hintergrund das verschneite Carega-Massiv (Tour 41).

Bild im Innentitel:
Der panoramareiche Abstieg von der Cima d'Asta ins Tal kurz nach
dem Pass Forcella del Passetto (Tour 16).

Alle 186 Fotos vom Autor.

Kartografie:
57 Wanderkärtchen im Maßstab 1:50.000,
Geodaten © OpenStreetMap und Mitwirkende,
Kartografisches Design Freytag & Berndt, freytagberndt.cz;
Übersichtskarten im Maßstab 1:550.000 und 1:000.000,
© Freytag & Berndt, Wien

Werk-Nr. 4514

Dank an Dr. Nils Köster für die botanische Beratung.

2., aktualisierte Auflage 2024

ISBN 978-3-7633-4733-9

FSC www.fsc.org
MIX
Papier | Fördert gute Waldnutzung
FSC® C147178

Wir freuen uns über jeden Korrekturhinweis zu diesem Wanderführer!
Bitte per E-Mail an: leserzuschrift@rother.de

ROTHER BERGVERLAG · München
D-82041 Oberhaching · Keltenring 17 · Tel. +49 89 608669-0 · rother.de